世界にひとつだけのプレミアム・リノベーション

PREMIUM DESIGN,
THE ONE AND ONLY
RENOVATION IN THE WORLD

各務謙司

X-Knowledge

CONTENTS

LIVING DINING

KICTHEN

ENTRANCE

CORRIDOR

BEDROOM

VARIOUS ROOM

SANITARY

カバー・表紙・本文デザイン：chichols　本文組版：エストール　印刷：シナノ書籍印刷

LIVING DINING
リビング・ダイニング

リビング・ダイニングは、住まい手が気持ちよく滞在する場所とすべきである。その気持ちよさとは、「陽の光の暖かさや風が通り抜ける涼しさなどの物理的な快適性」「オープンで広く感じる伸びやかさ、体にジャストフィットするニッチの安心感といった心理的な快適性」「美味しく飲食するのに適したダイニング、ソファにゆっくり座って本を読む・家族で会話するリビングという明確な場所性に裏付けされる快適性」と言い換えられるだろう。

それらの気持ちよさをベースとしながら、モダンやクラシック、ナチュラルやクール、和風、洋風、エスニック風といった嗜好性・歴史性をまとったインテリアのテイストを加える。それは、「表情を与える素材の使い分け」「陰影を与える窓際の造作」「プライベートルームへの動線やキッチンとのつながり」「開閉によってつながりをコントロールする建具の表情」「機能的な造作収納、身体に直接触れるソファやダイニングテーブル・チェアなどのラグジュアリー感」「居住者の個性や好みを表現するアートや調度品」「温熱環境をコントロールする天井埋込みエアコンのレイアウト」「視聴覚環境を豊かにする照明やＴＶ、オーディオシステム」などの要素が複雑に絡み合うことで、自然と醸し出されるものである。

特に、マンション・リノベーションでは、空間の広さや天井の高さ、窓のサイズ、躯体により生まれる凹凸などという一定の制限のなかで、以上のような問いに答えていく必要がある。打ち合わせのなかで、建築主が好むテイストを深く理解しながら、そのエッセンスを抽出。既存の空間がもつ空間のポテンシャルを最大限に引き出しつつ、実現性や機能性を細かく調整し、世界に1つしかない空間を表現していく。本書で登場するリビング・ダイニングは、それぞれが強い個性を解き放つ空間の集合体である。

視線を遠くに誘う
スチールサッシの
間仕切

視線を遠くに導くようにすると、リビング・ダイニングにより広がりが感じられるようになる。間仕切壁も、面材を透過性のあるガラス素材にすれば、奥の書斎やバルコニーにまで視界が広がる。このとき、リビング・ダイニングのインテリアに合わせて、サッシ枠のデザインを調整すると、空間の雰囲気が決まる。ニューヨークのロフトを意識したこの事例では、間仕切り部分だけでなく、バルコニーへのアルミサッシ部分にもスチール枠をオーバーラップさせてデザインすることで、大きな1枚のスチールサッシとガラスでできた壁面をつくり出している。

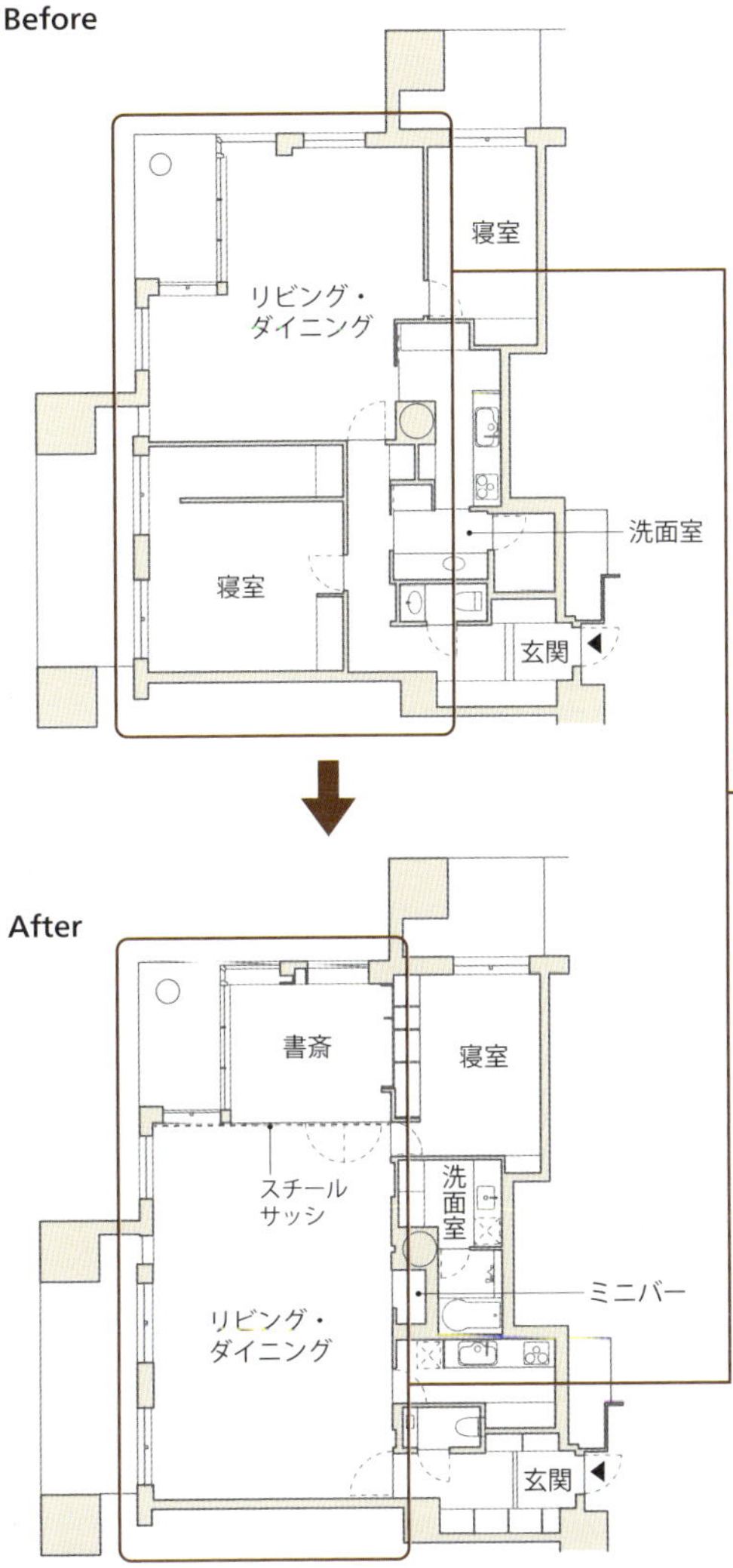

空間の四隅にバルコニーのある間取り。リビング・ダイニングを大きくするために、空間の凹凸に合わせて、リビング・ダイニングを移動し、正面に書斎[166・167頁参照]を配置した。間仕切りスチールサッシは窓側まで伸ばし、窓の存在感を消去している

平面図

スチールサッシは天井いっぱいに納め、夜間、スチールやガラスのもつ光沢を強調するために、LED照明をライン状に配している

MATERIAL／六本木T邸（施工：辰）

壁：AEP　床：複合フローリング／スカンジナビアンフローリング ワイドプランクOAEWS（スカンジナビアンリビング）　天井：AEP　ダイニングテーブル：Naan（カッシーナ）　ダイニングチェア：Cab（カッシーナ）　ソファ：Naviglio（アルフレックス）　サイドテーブル：Leger Leather（ミノッティ）　ラグ：ジャギーラグ（アルフレックス）　シェード：シルエットシェード（ハンターダグラス）　アート：石塚ツナヒロ・仲田智（アートギャラリークロゼット）　スタンドライト：MAGNA／カッシーナ

水廻りボックスで生まれる回遊動線

北側に外廊下があり、南面にリビングがある形式のマンションでは、専有部分の中央に廊下が1本通り、その両側に寝室と水廻りがレイアウトされるという画一的な間取りになりがちだ。全体の部屋面積の配分を考えると、廊下の面積が大きくなってしまう。廊下の面積を最小限に感じられるレイアウトを突き詰めてみると1つの案が浮かび上がる。キッチンと洗面部分に1本の機能廊下を通し、ダイニングからリビングへと回遊動線を設けるというプランだ。退屈で暗い廊下はなくなる。PSを中心に水廻りを再配置すると、大きな水廻りボックスが空間のコアとなる。

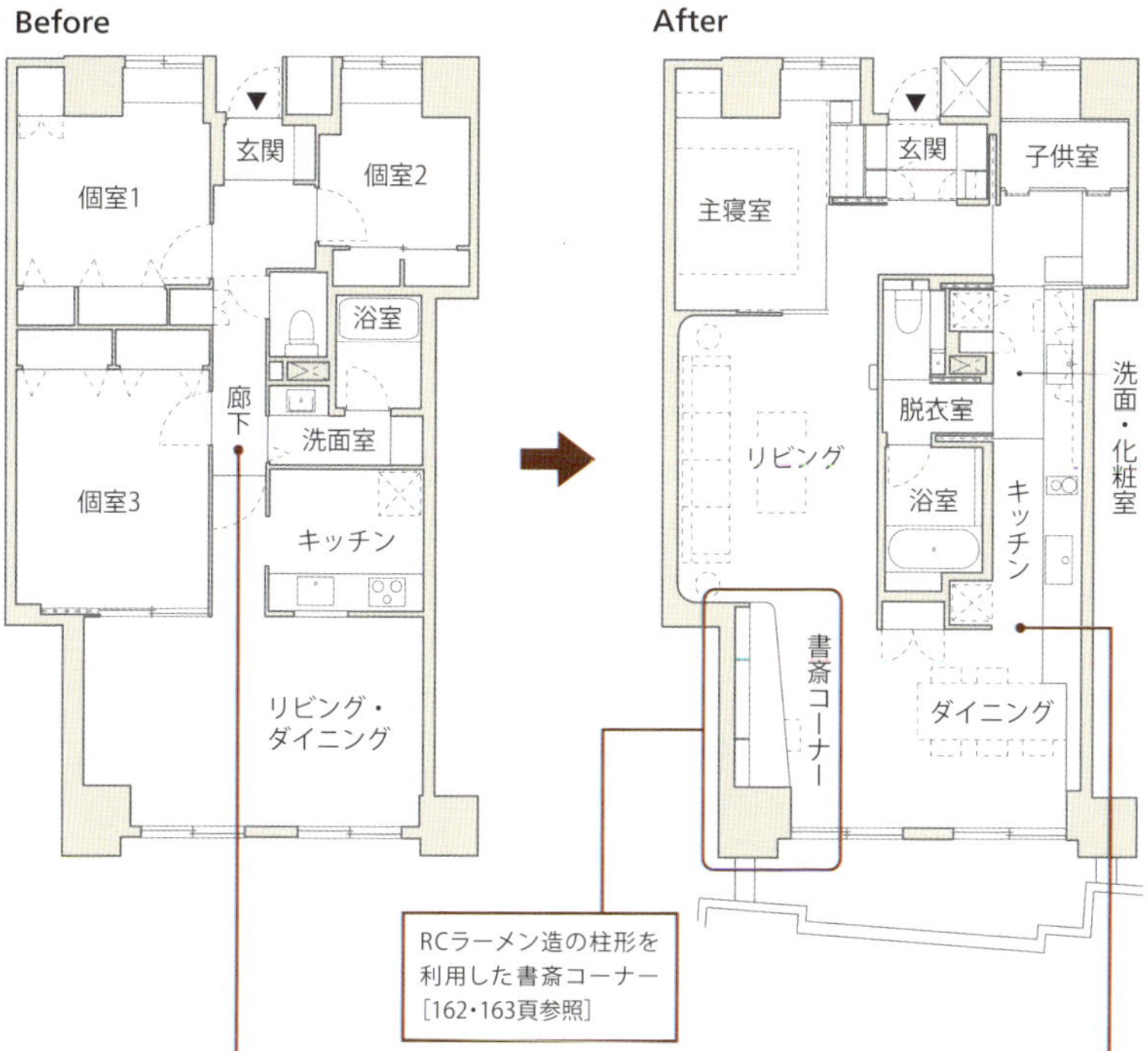
Before
個室1
玄関
個室2
浴室
廊下
洗面室
個室3
キッチン
リビング・
ダイニング
After
主寝室
玄関
子供室
脱衣室
洗面・化粧室
リビング
浴室
キッチン
書斎コーナー
ダイニング
RCラーメン造の柱形を
利用した書斎コーナー
［162・163頁参照］

中央に通っていた廊下部分に水廻りを移設し、東側の壁沿いにキッチンと洗面を並べている。無駄に長かった廊下がなくなったことで、各居室が少しずつ大きくなっている。脱衣室と洗面室を切り離し、キッチンと洗面がつながって使えるようにしたこともポイント

平面図

水廻りを中央に集約すると、長手方向に一直線状のカウンターを設けられる。ここでは、キッチンと洗面を兼ねるロングカウンターを設えた。そのカウンターは、直交するダイニングテーブルとも一体である［62・63頁参照］

MATERIAL／神戸M邸（施工：越智工務店）

壁：AEPおよび特殊塗装／ポーターズペイント ストーンペイントコース（NENGO）および一部キッチンパネル／WP03221（サンワカンパニー）および一部鏡　床：複合フローリング／スカンジナビアンフローリング ワイドプランクOAEWS（スカンジナビアンリビング）　天井：AEP　ダイニングテーブル：オーダー家具　ダイニングチェア：JKアームチェア（アルフレックス）　ソファ：CONSETA（アイデック）　センターテーブル：RYUTARO（インテリアズ）　ダイニングペンダントライト：COMPASS（フロス）　フロアランプ：LA FIBULE HILAIRE（フーガ）　ラグ：KINNASAND（マナトレーディング）　クッション：ellen（インテリアズ）　アート：Artigiano（スイートインスタイル）

窓を塞いで壁を増やし家具を自由に配置

大きな窓の2面採光の空間は一般的に家具のレイアウトが難しい。1面の借景がよくない場合は、窓の手前に壁を立てるという方法がある。壁が増えることで空間に落着きが生まれるほか、その壁面を利用して、造作家具や収納スペースを設けることも可能だ。大きな窓面にはインテリア要素を組み込むことが難しいが、手前に壁を立て、造作カウンターをつくったり、アートを飾ったりすることで、住まい手の個性を表現することが可能になる。ここでは、新しく設けた壁に、腰高の長いカウンターを設けている。ソファを空間の真ん中に置かざるを得なかった広い空間の、視覚的なバランスを整えるという目的もある。

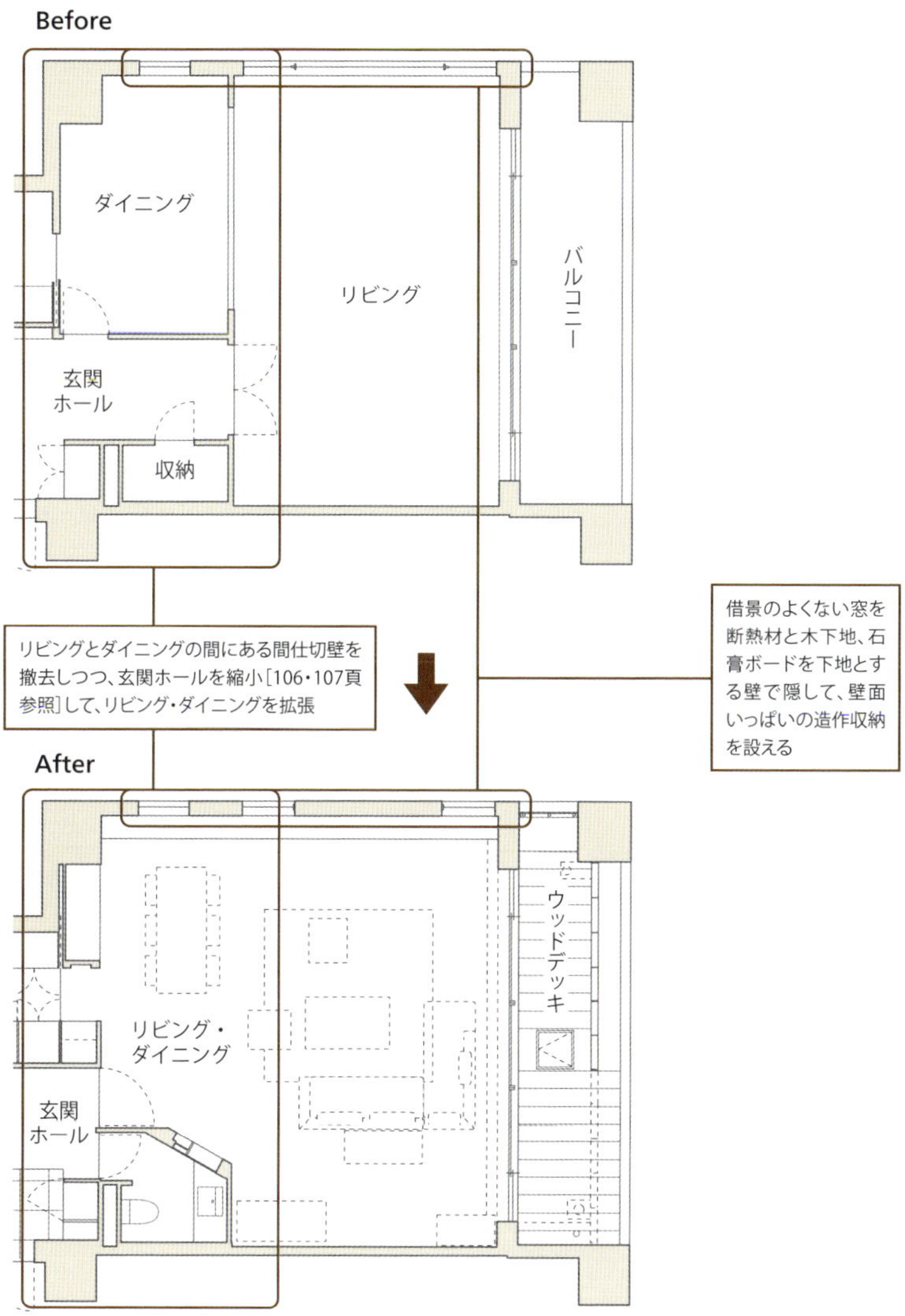
Before
ダイニング
リビング
バルコニー
玄関
ホール
収納
リビングとダイニングの間にある間仕切壁を撤去しつつ、玄関ホールを縮小［106・107頁参照］して、リビング・ダイニングを拡張
借景のよくない窓を断熱材と木下地、石膏ボードを下地とする壁で隠して、壁面いっぱいの造作収納を設える
After
リビング・
ダイニング
玄関
ホール
ウッドデッキ

平面図

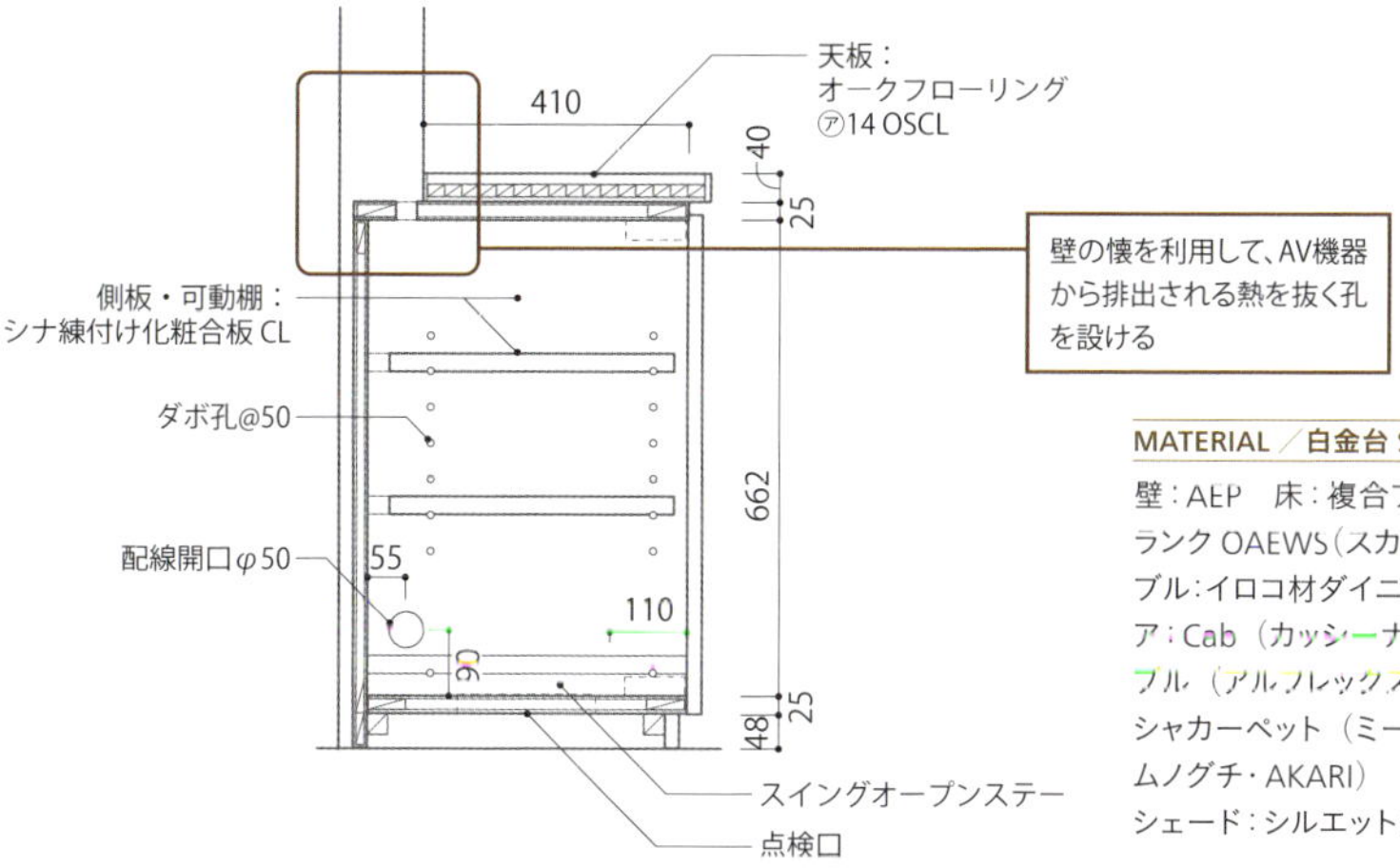
天板：
オークフローリング
㋐14 OSCL
410
40
25
662
25
48
壁の懐を利用して、AV機器から排出される熱を抜く孔を設ける
側板・可動棚：
シナ練付け化粧合板 CL
ダボ孔@50
配線開口φ50
55
110
90
スイングオープンステー
点検口

家具断面詳細図［S=1：20］

MATERIAL ／白金台 S 邸（施工：青＋造作家具：現代制作所）

壁：AEP　床：複合フローリング／スカンジナビアンフローリング ワイドプランク OAEWS（スカンジナビアンリビング）　天井：AEP　ダイニングテーブル：イロコ材ダイニングテーブル（アイ・スタイラーズ）　ダイニングチェア：Cab（カッシーナ）　ソファ：SONA（アルフレックス）　センターテーブル（アルフレックス）　ラウンジチェア：Flynt（ミノッティ）　ラグ：ベルシャカーペット（ミーリーコレクション）　スタンドライト：UF4-31N（イサムノグチ・AKARI）　テーブルランプ：BB／YAI（イサムノグチ・AKARI）　シェード：シルエットシェード（ハンターダグラス）

視線を窓越しの緑に導く空間の設え

窓越しの借景が美しい場合は、窓の外に自然と視線が導かれるような空間の設えが重要である。リビング・ダイニングから外を眺める際に目に入る窓の枠廻りや天井のラインは美しく整えたいところ。共用部分に当たる窓は自由に改造できないので、内側から木製の枠などで化粧直しするとよい。窓際に梁の成で垂れ壁が生じる場合は、天井と壁との取合いに生まれる線を消去するように、円形天井とするのもよいだろう。ここでは、円形天井を利用したカーテンボックスを窓前に設け、間接照明で窓際を演出するようにしている。

窓と反対側（ダイニング）の壁には、アクセントとなる黒い造作家具を設置。天井の段差を利用して、間接照明を仕込み、リビングの天井を伸びやかに表現する

After

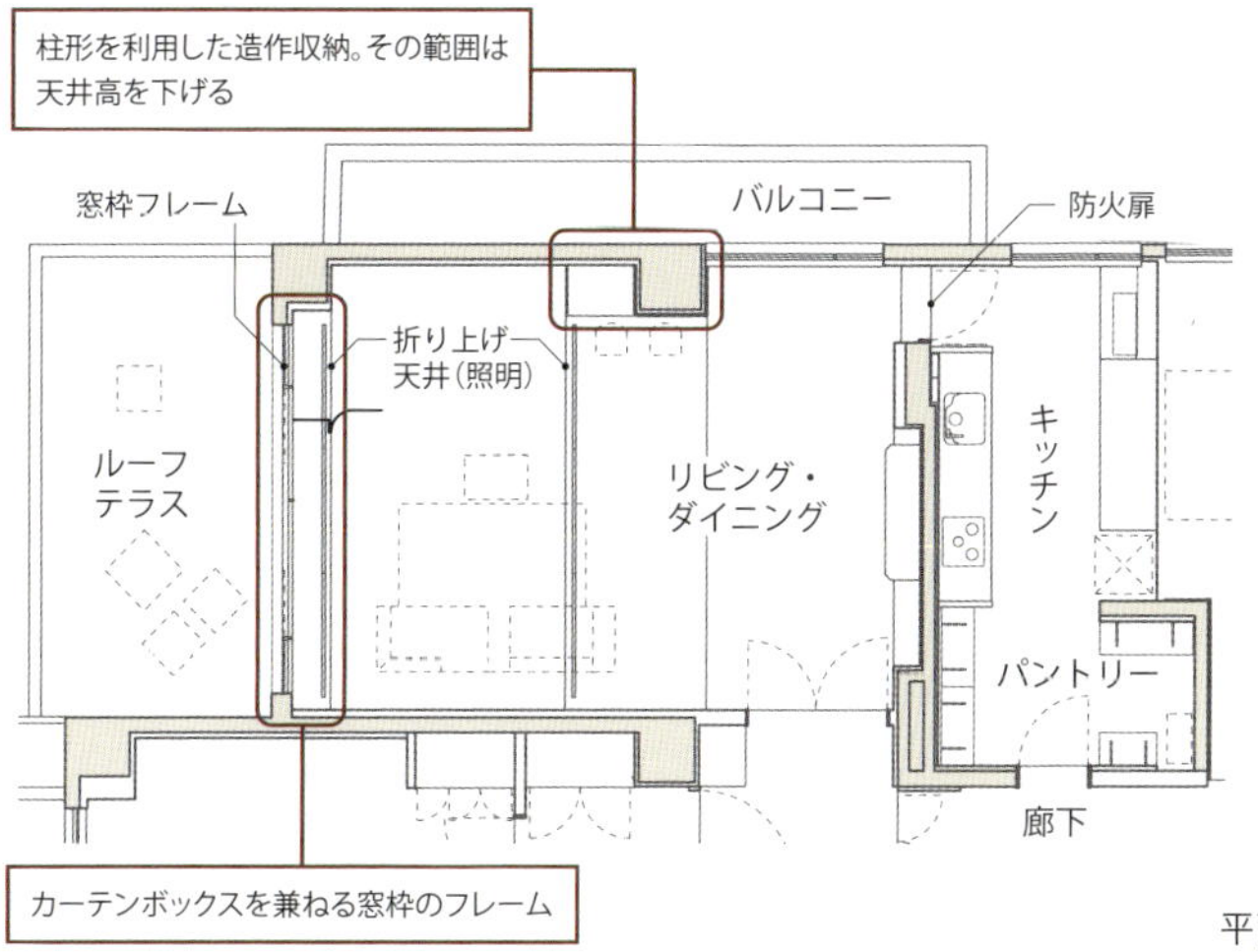

柱形を利用した造作収納。その範囲は
天井高を下げる
窓枠フレーム
バルコニー
防火扉
折り上げ
天井（照明）
ルーフ
テラス
リビング・
ダイニング
キッチン
パントリー
廊下
カーテンボックスを兼ねる窓枠のフレーム

平面図

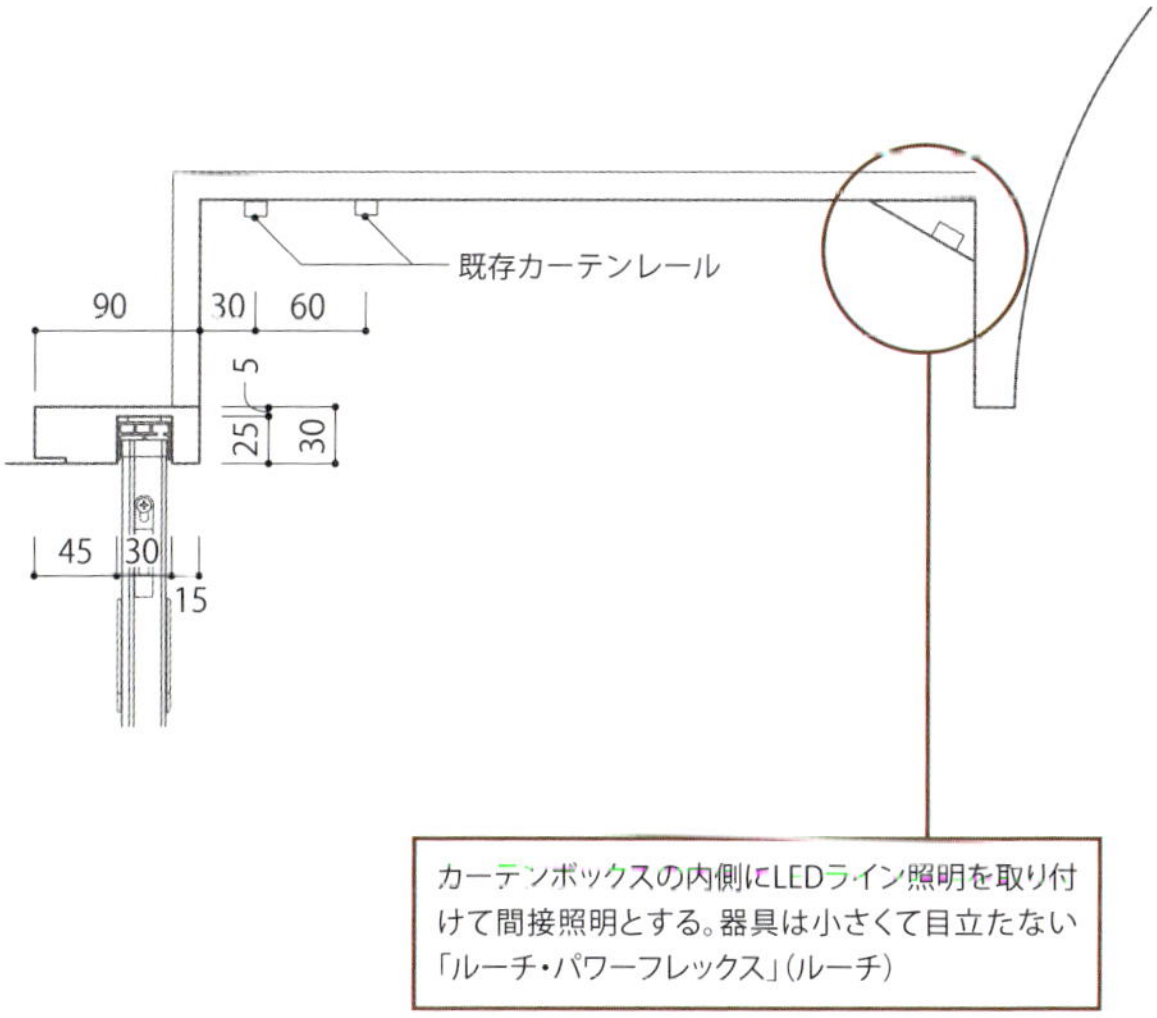

既存カーテンレール
90
30
60
5
25
30
45
30
15
カーテンボックスの内側にLEDライン照明を取り付けて間接照明とする。器具は小さくて目立たない「ルーチ・パワーフレックス」（ルーチ）

カーテンボックス断面詳細図［S＝1：8］

MATERIAL／白金台P邸（施工：リフォームキュー）

壁：クロス／LL-8188（リリカラ）　床：複合フローリング／複合フローリング40シリーズ オーク40 クリアブラッシュド（IOC）　天井：クロス／LL-8188（リリカラ）　モールディング：FL339（みはし）　ソファ：SONA（アルフレックス）　ラウンジチェア：PERCH（アルフレックス）　ラグ・ペルシャカーペット（施主支給）　木製ブラインド：Gシリーズ（ナニックジャパン）

腰壁を張り回して リビング・ダイニングと キッチンを1つに

クローズドキッチンをオープンキッチンに変えて、リビング・ダイニングと一体化するのは、マンション・リノベーションでは代表的な手法である。ただし、ダイニングとリビングは一体空間としてデザインしやすいが、キッチンを上手く取り込むことは意外と難しい。このケースでは、キッチンカウンター下のウォルナット扉材と同じ突き板を腰板として、ダイニング空間とリビングのソファ背面まで回しこんで、ＬＤＫの統一感を演出している。

After

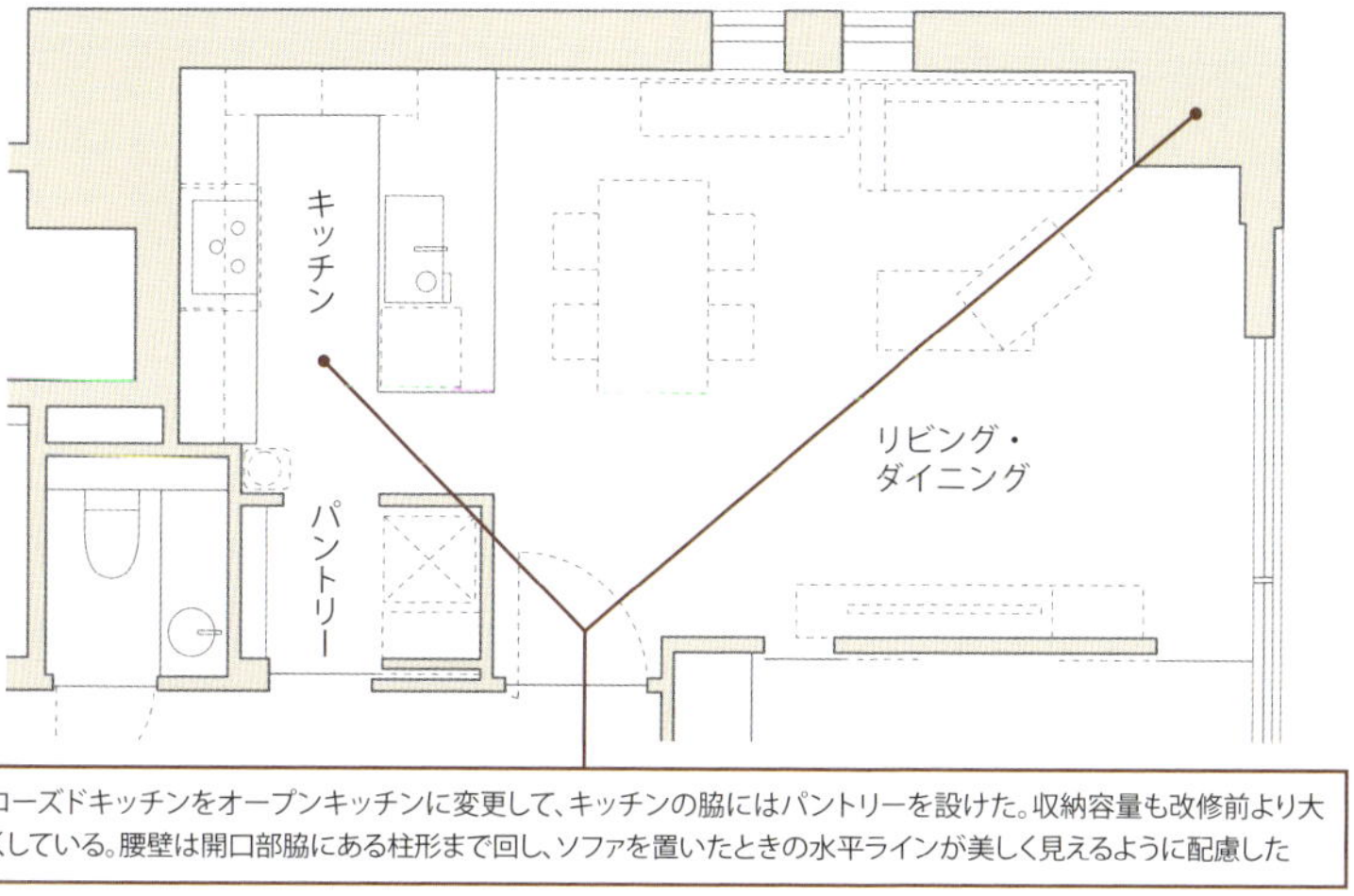
キッチン
リビング・ダイニング
パントリー
クローズドキッチンをオープンキッチンに変更して、キッチンの脇にはパントリーを設けた。収納容量も改修前より大きくしている。腰壁は開口部脇にある柱形まで回し、ソファを置いたときの水平ラインが美しく見えるように配慮した

平面図

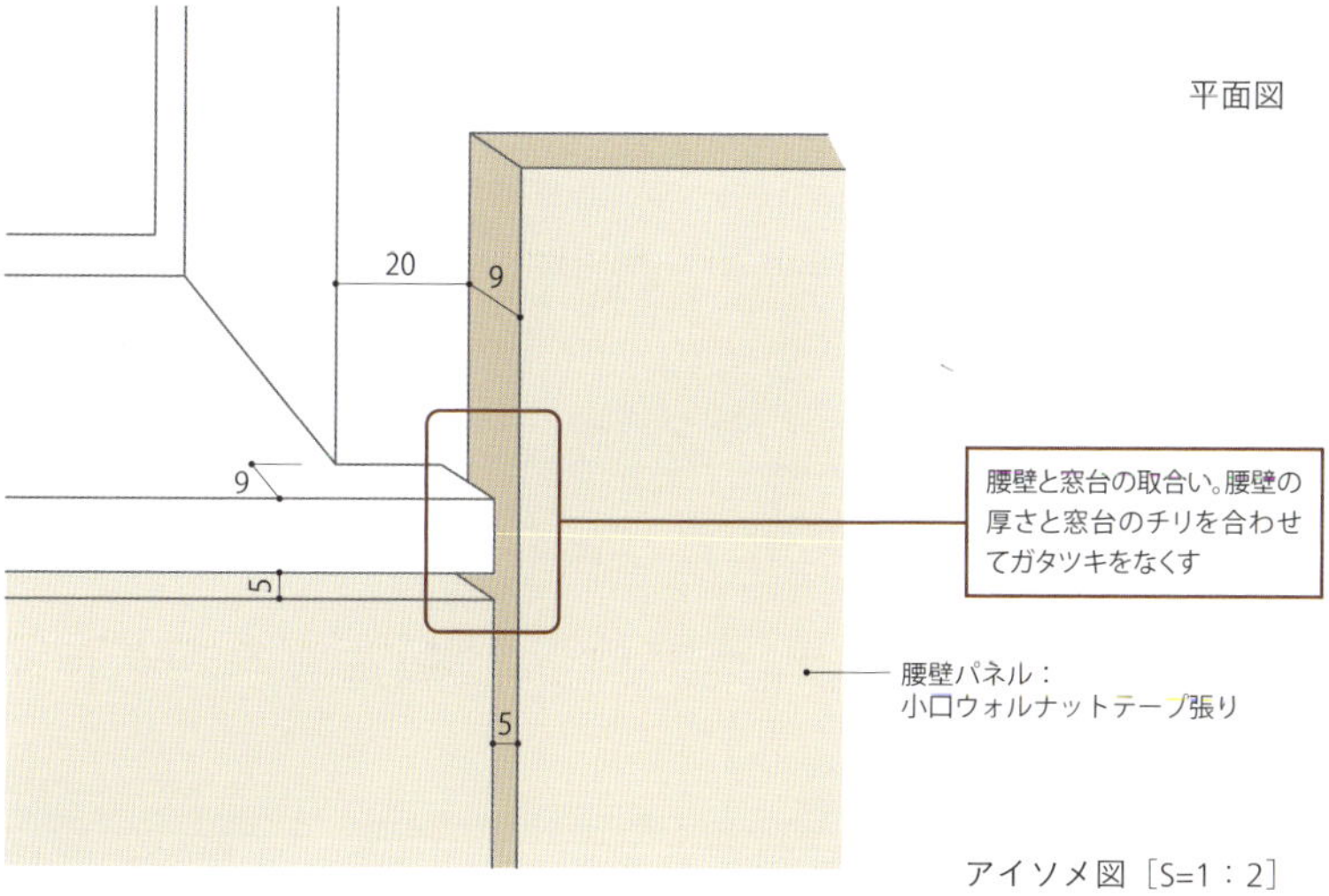
20
9
9
5
5
腰壁と窓台の取合い。腰壁の厚さと窓台のチリを合わせてガタツキをなくす
腰壁パネル：
小口ウォルナットテープ張り

アイソメ図［S=1：2］

カウンターの内部はダイニング側から使う食器収納となっている。扉の突き板や腰壁には、色の濃いウォルナットを使用して、淡色系で仕上げた空間にアクセントをもたせている

MATERIAL ／南青山Ｙ邸（施工：リブコンテンツ）

壁：塗装下地壁紙／ルナファーザー（日本ルナファーザー）の上AEP　腰壁：ウォルナット突き板　床：複合フローリング／ヨーロピアンオーク白拭き取り（岡崎製材）　天井：塗装下地壁紙／ルナファーザー（日本ルナファーザー）の上AEP　ダイニングテーブル：TAAC（インテリアズ）　ダイニングチェア：PHILIP（タイムアンドスタイル）　ソファ：施主支給（タイムアンドスタイル）　パーソナルチェア：施主支給　センターテーブル：オーダー家具（ヤマシタ・プランニング オフィス）　ラグ：カラードヴィンテージラグ（インテリアズ）　ダイニングペンダントライト：Lewit pendant me（ルミナベッラ）　キッチン：オーダー（リブコンテンツ）　カップボード：施主支給　壁付けブラケット：Libra Wall（ルミナベッラ）　シェード：シルエットシェード（ハンターダグラス）

1枚の大きな壁でもたらす空間の落着き

オープンキッチンはかならずしも歓迎されない。ホームパーティーのような手の込んだ料理をあまりしない場合や、調理中の臭いが気になる場合などは、キッチンをリビング・ダイニングから見えないようにコンパクトにまとめるのもよいだろう。壁によって空間に落着きも生まれる［10・11頁参照］。ポイントは、キッチンへの出入口を目立たせないように壁をデザインすること。ここでは、出入口となる2本の引込み戸をパネル壁とそろえ、さらに隣の造作収納や鏡と高さをそろえて、1枚の大きな壁面デザインとして構成している。

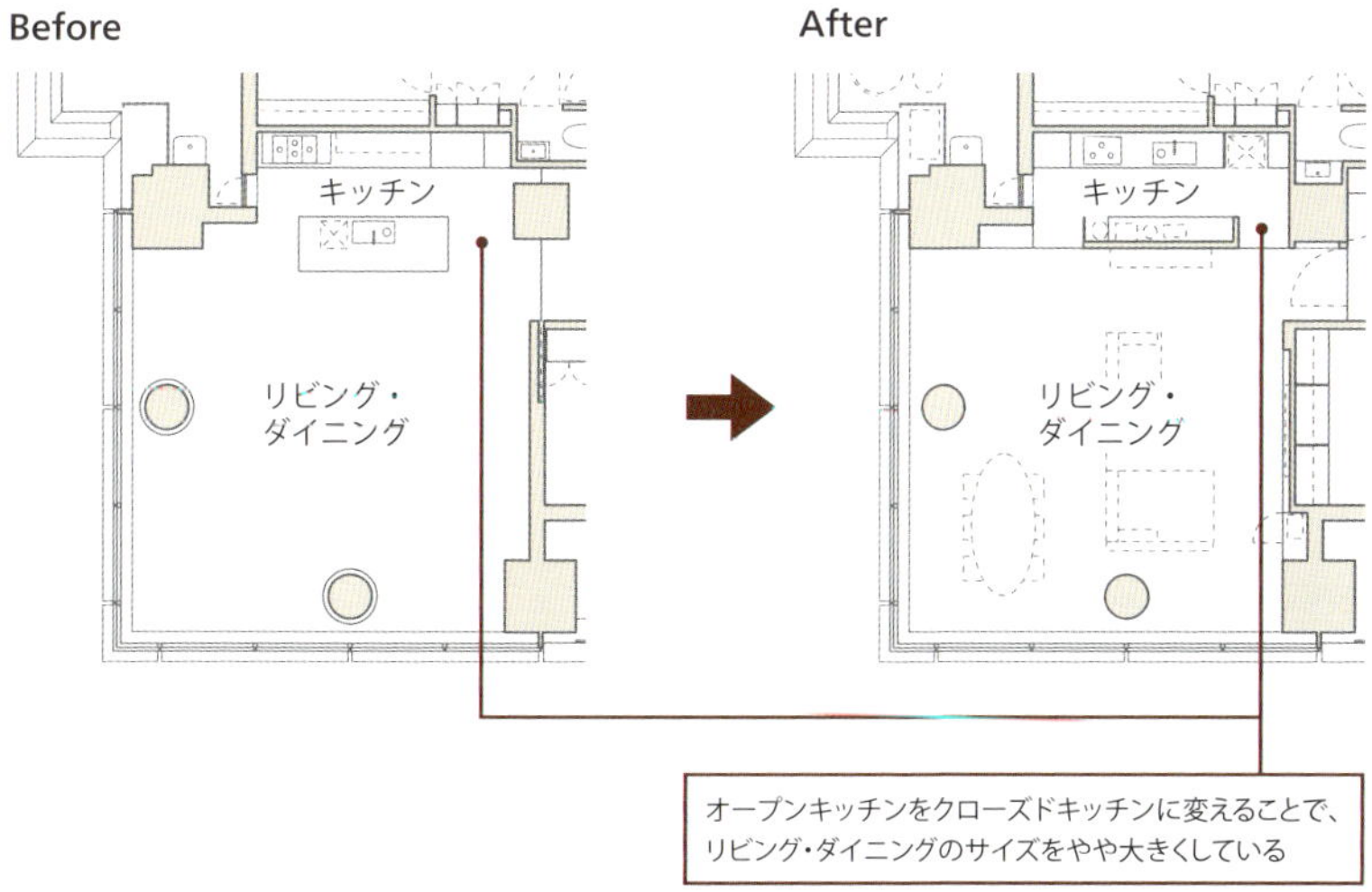
Before
After
キッチン
リビング・
ダイニング
キッチン
リビング・
ダイニング
オープンキッチンをクローズドキッチンに変えることで、
リビング・ダイニングのサイズをやや大きくしている

平面図

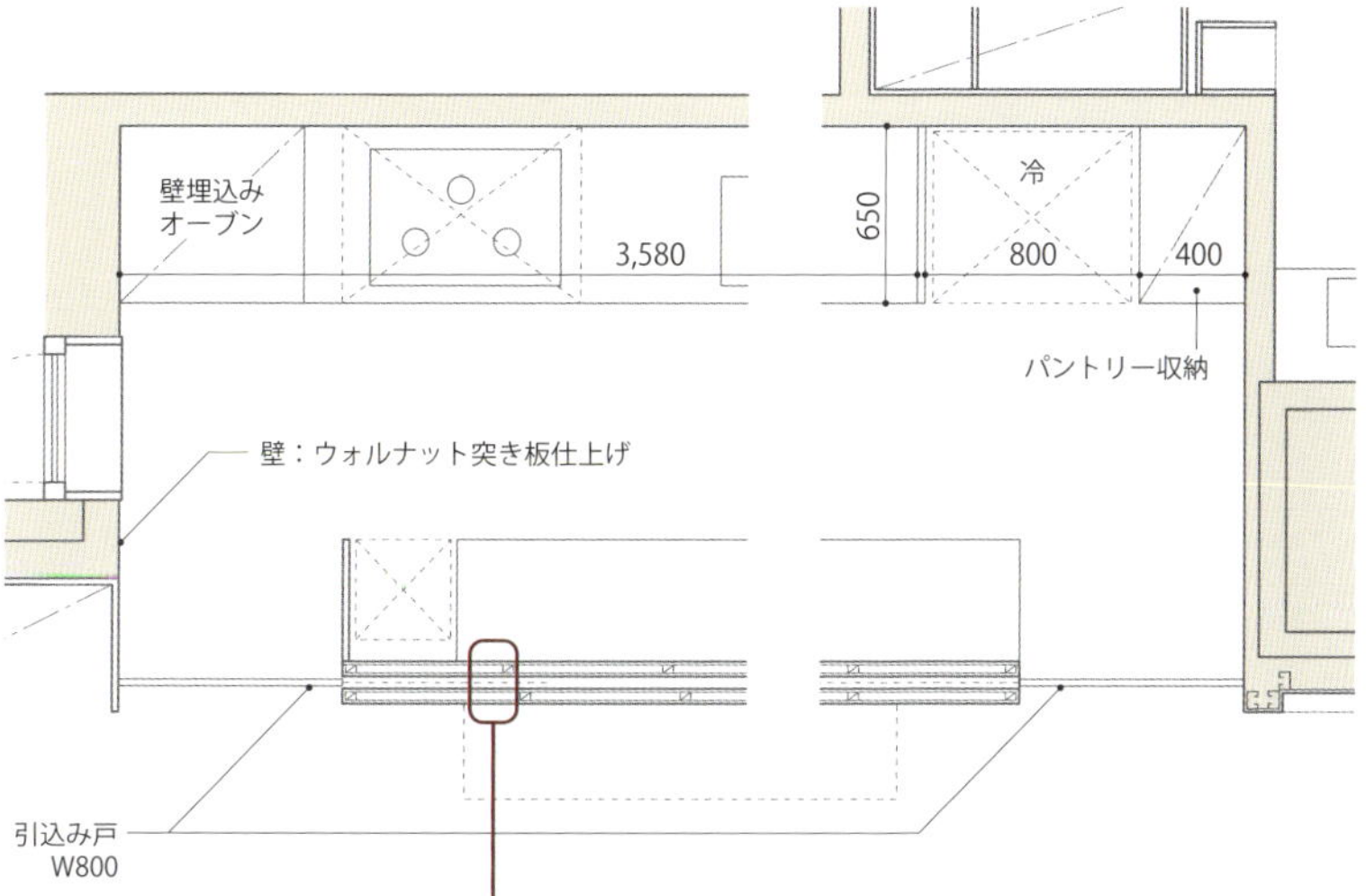
壁埋込み
オーブン
3,580
650
冷
800
400
パントリー収納
壁：ウォルナット突き板仕上げ
引込み戸
W800

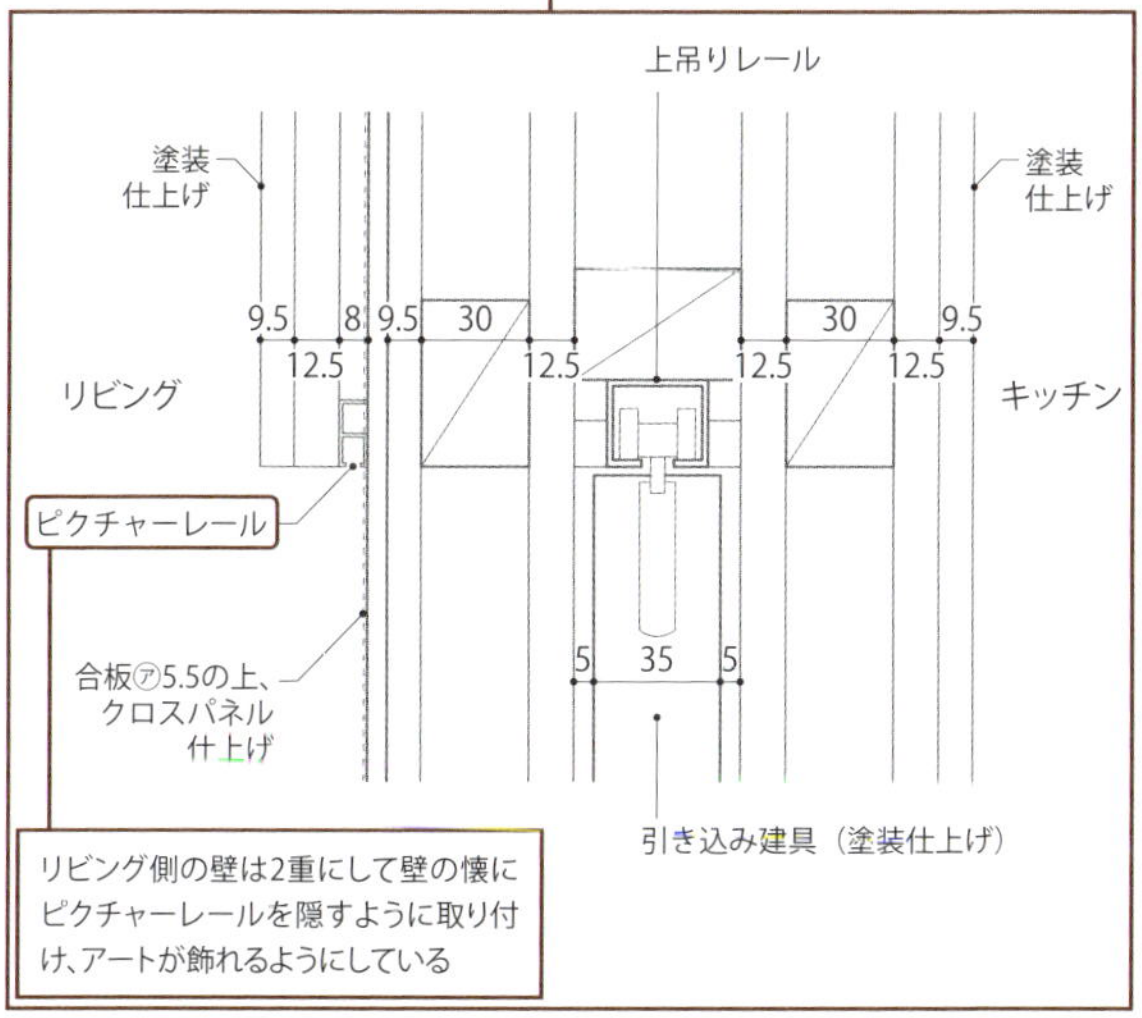
上吊りレール
塗装
仕上げ
塗装
仕上げ
9.5
8
9.5
30
30
9.5
12.5
12.5
12.5
12.5
リビング
キッチン
ピクチャーレール
合板⑦5.5の上、
クロスパネル
仕上げ
5
35
5
引き込み建具（塗装仕上げ）
リビング側の壁は2重にして壁の懐に
ピクチャーレールを隠すように取り付
け、アートが飾れるようにしている

引込み戸断面詳細図［S=1：4］

キッチン平面詳細図
［S=1：50］

MATERIAL ／六本木 N 邸（施工：リフォームキュー＋インテリアコーディネート：メイズ）

壁：AEPおよびTVニッチ内カラーガラス／ラコベル アンスラサイト オーセンティック（旭硝子）および一部鏡およびクロス巻き込み　床：複合フローリング／複合フローリング40シリーズ サーモオーク40クリアブラッシュド（IOC）　天井：AEP　ソファ：HAMILTON（ミノッティ）コーヒーテーブル：CESER（ミノッティ）クッション：ZINC（マナトレーディング）　ラグ：Astral（マナトレーディング）　ソファ横テーブルランプ：LIMBLUG（ヤマギワ）　コンソール：オーダー家具（ヤマシタ・プランニング・オフィス）テーブルランプ：Navarro Lamp（アーテリアズ）　アート：内海聖史（アートフロントギャラリー）　ラウンジチェア：HUSK（B&Bイタリア）　壁付けスピーカー：Beolab12-3（バングアンドオルフセン）　TVニッチ用間接照明：ルーチ・ナノライン（ルーチ）

構造で生まれる空間の“ズレ”を家具・建具で消す

マンション・リノベーションをデザインする際に悩ましいのが、撤去できない耐力壁などの構造要素である。特に構造壁と出入口の位置がずれていると、空間にもそのズレが反映されるので、見栄えは決して美しくない。「ズレをどう生かすか」は建築家の腕の見せ所だ。プランニングを自由に行いつつ、構造要素によって生まれる〝ズレ〟を家具・建具で調整していく手法が賢い選択肢だろう。ここでは、構造壁を背にする本棚を設え、本棚の厚みで寝室への扉位置との調整を図り、リビングから寝室へのショートカット動線を実現する隠し扉を仕込んだ。

本棚と隠し扉の面材はハードメープル。本棚と隠し扉の一体感を高めるために、両方の枠廻りの見付け寸法を38㎜で統一している。これによって、隠し扉が家具の一部のように見える

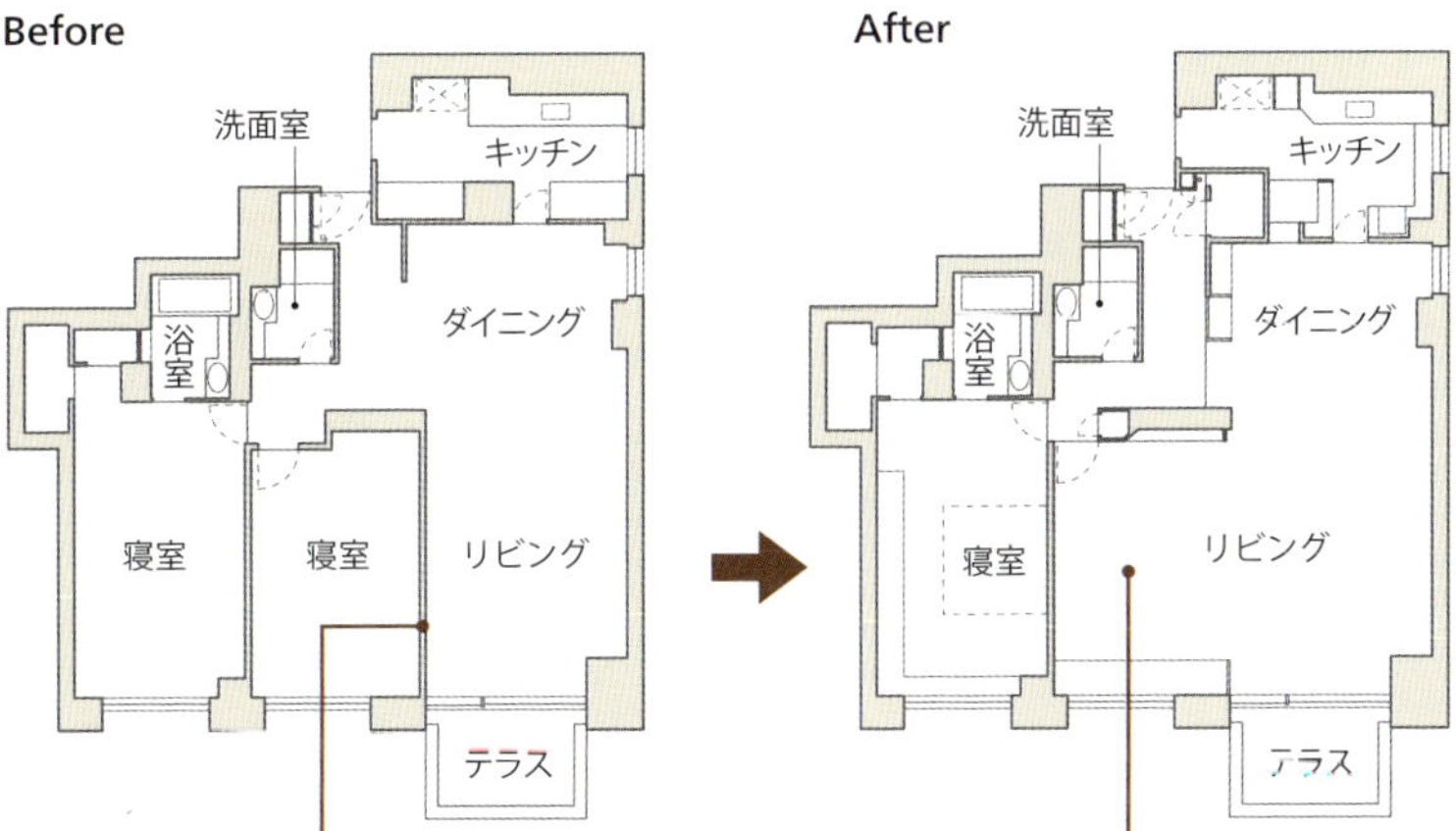

リビングと寝室の間にある間仕切壁を撤去してリビングを拡大すると、耐力壁を中心とする回遊動線が生まれた

平面図

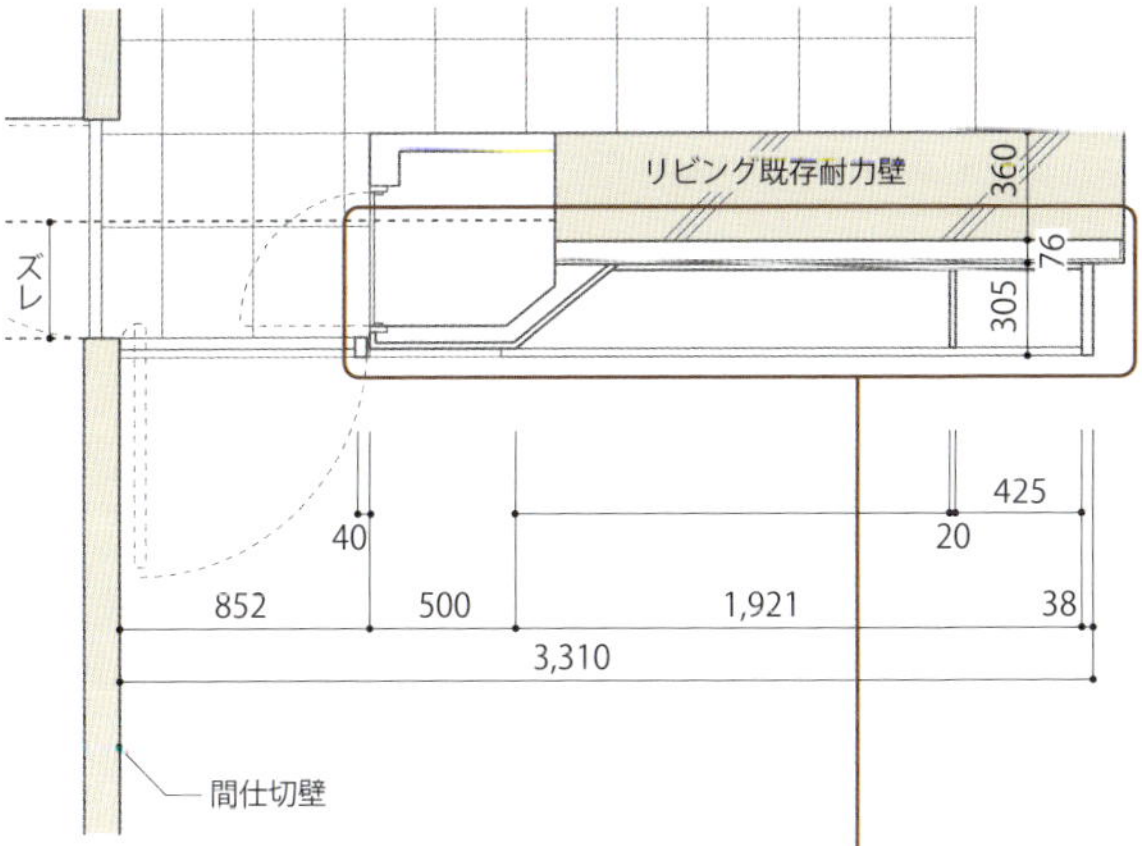

撤去できない耐力壁と間仕切壁の位置ずれ（400㎜弱）を利用して、本棚と収納、開き扉を設け、壁面線を整えた

隠し扉平面詳細図［S=1：50］

MATERIAL／ニューヨークS邸（施工：ブルーストーン）

壁：AEP　床：無垢フローリング／オーク　天井：AEP　造作家具：ハードメープル　ソファ・ラウンジチェア：オーダー（施主支給）　ダイニングテーブル（トーネット）　ダイニングチェア（トーネット）　スタンドライト：BB3-33S（イサムノグチ・AKARI）

リビングとダイニングの天井を異なる仕上げにする

天井仕上げの色を変更するだけでも、既存空間の印象は一変させられる。リビングとダイニングのゾーニングをより明確にするのであれば、仕上げ材料まで、異なるものにすればよい。床のシックな大理石に比べて、白くプレーンな天井が素っ気なかったこのマンションでは、床の仕上げはそのままとする一方、天井の仕上げはやり替えた。リビングは塗装仕上げ（白）、ダイニングはカラーガラス仕上げ（黒）として、素材・色の違いによるゾーンを明確にしている。

ダイニングのカラーガラス張りの天井は、スチールサッシを通り抜けて、廊下まで伸びる。ダイニングと廊下が繋がって感じられる

After

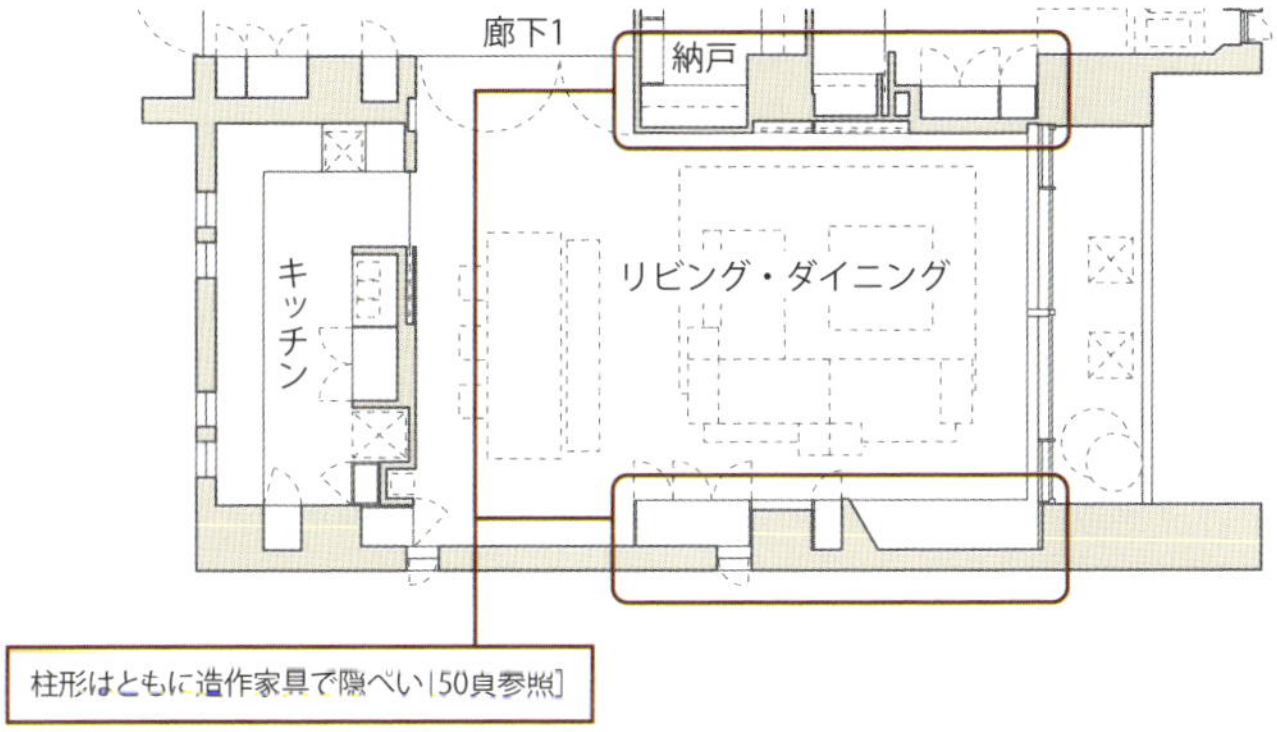

平面図

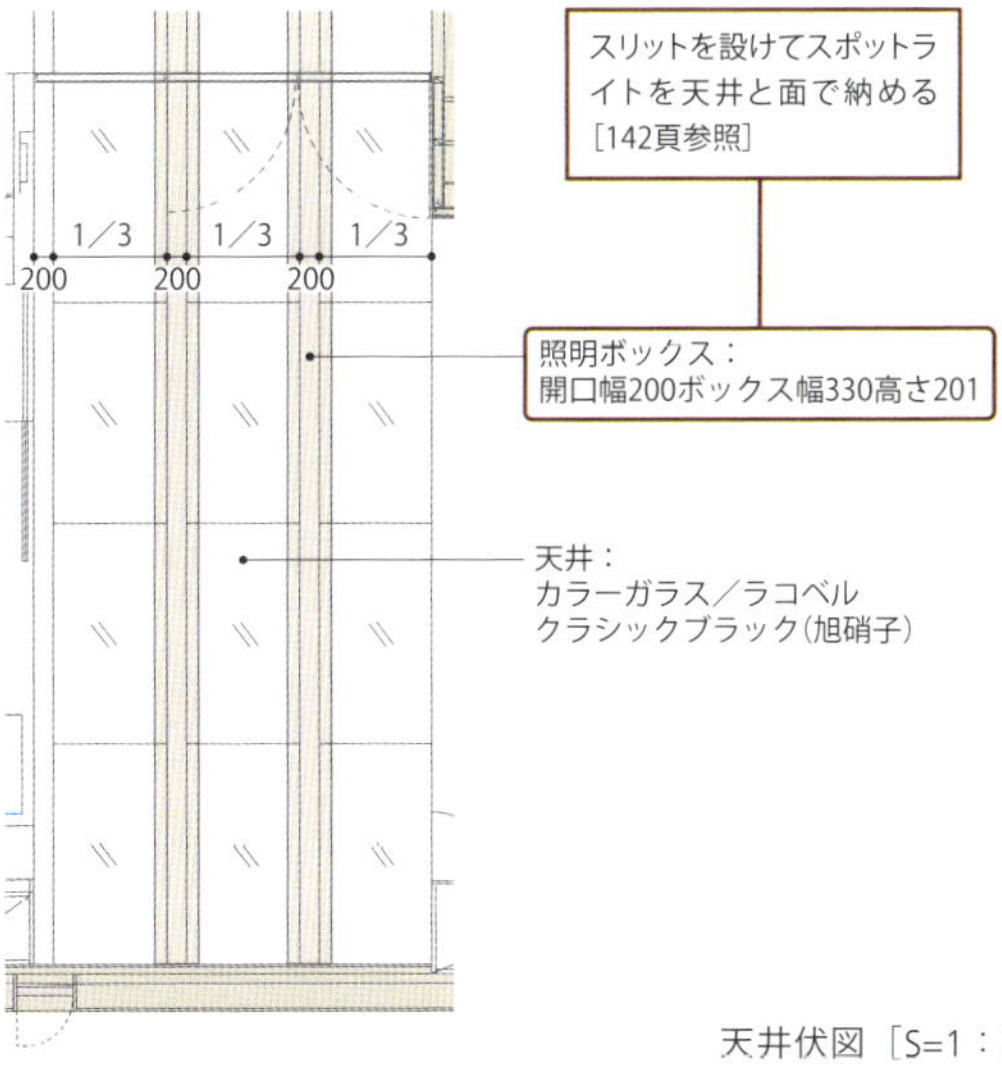

天井伏図［S=1：200］

MATERIAL ／南平台 N 邸（施工：リフォームキュー）

壁：AEPおよび天然木／アイリスローズ（山一商店）および天然大理石／ドラマチックホワイト　床：既存大理石一部張替え　天井：AEPおよびカラーガラス／ラコベル クラシックブラック（旭硝子）　窓枠：AEP　ダイニングテーブル・ベンチ：Celerina（リーヴァ 1920）　ダイニングチェア：LOVING（ミノッティ）　ソファ：WHITE（ミノッティ）　センターテーブル：CROSS（メリディアーニ）　ラグ：DIBBETS FRAME（ミノッティ）　ラウンジチェア：GILLIAM（ミノッティ）　フロアランプ：K. TRIBE（フロス）　テーブルランプ：SPUN LIGHT（フロス）　立体アート：Mondrian Sculpture（アーテリアズ）　アート：中込靖成（ギャラリークローゼット）　時計：caprese clock（WOOOD）　壁付けスピーカー：Beolab12-3（バングアンドオルフセン）　飾り棚のスタイリング：Modern Living（ハースト婦人画報社）

クロゼットのある天井高を抑えたリビング

多くのマンションでは、クロゼットは寝室または玄関に設けられる。しかし、外出時や帰宅時の動線や、夫婦の生活時間帯のズレまでも合理的に考えるのであれば、リビングのなかにクロゼットを設けるという考えもあり得るのではないだろうか。ここでは、天井が低く落ち着きのあるリビングと、天井が高く明るいダイニング&キッチンの色分けを明確にするために、下がり天井のアゴ寸法に合わせて、クローゼット扉の厚みを調整し、1枚の大きな突き板でつくられた天井と壁がL字に曲がってみえる意匠としている。

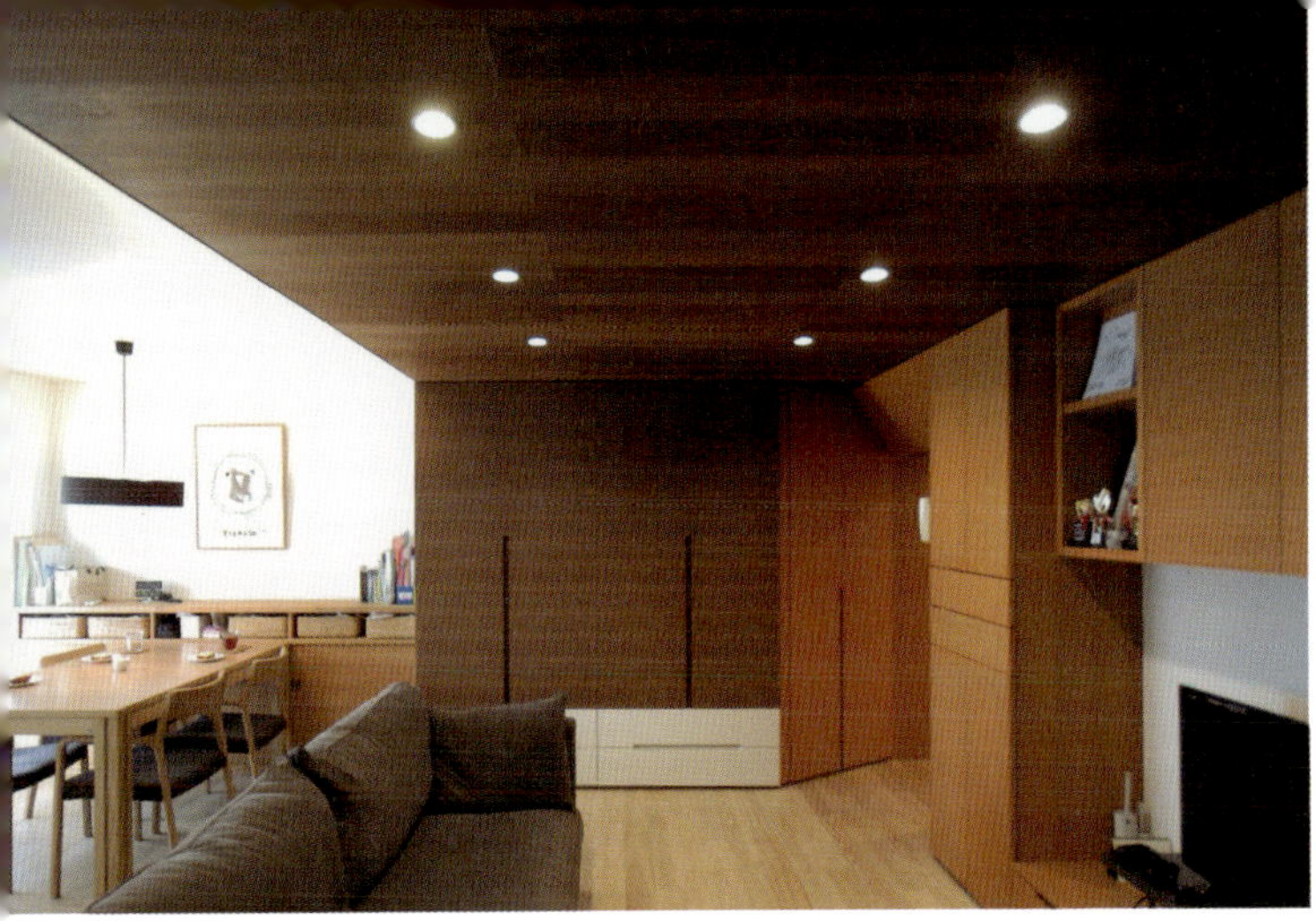

正面にクロゼットを見る。右脇には、斜め壁を立てて、奥にある玄関ホールを印象付けている

After

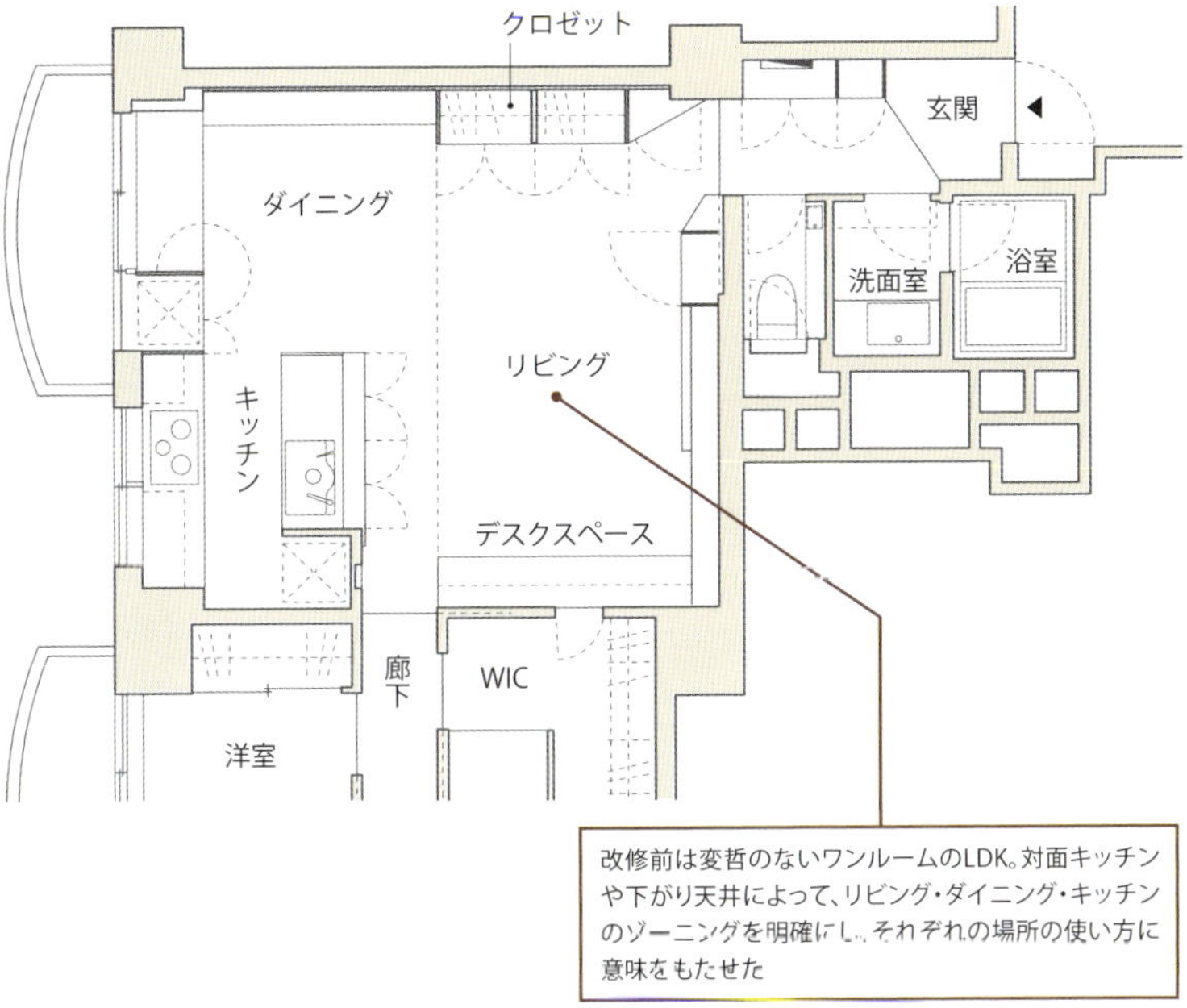

クロゼット
玄関
ダイニング
洗面室
浴室
リビング
キッチン
デスクスペース
廊下
WIC
洋室
改修前は変哲のないワンルームのLDK。対面キッチンや下がり天井によって、リビング・ダイニング・キッチンのゾーニングを明確にし、それぞれの場所の使い方に意味をもたせた

平面図

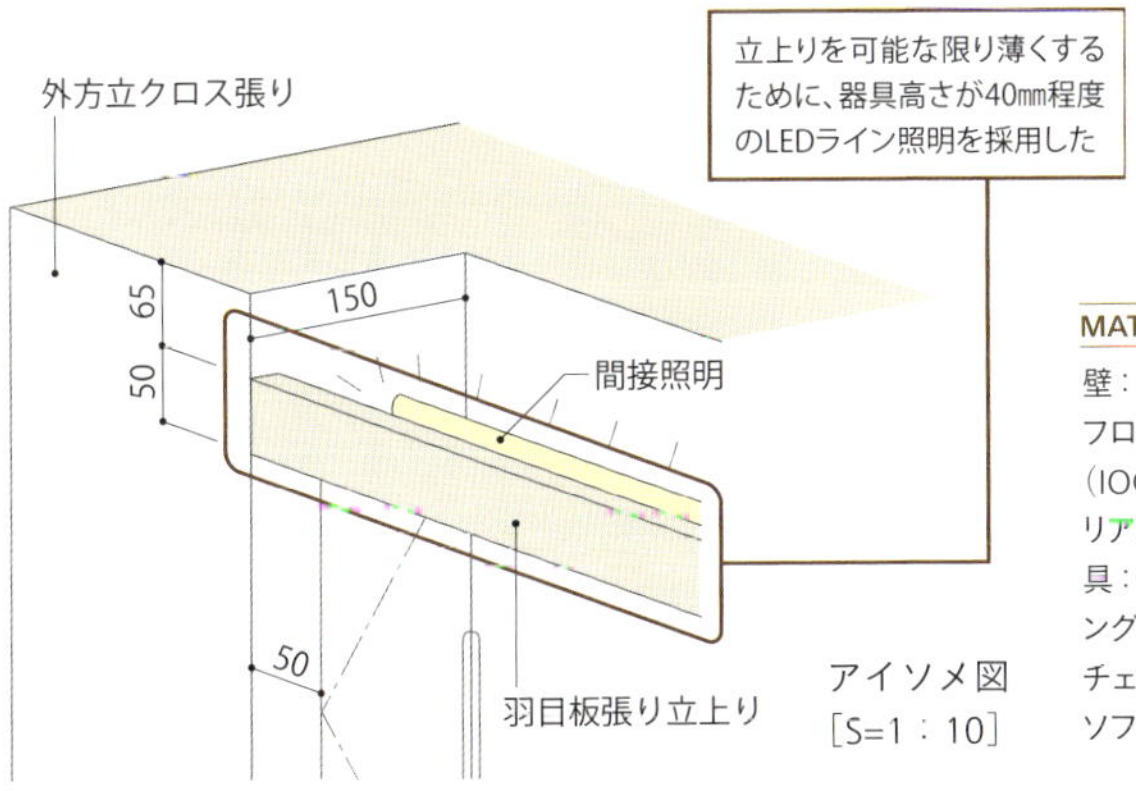

立上りを可能な限り薄くするために、器具高さが40㎜程度のLEDライン照明を採用した
外方立クロス張り
150
65
50
間接照明
50
羽目板張り立上り

アイソメ図
[S=1：10]

MATERIAL ／品川区 Y 邸（施工：ライフデザイン＋造作家具：現代製作所）

壁：クロス／LB-9742（リリカラ）および一部キッチンパネル　床：複合フローリング／複合フローリング20シリーズ アッシュ20ホワイトパウダー（IOC）　天井：クロス／LB-9742（リリカラ）および内装用不燃ボード／リアルパネル ナチュラルウッド ウォールナット（ニッシンイクス）　造作家具：ウォルナット／オニグルミ／塗装　ダイニングテーブル：オークダイニングテーブル（アクタス）　ダイニングチェア：リン（施主支給）　アームチェア（アルフレックス）　ダイニングペンダントライト：施主支給（flame）　ソファ：施主支給（NOYES）

リビング・ダイニングを バルコニーと 一体化する

リビング・ダイニングに面するマンションのバルコニーにウッドデッキを敷設すると、室外機置き場や洗濯物の干し場所にすぎなかった殺風景なバルコニーが生まれ変わる。室内外を木質系の床材でそろえると室内の床がバルコニーまで連続して見えるので、リビング・ダイニングが視覚的に広がるとともに、バルコニーの使い勝手も大きく変わってくる。このとき、バルコニーの手摺壁もしっかりとデザインしたい。ここでは、ウッドデッキと同じ材料で、目隠しを兼ねる手摺壁を立ち上げて、デザインの統一性を図っている。

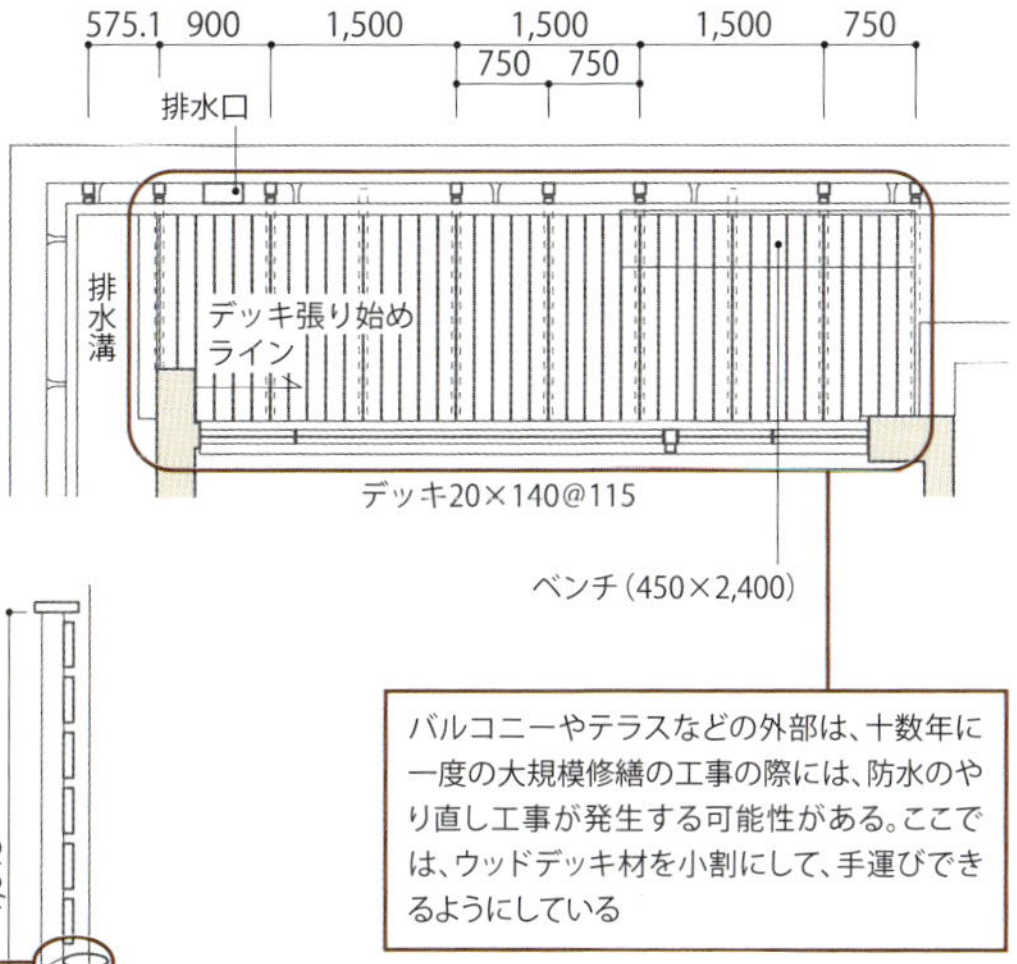
575.1
900
1,500
1,500
750
750
1,500
750
排水口
排水溝
デッキ張り始めライン
デッキ20×140@115
ベンチ（450×2,400）
バルコニーやテラスなどの外部は、十数年に一度の大規模修繕の工事の際には、防水のやり直し工事が発生する可能性がある。ここでは、ウッドデッキ材を小割にして、手運びできるようにしている

ウッドデッキ平面詳細図
［S=1：120］

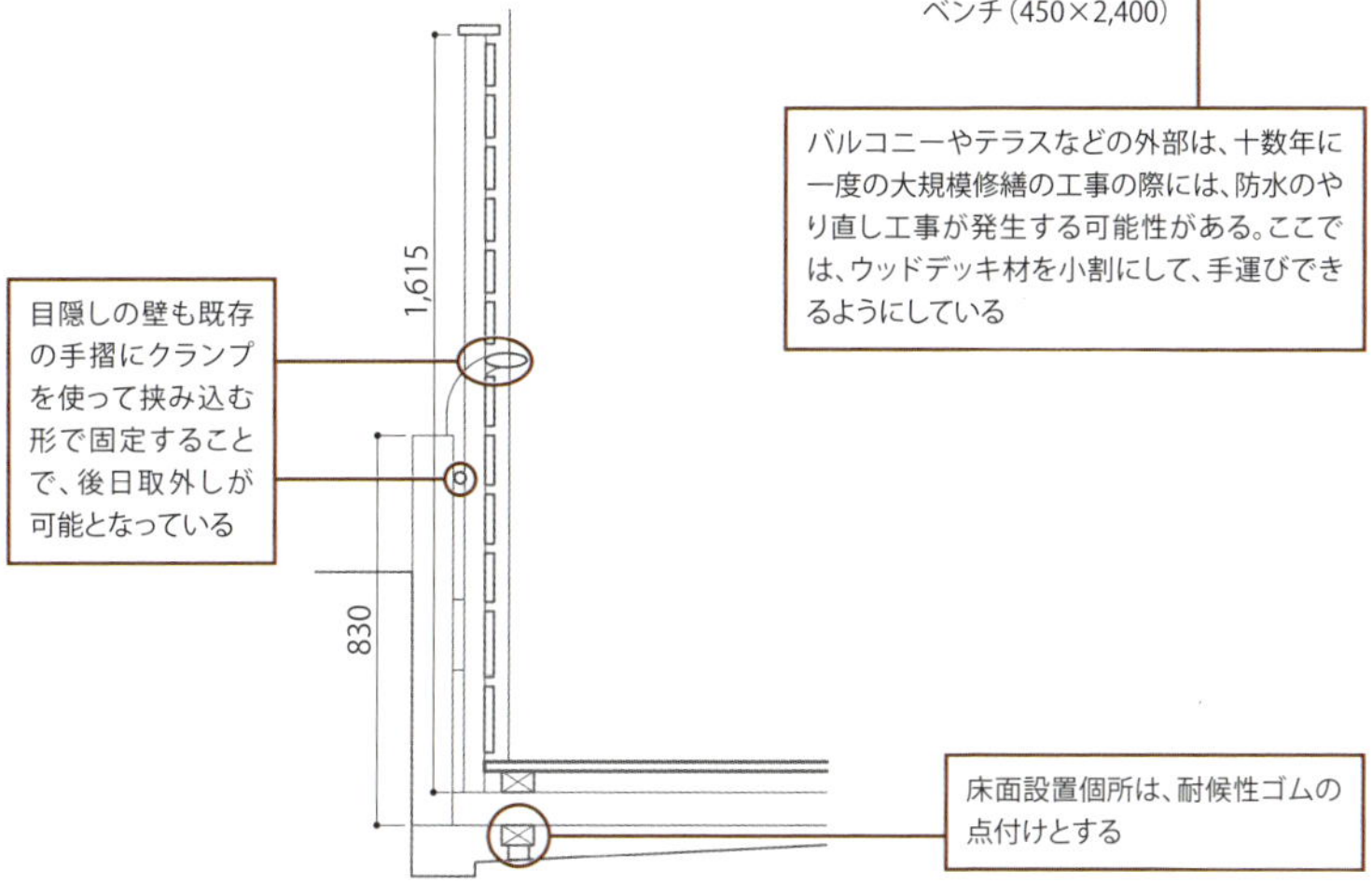
1,615
830
目隠しの壁も既存の手摺にクランプを使って挟み込む形で固定することで、後日取外しが可能となっている
床面設置個所は、耐候性ゴムの点付けとする

ウッドデッキ断面詳細図［S=1：30］

デッキ材・壁材にはイペを使用。手摺壁には、所々に開口部を設けて、植栽のスペースとしている

写真：ジーク

MATERIAL ／麻布 MT 邸（プロデュース・施工：ジーク＋造作家具：SSK）

壁：クロス／ノイエローヴ（旭興）および左官／タナクリーム（田中石灰工業）　床：複合フローリング／スカンジナビアンフローリング ワイドプランク OAEWS（スカンジナビアンリビング）　天井：クロス／ノイエローヴ（旭興）　モールディング：CE5182 人工木材（みはし）　ダイニングテーブル：施主支給　ダイニングチェア：施主支給　ソファ（ハンプトンホーム）　クッション（ハンプトンホーム）　センターテーブル：施主支給　スタンドライト：UF4-33N（イサムノグチ・AKARI）ウッドデッキ：イペ（マルホン）

適度な距離感を保つ パブリックな リビング・ダイニング

生活パターンがずれてきた夫婦の生活では、プライバシーを重視して、2つの寝室を離れた位置に設ける場合がある。ここでは、2つの寝室の間にリビング・ダイニングを挟んでいる。2つの寝室間の繋がりを感じられるように、床のカーペットの色を変え、天井高を調節することで、2つの寝室を視覚的につなげている。この手法ではお互いが適度な距離感を保ちながら、必要なコミュニケーションが図ることができる。加えて、老後の生活動線を考えて、主寝室の奥の水廻りにも廊下から出入りできるように、4枚の引込み戸を組み合わせている。

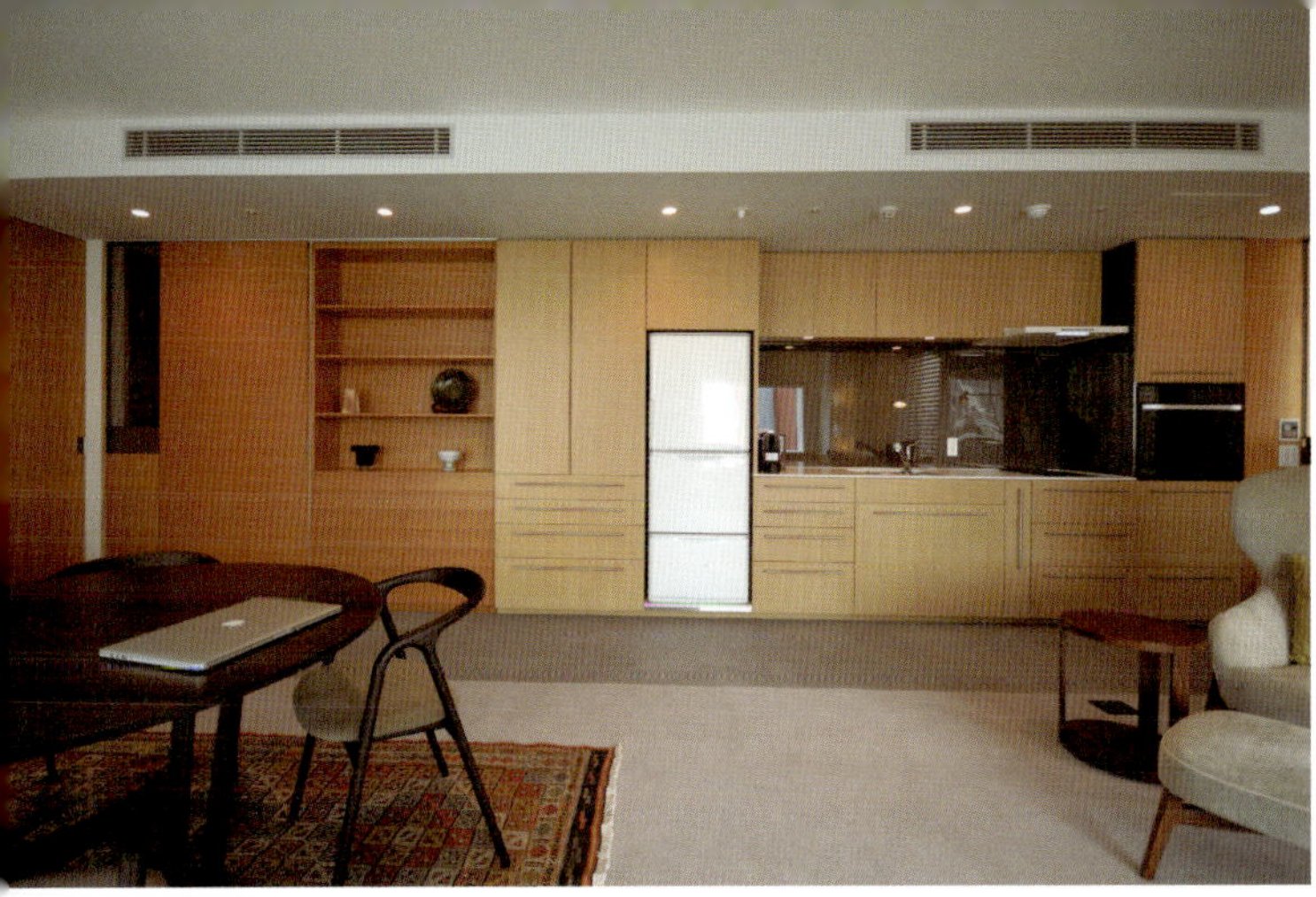

リビング・ダイニングから壁面に組み込まれたキッチンを見る。左側の引戸は右隣の飾り棚を隠すという役割もあり、システムキッチンと面で納まる

After

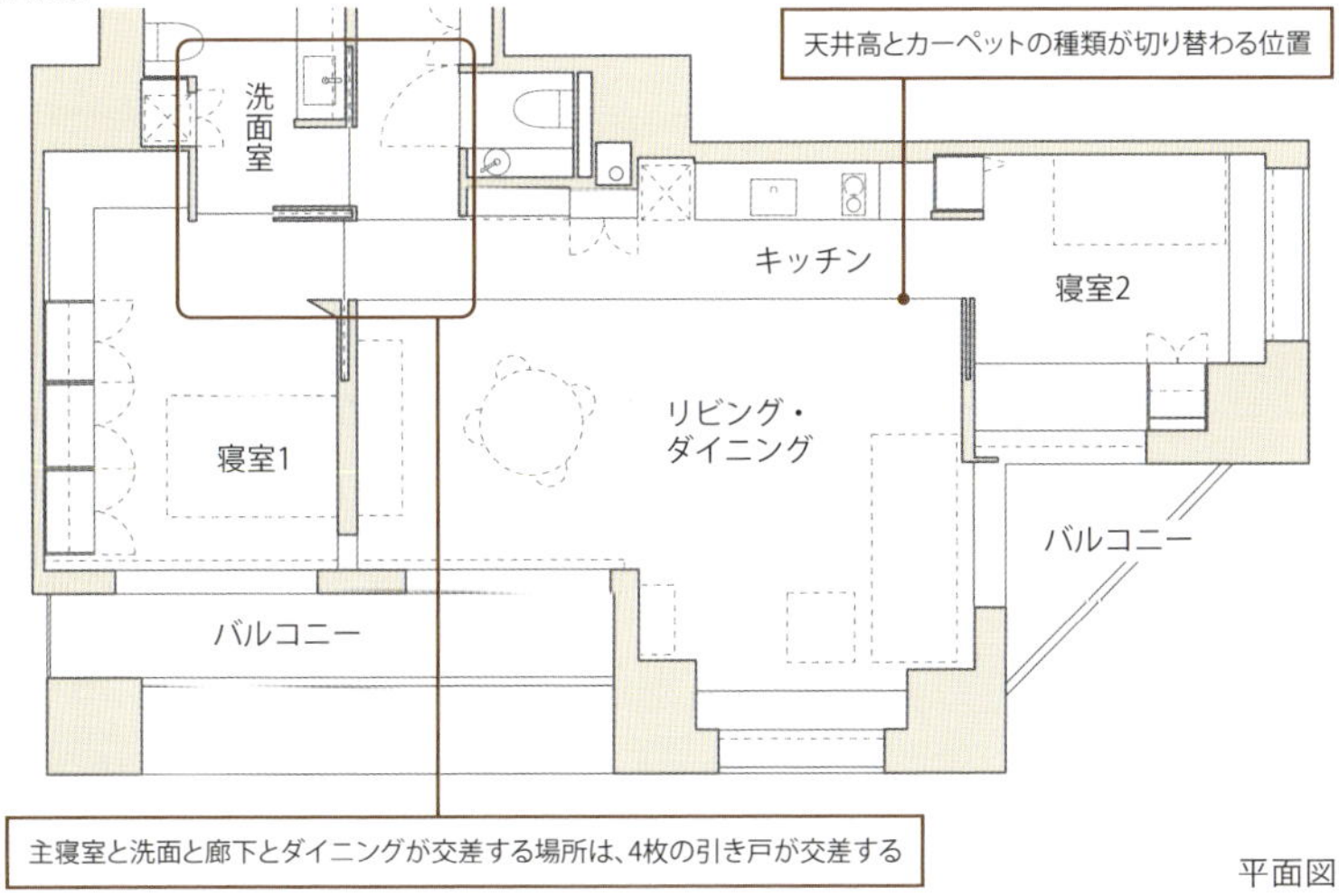

天井高とカーペットの種類が切り替わる位置
洗面室
キッチン
寝室2
リビング・
ダイニング
寝室1
バルコニー
バルコニー
主寝室と洗面と廊下とダイニングが交差する場所は、4枚の引き戸が交差する

平面図

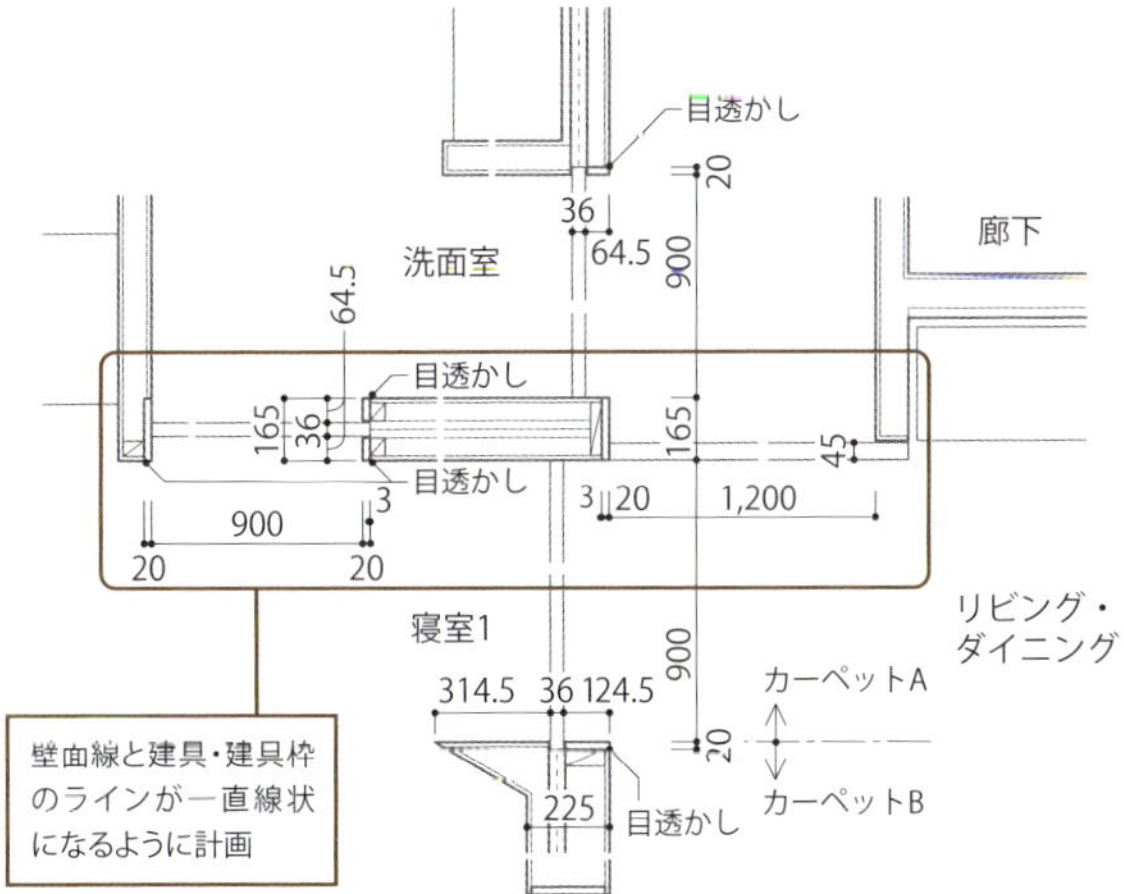

目透かし
20
36
64.5
900
洗面室
廊下
64.5
目透かし
165
36
165
45
目透かし
3
3
20
1,200
900
20
20
寝室1
リビング・
ダイニング
900
314.5
36
124.5
カーペットA
20
カーペットB
225
目透かし
壁面線と建具・建具枠のラインが一直線状になるように計画

引戸平面詳細図［S=1：40］

MATERIAL ／中央区 Y 邸（施工：高島屋スペースクリエイツ）

壁：クロス／WVP7577（東リ）・SG542（サンゲツ）　床［リビング・ダイニング］：カーペット／HDC-809-02（堀田カーペット）　床［キッチン］：カーペット／HDC-808-02（堀田カーペット）　天井：クロス／WVP7577（東リ）およびSG542（サンゲツ）　ダイニングテーブル：CENA（カッシーナ）　ダイニングチェア：JK（アルフレックス）ソファ：STREAMLINE SOFA（アイラーセン）　ローテーブル：Fiorire DB（ポリフォーム）　ラウンジチェア：GIULIO（アルフレックス）　スタンドライト：UF4-33N（AKARI・イサムノグチ）およびTOLOMEO TERRA（アルテミデ）　シェード：シルエットシェード（ハンターダグラス）　ラグ：施主支給

光と風が通り抜ける リビング・ダイニング

ペントハウス（屋上階住戸）には、四周が外に面するという特徴がある。この特徴を生かせば、広がりと風通しのよい空間をつくり出すことが可能である。ここでは、中庭とテラス（ルーフバルコニー）をつなぐように、間仕切壁を整理した。中庭とテラスに挟まれたエリアに、リビング・ダイニングを配置することで、光と風が通り抜ける心地よい空間を実現している。テラスには、ウッドデッキを敷き、柱とルーバーで構成されたパーゴラをつくることで、アウトドア・リビングとして室内との境界を曖昧にしている。

リビングからダイニングを見る。ダイニングとリビングの間には垂れ壁を設け、空間に落ち着きをもたらしている

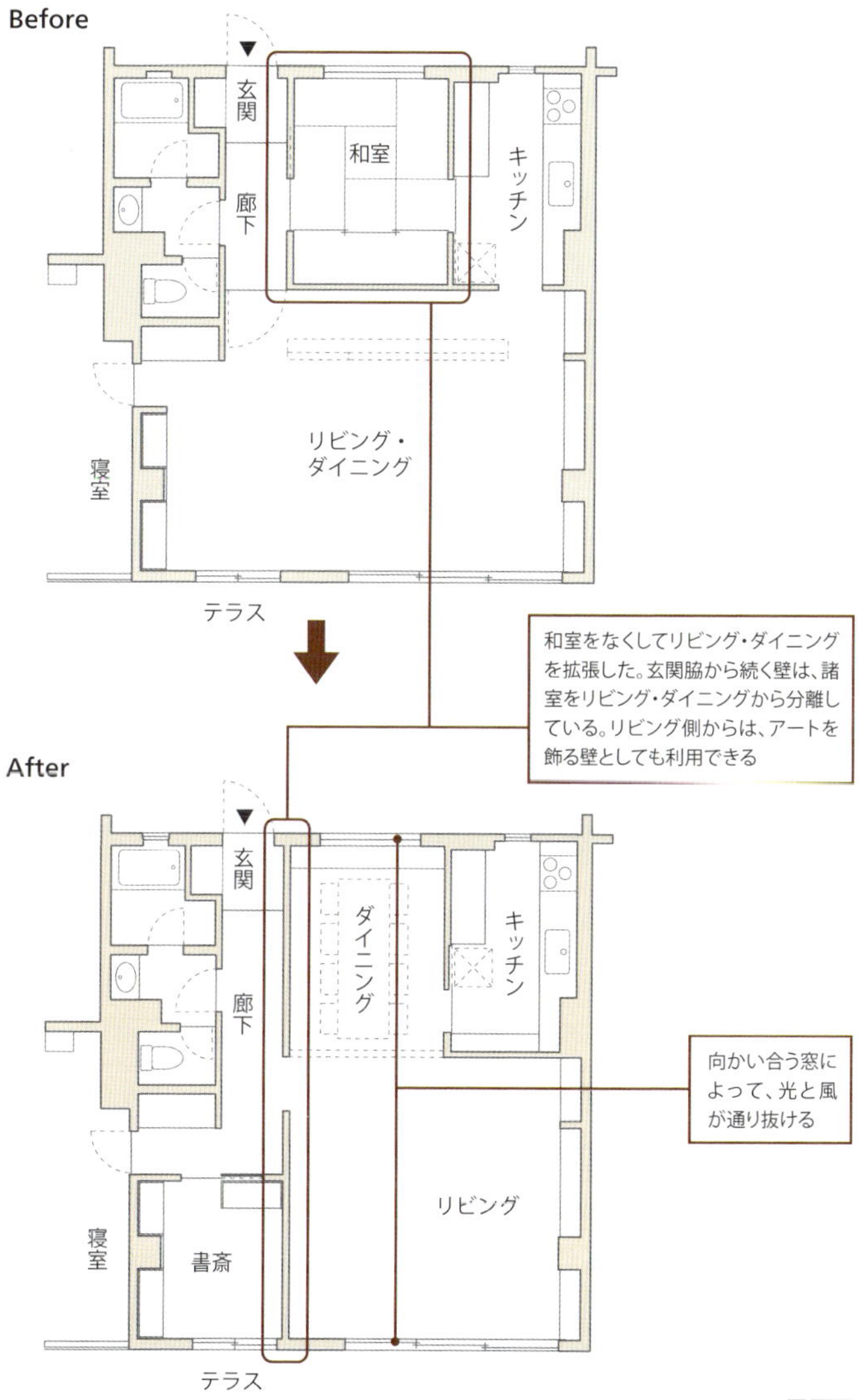

Before
玄関
廊下
和室
キッチン
リビング・
ダイニング
寝室
テラス
和室をなくしてリビング・ダイニングを拡張した。玄関脇から続く壁は、諸室をリビング・ダイニングから分離している。リビング側からは、アートを飾る壁としても利用できる
After
玄関
廊下
ダイニング
キッチン
向かい合う窓によって、光と風が通り抜ける
リビング
寝室
書斎
テラス

平面図

MATERIAL／小石川S邸（施工：大総工務店・リブコンテンツ）

壁：AEP再塗装　床：オーク無垢フローリングウレタンクリア　天井：AEP再塗装　ダイニングテーブル（アルフレックス）　ダイニングチェア：Cab（カッシーナ）　ソファ：造作　センターテーブル（アルフレックス）　ラウンジチェア：造作　スタンドライト：UF4-31N（AKARI・イサムノグチ）　コンソール：アンティーク（施主支給）　ラグ：特注品（施主支給）

不整形な空間をインテリアのデザインで整える

既存のリビング・ダイニングのかたちが不整形な場合は、ソファなどの家具レイアウトが難しい。この問題を解消するには、リビング・ダイニングを、整形なかたちにゾーニングし、そのなかで家具のレイアウトを考えるのがよいだろう。床・壁・天井のデザインにメリハリをつけ、かつ、それぞれの空間に適した照明計画を施すことで、ゾーニングは可能である。ここでは、リビングの天井を開放感のある白い折上げ天井、ダイニングの天井を木の化粧梁が映える天井として、リビングとダイニングを緩やかに分けた。

After

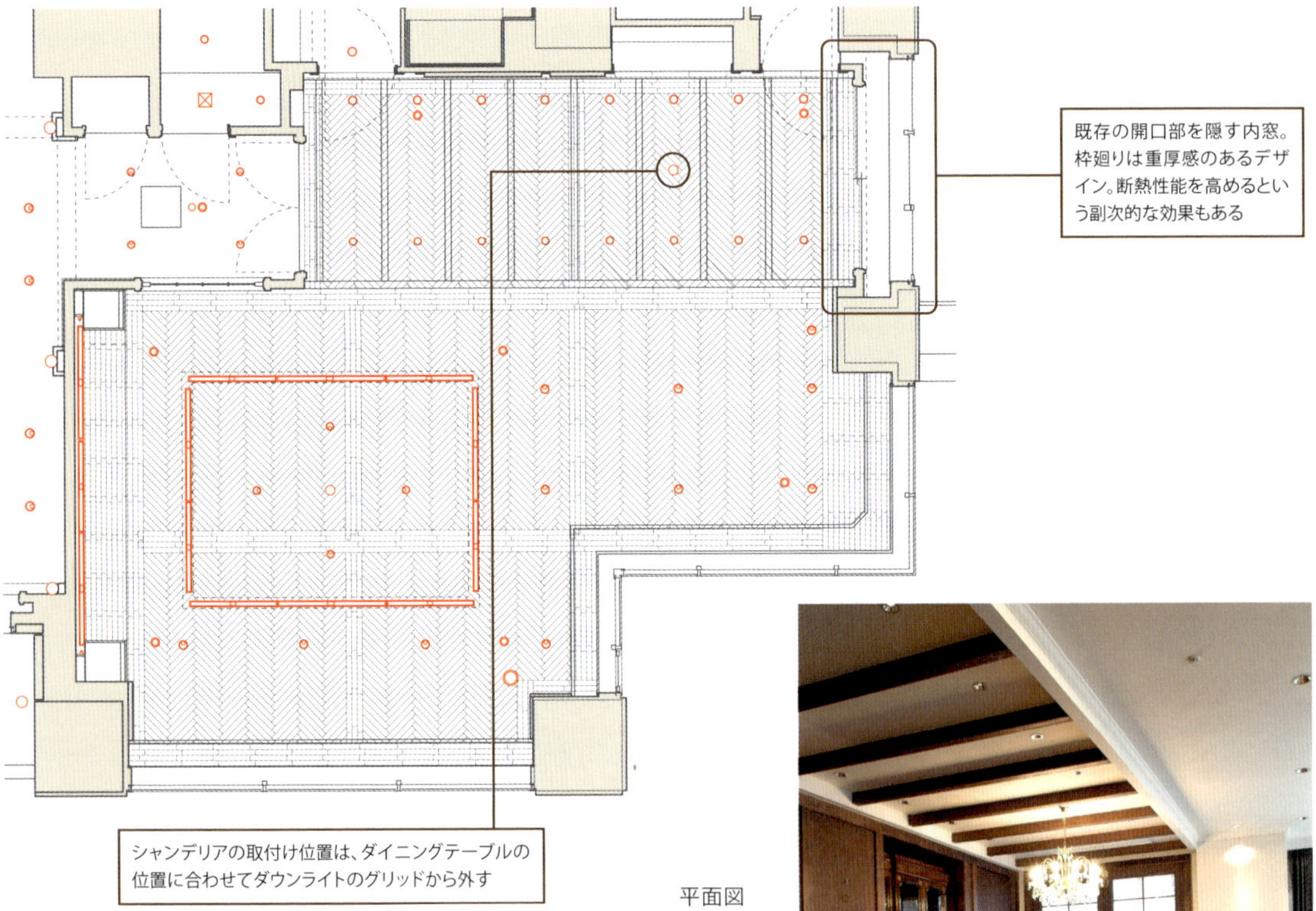

既存の開口部を隠す内窓。枠廻りは重厚感のあるデザイン。断熱性能を高めるという副次的な効果もある
シャンデリアの取付け位置は、ダイニングテーブルの位置に合わせてダウンライトのグリッドから外す

平面図

木製の化粧梁とシャンデリア、ヘリンボーン張りのフローリングが目に映えるダイニング。飾り棚やテーブル・チェアは重厚感のあるデザインに

MATERIAL／高輪M邸（施工：現代製作所）

壁：AEP／FARROW & BALL（ミツワインテリア）およびロースウッドパネル・ウォルナットパネル　腰壁：ウォルナット突き板　床：無垢フローリング／ピュアヘリンボーン ローズウッド（細田木材工業）　天井：AEP／FARROW & BALL（ミツワインテリア）　モールディング：SE321（みはし）　木製梁：ウォルナット突き板　ダイニングテーブル：施主支給（ドレクセルヘリテイジ）　ダイニングチェア：施主支給（ドレクセルヘリテイジ）　ソファ：施主支給（ドレクセルヘリテイジ）　シャンデリア：施主支給　飾り棚：施主支給（ドレクセルヘリテイジ）　建具：ウォルナット突き板

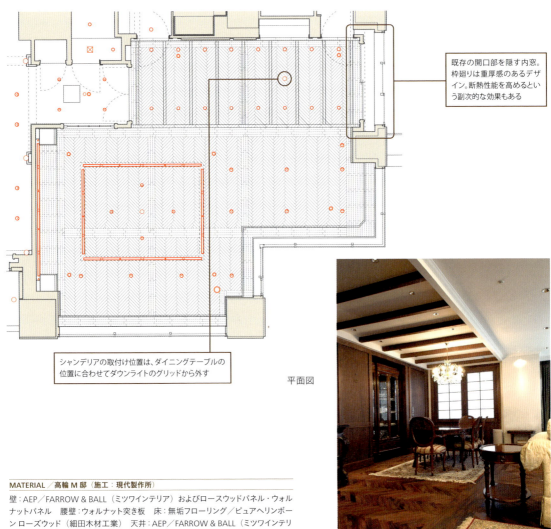

大理石の壁と飾り棚の視覚的効果

一般的なマンションでは、四方（壁いっぱいの窓がある場合は三方）の壁を同じ仕上げにすることが多く、個性に欠け、画一化された印象が否めない。これを避けるには、壁一面の仕上げ材・色を切り替えるなどして、アクセント壁にしながら、そこに各種機能を集約させると、スタイリッシュな空間へと生まれ変わる。ここでは、玄関ホールから伸びる壁一面を硬質感のある大理石で仕上げつつ、出入口の脇にある袖壁をガラスにして、玄関とリビング・ダイニングが一体的につながるようにした。加えて、テレビを組み込んだ収納棚に、壁掛けCDプレイヤー、スピーカー、彫刻などを石割りに合せてレイアウトしている。

リビング・ダイニングが面する窓は、バルコニーの植栽と街路樹の鮮やかな緑を切り取るピクチャーウィンドウ

After

折上げ天井のあるリビング・ダイニング。アクセント壁に大型TVを収納する家具を取り付け、それを利用してリビングとダイニングを緩やかに分けた。そのゾーニングに合わせて、リビングのソファ・ローテーブル上にある折上げ天井のサイズを小さくしている[215頁参照]

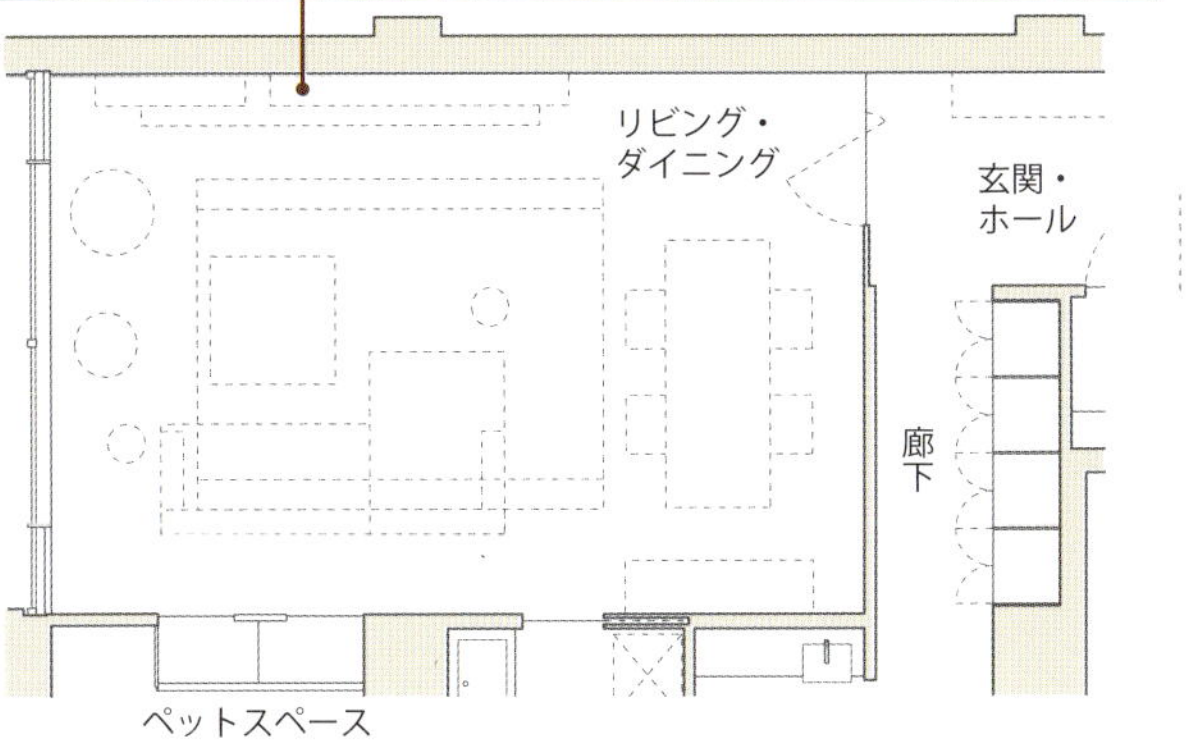

平面図

壁：天然石張り

大然石は目地なしで納め、
1枚岩のように見せる

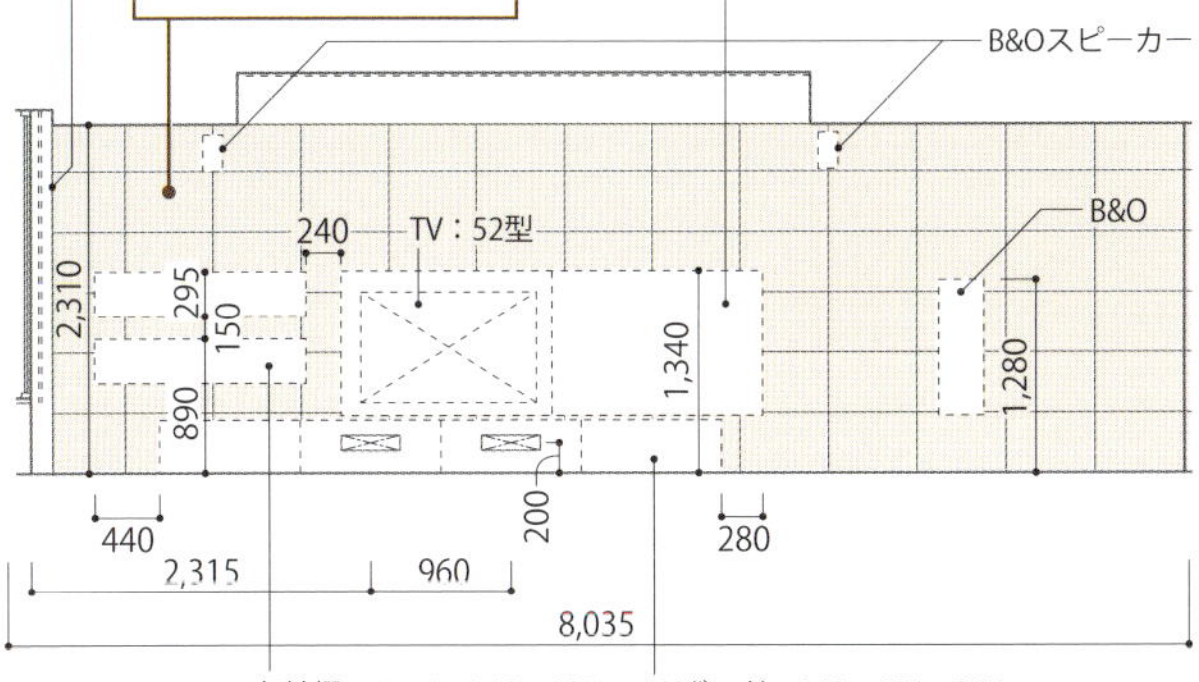

展開図［S=1：100］

MATERIAL／代官山Ｔ邸（施工：リフォームキュー）

壁：AEPおよび天然石／バサルティーナ（アドヴァン）およびFIX強化ガラス　床（既存）：天然大理石／ペルリーノホワイト　天井：AEP 折上げ天井：3M ダイノックフィルム（3M）　ダイニングテーブル：Diamond（モルテーニ）　ダイニングチェア：FLYNT CROSS BASE（ミノッティ）　ソファ：SHERMAN（ミノッティ）　コーヒーテーブルCESER（ミノッティ）　センターテーブル：CALDER（ミノッティ）　ラグ：DIBBETS（ミノッティ）　ダイニングペンダントライト：Compass Box（フロス）　フロアランプ：BeyondL（トリシュナ・ジバーナ）　キャビネット：MORRISON（ミノッティ）　TVボード：PASS（モルテーニ）　エタノール暖炉：COCOON（ヴェッキオ エ ヌオーヴォ）　アート：ジュリエット・ファーガソン（サブジェクトマター）　壁付けスピーカー：Beolab3（バングアンドオルフセン）　壁付けCDプレーヤー：BeoSound9000（バングアンドオルフセン）

枠廻りを際立たせて“コロニアル”の雰囲気を表現

現在のマンションでは、〝ナチュラルモダン〟を基調とするインテリアが主流である。幅木や廻り縁、建具枠は目立たないように、なるべく細く小さくするのが定番。建具や家具はプレーンでありきたりな空間になってしまいがちだ。建具や家具の存在感を生かすには、幅木や廻り縁、建具枠を目立たせるスタイルも考えるべきだろう。この空間では、住まい手から要望のあった〝コロニアル〟というテーマのもと、欧風な高級住宅テイストに、エキゾチックな要素をミックスさせたインテリアを表現した。

After

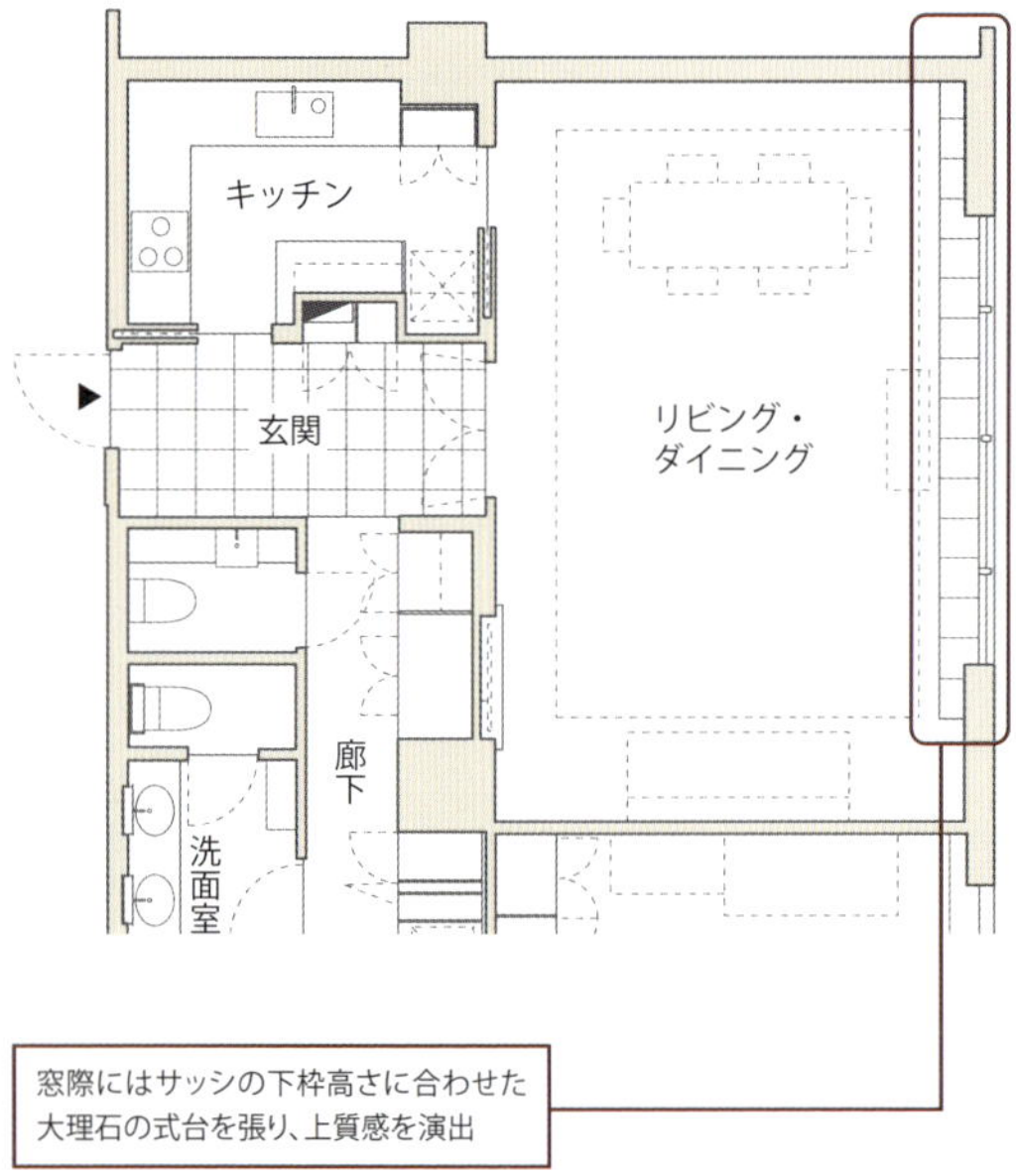
キッチン
玄関
リビング・ダイニング
廊下
洗面室
窓際にはサッシの下枠高さに合わせた大理石の式台を張り、上質感を演出

平面図

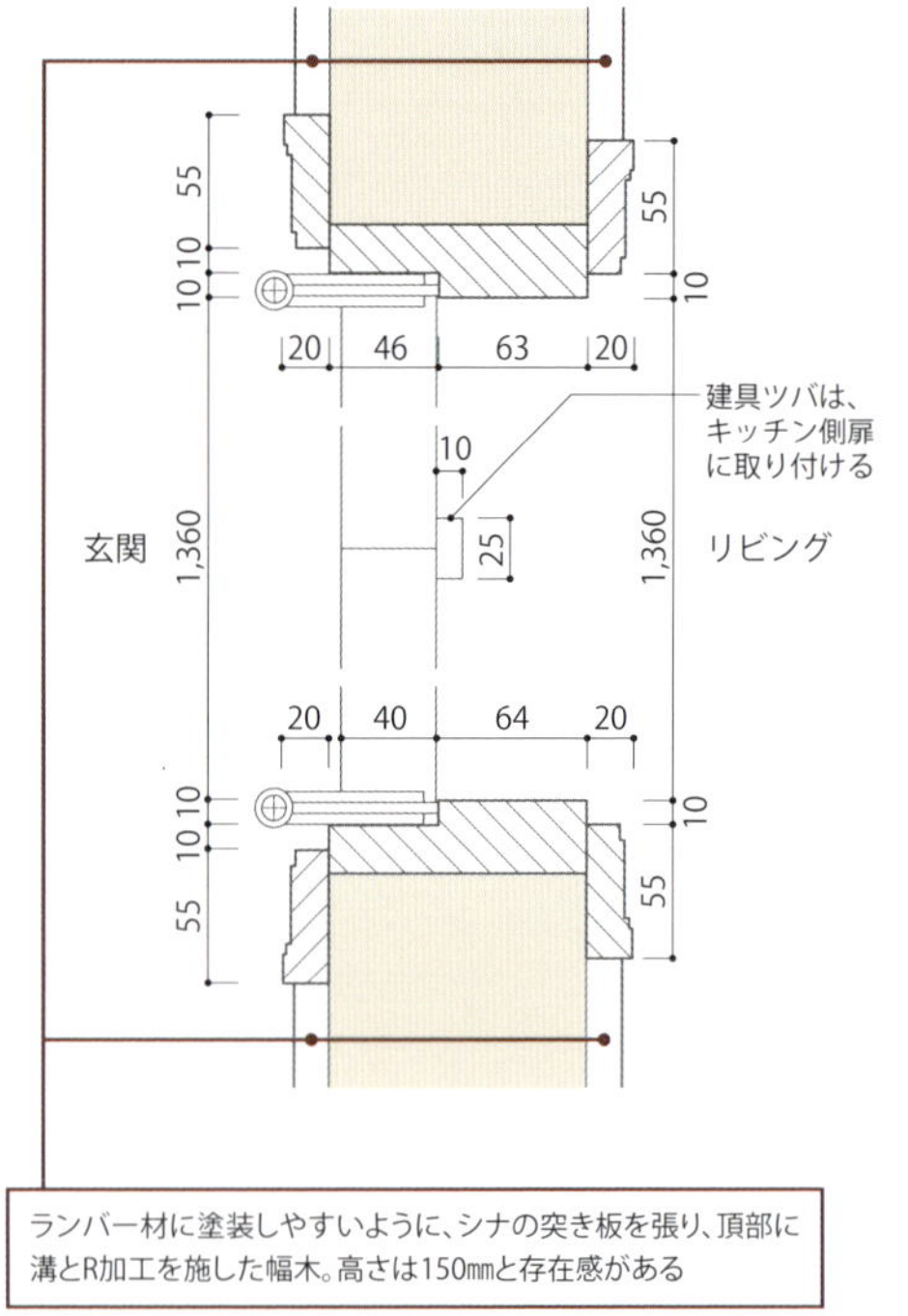
玄関
リビング
55
10 10
20 46 63 20
建具ツバは、キッチン側扉に取り付ける
10
25
1,360
20 40 64 20
10
55
ランバー材に塗装しやすいように、シナの突き板を張り、頂部に溝とR加工を施した幅木。高さは150㎜と存在感がある

枠廻り平面詳細図［S=1：6］

特注の幅木とケーシング枠、ユニークな柄の輸入壁紙でまとめた壁面。正面のマントルピース型はテレビ収納

MATERIAL／六本木M邸（施工：ライフデザイン）

壁：クロス／TE-JEANNE-VL9104（テシード）および一部大理石／トラバーチンクラシコ（アドヴァン）　床：既存フローリングおよび式台大理石／トラバーチンクラシコ（アドヴァン）　天井：AEP　モールディング：AS-Z16（アドヴァン）・482P・1068・1153（みはし）　メダリオン：EF108（みはし）　ダイニングテーブル：ロータス（タイムアンドスタイル）　ダイニングチェア：JK814（リッツウェル）　デイベッド：施主支給（カッシーナ）　スツール（アーテリアズ）　調度品（アーテリアズ）　カーテン（マナトレーディング）　木製ブラインド：Nanikシリーズ（ナニックジャパン）　アート（施主支給）

RC打放しの壁とモルタル仕上げの梁で力強く

マンション・リノベーションでは、既存の仕上げ材を撤去して、コンクリートの梁や壁をインテリアとして積極的に生かすという手法の人気が高い。ただし、そのまま露してしまっては、やや無骨すぎて、高級感が伴わないことが懸念される。梁や壁は必要に応じて表面処理を行うほか、梁や壁とそのほかの仕上げ材とのバランスや取合いも入念に検討したい。ここでは、コンクリートの質感に似合う野性味溢れる幅広かつ長物の複合フローリングやスチール製の建具を組み合わせて、高級感を醸し出している。

既存のコンクリート壁はGLボンドの跡が残る。そのまま見せてもよいが、高級感に欠ける印象を与えかねないので、ケレンをかけてきれいに見せている

After

RC打放しで仕上げたのは"ソファの真正面に見える壁" "壁掛け型ガスストーブ暖炉を取り付けた壁"と、アクセントとして効かせる壁面。そのほかは、白い塗装で仕上げて、コンクリートの無骨さを適度に和らげている

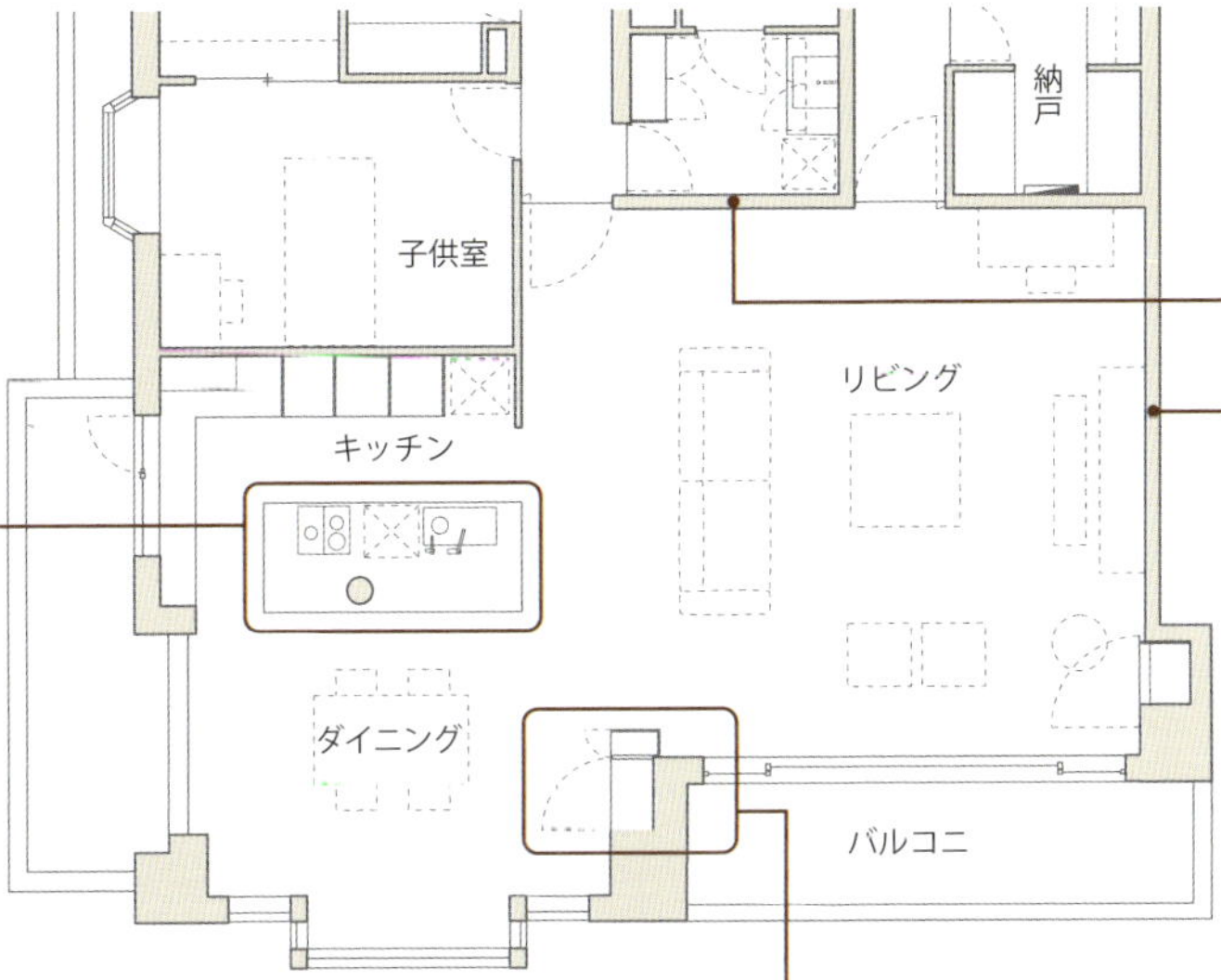

PSを隠す円柱がアクセントとして映えるアイランドキッチンのカウンター[74・75頁参照]

柱形と窓枠によって生じる凹凸を利用して天井いっぱいの収納を設える

平面図

MATERIAL ／杉並区 S 邸（施工：青）

壁：AEPおよびコンクリート打ち放し　床：複合フローリング／オークナチュラルオイル（マーフィー）　天井：AEP一部コンクリート梁露し（モルタル補修）　ソファ：Naviglio（コンランショップ）　センターテーブル：施主支給（コンランショップ）　TVボ ト：施主支給（ポーゲンポール）　壁掛け型ガスストーブ暖炉：施主支給（ヴェッキオ エ ヌオーヴォ）　木製ブラインド：Nanikシリーズ（ナニックジャパン）

個性豊かな輸入家具が引き立つ大空間

グレード感のあるマンション・リノベーションには、持ち込み家具・調度品との相性を考えたインテリアデザインが重要だ。持ち込まれる家具・調度品は、古今東西問わず、さまざま〝顔〟をもっている。それらの個性を壊してしまわないように、インテリアは、ある程度のアクセントはもたせつつも、プレーンに仕上げたい。ここでは、梁を露しにした天井および壁を白い塗装、床をサイザル麻で仕上げて、欧米や東アジアから持ち込まれる家具・調度品が引き立つ空間の設えとした。数多く置かれたテーブルランプは設計時からレイアウトを決めてスイッチ連動型のコンセントとして、一度に点灯できるようにしている。

After

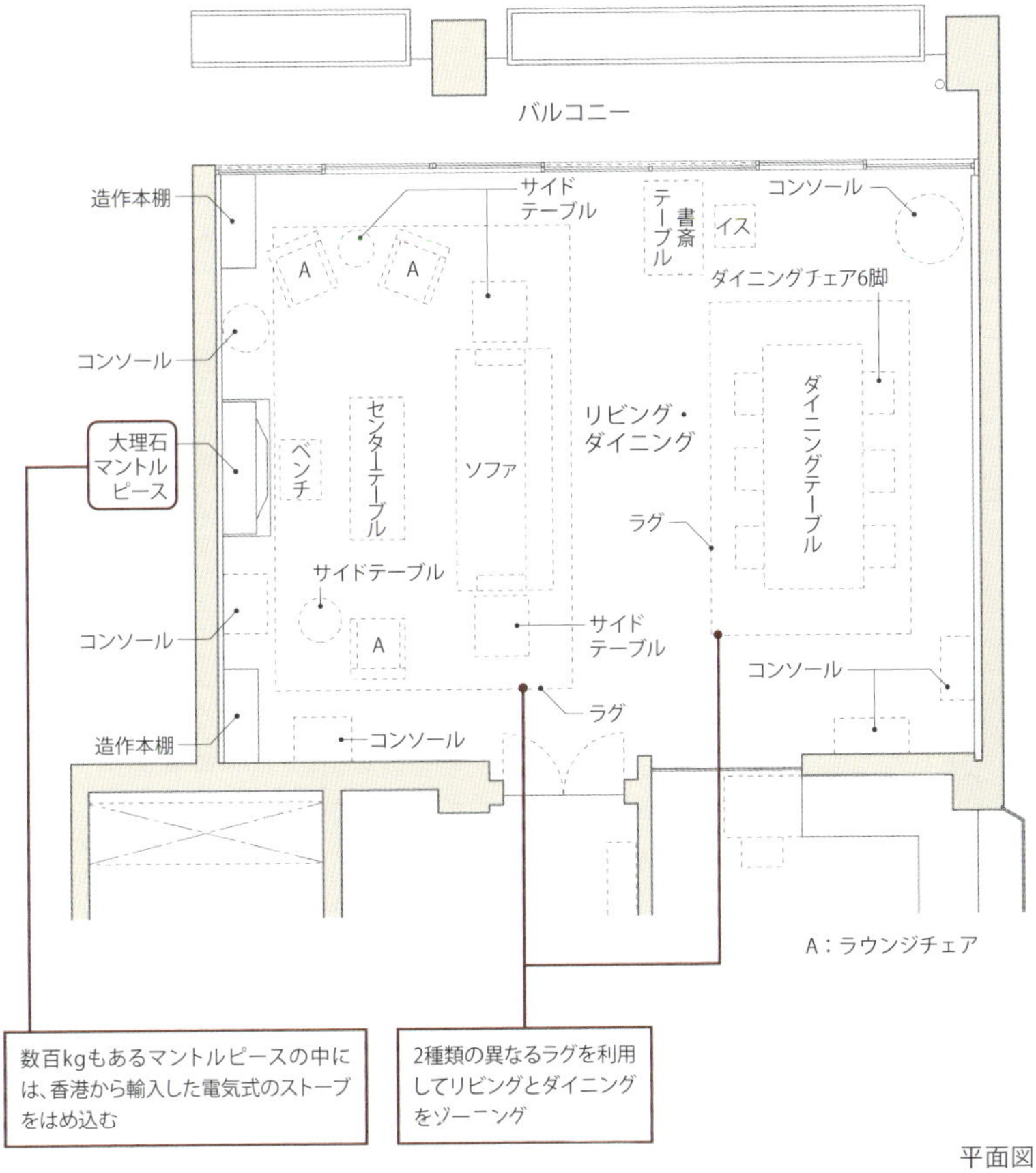

バルコニー
造作本棚
サイドテーブル
書斎テーブル
イス
コンソール
A
A
ダイニングチェア6脚
コンソール
大理石マントルピース
ベンチ
センターテーブル
ソファ
リビング・ダイニング
ダイニングテーブル
ラグ
サイドテーブル
コンソール
A
サイドテーブル
コンソール
造作本棚
コンソール
ラグ
A：ラウンジチェア
数百kgもあるマントルピースの中には、香港から輸入した電気式のストーブをはめ込む
2種類の異なるラグを利用してリビングとダイニングをゾーニング

平面図

ペンダントライトや壁面上部に飾ったアート・鏡が梁露しの天井の高い空間をほどよく引き締める

MATERIAL ／広尾 N 邸（施工：アイホーム）

壁：AEP　床：サイザル麻／マヤヘンプ（ユー・イー・エス 上田敷物事業部）　天井：AEP　ソファ／オーダー　サイドテーブル／オーダー　ラウンジチェア［奥］（ベーカー）　ラグ（リファヴィヤ）　ガラステーブルランプ（ウォーターフォード）　コンソール円形（ベーカー）　ミラー円形（ベーカー）　ダイニングセット／フランスアンティーク　ペンダントライト／アメリカ

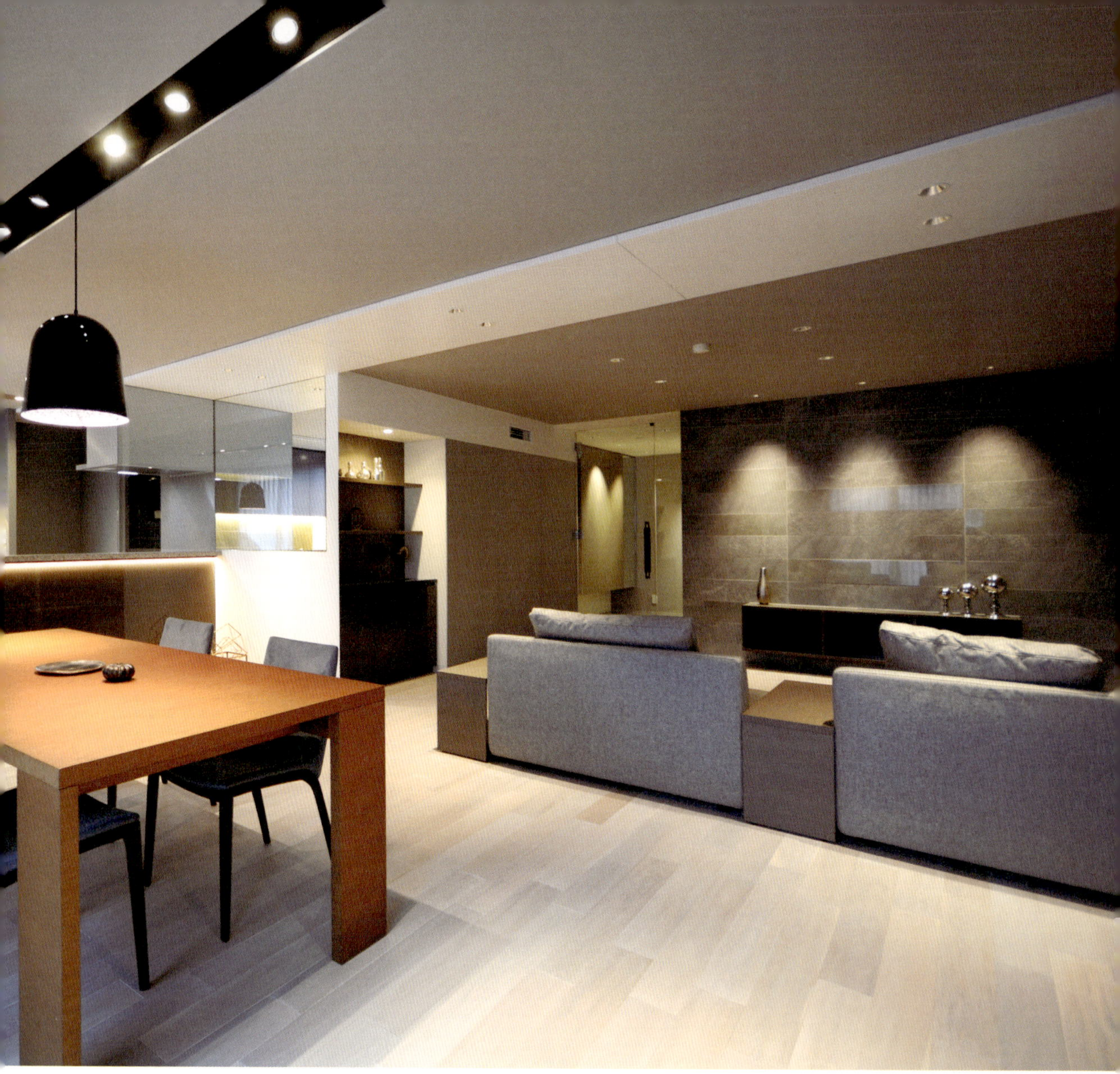

グレーを基調とする
スタイリッシュな
空間の設え

マンションのインテリアでは壁と天井の色は白を基調とするのが一般的である。個性的な空間とするには、それを逆手にとって、白以外の色を基調としてインテリアを構成するという考えが生まれてくる。ここでは、壁と天井をアイスグレーで仕上げ、クールでスタイリッシュなイメージを想起させるようにした。単調な印象を与えないように、ボーダー状の磁器質タイルやウォルナットのフローリングをアクセントとして壁に張り、キッチンカウンターや背面収納の面材にはカラーガラスなどを使用。素材の艶感をコントロールすることで、空間に華やかさを添えている。

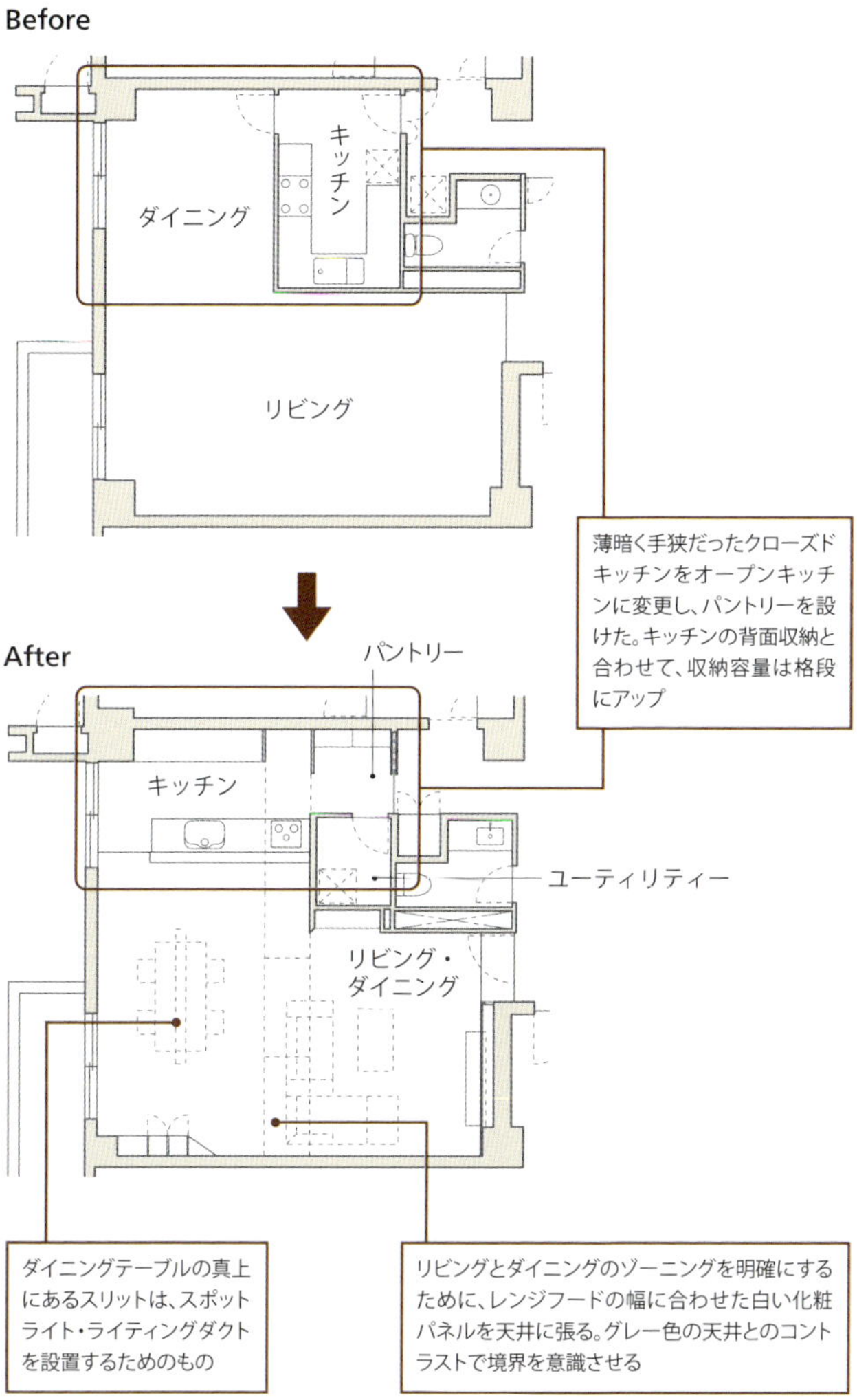
Before
ダイニング
キッチン
リビング
After
パントリー
キッチン
ユーティリティー
リビング・ダイニング
薄暗く手狭だったクローズドキッチンをオープンキッチンに変更し、パントリーを設けた。キッチンの背面収納と合わせて、収納容量は格段にアップ
ダイニングテーブルの真上にあるスリットは、スポットライト・ライティングダクトを設置するためのもの
リビングとダイニングのゾーニングを明確にするために、レンジフードの幅に合わせた白い化粧パネルを天井に張る。グレー色の天井とのコントラストで境界を意識させる

平面図

L字形のLDK。リビングからダイニング・キッチンを見る。開口部に挟まれた壁をウォルナットの羽目板張りとして、アイストップとして機能させた

MATERIAL ／一番町Y邸（施工：リフォームキュー）

壁：クロス／LL-8188（リリカラ）およびアクセントクロス／WVP7143（東リ）および羽目板／複合フローリング20シリーズ ウォールナット20クリアオイル（IOC）および磁器質タイル／ホワイトエクスペリエンス WE-03EAL・WE-03EAT・WE-03EA（アドヴァン）　床：複合フローリング／複合フローリング20シリーズ オーク20ホワイトオイル（IOC）　天井：クロス／LV 5702（リリカラ）およびOP　ダイニングテーブル：ALCEO（マクサルト）　ダイニングチェア：D CHAIR（レ・スタンツェ）　ソファ：SONA（アルフレックス）　サイドテーブル：BRACCO（アルフレックス）　ラグ（インテリアズ）　ペンダントライト：CANCAN（フロス）

共用部分の高級感を リビング・ダイニングに つなげる

都心で増加を続けるタワーマンションでは、共用部分のエントランス・ロビーで感じられる高級感が最も重要とされている。使用される素材も多岐にわたる。一方、各個室のインテリアは、無味乾燥なものが少なくない。ここでは、共用部分で感じられる高級感を、専有部分でも持続的に得られるようにするために、大理石やカラーガラスなど高級感のある素材を仕上げ材として活用。大柄なソファとコンパクトな円形のダイニングテーブルでメリハリをつけ、テレビは壁埋め込みにすることで、ラグジュアリー感を演出している。

窓の外に見えるのはアウターリビング。室内からの見栄えを考慮して、チェアなどの家具はセレクトした

After

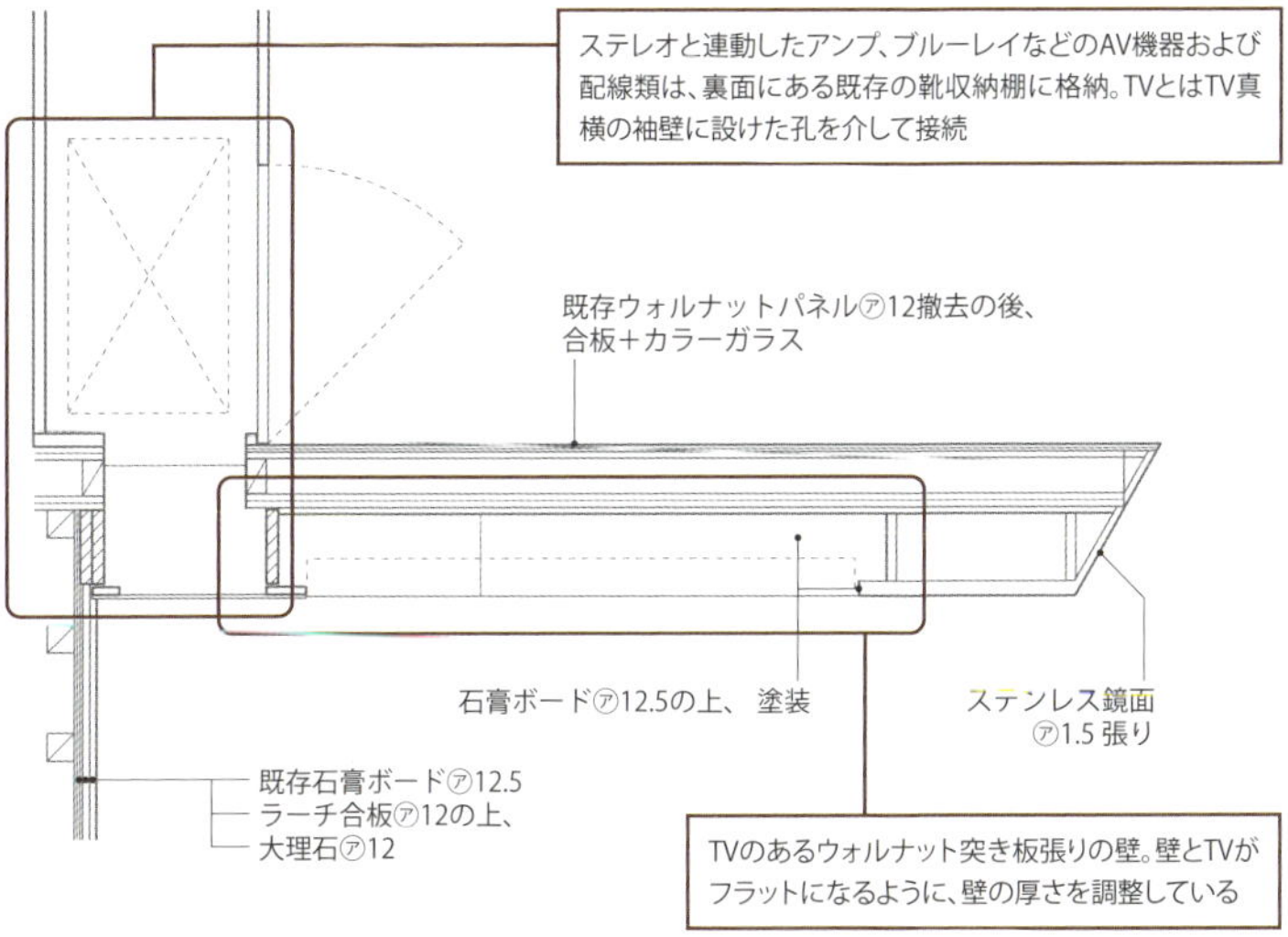

ステレオと連動したアンプ、ブルーレイなどのAV機器および配線類は、裏面にある既存の靴収納棚に格納。TVとはTV真横の袖壁に設けた孔を介して接続
既存ウォルナットパネル㋐12撤去の後、合板＋カラーガラス
石膏ボード㋐12.5の上、塗装
ステンレス鏡面㋐1.5張り
既存石膏ボード㋐12.5
ラーチ合板㋐12の上、
大理石㋐12
TVのあるウォルナット突き板張りの壁。壁とTVがフラットになるように、壁の厚さを調整している

TV埋込み部平面詳細図［S=1：12］

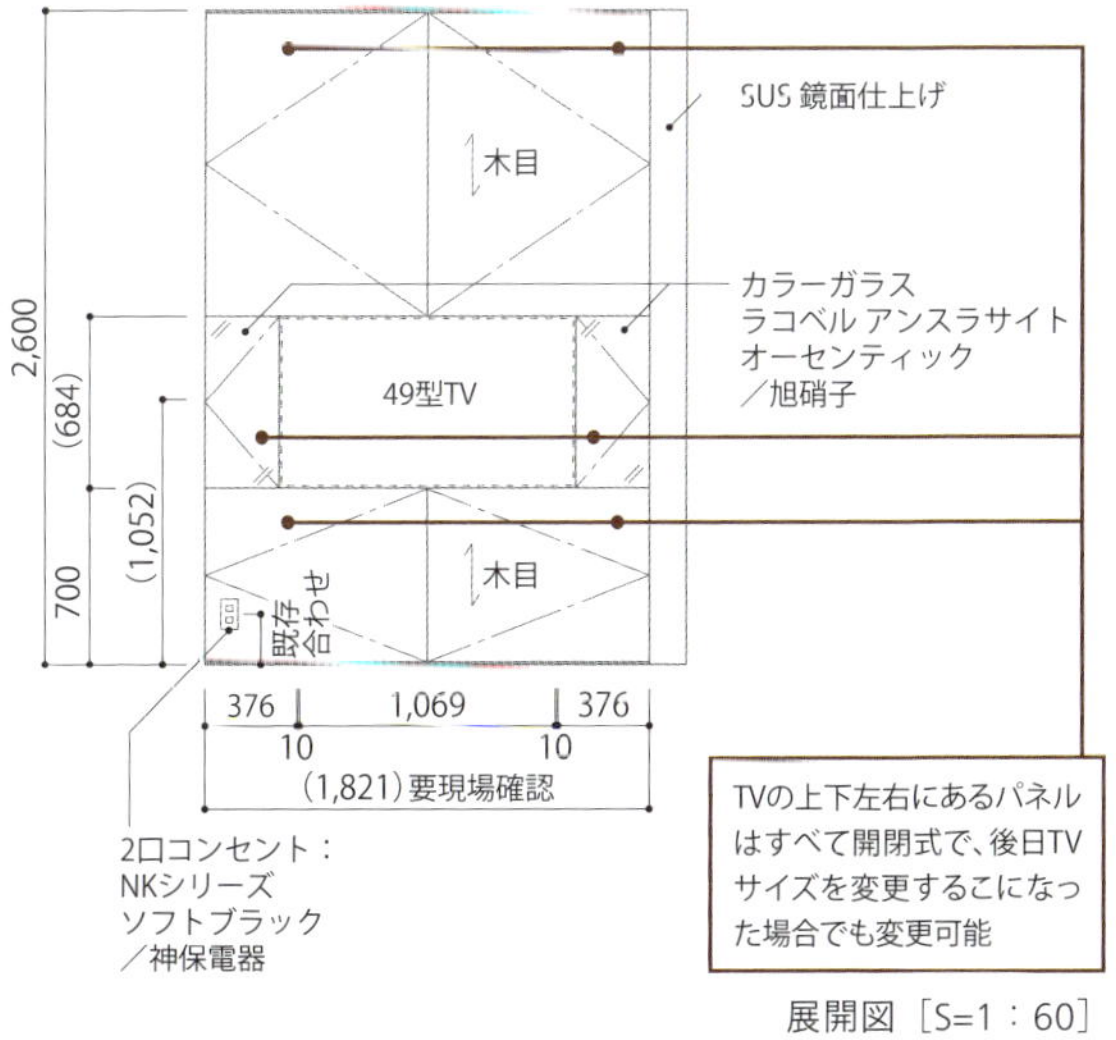

SUS鏡面仕上げ
木目
カラーガラス
ラコベル アンスラサイト
オーセンティック
／旭硝子
49型TV
木目
既存合わせ
2,600
(684)
(1,052)
700
376
1,069
376
10
10
(1,821)要現場確認
2口コンセント：
NKシリーズ
ソフトブラック
／神保電器
TVの上下左右にあるパネルはすべて開閉式で、後日TVサイズを変更することになった場合でも変更可能

展開図［S=1：60］

MATERIAL／虎ノ門ヒルズM邸（施工：リフォームキュー＋インテリアコーディネート：メイズ）

壁：大理石／ケベック カルニコ（アドヴァン）および鏡およびカラーガラス／ラコベル アンスラサイトオーセンティック（旭硝子）　床：既存／ウォルナット複合フローリング　天井：AEP　モールディング：FL339（みはし）　ダイニングテーブル：COLUMN（アルフレックス）　ダイニングチェア：RUNE（アルフレックス）　ソファ：BRERA（アルフレックス）　ローテーブル：BRERA TABLE（アルフレックス）　ラグ：lxc. NS4（カッシーナ）　ペンダントライト：Lanterna 477（オルーチェ）　スタンドライト：ALADINO（アルマーニ／カーザ）　パティオテーブル：DEDON（ニチエス）　パティオチェア：DEDON（ニチエス）　アート（アートギャラリークロゼット）

リビングとダイニングを窓際に並べる

南面信仰の強いマンション業界では、南側に採光面がある間取りが一般的である。2つ以上の掃出し窓がある場合には、それぞれの窓の数だけ部屋を配置するケースが多い。一方、それらの部屋を仕切る壁を撤去すると、大きな空間が生まれる。リビング・ダイニングには恰好のスペースだ。ただし、窓は自由に改造できないほか、大きさも異なるので、インテリアの統一感を保つのが難しい。ここでは、窓全体を囲む大きなフレームを設えることで、各窓の存在感を薄くし、全体で1つの大きな窓としてデザインしている。

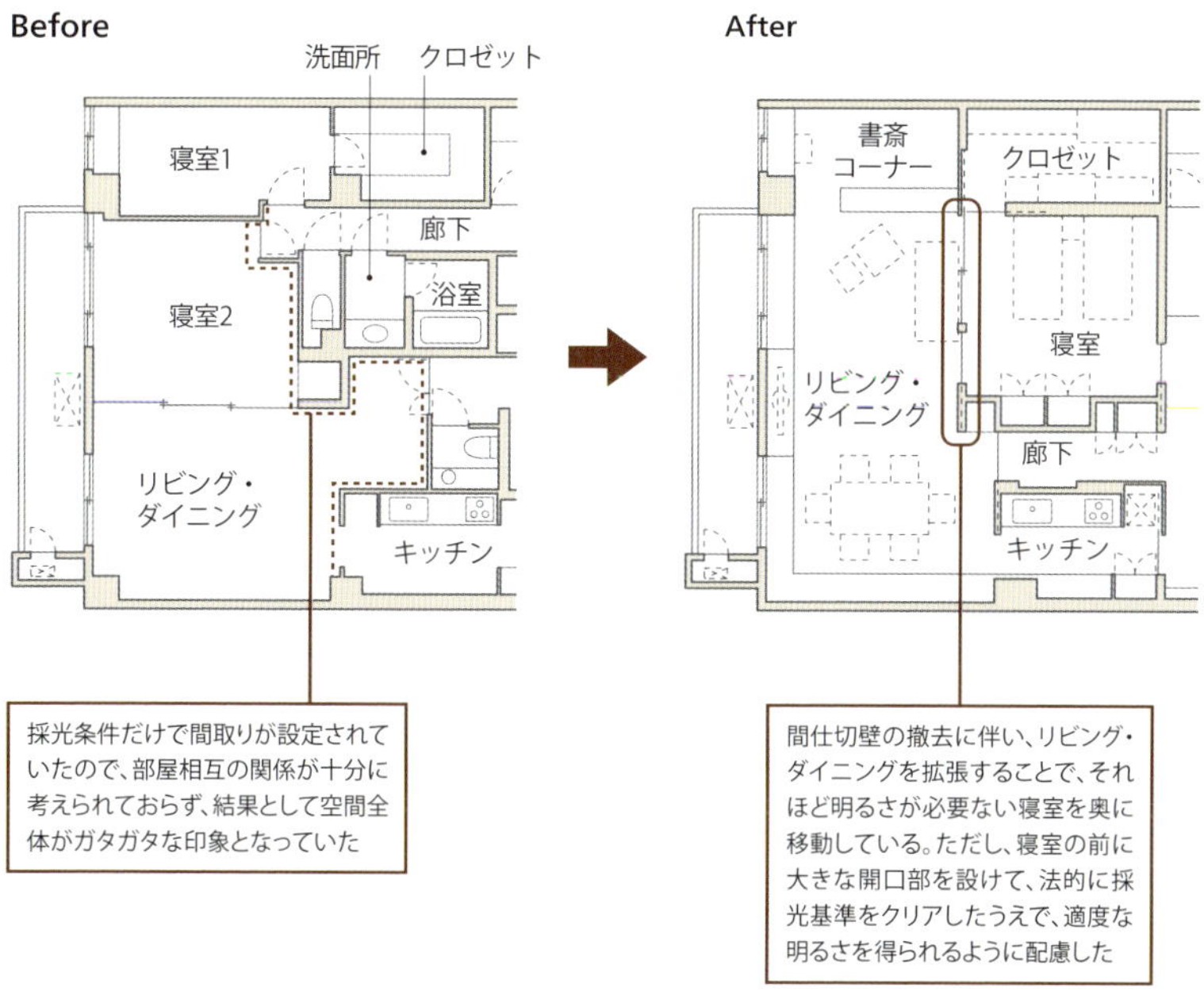
Before
洗面所
クロゼット
寝室1
廊下
寝室2
浴室
リビング・
ダイニング
キッチン
After
書斎
コーナー
クロゼット
寝室
リビング・
ダイニング
廊下
キッチン
採光条件だけで間取りが設定されていたので、部屋相互の関係が十分に考えられておらず、結果として空間全体がガタガタな印象となっていた
間仕切壁の撤去に伴い、リビング・ダイニングを拡張することで、それほど明るさが必要ない寝室を奥に移動している。ただし、寝室の前に大きな開口部を設けて、法的に採光基準をクリアしたうえで、適度な明るさを得られるように配慮した

平面図

2つの窓と中央の壁を一体に見せる木製フレーム。羽目板の向きは長手方向として、室内の床とは直交させつつ、チリを設けて、フレームの存在感を強調した。幅は床用よりも10㎜広い、幅40㎜の複合フローリングを使用し、高級感をもたせている

MATERIAL／高輪I邸（施工：青）

壁：AEPおよび羽目板／複合フローリング 40シリーズオーク40ホワイトブラッシュド／IOC　床：複合フローリング／複合フローリング20シリーズ オーク20クリアオイル（IOC）　天井：AEP　家具（施主支給）

カラーテイストの異なるリビングとダイニング

リビングとダイニングが明確に分かれている場合（離れている場合）は、それぞれのゾーンを際立たせるために、インテリアのカラーテイストを異なるものにする考え方が有効だ。ここでは、テーマカラーや折上げ天井のデザインを異なるものとしている。リビングのテーマカラーはグレージュ。居室の形状に合わせて天井は長方形で格子を組み込んだ折上げ天井とした。ダイニングのテーマカラーはライトブラウンで、天井は円形の折上げ天井である。それぞれの部屋に持ち込まれる家具も、テイストを調整している。

After

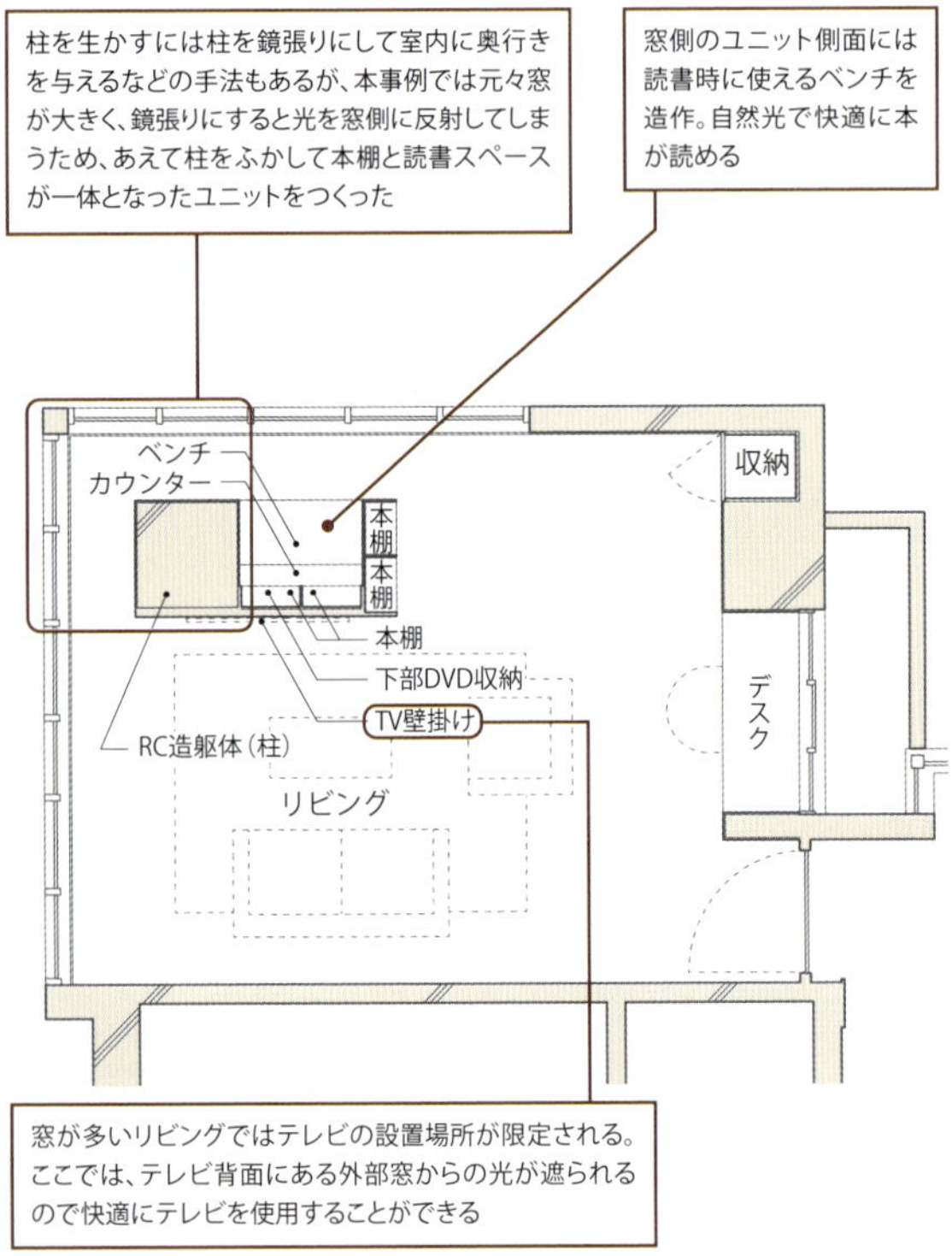

柱を生かすには柱を鏡張りにして室内に奥行きを与えるなどの手法もあるが、本事例では元々窓が大きく、鏡張りにすると光を窓側に反射してしまうため、あえて柱をふかして本棚と読書スペースが一体となったユニットをつくった
窓側のユニット側面には読書時に使えるベンチを造作。自然光で快適に本が読める
ベンチ
カウンター
本棚
本棚
本棚
下部DVD収納
TV壁掛け
RC造躯体（柱）
リビング
収納
デスク
窓が多いリビングではテレビの設置場所が限定される。ここでは、テレビ背面にある外部窓からの光が遮られるので快適にテレビを使用することができる

平面図

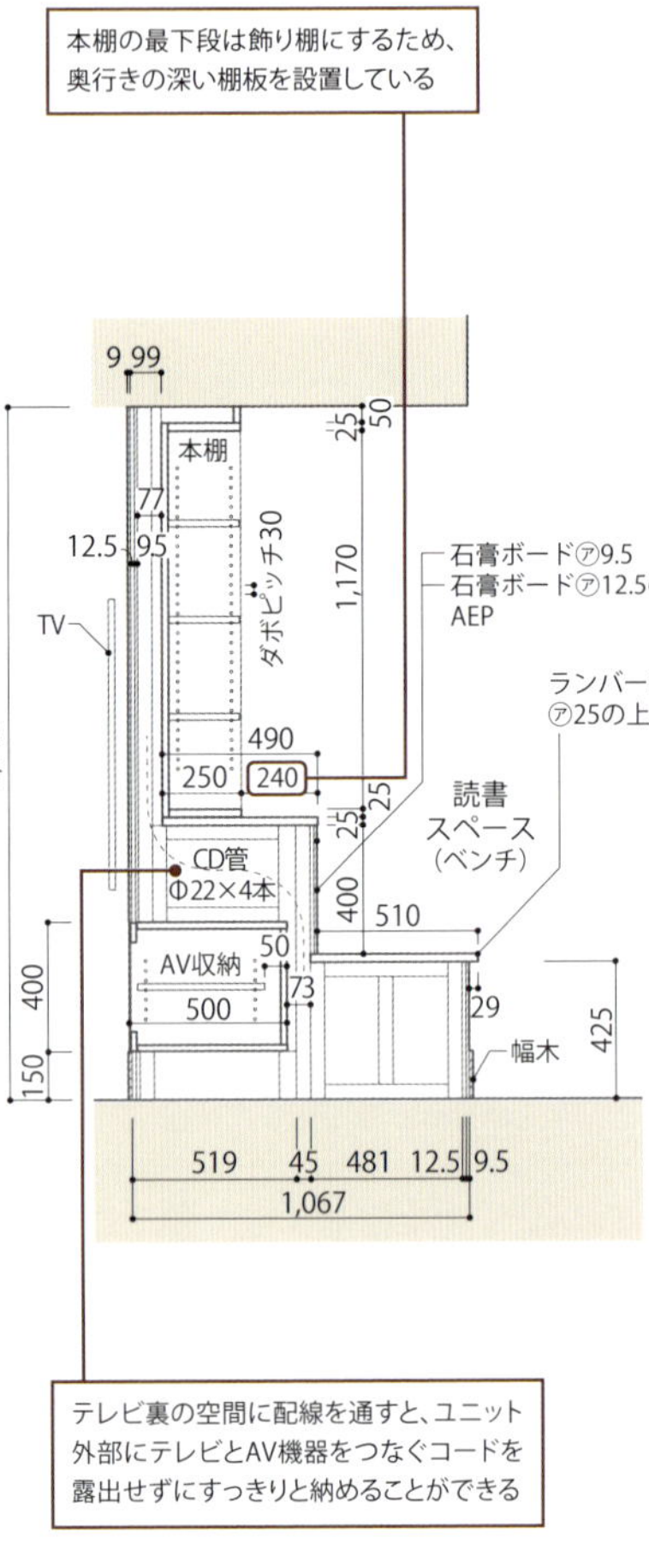

本棚の最下段は飾り棚にするため、奥行きの深い棚板を設置している
9 99
25
50
本棚
77
12.5
95
ダボピッチ30
1,170
石膏ボード㋐9.5
石膏ボード㋐12.5の上、AEP
TV
ランバーコア㋐25の上、OP
2,145
490
250
240
25
25
読書スペース（ベンチ）
CD管 Φ22×4本
400
510
50
AV収納
73
500
29
幅木
400
150
425
519
45
481
12.5
9.5
1,067
テレビ裏の空間に配線を通すと、ユニット外部にテレビとAV機器をつなぐコードを露出せずにすっきりと納めることができる

読書ニッチ断面詳細図［S=1：40］

パネル壁を正面に見る。小ぶりのユニバーサルダウンライトで壁面にスカラップを描くようにライトアップ

MATERIAL ／白金高輪N邸（施工：リフォームキュー）

壁：AEP　床：複合フローリング／スカンジナビアンフローリング ワイドプランクOAEWS（スカンジナビアンリビング）およびパネリング　天井（リビング）：AEPおよびモールディング・メダリオン　天井（ダイニング）：AEPおよびモールディング　家具：施主支給　フロアランプ：Remy Floor Lamp（アーテリアズ）シャンデリア：2400 with shade（デマイオ）

“艶感”の異なる素材が響きあう華やかな大空間

リビング・ダイニングの大きさが大きくなると、それに比例するように使用される素材の種類も増えやすい。その場合は、それぞれの素材がもつ魅力を最大限に生かしつつ、全体のバランスを整えていく必要がある。重要となるのが、それぞれの素材がもつ“艶感”である。艶のあるもの、艶のないものの個性を生かしながら色とテクスチュアとデザインを調整していくと、大きな空間であっても、適度な変化が生まれてくる。小さく特徴をもったコーナー空間が派生してくることで、飽きのこない空間の設えをつくりだすことができる。

After

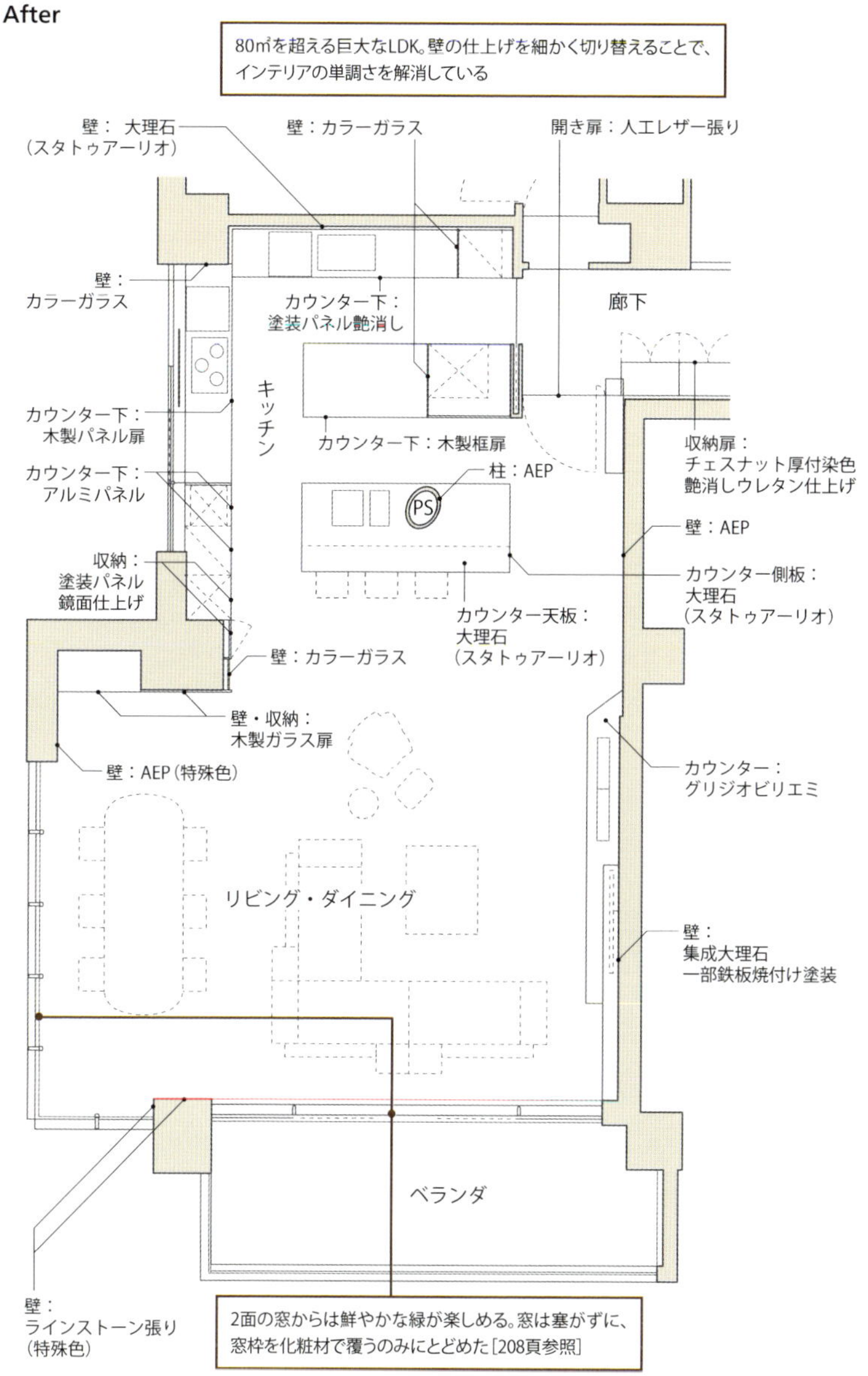

80㎡を超える巨大なLDK。壁の仕上げを細かく切り替えることで、インテリアの単調さを解消している
壁： 大理石（スタトゥアーリオ）
壁：カラーガラス
開き扉：人工レザー張り
壁：カラーガラス
カウンター下：塗装パネル艶消し
廊下
キッチン
カウンター下：木製パネル扉
カウンター下：木製框扉
カウンター下：アルミパネル
柱：AEP
PS
収納扉：チェスナット厚付染色艶消しウレタン仕上げ
壁：AEP
収納：塗装パネル鏡面仕上げ
カウンター側板：大理石（スタトゥアーリオ）
カウンター天板：大理石（スタトゥアーリオ）
壁：カラーガラス
壁・収納：木製ガラス扉
カウンター：グリジオビリエミ
壁：AEP（特殊色）
リビング・ダイニング
壁：集成大理石一部鉄板焼付け塗装
ベランダ
壁：ラインストーン張り（特殊色）
2面の窓からは鮮やかな緑が楽しめる。窓は塞がずに、窓枠を化粧材で覆うのみにとどめた［208頁参照］

平面図

L字形でサイドテーブル付きのソファは「WHITE」（ミノッティ）。テーブルランプ（アーテリアズ）を3個配して、ラグジュアリー感を高めている

MATERIAL ／南麻布T邸（施工：青＋造作家具：現代製作所＋キッチン：アムスタイル）

壁：AEPおよびFIXガラスおよび一部大理石／Lithoverde（サルバトーリ）およびカラーガラス／ラコベル ライトベージュ（旭硝子） 床：複合フローリング／スカンジナビアンフローリング ワイドプランク OAEWS（スカンジナビアンリビング） 天井：AEPおよび木質系パネルおよびカラーガラス／ラコベル ピュアホワイト（旭硝子） ダイニングテーブル：CONCORDE TABLE（ポリフォーム） ダイニングチェア：OUTLINE（モルテーニ） ソファ：WHITE（ミノッティ） センターテーブル：特注家具（羽生野亜） ラウンジチェア：HUSK（B&Bイタリア） シャンデリア：RAN FRONT（バロビエール＆トーゾ） テーブルランプ：Harmon Lamp,Ella Lamp,Ashland Lamp（アーテリアズ） キッチンカウンターチェア：Ginger（ポルトローナ フラウ） 壁付けスピーカー：Beolab3（バングアンドオルフセン） エタノール暖炉：XL900（エコスマートファイヤー）

Original Furniture

造作家具

マンション・リノベーションにおける造作家具は、収納量の不足や使いにくさの解消など、機能的な側面のみならず、空間の印象を大きく変える要素でもある。撤去できない柱形・梁形の存在感を隠して空間のガタツキなくす役割や、配線類をうまくまとめて隠蔽する役割など、造作家具の果たす役割は広範囲に及んでいる。機能的でありながらも美しさを兼ね備えた造作家具の設計を心がけたい。

1 柱形の凹凸を造作収納で隠す

柱形によって空間に凹凸ができる場合は、その奥行きを利用して、壁面収納を設えると、柱形の存在感を消去できる。ここでは、柱形の両側に造作収納を設けつつ、柱形の前面は、両側の造作収納と同じ面材で覆っている。ややセットバックした位置に鏡を張り付け、奥行き感をもたせたのもポイント［南平台N邸］。

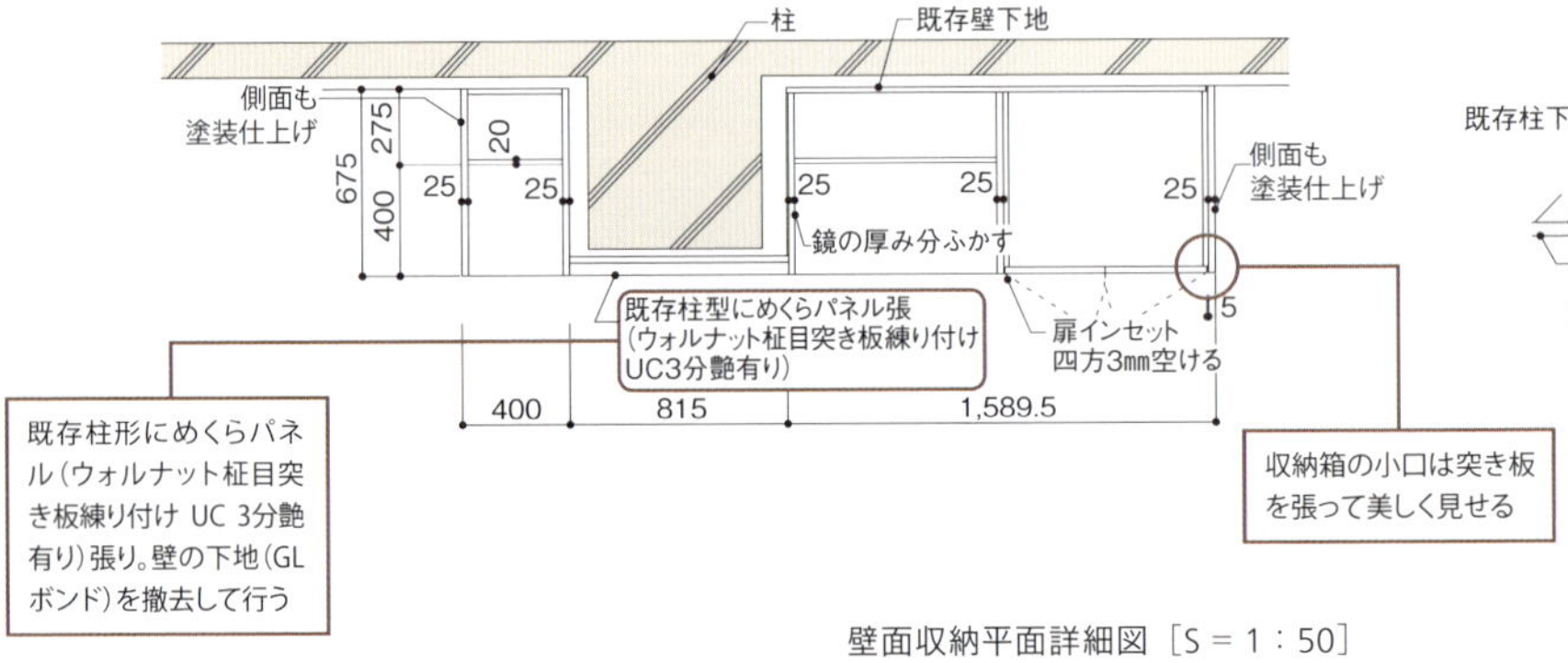

壁面収納平面詳細図［S＝1：50］

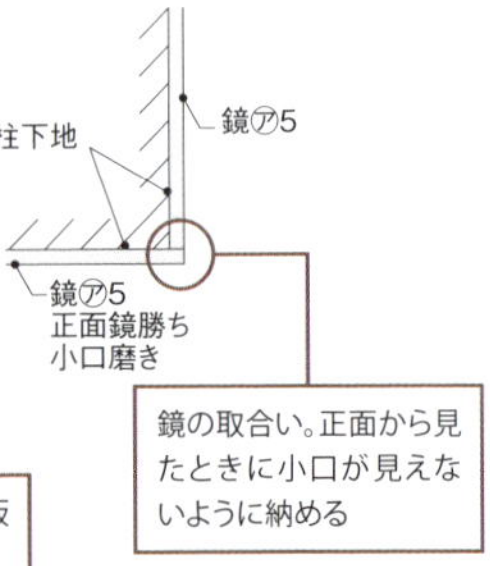

鏡詳細図［S=1:5］

2 壁面から跳ね出す大理石の収納

壁面から跳ね出すカウンター収納は、ダイナミックな印象を与える。カウンター材に、大理石などを用いると高級感も得られる。ここでは、モザイク大理石で仕上げた壁面からエタノール暖炉を組み込んだ大理石のカウンターが跳ね出す。カウンターの一部は、TVやAV機器を格納する収納および飾り棚となっており、カラーガラスで仕上げた引戸でTVやAV機器が隠せるようになっている［南麻布T邸］。

重量のある大理石の跳ね出しカウンターを支えるために、片持ち梁のような60㎜角の角パイプをRC壁にアンカーで固定する。ただし、アンカー打ちを禁止しているマンションでは実現できないほか、騒音は近隣トラブルになりかねないので、施工は慎重かつ丁寧に行う必要がある

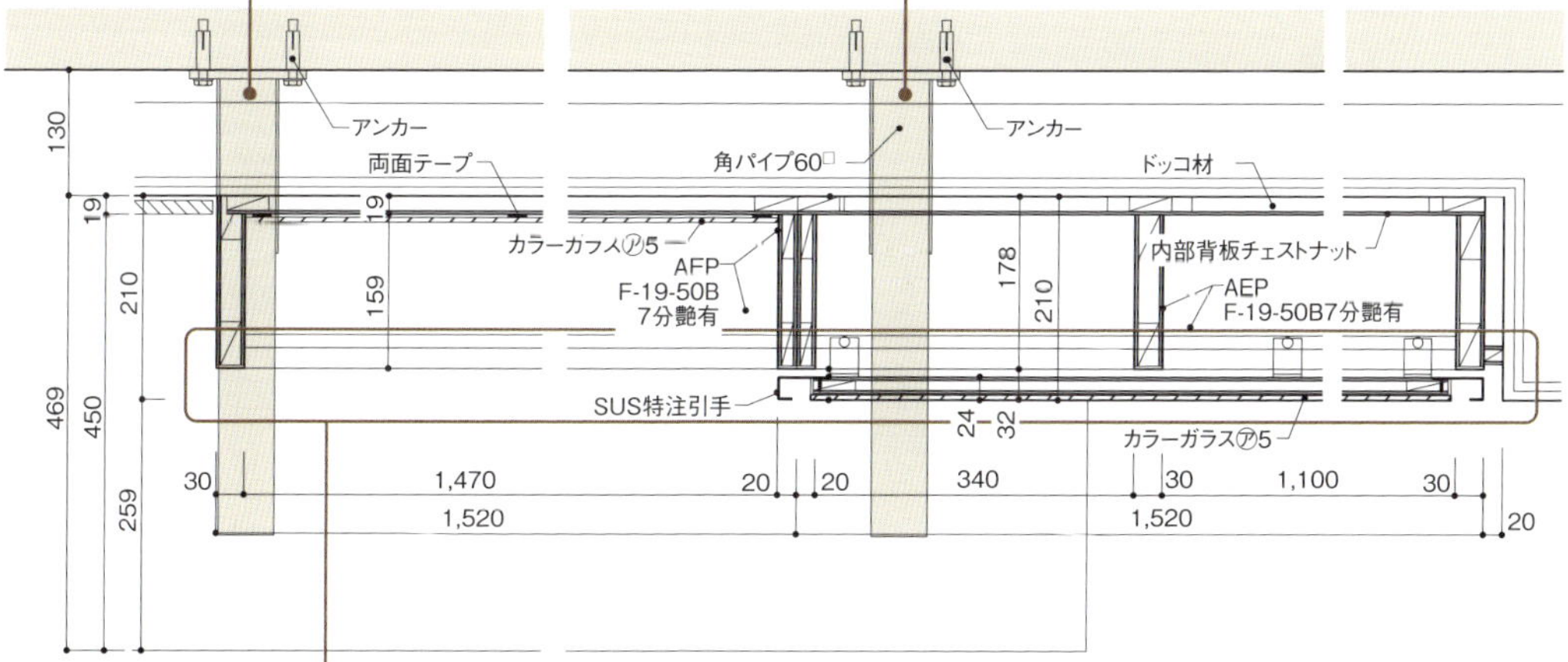

テレビを隠すための引戸は、両側にステンレス製の取手を取り付けたシンプルなフラッシュ戸。面材はカラーガラスで仕上げる

壁面収納平面詳細図［S＝1：12］

3 ベンチと収納を門型フレームでまとめる

玄関の使い勝手を向上させる方法として造作のベンチがある。デザイン的に、ベンチが壁面になじむように、門型フレームのなかに組み込む手法がお薦めだ。門型フレームに手摺を取り付ける、ベンチの背面壁をモザイクタイルやカラーガラスのような素材で仕上げてアクセントを効かせる、壁全体をフレームの天井に埋め込んだダウンライトで演出するのがポイント［赤坂S邸］。

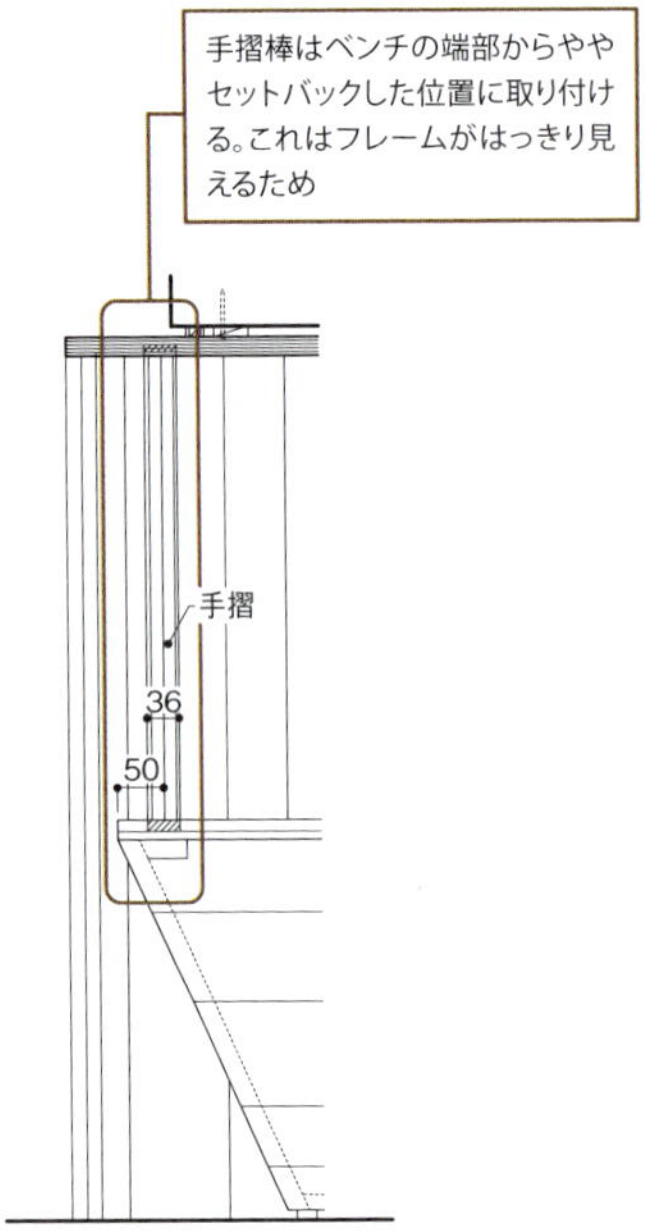

手摺棒はベンチの端部からややセットバックした位置に取り付ける。これはフレームがはっきり見えるため
手摺
36
50

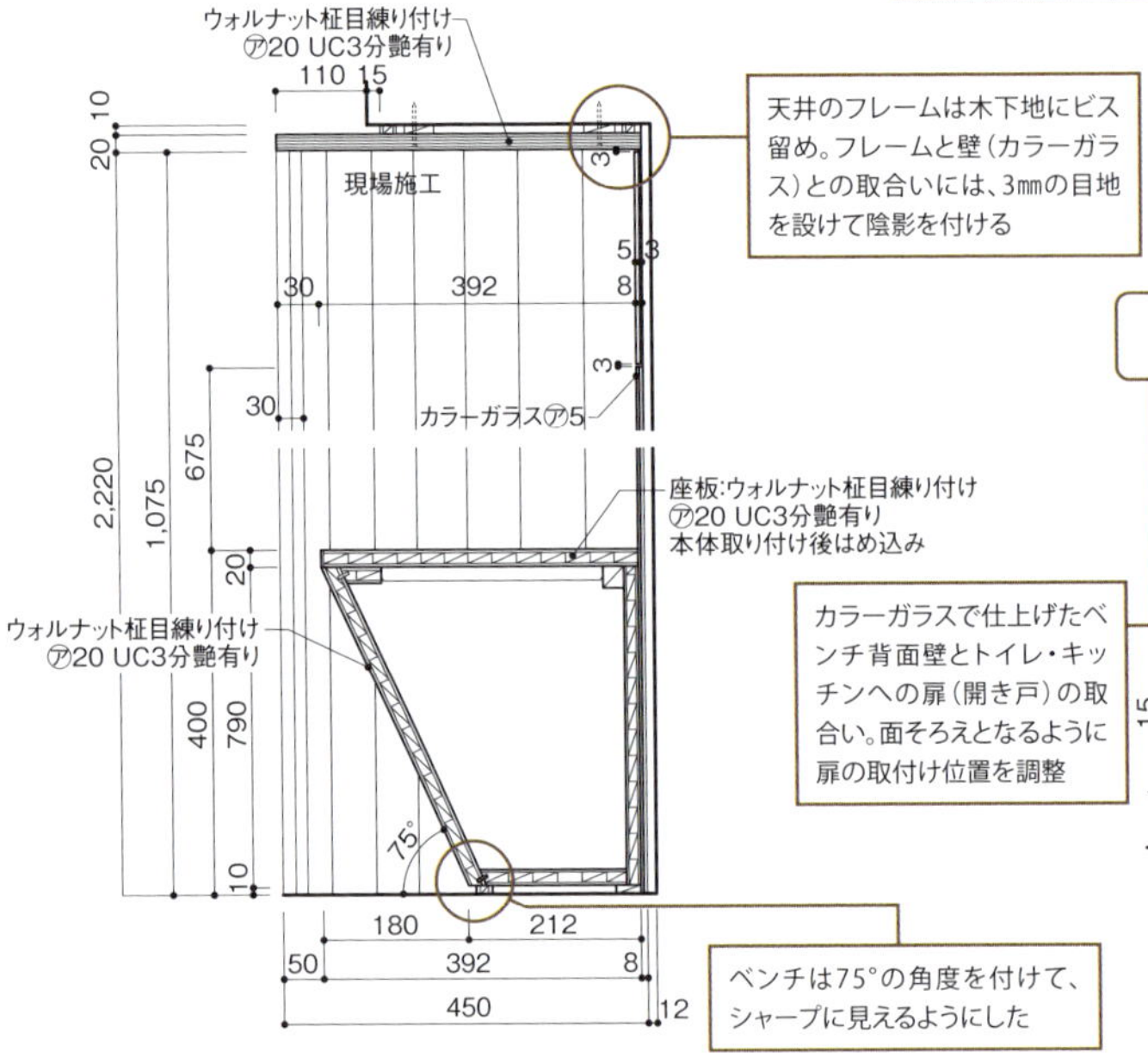

ウォルナット柾目練り付け ㋐20 UC3分艶有り
110 15
現場施工
天井のフレームは木下地にビス留め。フレームと壁（カラーガラス）との取合いには、3㎜の目地を設けて陰影を付ける
30 392 8
カラーガラス㋐5
座板:ウォルナット柾目練り付け ㋐20 UC3分艶有り 本体取り付け後はめ込み
ウォルナット柾目練り付け ㋐20 UC3分艶有り
2,220
1,075
675
400
790
75°
180 212
50 392 8
450 12
ベンチは75°の角度を付けて、シャープに見えるようにした

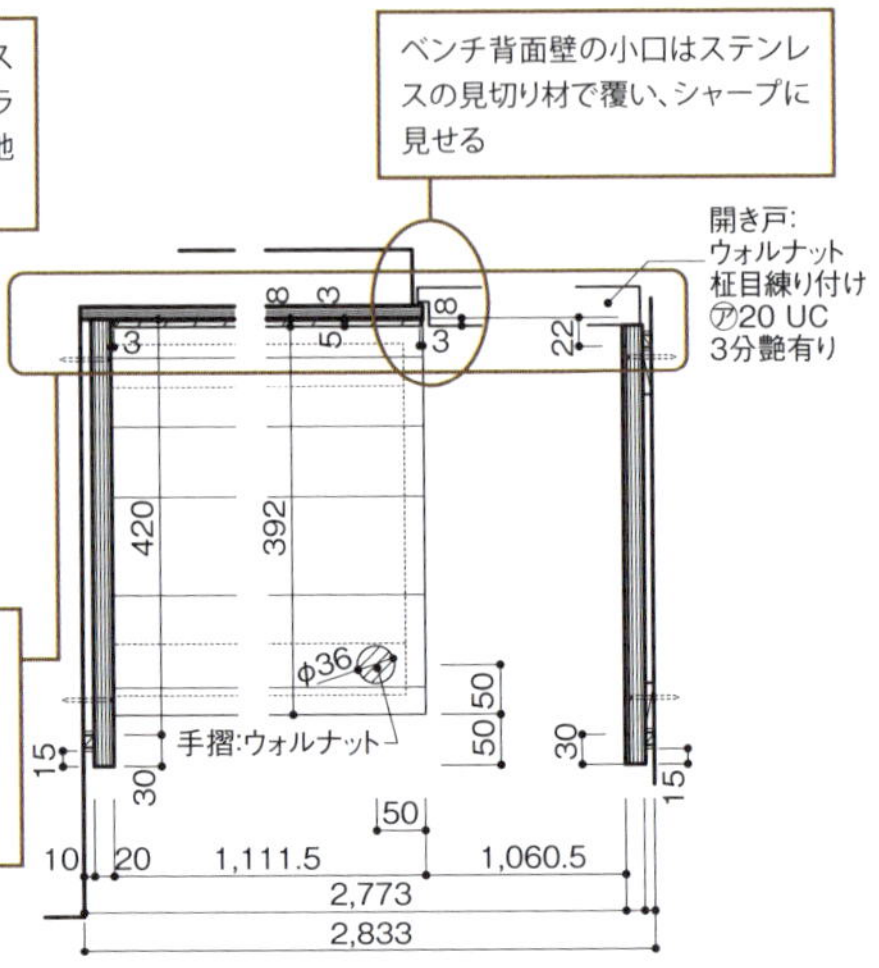

ベンチ背面壁の小口はステンレスの見切り材で覆い、シャープに見せる
開き戸:ウォルナット柾目練り付け ㋐20 UC 3分艶有り
420
392
φ36
手摺:ウォルナット
カラーガラスで仕上げたベンチ背面壁とトイレ・キッチンへの扉（開き戸）の取合い。面そろえとなるように扉の取付け位置を調整
10 20 1,111.5 1,060.5
2,773
2,833

造作ベンチ平面詳細図［S＝1：15］

4 作業と打ち合わせが行える変形テーブル

空間との相性を考慮すると、テーブルを製作する場合もある。ここでは、PCが2台使え、足元にファイリングキャビネットを収納、3人程度の打合せもできる“くの字形”のテーブルを製作した。全体がシャープに見えるように、スチールを駆使して全体的な構造を成立させつつ、天板の端部をテーパー加工するなど、ディテールにも工夫を凝らしている［六本木T邸］。

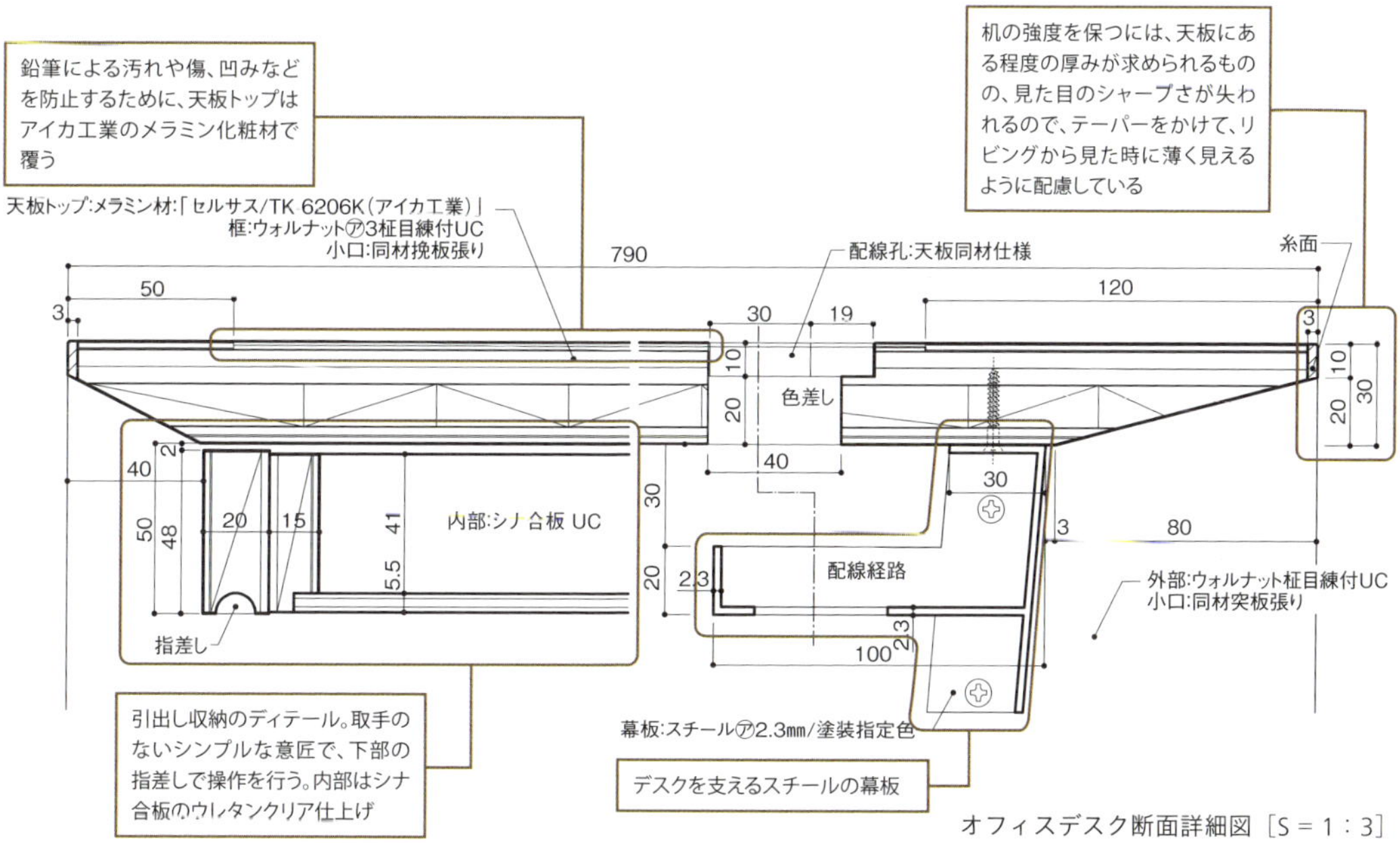

鉛筆による汚れや傷、凹みなどを防止するために、天板トップはアイカ工業のメラミン化粧材で覆う
机の強度を保つには、天板にある程度の厚みが求められるものの、見た目のシャープさが失われるので、テーパーをかけて、リビングから見た時に薄く見えるように配慮している
天板トップ:メラミン材:「セルサス/TK 6206K（アイカ工業）」
框:ウォルナット㋐3柾目練付UC
小口:同材挽板張り
790
配線孔:天板同材仕様
糸面
50
3
30
19
120
10
20
色差し
40
30
内部:シナ合板 UC
配線経路
指差し
外部:ウォルナット柾目練付UC
小口:同材突板張り
幕板:スチール㋐2.3㎜/塗装指定色
100
80
引出し収納のディテール。取手のないシンプルな意匠で、下部の指差しで操作を行う。内部はシナ合板のウレタンクリア仕上げ
デスクを支えるスチールの幕板

オフィスデスク断面詳細図［S＝1：3］

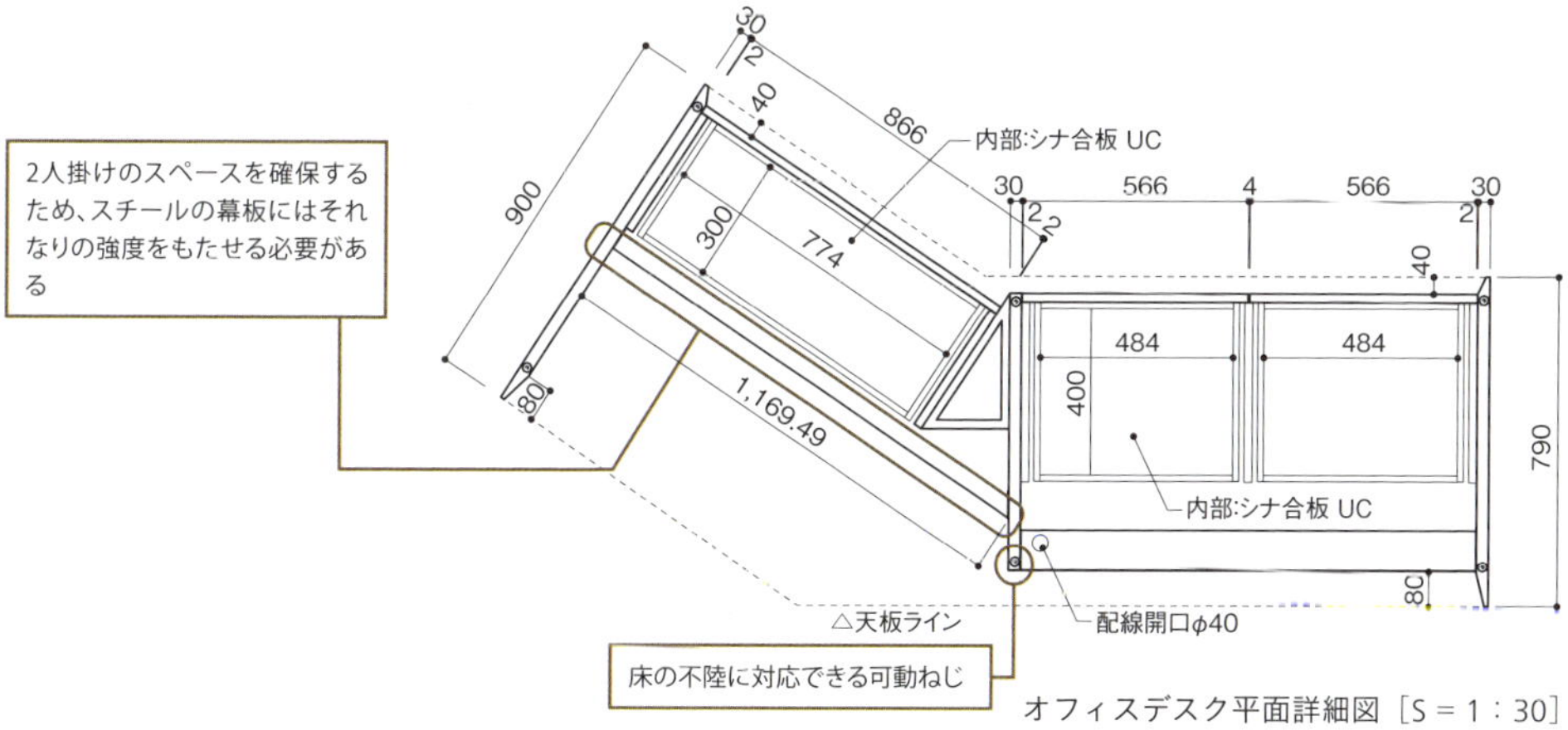

2人掛けのスペースを確保するため、スチールの幕板にはそれなりの強度をもたせる必要がある
866
内部:シナ合板 UC
900
300
774
1,169.49
30
566
4
566
30
484
484
400
790
内部:シナ合板 UC
△天板ライン
配線開口φ40
床の不陸に対応できる可動ねじ

オフィスデスク平面詳細図［S＝1：30］

KITCHEN
キッチン

空間としての使われ方に最も違いが出る場所はキッチンではないだろうか。クローズドキッチンをオープンキッチンに変える場合があれば、逆もある。来客と一緒に料理できるような大きなキッチンとする場合があれば、なるべくコンパクトにしてその分リビングを広くする場合もある。

一般的に、キッチン・リノベーションというと、ビルトイン機器の交換や収納力アップのための工夫、素材・色味のリフレッシュを意味することが多いように思えるが、建築家がキッチンの根本的な問題にまで立ち入り再設計すると、見違えるように使いやすくなることがある。

大掛かりな工事となる分、費用がかさむのは事実。ただし、キッチンの問題の多くは、キッチンの交換だけでは解決できないことが多いのも事実である。オープンキッチンに憧れてリノベーションしたものの、片付けがうまくできず、かえって人を招きにくくなるケースや、ダイニングの大きさが狭くなることを理解せずに、キッチンを大きくしてしまい、使い勝手が悪くなってしまったケースも散見される。住宅全体を俯瞰的に捉えて、キッチンを再構築するのが肝要だろう。

キッチンは①ダイニングとの開閉感、②調理レンジとシンクと冷蔵庫の位置関係、③カウンターの長さ、④動線、⑤収納力、という5つの要素で決まる。それらに、カウンターや扉の素材・色味にデザイン、細かい収納の工夫、壁の装飾要素などをアクセントとして効かせる。

ビルトイン型の調理機器は進化を続けているほか、カウンターに置かれる調理家電も日々多様化している。カウンターに使われる素材も、ステンレスや人造大理石に限らず、クオーツエンジニアドストーンや大判タイルなど、選択肢は多岐にわたる。雑誌やカタログだけでなく、ショールームを頻繁に訪問し、新しい機器や素材についての知見を得る必要があるだろう。

インテリアとして映える コの字形キッチン

　リビング・ダイニングとつながるオープンキッチンを美しく見せるポイントは、それぞれの一体感が高まるように設計すること。たとえば、リビング・ダイニングに使用される仕上げ材を利用するという方法がある。ここでは、ダイニングの床と同じタイルを用いてキッチンの壁面を仕上げている。収納容量は犠牲になるものの、リビング・ダイニング側に吊り戸棚収納のないすっきりとした設えとなる。一方、キッチンカウンターや背面収納の面材はウォルナットの突き板。アクセントにもなるように配慮した。

Before

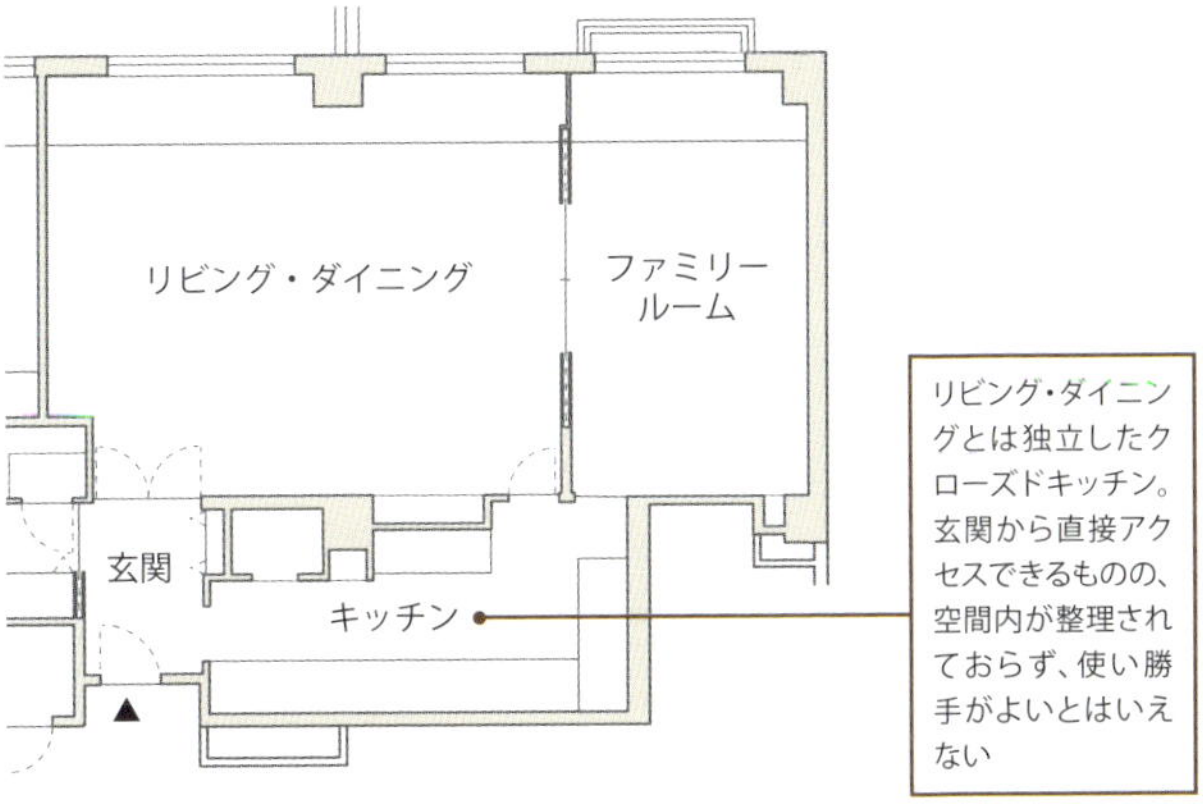
リビング・ダイニング
ファミリールーム
玄関
キッチン
リビング・ダイニングとは独立したクローズドキッチン。玄関から直接アクセスできるものの、空間内が整理されておらず、使い勝手がよいとはいえない

After

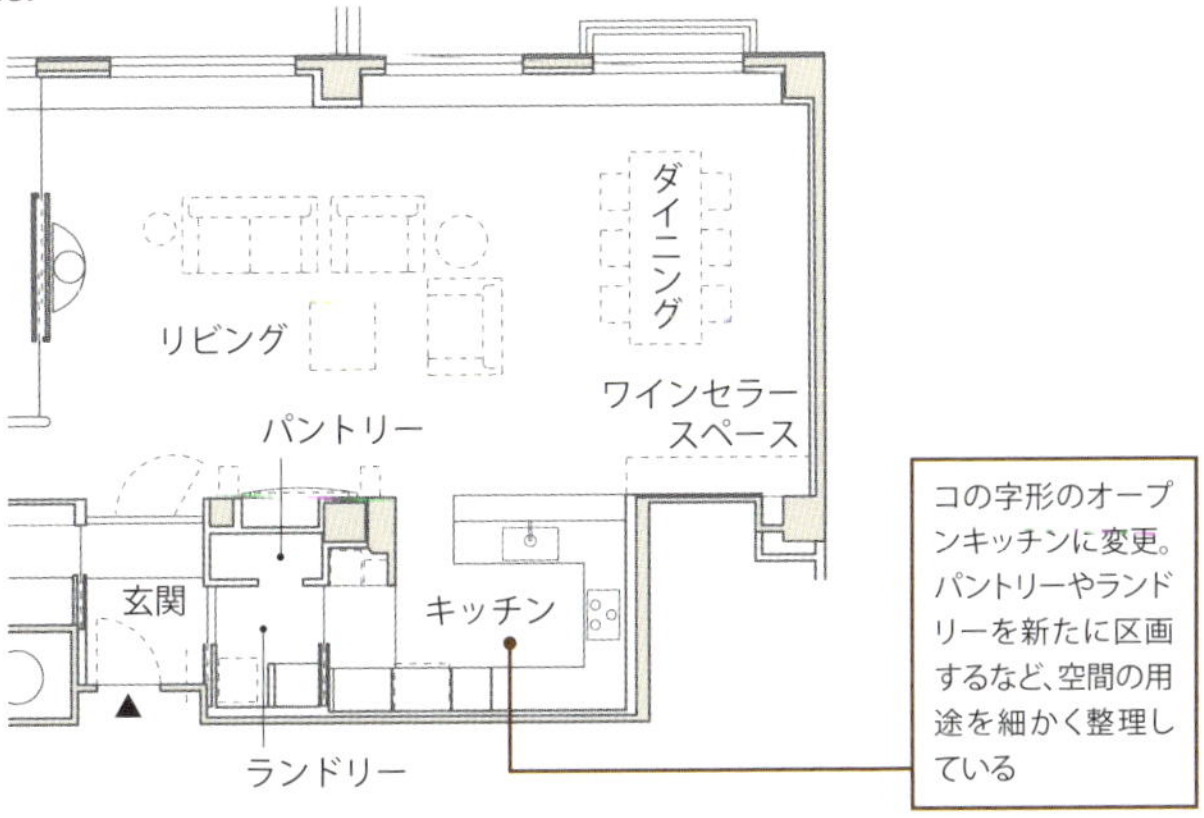
ダイニング
リビング
パントリー
ワインセラースペース
玄関
キッチン
ランドリー
コの字形のオープンキッチンに変更。パントリーやランドリーを新たに区画するなど、空間の用途を細かく整理している

平面図

大きなリビングが単調にならないように、左からキッチン・TVコーナー・玄関ホールとの建具とデザインが異なる要素を並べている

MATERIAL／南麻布S邸(施工:リフォームキュー＋キッチン:クチーナ)

壁［キッチン］:磁器質タイル／イ・マルミグリジオ（アドヴァン） 壁［リビング・ダイニング］:クロスおよび大理石／グリジオビリエミ 床［キッチン］:磁器質タイル／Evolution Marble（マラッツィ）およびイ・マルミグリジオ（アドヴァン） 床［リビング・ダイニング］:複合フローリング／複合フローリング40シリーズ サーモオーク40エボニーオイル（IOC） 床［ダイニング］:タイル／Evolution Marble（マラッツィ） 天井［キッチン］:クロス 天井［リビング・ダイニング］:クロス キッチン:オーダー（クチーナ） キッチンカウンター:クォーツエンジニアードストーン／バニラノワール（シーザーストーン） 扉:ハチヤマ（クチーナ） IHレンジ:3口IH（パナソニック エコソリューションズ社） 水栓金物:K4（グローエ） 食器洗浄機:W600（ミーレ） レンジフード:Federica（アリアフィーナ） オーブン:ビルトインオーブン（パナソニック エコソリューションズ社） 冷蔵庫:施主支給（パナソニック エコソリューションズ社）

跳ね出し カウンター付きの ペニンシュラキッチン

ワンルームのＬＤＫを計画するときに、限られた空間をより広く確保する手立てとして、ダイニングテーブルとキッチンカウンターを一体化する方法がある。ここでは、長方形の部屋に合わせて、ペニンシュラ型のカウンターを伸ばし、跳ね出しのテーブルを設けた。下地をスチールプレート、仕上げをクォーツエンジニアドストーンとする極薄の天板が、リビングに向かって大きく跳ね出す、ダイナミズムあふれるペニンシュラ型のキッチンである。壁面のコンロ側が単調にならないように、壁はカラーガラスや柱形パネルなどとし、ＬＤＫのインテリアに配慮した。

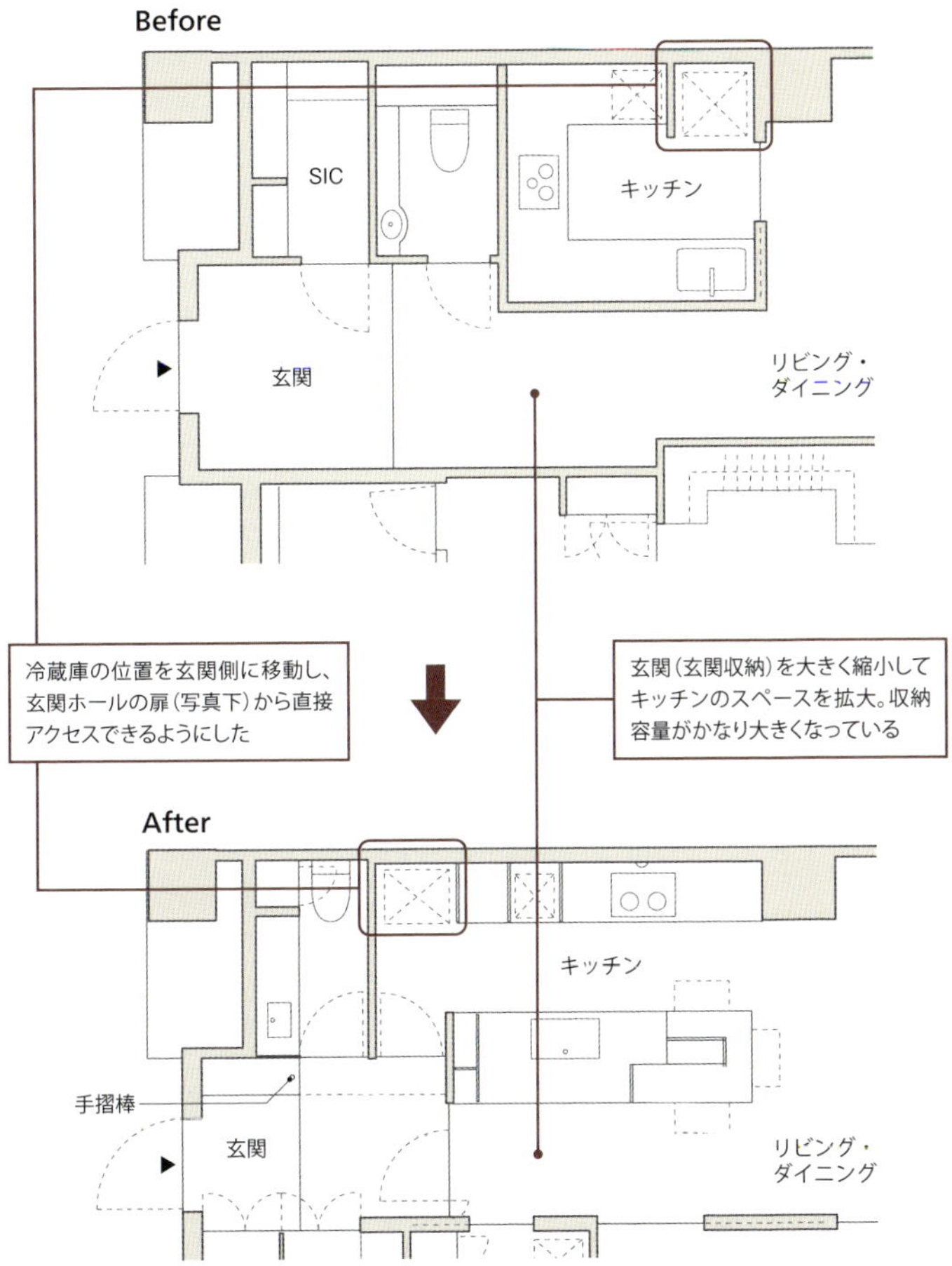
Before
SIC
キッチン
玄関
リビング・
ダイニング
冷蔵庫の位置を玄関側に移動し、
玄関ホールの扉(写真下)から直接
アクセスできるようにした
玄関(玄関収納)を大きく縮小して
キッチンのスペースを拡大。収納
容量がかなり大きくなっている
After
キッチン
手摺棒
玄関
リビング・
ダイニング

平面図

玄関ホールからLDKが見えすぎないように、居室の出入口の扉は、全面をガラス張りとするのではなく、面材の一部にスリットを設ける程度とした

MATERIAL ／赤坂S邸（施工：リフォームキュー＋キッチン：アムスタイル）

壁：AEPおよびカラーガラス／GS3・EB4（NGSインテリア）およびメラミン不燃化粧板／セラール FKJ6117ZYD24（アイカ工業）および鏡面塗装パネル／オーダーキッチンと同材　床：複合フローリング／スカンジナビアンフローリング ワイドプランク OAEWS（スカンジナビアンリビング）
天井：AEP　キッチン：オーダー（アムスタイル）

リビングの壁面に溶け込むキッチンカウンター

リビング・ダイニングとのつながりとキッチンの手元隠しを両立する場合にお薦めなのがセミオープンキッチン。手元を隠す腰壁や垂れ壁などの仕上げがポイントになる。ここでは、L型のセミオープンキッチンとして、シンク廻りの手元を隠すようにドライカウンターを高めに設定し、カウンターの前面をリビング・ダイニングの壁面と同じ磁器質タイルで仕上げた。割付けは入念に検討し、目地の位置を一直線状にそろえている。キッチン吊り戸棚収納の側面はカラーガラス張りとして、タイルと目地をそろえたボーダー張りとしている。

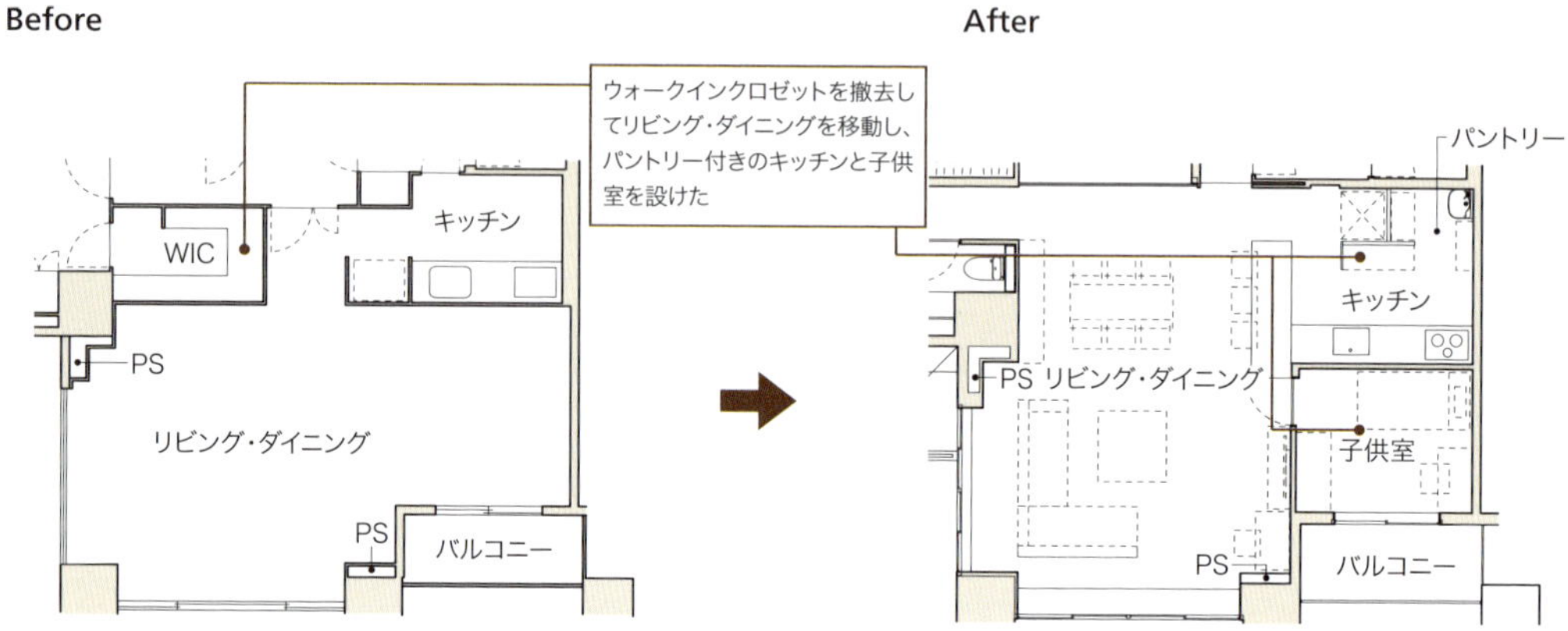

平面図

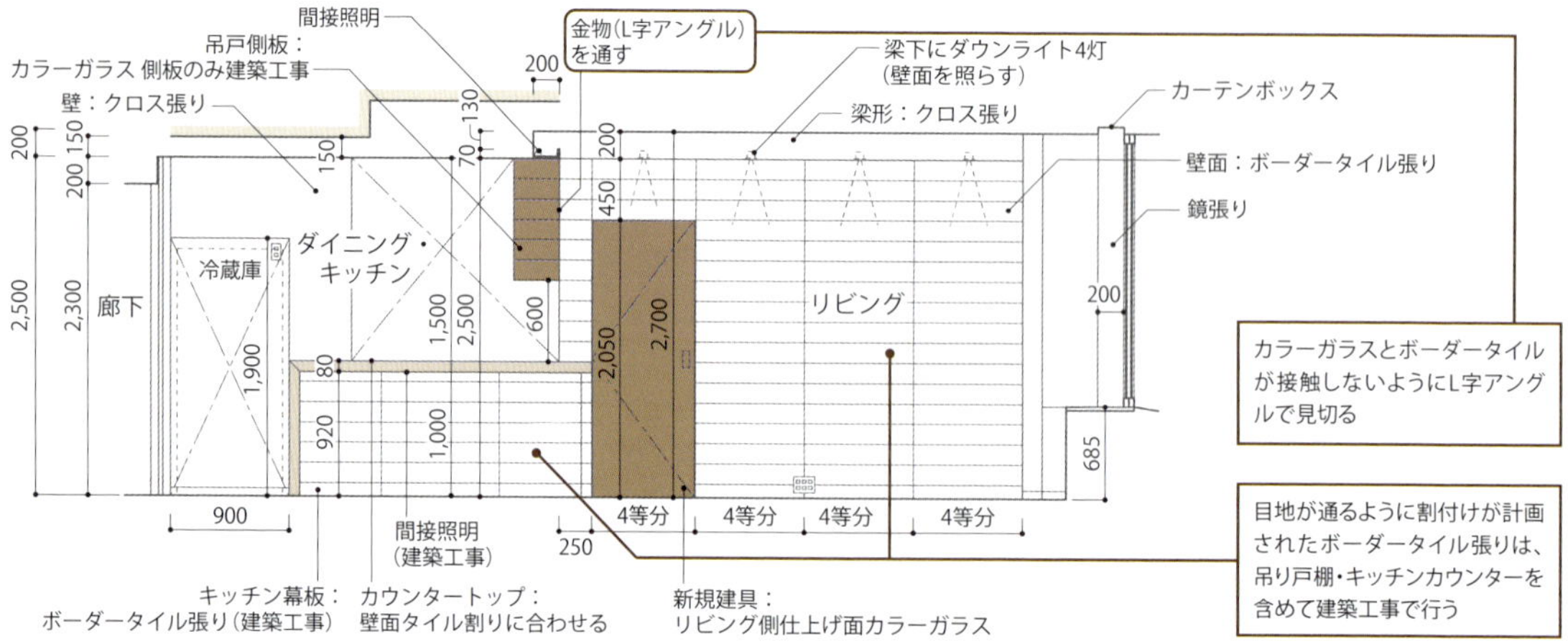

展開図［S=1：80］

MATERIAL ／お台場 K 邸（施工：SOU ＋キッチン：クチーナ）

壁［キッチン］：クロス／LL-8694（リリカラ）およびキッチンパネル／セラール FKM6000ZGN（アイカ工業）
壁［リビング・ダイニング］：磁器質タイル／マーベラス MVL-1590G（平田タイル） 床［キッチン］：磁器質タイル／ヴィストーン VS-4848SC（平田タイル） 床［リビング・ダイニング］：複合フローリング／スカンジナビアンフローリング ワイドプランク OAEWS（スカンジナビアンリビング） 天井：内装用不燃ボード／リアルパネル ラスティック ナラ ラスティック リアルマットクリア仕上げ（ニッシンイクス） キッチン：オーダー（クチーナ） キッチンカウンター：人造大理石／フィオレストーン オリーブロッシュ・サイルストーン アルピナ・ホワイト（アイカ工業）
扉：カラーガラス／GS3（NSGインテリア）

洗面カウンターとつながるロングキッチン

マンション・リノベーションにおける水廻りの計画において悩ましいのが、PSが動かせないことによる水廻り移設の制限である。ただし、排水管を横引きとしてキャビネット内に隠せば、一定以上の排水勾配が確保できるので、水廻りの移設は比較的自由になる。ここでは、壁面にキッチンと洗面を兼ねるロングカウンターを設けて、キャビネット内でそれぞれの排水管を横引きした。長さが8mにもおよぶカウンターの面材は、シームレスで一体に見える人造大理石を利用。特注のダイニングテーブルも同素材でつくり、一体感を高めた。

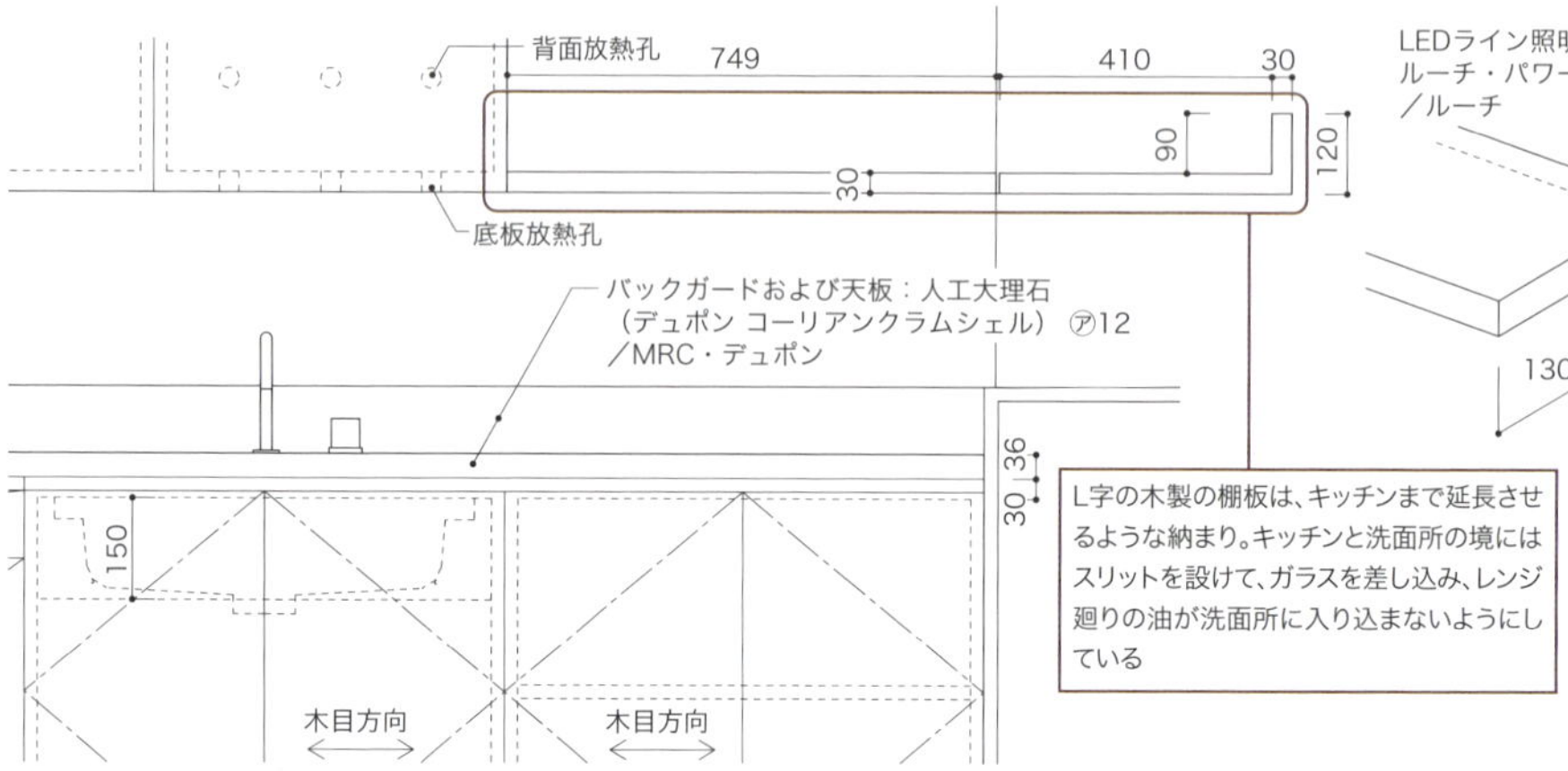

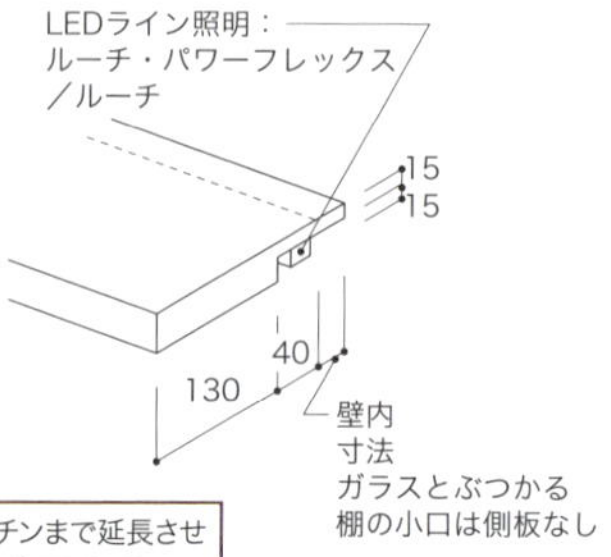

間接照明詳細図［S=1：15］

洗面廻り展開図［S=1：20］

洗面とキッチンの段差をバックガードの立上りに合わせてまるで一体成形したように見せている。ガラスをはめこむことも容易に行える

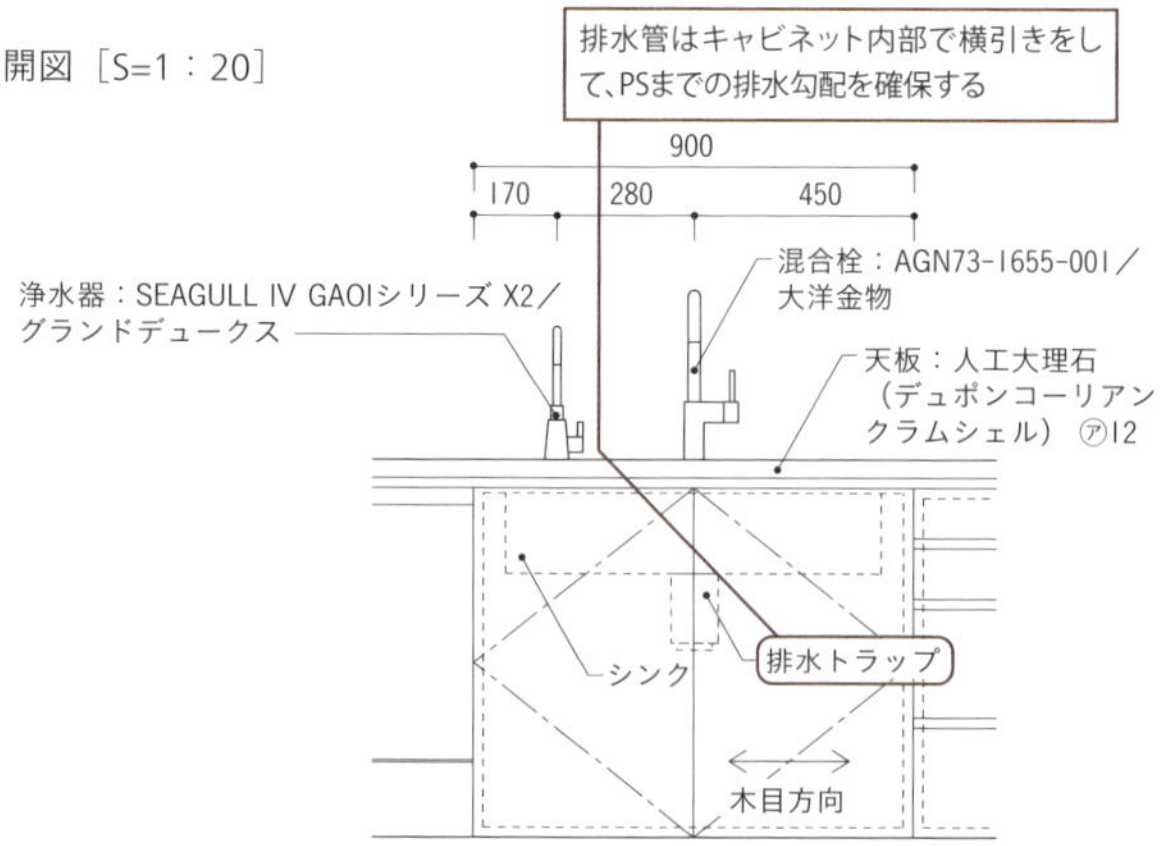

シンク廻り展開図［S=1：30］

MATERIAL／神戸M邸（施工：越智工務店）

壁：AEPおよび特殊塗装／ポーターズペイント（NENGO）およびキッチンパネル／WP03221（サンワカンパニー） 床：複合フローリング／スカンジナビアンフローリング ワイドプランクOAEWS（スカンジナビアンリビング） 天井：AEP キッチン：オーダー キッチンカウンター：人造大理石／デュポン コーリアン クラムシェル（MRC・デュポン） シンク：SQR7840（H&H Japan） 水栓金物：AGN73-1655（大洋金物） 食器洗浄器：NP-45MD5W（パナソニック エコソリューションズ社） IHレンジ：MY CHOICE Clear Silver 321G10S（52-4230）（リンナイ） オーブン：既存 レンジフード：ミニマル 6040W （サンワカンパニー） 浄水器：SEAGULL IV GA01シリーズ X2-GA01（グランドデュークス） 洗面ボウル：L620（TOTO） 混合水栓：VL.090GR-16（セラトレーディング） ポップアップ排水金具：T7SW7（TOTO）

2つのアイランドカウンターをもつスタジアム型キッチン

ホームパーティーを好む人や、多くの調理器具を使って本格的な調理を目指す人にとって、マンションにみられる多くのキッチンは手狭であろう。住まい手が大人数に料理をふるまう立食パーティーを催すことを想定すれば、〝調理時に使用するカウンター〟と〝料理を並べるカウンター〟を分けて設えるとよい。ここでは、2つのアイランドカウンターを設け大人数用の調理でも対応できるよう配慮している。あわせて、4台の冷蔵庫（ワインセラーを含む）に2台のオーブン、1台のウォーマー、2つのシンクを組み込んでいる。

大きな窓を内側から覆って、ガスコンロ・レンジフード、システム収納を組み込んでいる。レンジフードがボックス型になっているのは、解体時に判明した大きな梁形をかわすようにダクトを通すため

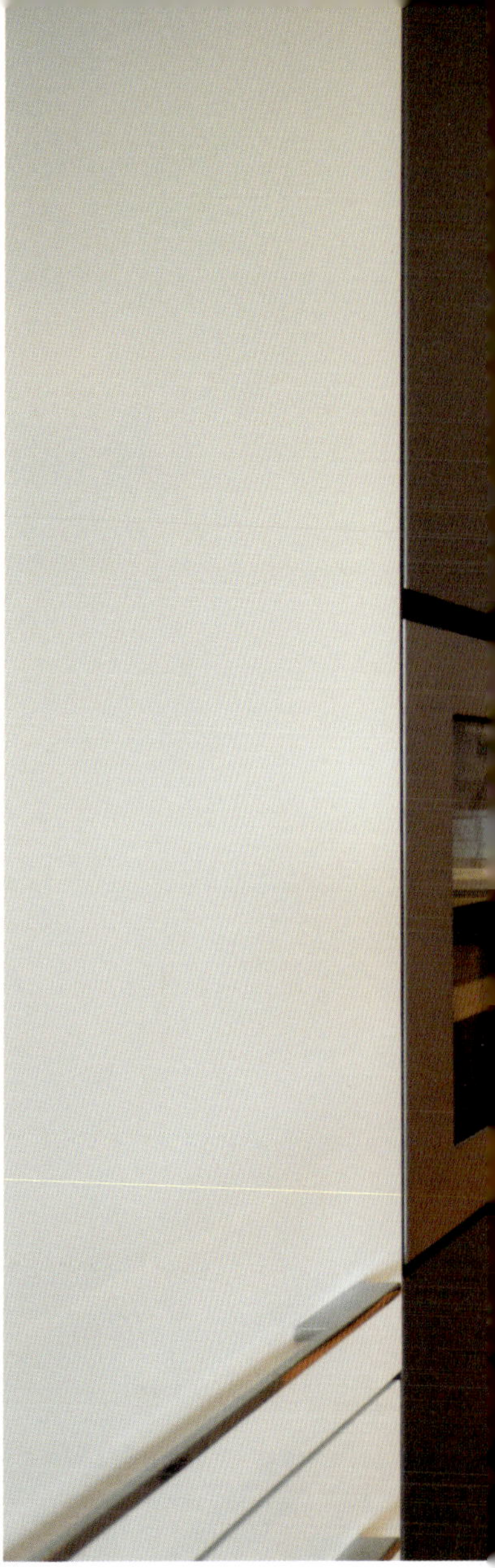

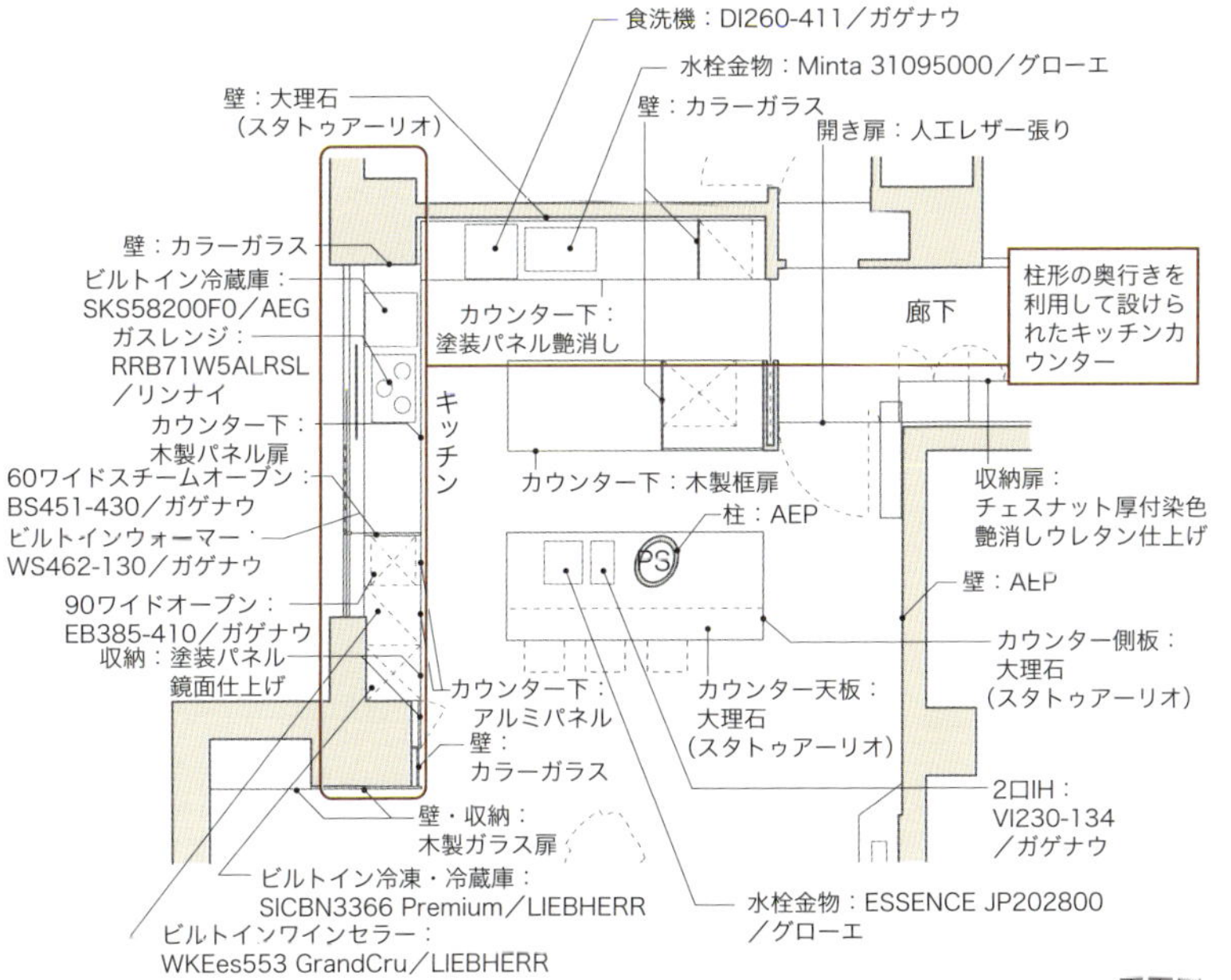

平面図

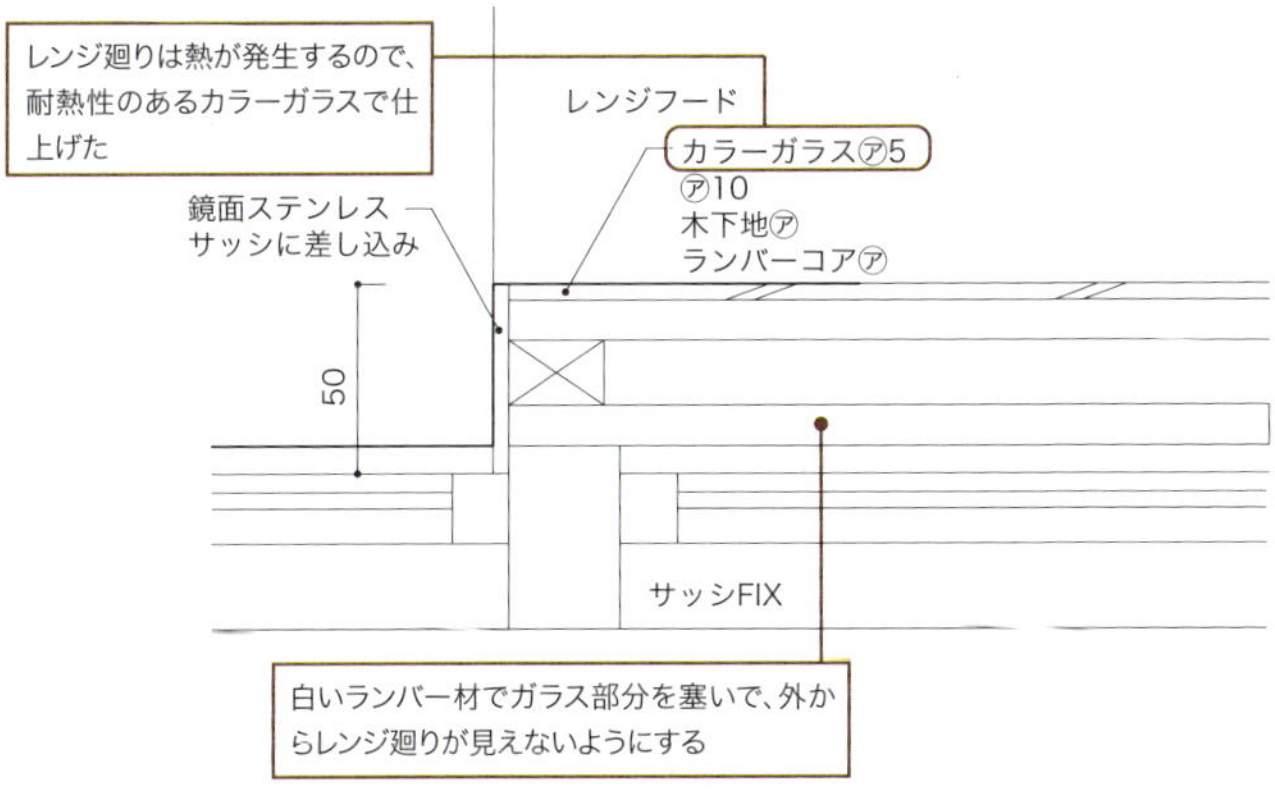

サッシ平面詳細図［S=1：4］

MATERIAL ／南麻布T邸（施工：青＋キッチン：アムスタイル＋キッチンコンサル：岸本恵理子）

壁：AEPおよびガラスおよび大理石／スタトゥアーリオおよびカラーガラス／ラコベル ピュアホワイト（旭硝子）　床：複合フローリング／スカンジナビアンフローリング ワイドプランクOAEWS（スカンジナビアンリビング）　天井：AEP　キッチン：オーダー（アムスタイル）　キッチンカウンター：大理石／スタトゥアーリオおよびセラミックおよびステンレス無垢バイブレーション　扉：チェストナット板目突き板およびグレーマット塗装・ホワイト塗装およびアルミ無垢バイブレーション　調理機器：デリシアグリル（リンナイ）および2口IH（ガゲナウ）　オーブン：ガゲナウ90ワイドオーブン（ガゲナウ）・スチームオーブン（ガゲナウ）・ビルトインディッシュウォーマー（ガゲナウ）　水栓金物：Minta・Essence（グローエ）　シンク（アムスタイル）　食器洗浄機（ガゲナウ）　レンジフード（アムスタイル）　冷蔵庫：カウンター下ビルトイン冷蔵庫（AEG）・ビルトイン冷蔵庫（LIEBHERR）・ビルトインワインセラー（LIEBHERR）　ペンダントライト：28 Series 28.1（ボッチ）

壁面の造作家具と
同化する
コンパクトなキッチン

キッチンの使用頻度が少ない場合は、よりコンパクトにするのも1つの考え方だろう。その場合、リビング・ダイニングの一部に壁面型キッチンを設けるのがよいだろう。壁の一面を利用して、大きな造作家具を設え、その中にキッチンの機能を組み込むというアイデアだ。ここでは、面材はもちろん、棚のサイズや取手のサイズ・取り付け位置、目地幅をそろえた、造作家具と一体のキッチンを設けた。冷蔵庫も壁面収納に格納できるシステムとなっている。キッチンパネル代わりのカラーガラスをインテリアのアクセントとしている。

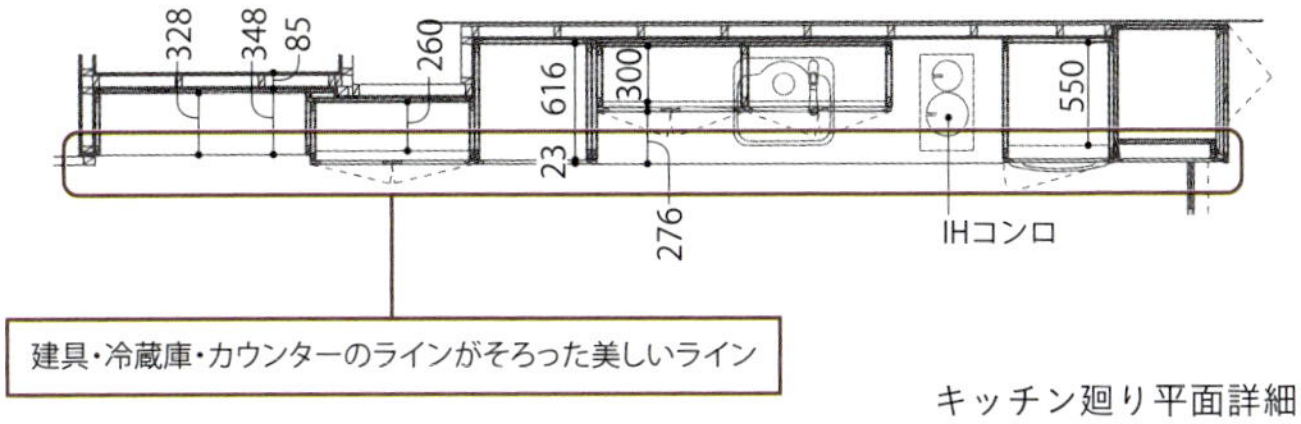
328
348
85
260
616
300
550
23
276
IHコンロ
建具・冷蔵庫・カウンターのラインがそろった美しいライン

キッチン廻り平面詳細図［S=1：80］

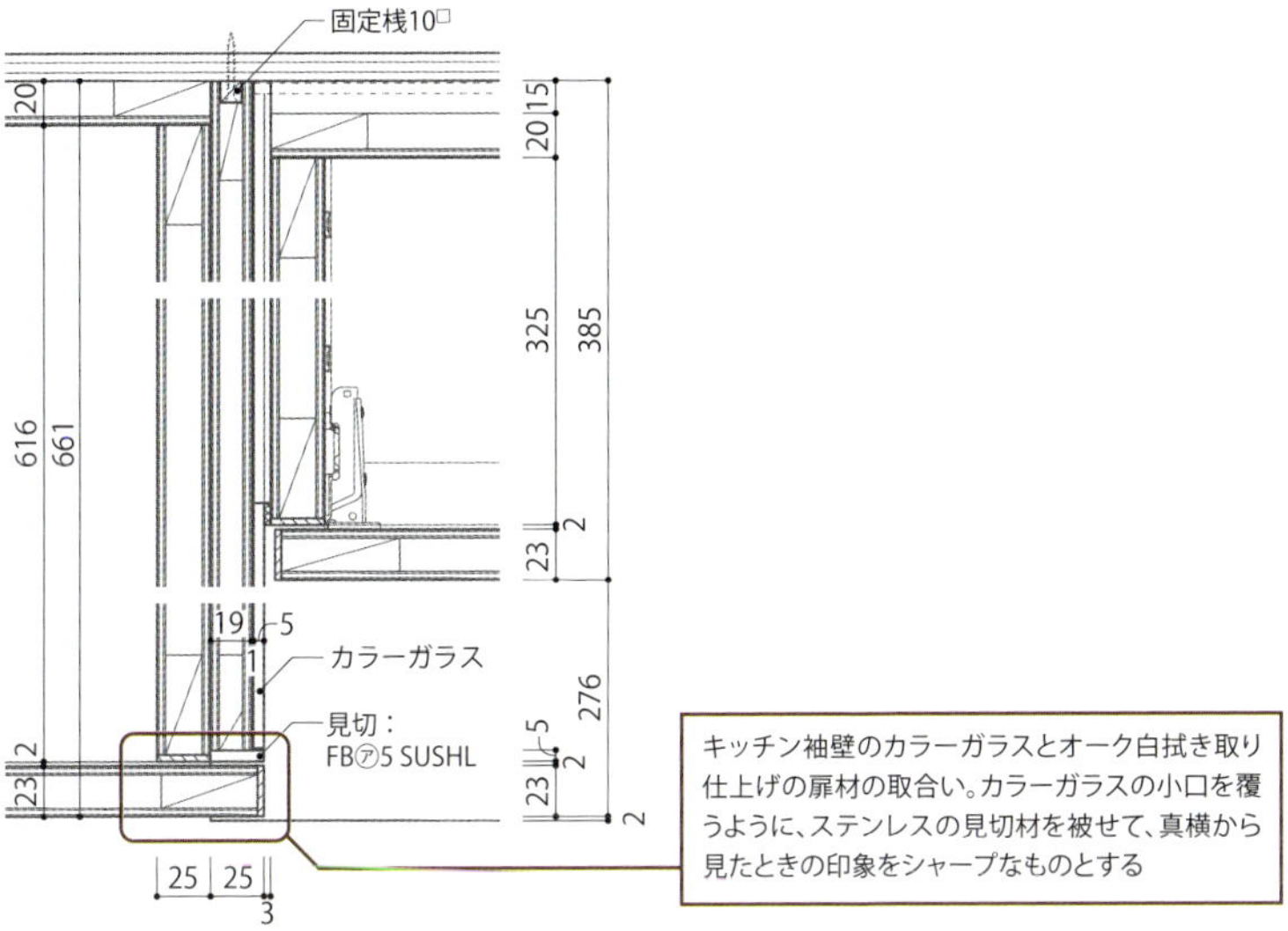
固定桟10□
カラーガラス
見切：
FB⑦5 SUSHL
キッチン袖壁のカラーガラスとオーク白拭き取り仕上げの扉材の取合い。カラーガラスの小口を覆うように、ステンレスの見切材を被せて、真横から見たときの印象をシャープなものとする

キッチン廻り平面詳細図［S=1：6］

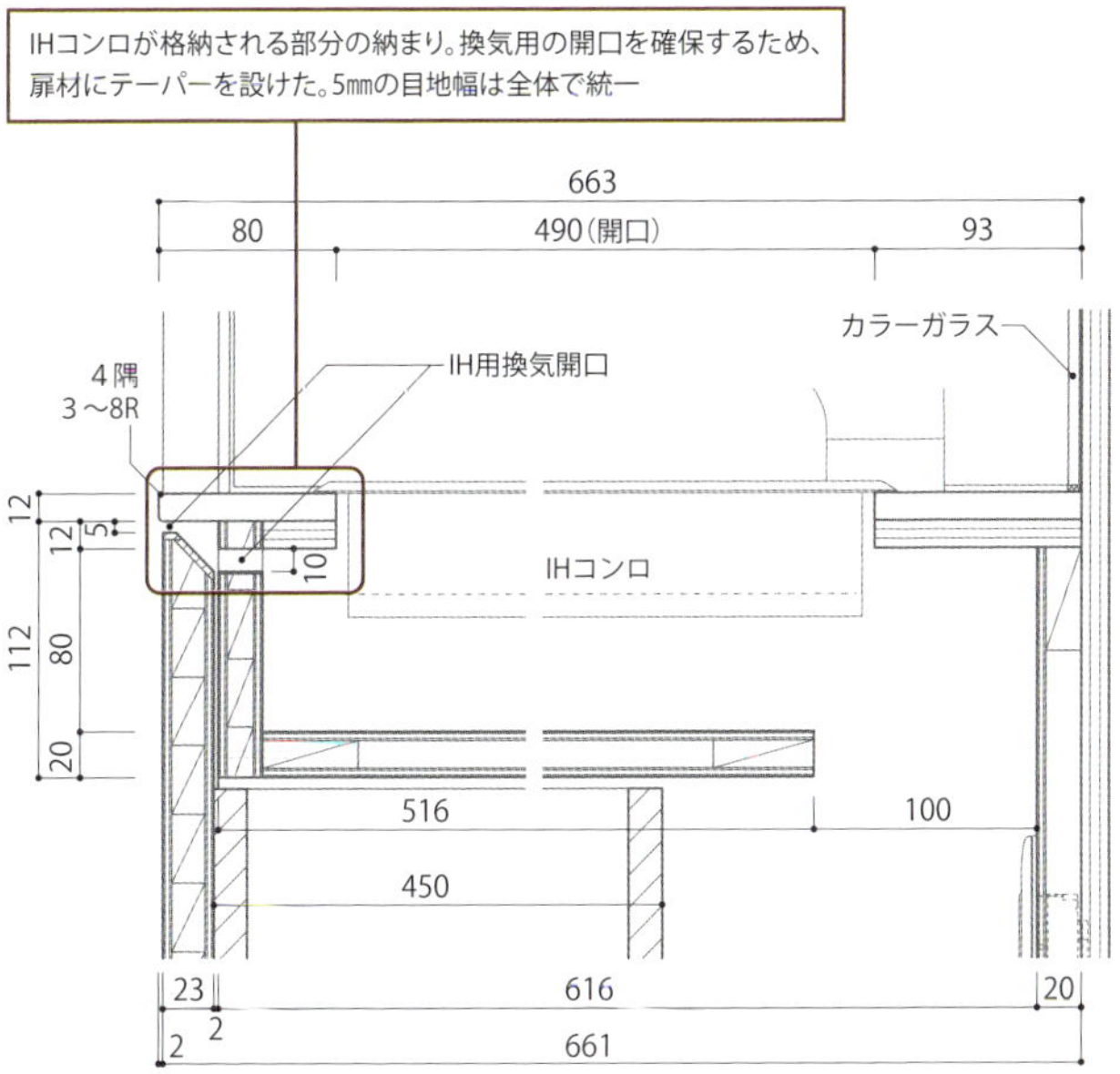
IHコンロが格納される部分の納まり。換気用の開口を確保するため、扉材にテーパーを設けた。5㎜の目地幅は全体で統一
663
80
490（開口）
93
カラーガラス
4隅
3～8R
IH用換気開口
IHコンロ
516
100
450
23
616
20
661

キッチン廻り断面詳細図［S=1：6］

MATERIAL／中央区S邸（施工：高島屋スペースクリエイツ）

壁：カラーガラス／ラコベル ナチュラルブラウン（旭硝子）およびクロス／WVP7577（東リ） 床：カーペット／HDC-808-02・HDC-809-02（堀田カーペット） 天井：クロス／WVP7577（東リ）・SG542（サンゲツ） キッチン：造作 キッチンカウンター：人造大理石／デュポン コーリアン シラスホワイト（MRC・デュポン） 扉面材：オーク塗装（白）拭き取り 水栓金物：既存（TOTO） IHレンジ：AH1326CA（AEG） オーブンレンジ：NE-WB761P（パナソニック エコソリューションズ社） レンジフード：SERL-3R-601（富士工業）

バーコーナー・ワインセラーとつながるオープンキッチン

オープンキッチンには、キッチンを〝魅せる〟という役割がある。リビング・ダイニングから見た際にキッチン廻りが煩雑にならないようにしつつ、キッチン使用時の利便性を高めるため、収納のスペースは十分に確保する必要がある。ここでは、アイランド型のカウンターを中心に、キッチンの両脇にバーコーナーとパントリーを設えた。主人用の見栄えのするバーコーナーには扉を設けず、補助のミニシンクを設置。ものがあふれがちなウォークインパントリーは扉付きとした。

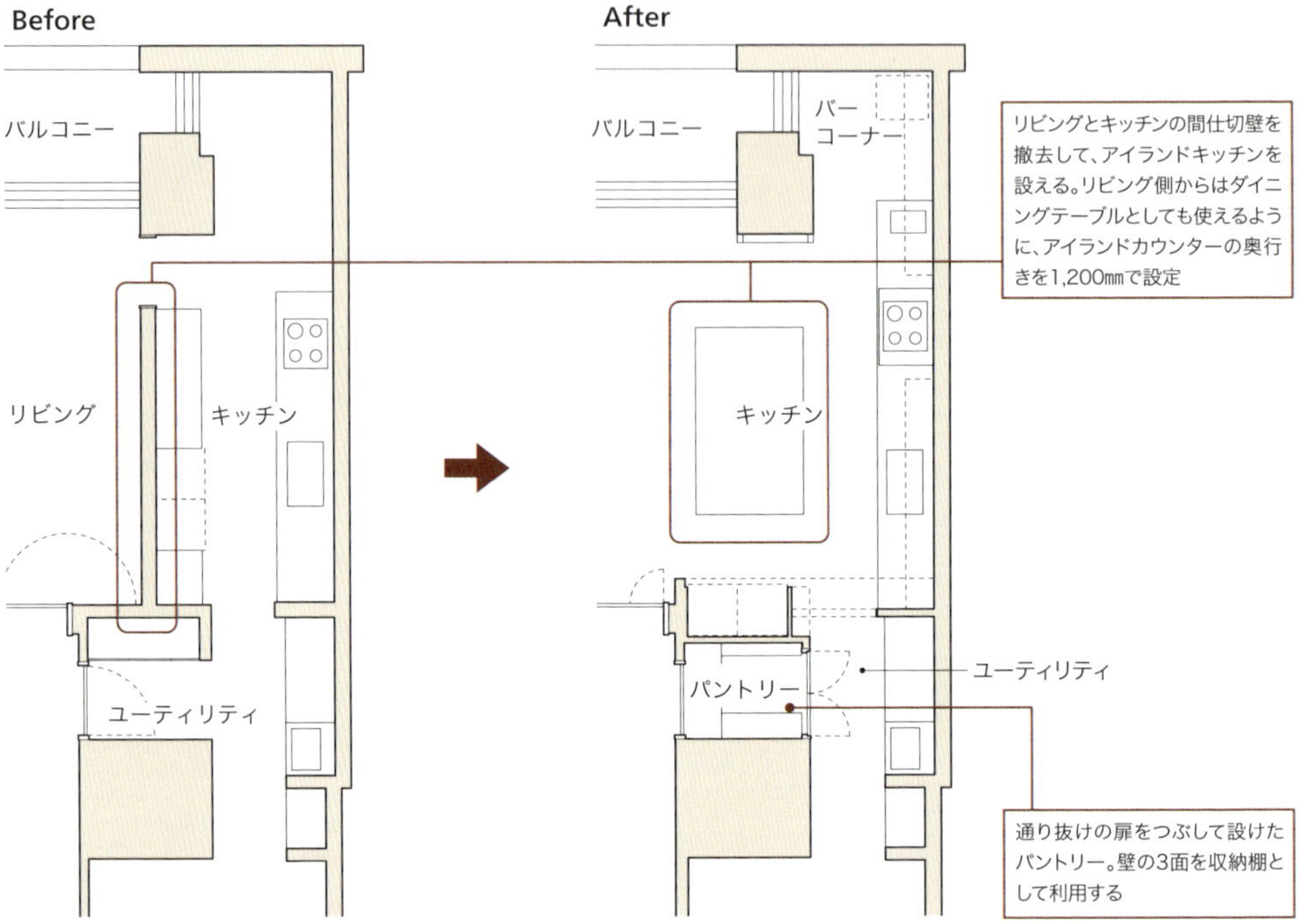

Before
バルコニー
リビング
キッチン
ユーティリティ
After
バルコニー
バー
コーナー
キッチン
パントリー
ユーティリティ
リビングとキッチンの間仕切壁を撤去して、アイランドキッチンを設える。リビング側からはダイニングテーブルとしても使えるように、アイランドカウンターの奥行きを1,200㎜で設定
通り抜けの扉をつぶして設けたパントリー。壁の3面を収納棚として利用する

平面図

リビングからキッチンを見る。キッチンの背面収納には、ライン照明を複数台連結させた間接照明を仕込んで、空間がより広く感じられるようにしている

MATERIAL ／南麻布 MT 邸（プロデュース・施工：ジーク＋キッチン：SSK）

壁：クロスおよびAEP　床：スカンジナビアンフローリング ワイドプランク OAEWS（スカンジナビアンリビング）　天井：クロス　キッチン：オーダー（SSK）　キッチンパネル：グレースホワイト　特注キッチンパネル：和紙ガラス（ハナムラ）　キッチンカウンター：黒御影石／ジンバブエブラック　扉面材：チェリー（桜）突き板ウレタン塗装　シンク：ステンレス　水栓金物：K4（グローエ）　食器洗浄器：既存再利用（ミーレ）　ガスレンジ：プラス・ドゥ（ハーマン）　IHレンジ：HCR65B1J（ブラント）　オーブン：コンビネーションレンジ（既存再利用）　レンジフード：Simona Due（アリアフィーナ）

写真：ジーク

カウンターと収納のレイアウトを変える

キッチンは見た目の美よりも、調理時の使いやすさが何より重要である。特に、カウンターとシンク、冷蔵庫の位置関係が悪いと、調理中の動線が複雑になり、ストレスが生まれやすい。そこで、調理の流れを考慮したプランニングが求められる。ここでは、調理の作業動線を分断していた背面のトール収納を撤去して、電子レンジや炊飯器を置くカウンターを設置した。さらに、シンクから離れていたゴミ用引き出しもシンクに近づけ、使い勝手を大幅に改善している。L字カウンターは2段カウンターとして、シンクとレンジの高さを変えてより使いやすい寸法としている。

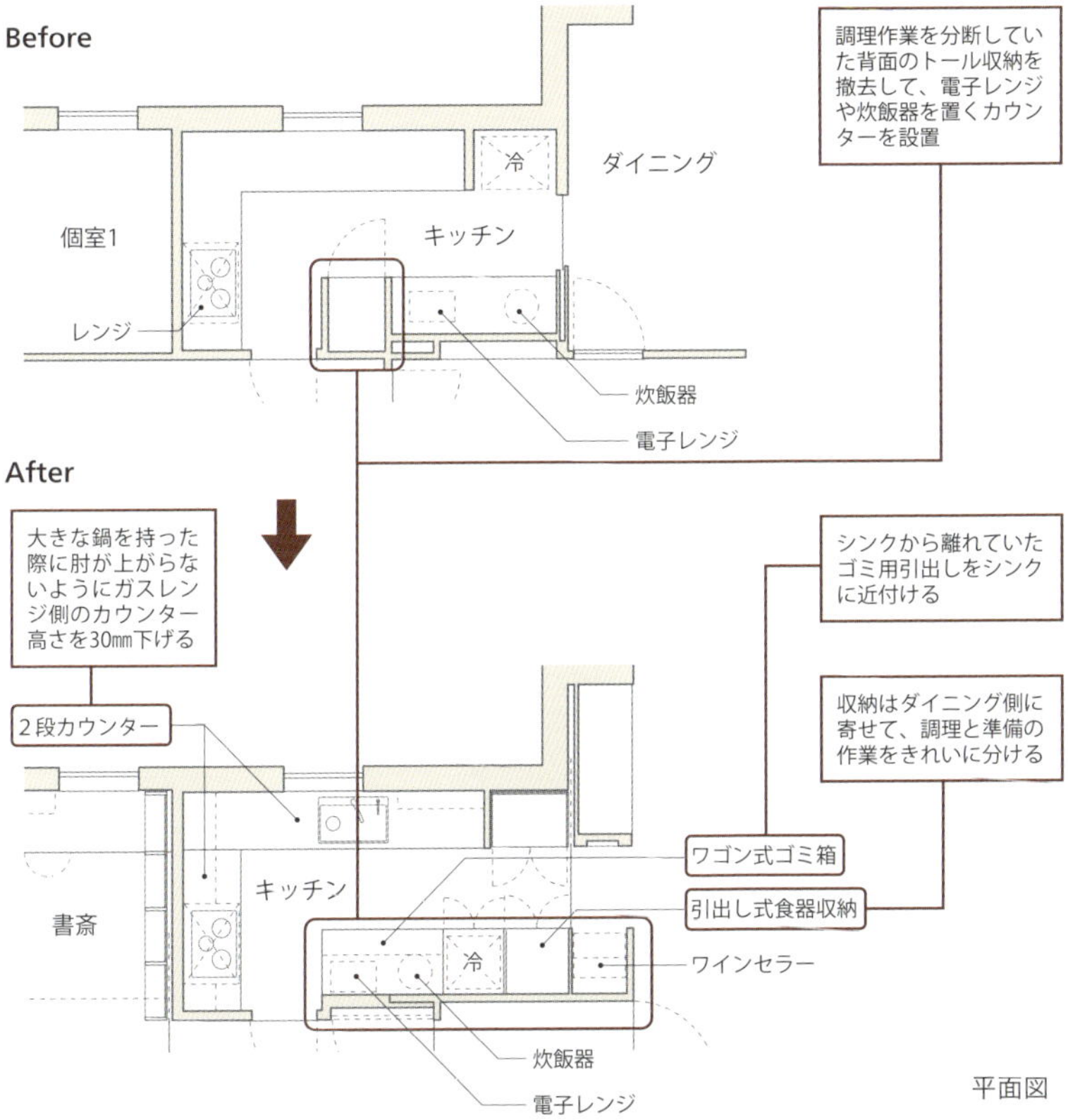
Before
調理作業を分断していた背面のトール収納を撤去して、電子レンジや炊飯器を置くカウンターを設置
冷
ダイニング
個室1
キッチン
レンジ
炊飯器
電子レンジ
After
大きな鍋を持った際に肘が上がらないようにガスレンジ側のカウンター高さを30㎜下げる
シンクから離れていたゴミ用引出しをシンクに近付ける
収納はダイニング側に寄せて、調理と準備の作業をきれいに分ける
2段カウンター
キッチン
書斎
ワゴン式ゴミ箱
引出し式食器収納
冷
ワインセラー
炊飯器
電子レンジ

平面図

ダイニング側に設けた吊り戸棚収納付きのワインセラー。右手前に見えるのは、袖壁と同じ素材で仕上げたキッチンとダイニングの間にある引込み戸

MATERIAL／白金台S邸（施工：青＋キッチン：SSK）

壁：キッチンパネルおよびAEP　床：スカンジナビアンフローリング ワイドプランク OAEWS（スカンジナビアンリビング）　天井：AEP　キッチン：オーダー（SSK）　キッチンカウンター：人造大理石／デュポン コーリアン クラムシェル・レインクラウド（MRC・デュポン）扉面材：オニグルミ突き板　シンク：ステンレスシンク　水栓金物：TKN34PBTN（TOTO）　食器洗浄器：既存（ミーレ）　ガスレンジ：プラス・ドゥ（ハーマン）　レンジフード（富士重工）　ワインセラー：コンパクト59（ユーロカーブ）

既製品キッチンを腰壁で隠し間接照明で演出

既製品のキッチンをオープンキッチンに用いる場合は、リビング・ダイニングからキッチン本体が直接見えないように、グレード感のある素材でつくった腰壁で隠すのがよい。ここでは、カラーガラス張りの腰壁を設け、壁からやや跳ね出すようにして、人造大理石の天板をＬ字形に廻している。その奥行きを利用して、シームレスなＬＥＤライン照明の間接照明を設置し、カラーガラスの腰壁を光で演出している。背面収納の面材を全艶の塗装で仕上げ、奥の壁面を大理石調タイル張りとし、統一感をもたせたこともポイント。

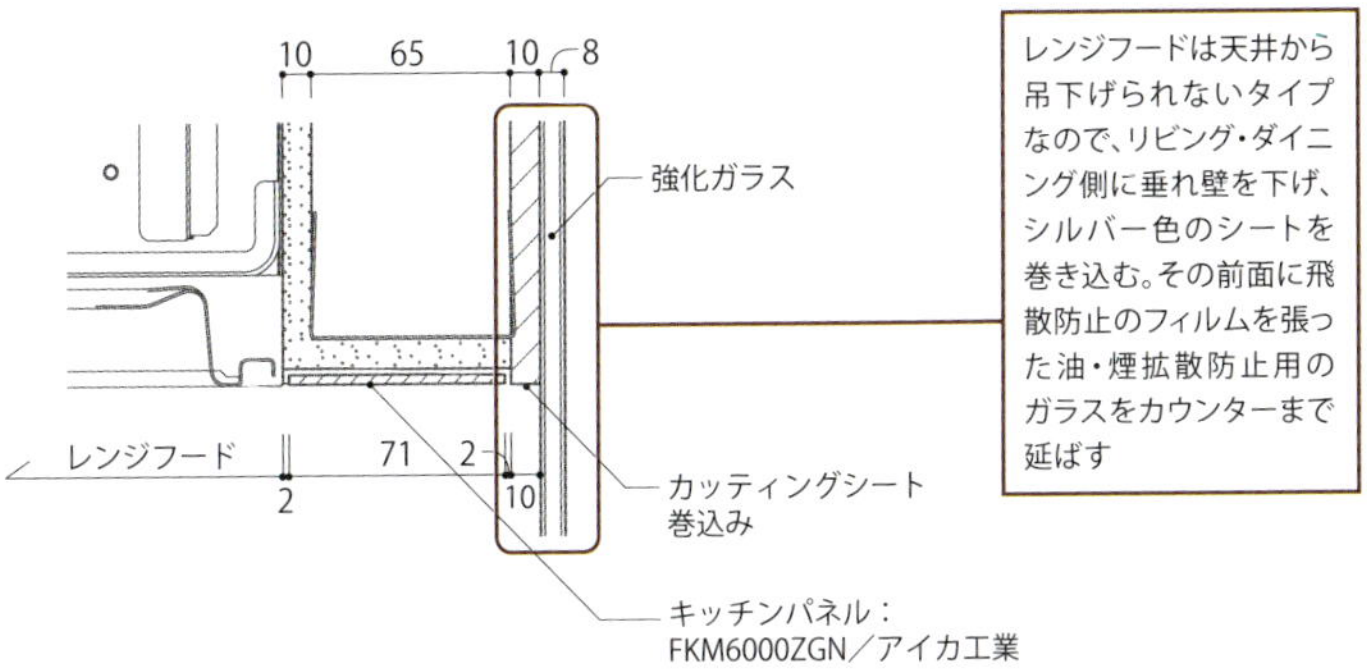
10
65
10
8
強化ガラス
レンジフード
71
2
2
10
カッティングシート
巻込み
キッチンパネル：
FKM6000ZGN／アイカ工業
レンジフードは天井から吊下げられないタイプなので、リビング・ダイニング側に垂れ壁を下げ、シルバー色のシートを巻き込む。その前面に飛散防止のフィルムを張った油・煙拡散防止用のガラスをカウンターまで延ばす

レンジフード廻り断面詳細図［S=1：5］

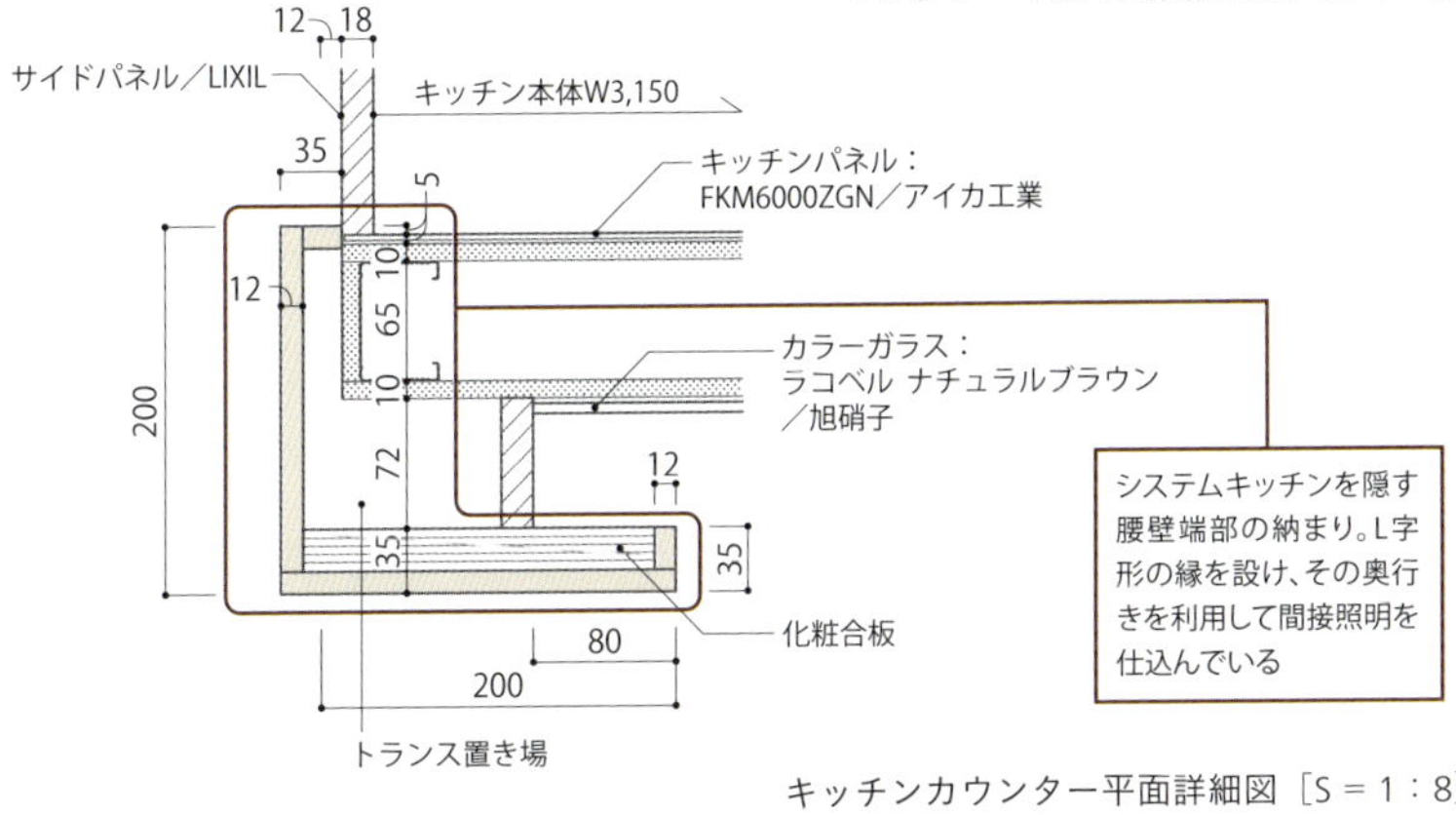
12
18
サイドパネル／LIXIL
キッチン本体W3,150
35
5
キッチンパネル：
FKM6000ZGN／アイカ工業
12
200
10
65
10
72
35
カラーガラス：
ラコベル ナチュラルブラウン
／旭硝子
12
35
化粧合板
80
200
トランス置き場
システムキッチンを隠す腰壁端部の納まり。L字形の縁を設け、その奥行きを利用して間接照明を仕込んでいる

キッチンカウンター平面詳細図［S＝1：8］

キッチンは、機能性を重視するがゆえに、照明器具が増え、天井のデザインが雑然としたものになりがち。ここでは、エアコンの吹き出し口に合わせて、天井に1本のメラミン材を流し、ダウンライトを取り付けるようにした

MATERIAL／**一番町Y邸（施工：リフォームキュー）**

壁：クロス／LL-8188・LV-5702・LV-5480（リリカラ）および羽目板／複合フローリング20シリーズ ウォールナット20クリアオイル（IOC）および磁器質タイル／ホワイトエクスペリエンスWE-03EAL・WE-03EAT・WE-03EA（アドヴァン） 床：磁器質タイル／ミネラルDリビングブラウン（アドヴァン） 天井：クロス／LV-5702（リリカラ） システムキッチン：シエラ（リクシル） キッチンカウンター笠木：クオーツストーン／ウィスターリア（カルチャードクォーツ） キッチンカウンター正面：カラーガラス／ラコベル ナチュラルブラウン（旭硝子）レンジフード：Serl-3r-901SI（富士工業） 間接照明：ルーチ・シルクス（ルーチ）シェード：シルエットシェード（ハンターダグラス）

丸柱でPSを隠し アクセントに生かす

マンションでは、上下階を貫通する給排水管などを納めるＰＳがある。これを過度に意識しすぎると、水廻りのプランニングの自由度を下げる原因となってしまう。しかし、手立てがないわけではない。たとえば、ＰＳを覆うように柱を立てて、その柱を空間のアクセントに用いるという方法がある。ここでは、ＰＳが貫通する位置にアイランドカウンターを設け、ＰＳを白い円柱として覆い、アクセントとして見せた。カウンターは円柱と隙間なく取り合うので、円柱はキッチンの一部にしか見えない。

［上］デコピックがドイツから輸入している高級オーダーキッチン。2.8m×1.2mのカウンターはクオーツエンジニアドストーン／シーザーストーン（コンフォート）、収納扉材はオリーブ、レンジフードはStilo-isolaステンレス（ファーベル）、水栓金物はK4 32668000（グローエ）、シンクはデコピックオリジナルとしている。背面のトール収納は鏡面塗装扉で仕上げ、電気オーブンのH5240BP（ミーレ）をビルトインした［下］レンジはガスレンジ2台＋IHヒーター2台の構成。ガスレンジはHG30200B-B-LP（AEG）、IHヒーターはHE30200B-B（AEG）を使用している

MATERIAL／杉並区S邸（施工：青＋キッチン：デコピック）

壁：AEP　床：複合フローリング／オークナチュラルオイル（マーフィー）　天井：AEP　キッチン：オーダー（デコピック）　キッチンカウンター：クオーツエンジニアドストーン／シーザーストーン（コンフォート）　ガスレンジ：HG30200B-B-LP（AEG）　IHヒーター：HE30200B-B（AEG）　食洗機：G5100SCi（ミーレ）　電気オーブン：H5240BP（ミーレ）　レンジフード：Stilo-isolaステンレス（ファーベル）　浄水器：TK304AX（TOTO）　水栓金具：K4 32668000（グローエ）　ダイニングペンダントライト：CABOCHE（フォスカリーニ）

ダイニングに面する折れ戸に隠れるミニバー

パブリックスペースにミニバーを設ける場合は、リビング・ダイニングのインテリアに与える影響を配慮する。空間をスッキリ見せるには、折れ戸などの建具で隠せるようにするのがよいだろう。このとき、周囲の壁面や建具どうしの取合いに最大限の注意をはらう必要がある。建具と壁、建具どうしの目地幅を統一すると、普段はアクセント壁のように見せられる。ここでは、左側から2枚がミニバーを隠す扉、3枚目がFIXパネル、4枚目がキッチンへの開き戸となっている。扉の取手は、同色の特注品を用いた。

After

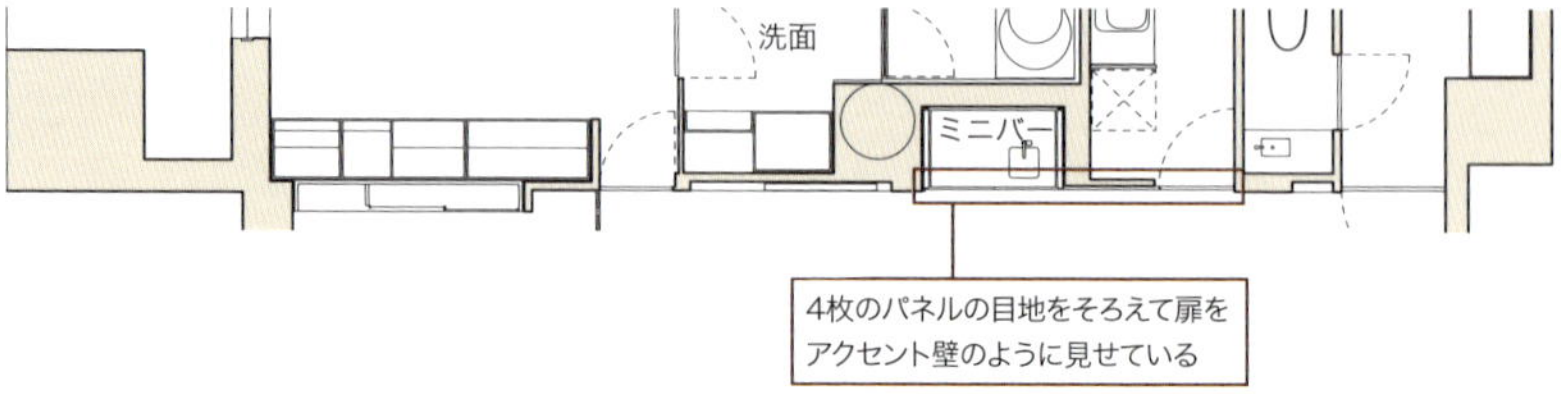
洗面
ミニバー
4枚のパネルの目地をそろえて扉を
アクセント壁のように見せている

平面図

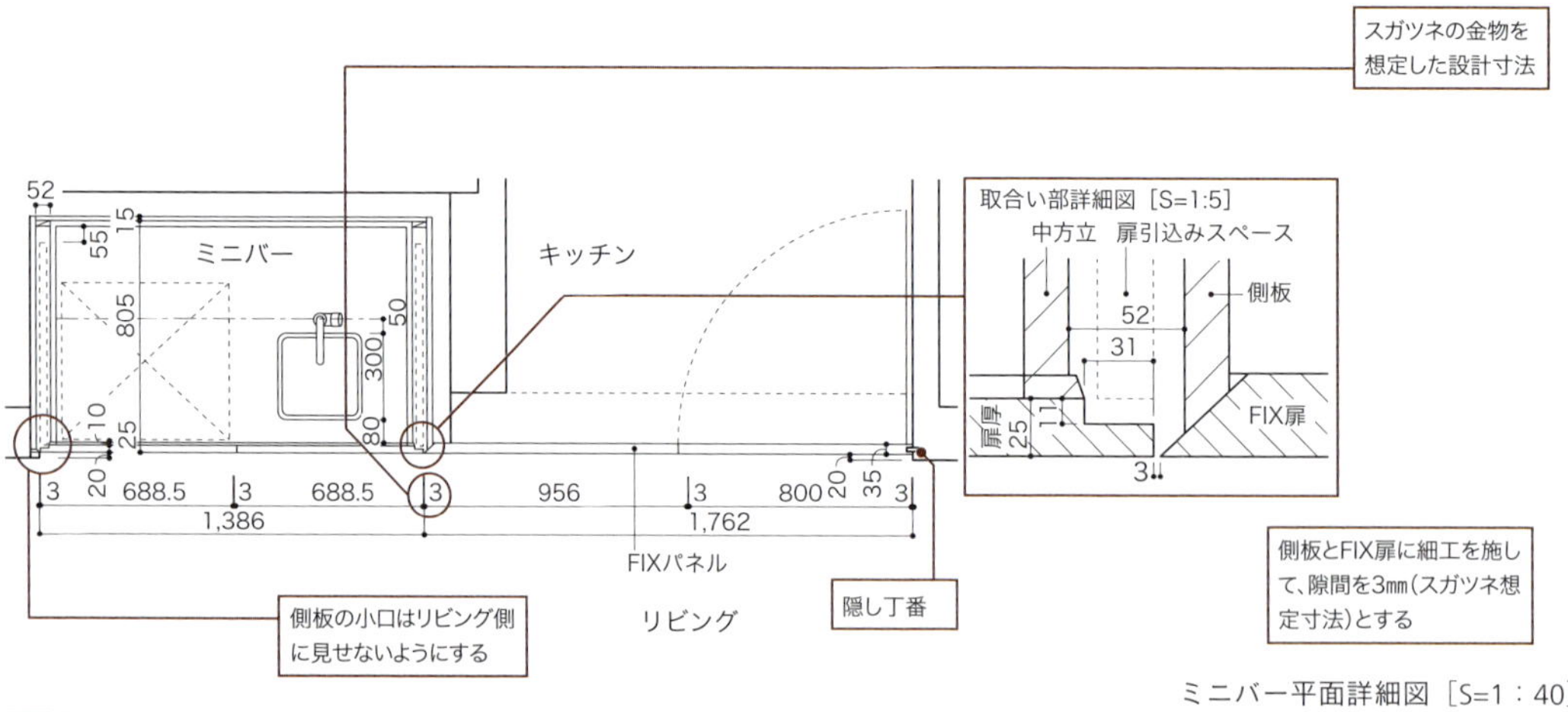
スガツネの金物を
想定した設計寸法
52
15
55
ミニバー
805
50
300
10
25
80
キッチン
3
20
688.5
3
688.5
3
956
3
800
20
35
3
1,386
1,762
FIXパネル
リビング
取合い部詳細図 [S=1:5]
中方立
扉引込みスペース
側板
52
31
扉厚
25
11
FIX扉
3
側板とFIX扉に細工を施し
て、隙間を3㎜(スガツネ想
定寸法)とする
側板の小口はリビング側
に見せないようにする
隠し丁番

ミニバー平面詳細図［S=1：40］

ミニバーの近くにあるダイニングテーブルの正面には、グレイッシュな左官仕上げの壁がそびえる。壁掛けのアートは、床埋込みのアッパーライトで演出

MATERIAL／六本木T邸（施工：青）

壁：AEPおよびモルタル（四国化成工業）　床：複合フローリング／スカンジナビアンフローリング ワイドプランクOAEWS（スカンジナビアンリビング）　天井：AEP　ダイニングテーブル：Nean（カッシーナ）　ダイニングチェア：Cab（カッシーナ）　アート：中込靖成（アートギャラリークロゼット）　ミニシンク：Alm/m300-300（中外交易）　水性金物：14863004（ハンスグローエ）　ワインセラー：エンジェルシェアWD-30S（デバイスタイル）

Selected Furniture

置き家具

置き家具をセレクトする場合のポイントは、床仕上げ材や壁の色、造作家具のデザインと同時に考えていくこと。座り心地や生地の触感、生地のグレード感や色の好みなどを確認しながら、置き家具を選定していく。また、1つのブランドでまとめないのも重要。ショールームのように見えてしまうので、いくつかのブランドを組み合わせて個性をもたせながら、インテリアに最適な解を見い出すべきである。

1 モルテーニ+ミノッティ

2 カッシーナ+アルフレックス

3 ミノッティ+アーティストオリジナル家具

❶ ダイニングテーブル：Diamond（モルテーニ）ダイニングチェア：FLYNT CROSS BASE（ミノッティ）［代官山T邸］ ❷ ダイニングテーブル：CENA（カッシーナ）ダイニングチェア：JK／アルフレックス［中央区S邸］ ❸ ソファ：WHITE（ミノッティ）センターテーブル：オーダー（羽生野亜）［南麻布T邸］

4 リーヴァ 1920＋ミノッティ

5 ヴェッキオ エ ヌオーヴォ

6 モルテーニ+オーダー家具

7 アルフレックス+アルマーニ／カーザ

4 ダイニングテーブル：Celerina（リーヴァ 1920）ダイニングベンチ：Celerina（リーヴァ 1920）ダイニングチェア：LOVING（ミノッティ）［南平台N邸］ **5** エタノール暖炉：COCOON（ヴェッキオ エ ヌオーヴォ）［代官山T邸］ **6** TV収納：PASS（モルテーニ） センターテーブル：オーダー（ヤマシタ・プランニング・オフィス）［南青山Y邸］ **7** ソファ：BRERA（アルフレックス）センターテーブル：BRERA（アルフレックス）スタンドライト：ALADINO（アルマーニ／カーザ）［虎ノ門ヒルズM邸］

8 フルー+ミノッティ

9 アイデック+フーガ

10 ポリフォーム+モルテーニ

8 ベッド：Alicudi（フルー）ラウンジチェア：JENSEN（ミノッティ）［南平台N邸］ 9 ソファ：CONSETA（アイデック）スタンドライト：LA FIBULE HILAIRE（フーガ）［神戸M邸］ 10 ダイニングテーブル：CONCORDE（ポリフォーム）ダイニングチェア：OUTLINE（モルテーニ）ラウンジチェア：HUSK（B&Bイタリア）［南麻布T邸］

11 マクサルト+レ・スタンツェ

アルフレックス+カッシーナ 12

⑪ダイニングテーブル：ALCEO（マクサルト）　ダイニングチェア：D CHAIR（レ・スタンツェ）［一番町Y邸］　⑫ソファ：Naviglio（アルフレックス）ダイニングテーブル：Nean（カッシーナ）ダイニングチェア：Cab（カッシーナ）［六本木T邸］　⑬ダイニングテーブル：FLY（フレックスフォルム）　ダイニングチェア：GARDA（インテリアズ）［六本木N邸］

13 フレックスフォルム+インテリアズ

ENTRANCE

玄関

「玄関」は意外と曖昧な言葉である。玄関と玄関ホールの区切りはあるのか、などその定義づけは一筋縄ではない。仏教の用語によると〝奥深い仏道への入り口〟であり、物理的というよりも、精神的な意味合いが色濃い。

言葉の定義が曖昧であるように、玄関には、さまざまな機能が求められる。まずは出入り口としての機能。ベンチや手摺などがあると便利なほか、姿見としての鏡、傘や帽子、自転車や車の鍵置き場も備えたい。上がり框について、内廊下型のマンションではフラットになっている場合があるので、上足・下足の見切りラインの設定も重要となる。

続いては接客機能。宅急便や隣近所の方の不意の訪問時は、玄関に招き入れて応対するので、ベンチに加えて、玄関からリビングが丸見えにならない扉が欲しくなる。

次は防犯機能。内廊下型で幾重にもゲートがある場合はそれほどでもないが、玄関扉はセキュリティーの大きな役目を担う。ダブルの鍵や訪問者をチェックできるドアスコープ、ドアガードも備え付けたい。

防犯機能とは相反するが、通気機能も重要である。片廊下型の団地・マンションの場合、南面するリビング側には窓があっても、廊下側には窓がない建物が多く、玄関扉のみが北への風の抜けを確保する開口となるケースがある。

以上のように、玄関にはさまざまな機能が求められる。ただし、既存のマンションは、見栄えだけが重視され、適当に作られていることが多いように見受けられる。

〝片廊下型か室内廊下型〟〝セキュリティーラインやプライバシーはどうすべきか〟などによって、必要機能を取捨選択することから始めよう。その中で優先順位を付けて、空間として一体感があるように設計を行えば、自然と〝家の顔〟となるような玄関ができるであろう。

ガラスと姿見で挟まれた黒檀の建具

玄関ホールとリビング・ダイニングが近い場合は、玄関からリビング・ダイニングが垣間見えるような設えとしたい。建具の袖壁を透明にして、視線が抜けるようにする。ポイントは、リビング・ダイニングをどの程度見せるか、ということ。プライバシーを重視する場合は、片方を姿身にすると、プライバシーはもちろん、デザインのバランスや機能性を確保できる。ここでは、高級突き板の黒檀で制作した天井いっぱいの建具をガラスと姿見の鏡で挟むデザインとした。枠を鏡面ステンレスで仕立てたことで、透明感が高まる。

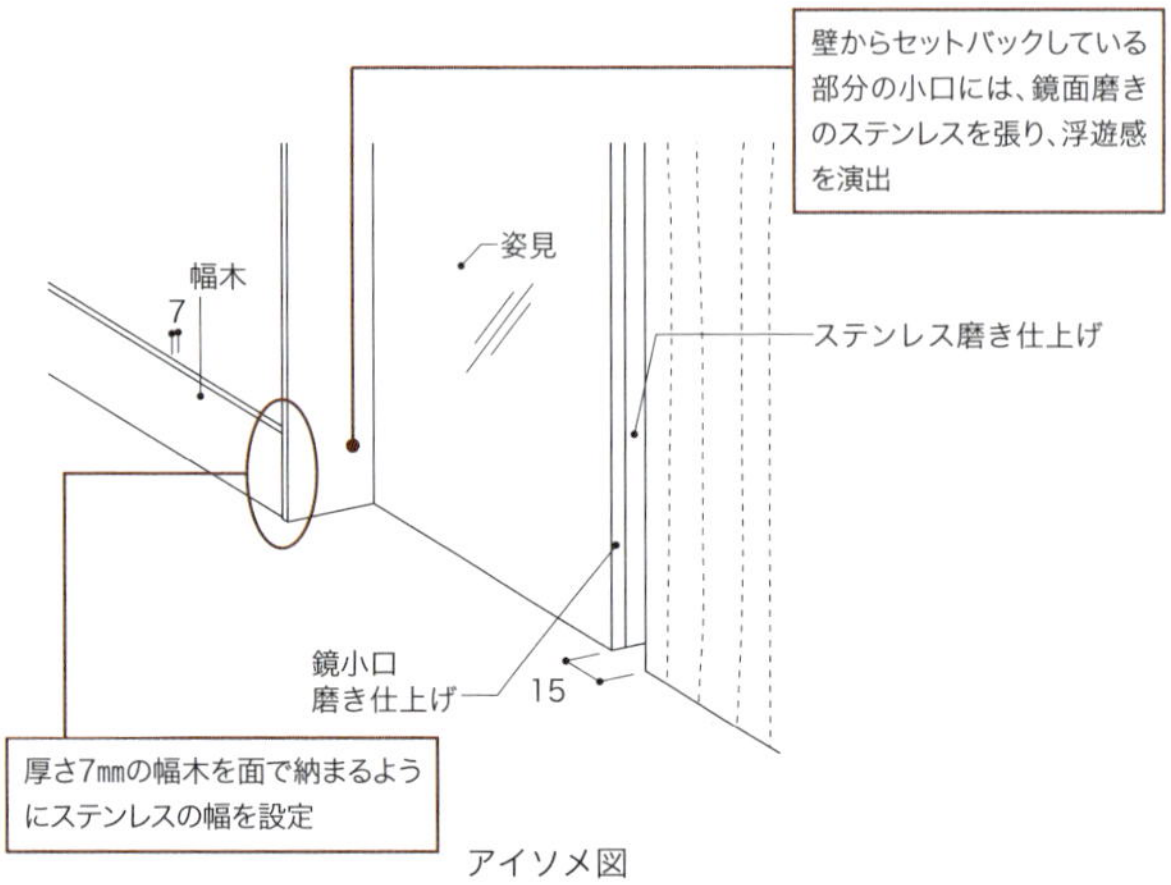

アイソメ図

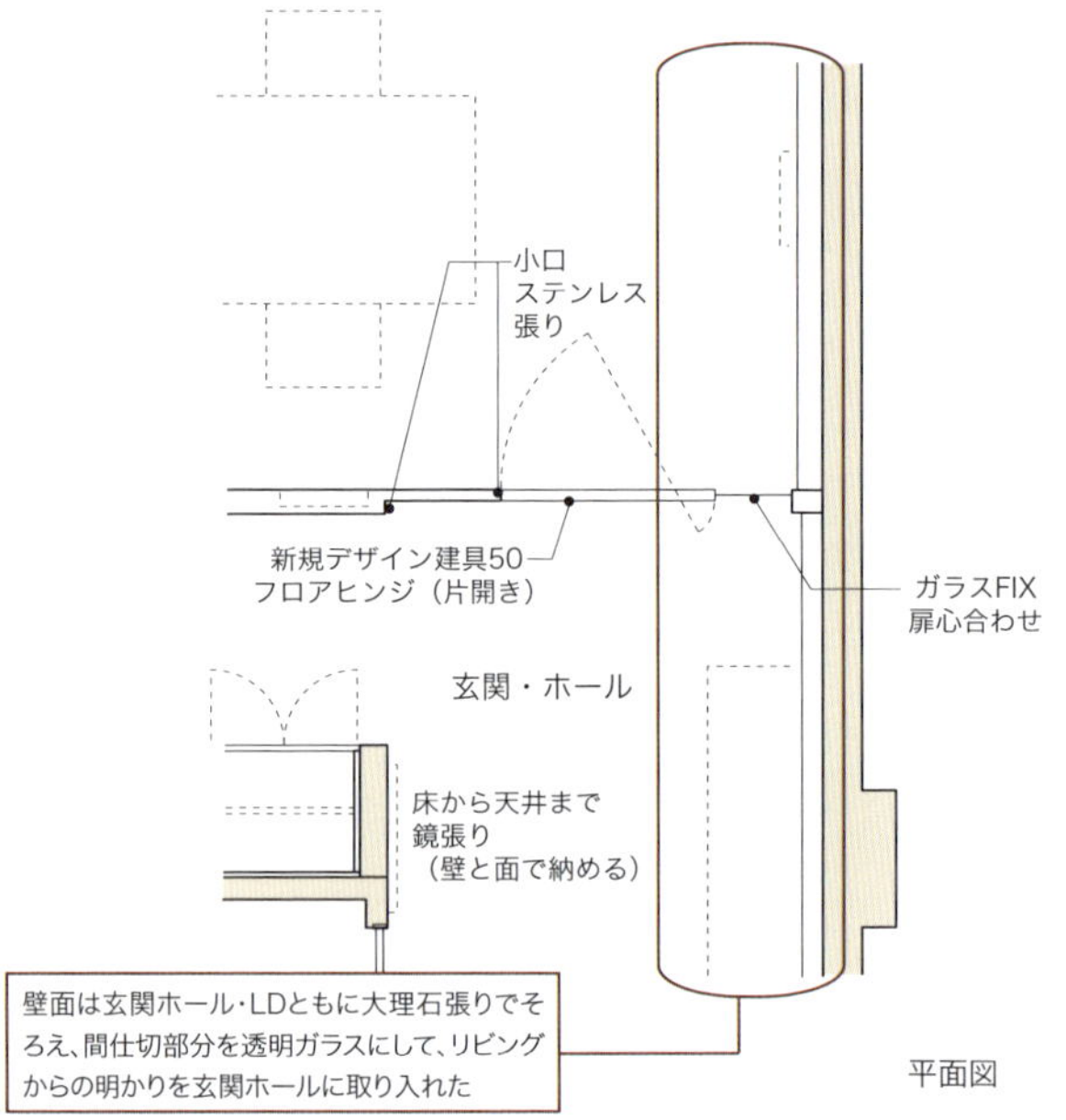

平面図

FIXガラスのほうは壁面が連続して見えるので、玄関とリビング・ダイニングで仕上げ方をそろえる。ここでは、天然石（バサルティーナ）で仕上げた

MATERIAL／代官山T邸（施工：リフォームキュー）

壁：天然石／イタリア バサルティーナ（アドヴァン）およびAEPおよび鏡およびFIXガラスおよびステンレス　床：既存大理石／ペルリーノホワイト　天井：AEP　扉：黒檀突き板全艶仕上げ・特注引手・フロアヒンジ　ベンチ：NATURA BENCH（リーヴァ 1920）　コートフック（大洋金物）　照明：ムービングジャイロシステム（遠藤照明）　アート：David Stetson（サブジェクトマター）

上質突き板の建具を引き立てる玄関ホールの設え

玄関の正面に見える建具や壁は、第一印象を決める〝住宅の顔〟である。建具は、上質な素材を用い天井いっぱいの高さで納めたい。建具廻りのデザインも重要だ。床・壁・天井、玄関土間、上がり框などは、建具が最も映えるような仕上げとしたい。照明を使って素材感を浮かび上がらせる工夫も大切。ここでは、建具の突き板に木目の強いゼブラウッドを採用し、それを引き立てるため、玄関ホールの天井と壁はプレーンに仕上げた。一方、床は大理石とタイル、上がり框はステンレスとして、全体のバランスを整えた。

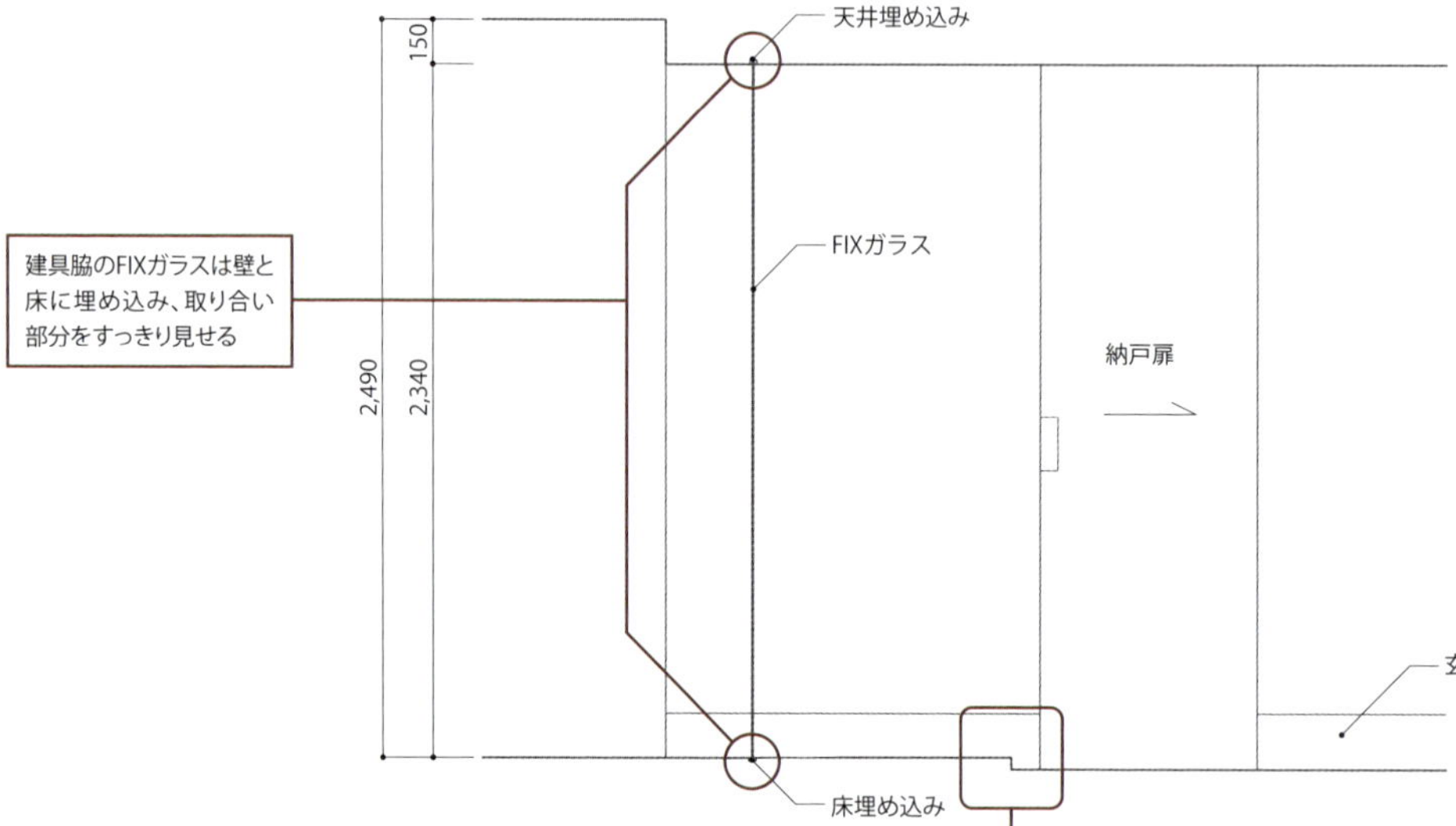

展開図［S＝1:40］

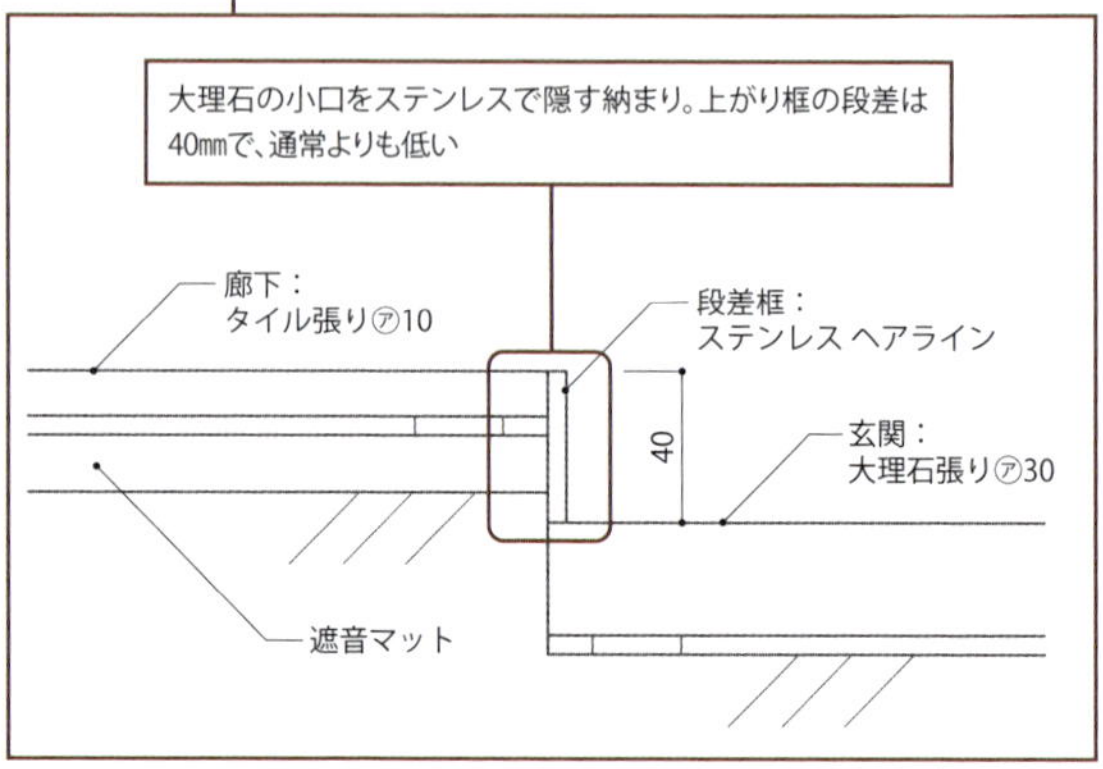

上がり框断面図詳細図［S＝1：4］

玄関土間は大理石（グリジオカルニコ）張り。ホールは白系色大理石調タイルで居室側まで伸ばす一方、土間は黒色で空間を引き締める。上がり框は、ステンレス製でシャープに見切る

MATERIAL ／南麻布S邸（施工：リフォームキュー）

壁：クロスおよびFIXガラス　床［玄関土間］：大理石／グリジオカルニコ　床［玄関ホール］タイル／イ・マルミグリジオ（アドヴァン）　天井：クロス　扉：ゼブラウッド突き板全艶仕上げ（コンフォート）および特注引手およびフロアヒンジ

枠なしのガラス扉でつくる“ピクチャーウインドウ”

居室のインテリアを美しく見せたい場合には、〝ピクチャーウインドウ〟のような枠のないスッキリとした全面開口を玄関の正面に設けるとよい。ここでは扉だけにとどまらず、袖壁の面材もガラスにしつつ、天井・間口いっぱいに納めて、障子枠や横桟などの視界を遮る枠を完全に消去した。開き戸の場合には、蝶番もできるだけ目立たなくしたいところ。天井および床の仕上げを居室と玄関ホールで連続させて、それぞれの境界を曖昧に表現することも重要である。

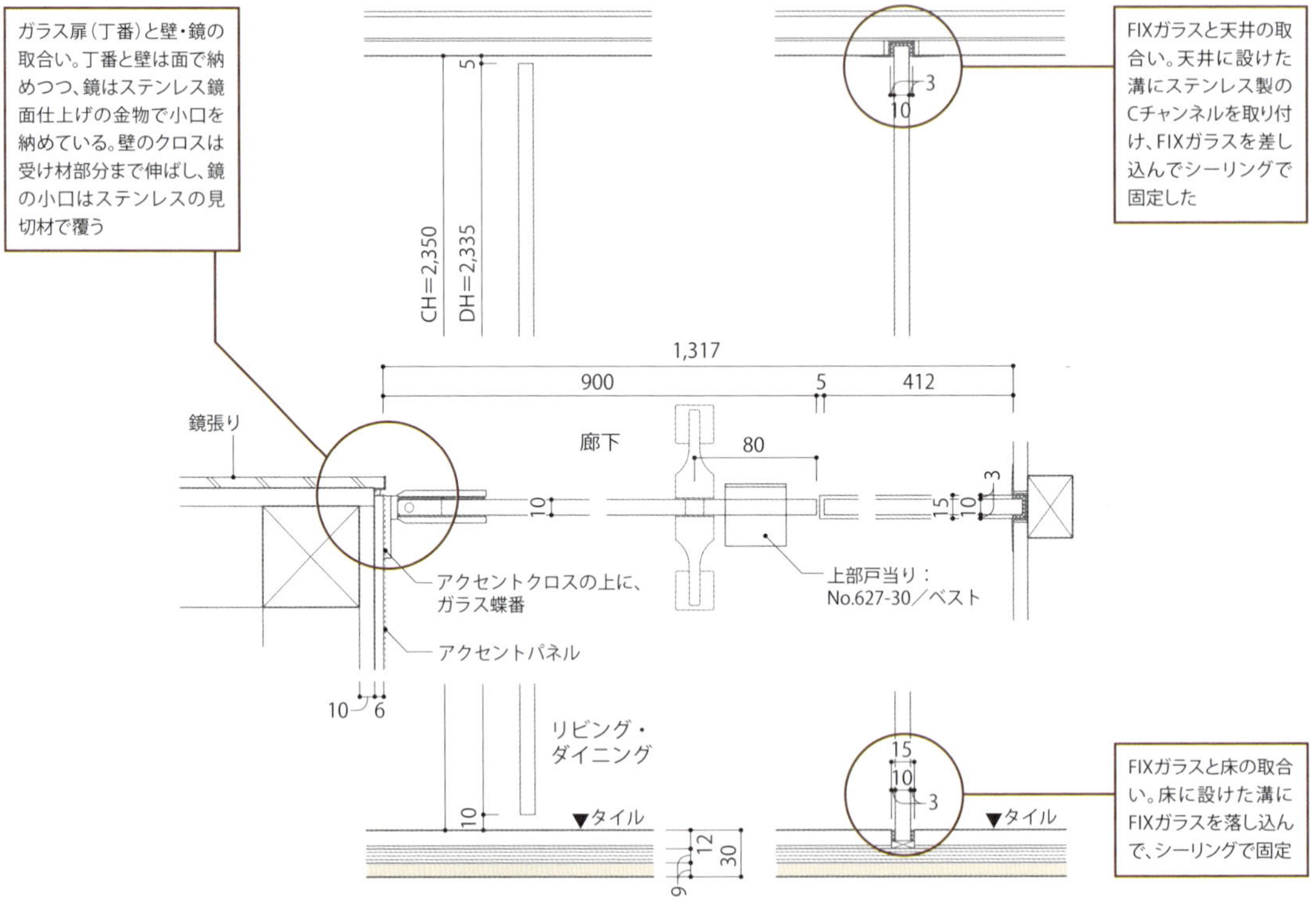

ガラス扉(丁番)と壁・鏡の取合い。丁番と壁は面で納めつつ、鏡はステンレス鏡面仕上げの金物で小口を納めている。壁のクロスは受け材部分まで伸ばし、鏡の小口はステンレスの見切材で覆う
FIXガラスと天井の取合い。天井に設けた溝にステンレス製のCチャンネルを取り付け、FIXガラスを差し込んでシーリングで固定した
CH=2,350
DH=2,335
5
3
10
1,317
900
5
412
鏡張り
廊下
80
10
15
10
3
アクセントクロスの上に、ガラス蝶番
上部戸当り:No.627-30/ベスト
アクセントパネル
10
6
リビング・ダイニング
15
10
3
FIXガラスと床の取合い。床に設けた溝にFIXガラスを落し込んで、シーリングで固定
10
▼タイル
12
30
9
▼タイル

建具詳細図[S=1:6]

玄関脇のトール収納は、天井いっぱいに納めつつ、下部にブーツなどを仮置きできるように、足元を300㎜程度浮かして、浮遊感を演出した

MATERIAL/一番町Y邸(施工:リフォームキュー)

壁:クロス/LL-8188(リリカラ)およびアクセントクロスパネル/WVP-7143(東リ)および鏡　床[玄関土間]:磁器質タイル/ミネラルDリビング ブラウン(アドヴァン)　床[廊下]:磁器質タイル/ミネラルDリビング ブラウン(アドヴァン)　天井:/LL-8188(リリカラ) 建具:テンパーガラス片開き戸

タイルとカラーガラスで仕上げる硬質感のある玄関

壁の高級感のある仕上げといえば、大理石が頭に思い浮かぶが、大理石は仕上げ厚では50㎜程度の厚さとなり、壁下地からつくりなおす必要がある。一方、磁器質タイルは15㎜程度の厚さで、既存の壁にそのまま張ることも可能である。最近では、技術の向上で、表現力も大理石にかなり近づいている。ただし、小口の見せ方には工夫が必要だ。ここでは塗装で仕上げた壁のボードを張り増しして、タイル面をフラットに仕上げている。既存ニッチの奥にある壁には、カラーガラスを張り、硬質感を増幅させた。

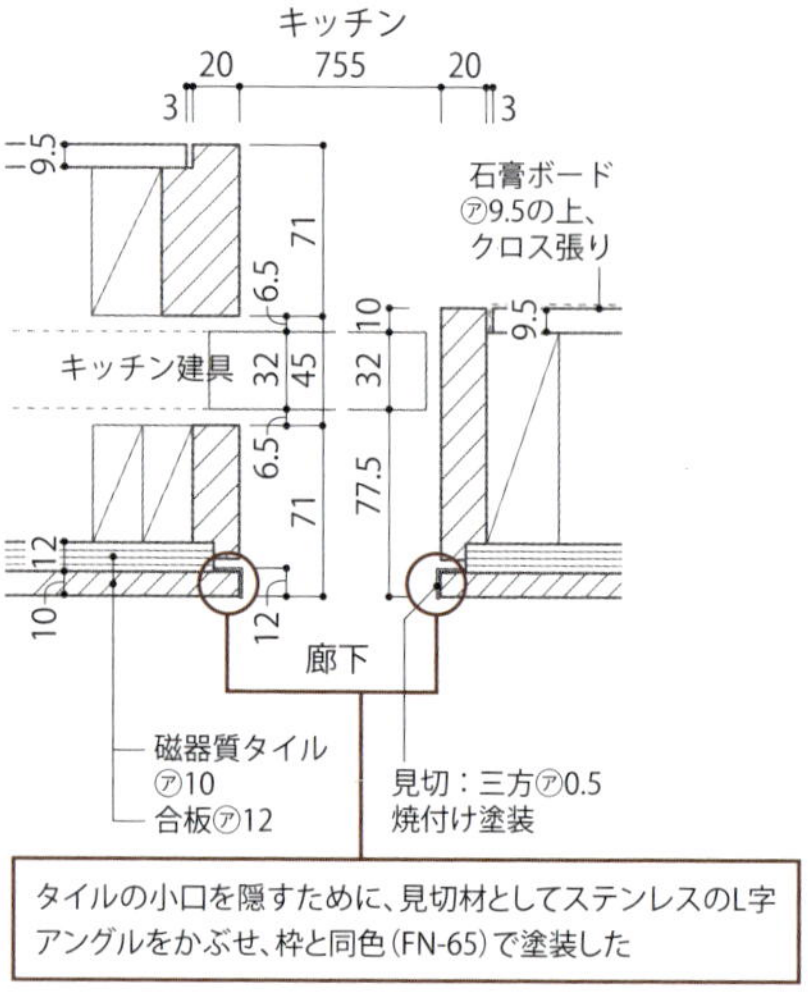
キッチン
20
755
20
3
3
9.5
71
6.5
10
9.5
石膏ボード㋐9.5の上、クロス張り
キッチン建具
32
45
32
6.5
77.5
71
12
10
12
廊下
磁器質タイル㋐10
合板㋐12
見切：三方㋐0.5
焼付け塗装
タイルの小口を隠すために、見切材としてステンレスのL字アングルをかぶせ、枠と同色（FN-65）で塗装した

建具詳細図［S＝1：6］

グレーの磁器質タイルと建具（開き扉）の取合い。化粧枠は設けずに、磁器質タイルを核に巻き込むように納めているので、枠廻りがすっきりと見える

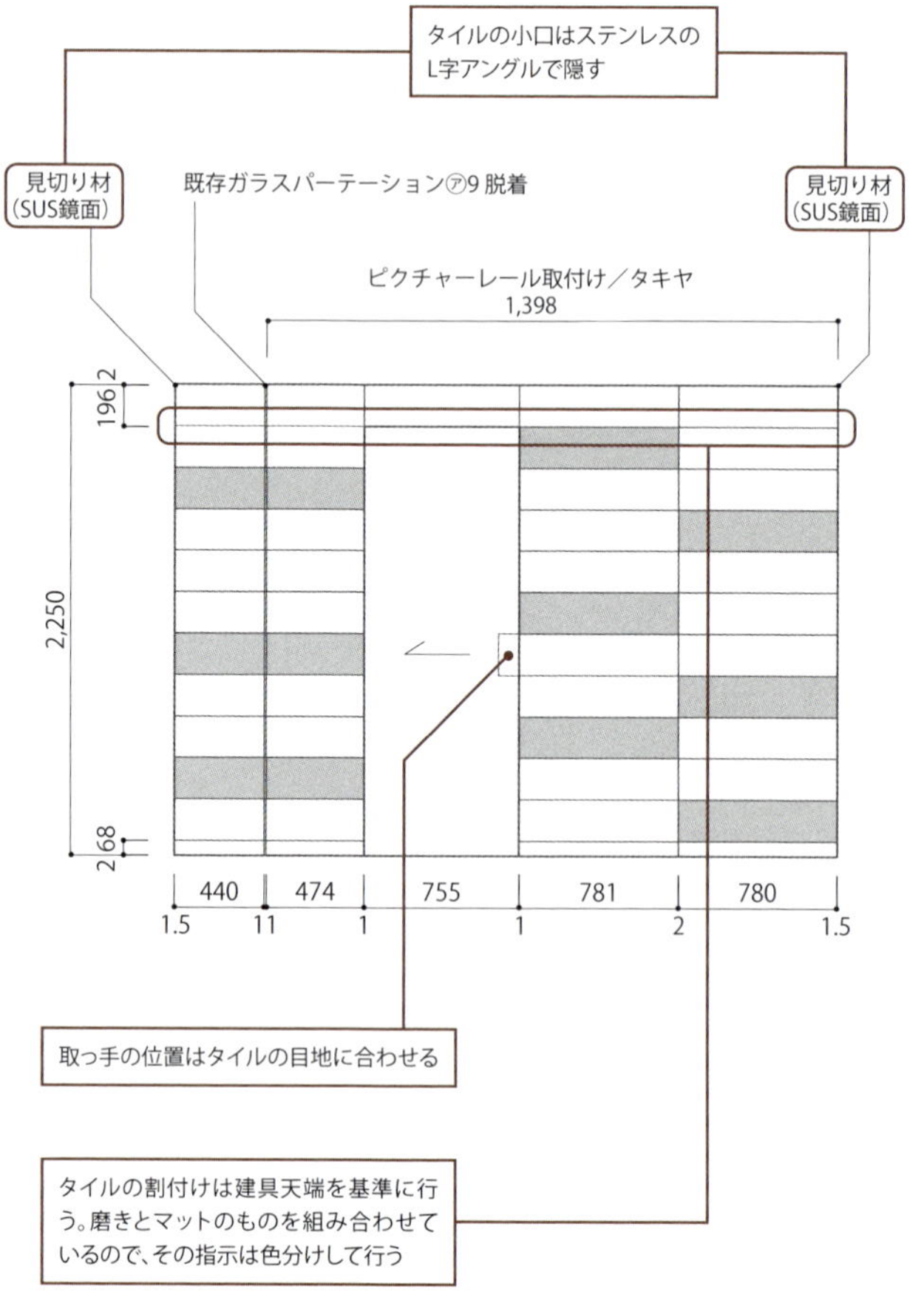
タイルの小口はステンレスのL字アングルで隠す
見切り材（SUS鏡面）
既存ガラスパーテーション㋐9 脱着
見切り材（SUS鏡面）
ピクチャーレール取付け／タキヤ
1,398
196
2
2,250
68
2
440
474
755
781
780
1.5
11
1
1
2
1.5
取っ手の位置はタイルの目地に合わせる
タイルの割付けは建具天端を基準に行う。磨きとマットのものを組み合わせているので、その指示は色分けして行う

展開図［S = 1:50］

MATERIAL／白金台M邸（施工：リフォームキュー）

壁：クロス／LL-8694（リリカラ）およびカラーガラス／EB4（NGSインテリア）および鏡および磁器質タイル／ホワイトエクスペリエンスWE-03EAL・WE-03EA（アドヴァン）　床［玄関土間］：既存大理石／ライムストーン　床［廊下］：既存大理石／ライムストーン　天井：クロス／LL-8694（リリカラ）　既存造作家具：扉交換　リビング建具：既存再塗装　キッチン建具：新規塗装引戸（特注取手）

小割りのカラーガラスをボーダー状に見せる

玄関で高級感を演出する素材として、多彩な色と透明感をもつカラーガラスはお薦めである。表面に光沢があるので、照明の光を柔らかく反射することができ、空間に開放感をもたらすことが可能だ。ただし、壁全面にカラーガラスを張る場合には、その割付けを慎重に検討したい。意図のない割付けのラインが見えてしまうのは興ざめなので、ここではボーダー状のガラスをランダムに張ったように見せている。マンションでは大判ガラスは搬入・取付けが面倒なので、それを避ける意味でも有効なデザイン手法だ。

After

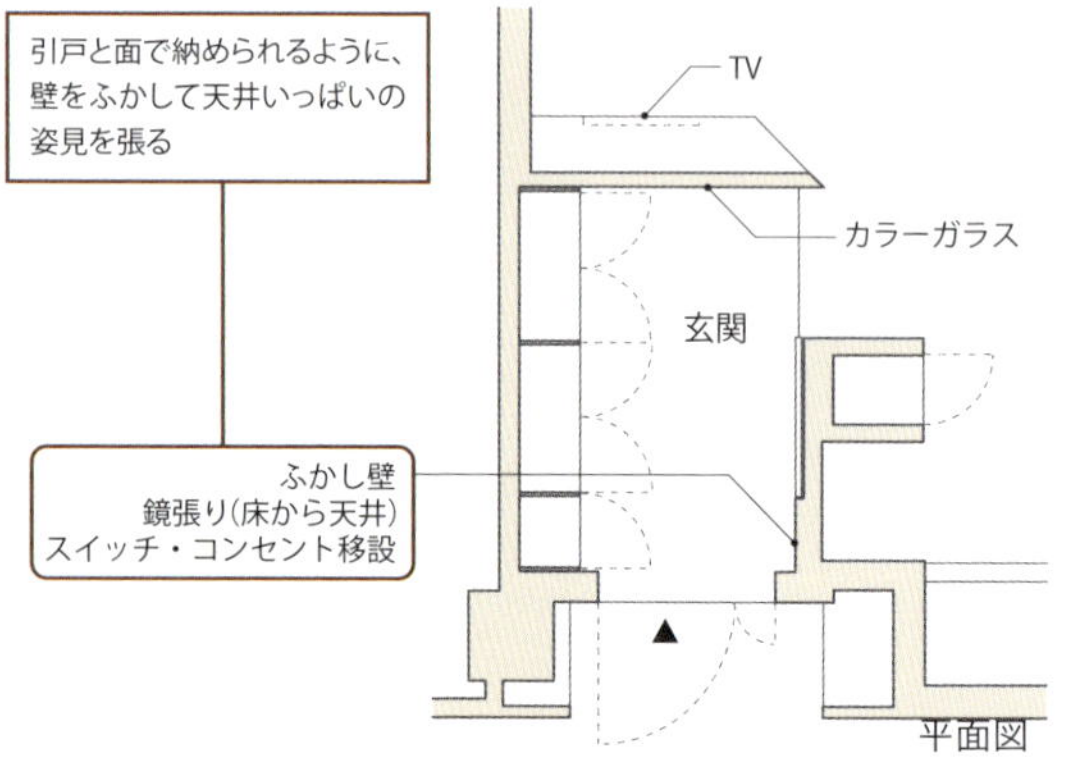

引戸と面で納められるように、
壁をふかして天井いっぱいの
姿見を張る
TV
カラーガラス
玄関
ふかし壁
鏡張り（床から天井）
スイッチ・コンセント移設
平面図

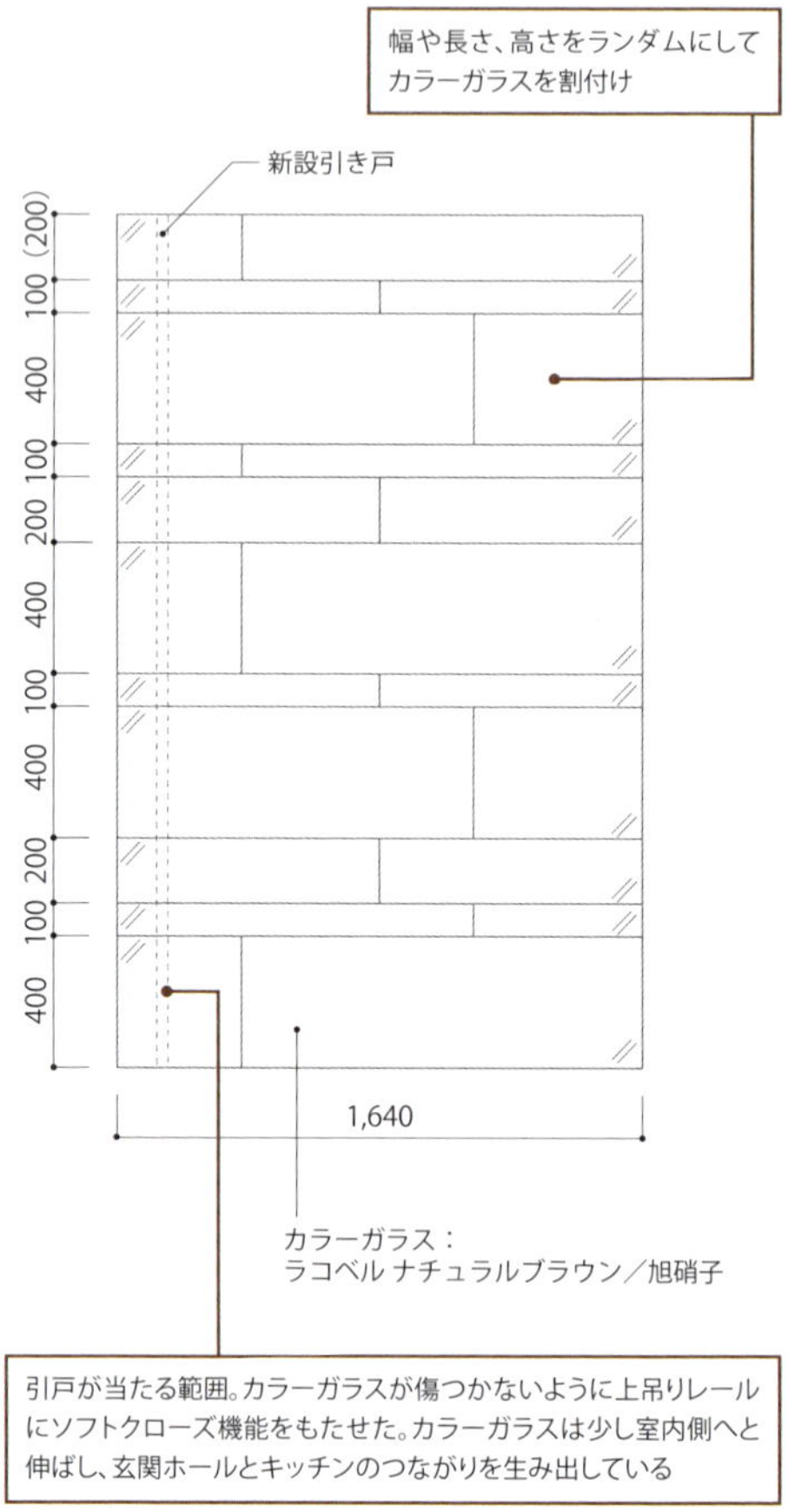

幅や長さ、高さをランダムにして
カラーガラスを割付け
新設引き戸
(200)
100
400
100
200
400
100
400
200
100
400
1,640
カラーガラス：
ラコベル ナチュラルブラウン／旭硝子
引戸が当たる範囲。カラーガラスが傷つかないように上吊りレール
にソフトクローズ機能をもたせた。カラーガラスは少し室内側へと
伸ばし、玄関ホールとキッチンのつながりを生み出している

展開図［S=1：40］

玄関の見返し。天井いっぱいのウォルナットの引戸を引き込むと、天井いっぱいの姿見と面で納まり、壁面が美しく見える

MATERIAL／虎ノ門ヒルズ M 邸（施工：リフォームキュー＋インテリアコーディネート：メイズ）

壁：アクセントクロス／WVP7143（東リ）および鏡およびカラーガラス／ラコベル ナチュラルブラウン／旭硝子　床：既存大理石　天井：既存クロス　ベンチ：KUKA（フレックスフォルム）　建具：ウォルナット特注品一部スチールフレーム

格調の高いホテルライクな玄関

内廊下型のマンションの玄関は、窓から離れた位置にあるのが一般的である。そのため、玄関に開放感を演出するには、仕上げ材に光沢のあるものを選びつつ、照明でその光沢を強調するなどの手法を採用しなければならない。高級感も重視するのであれば、大理石やカラーガラスが仕上げ材の候補として大きく浮上する。あわせて、天井面に幕板・底板を設けて間接照明（コーブ照明）を仕込むと、高級感はさらに高まり、ホテルのような開放的で格調の高い玄関の設えとなる。

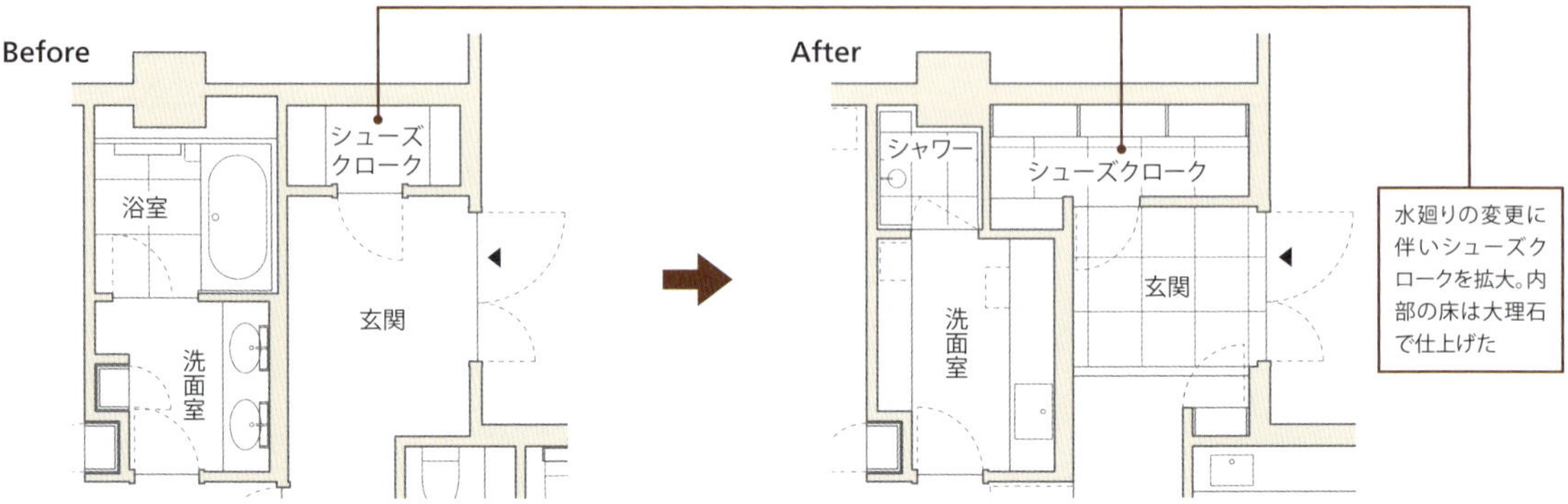
Before
シューズクローク
浴室
玄関
洗面室
After
シャワー
シューズクローク
玄関
洗面室
水廻りの変更に伴いシューズクロークを拡大。内部の床は大理石で仕上げた

平面図

玄関ホールの見返し。上がり框は設けずに、黒いフローリングと大理石をステンレスの枠材で見切るすっきりとした納まり。左側の壁は天井いっぱいの姿見と人工レザー張りパネルで仕上げている

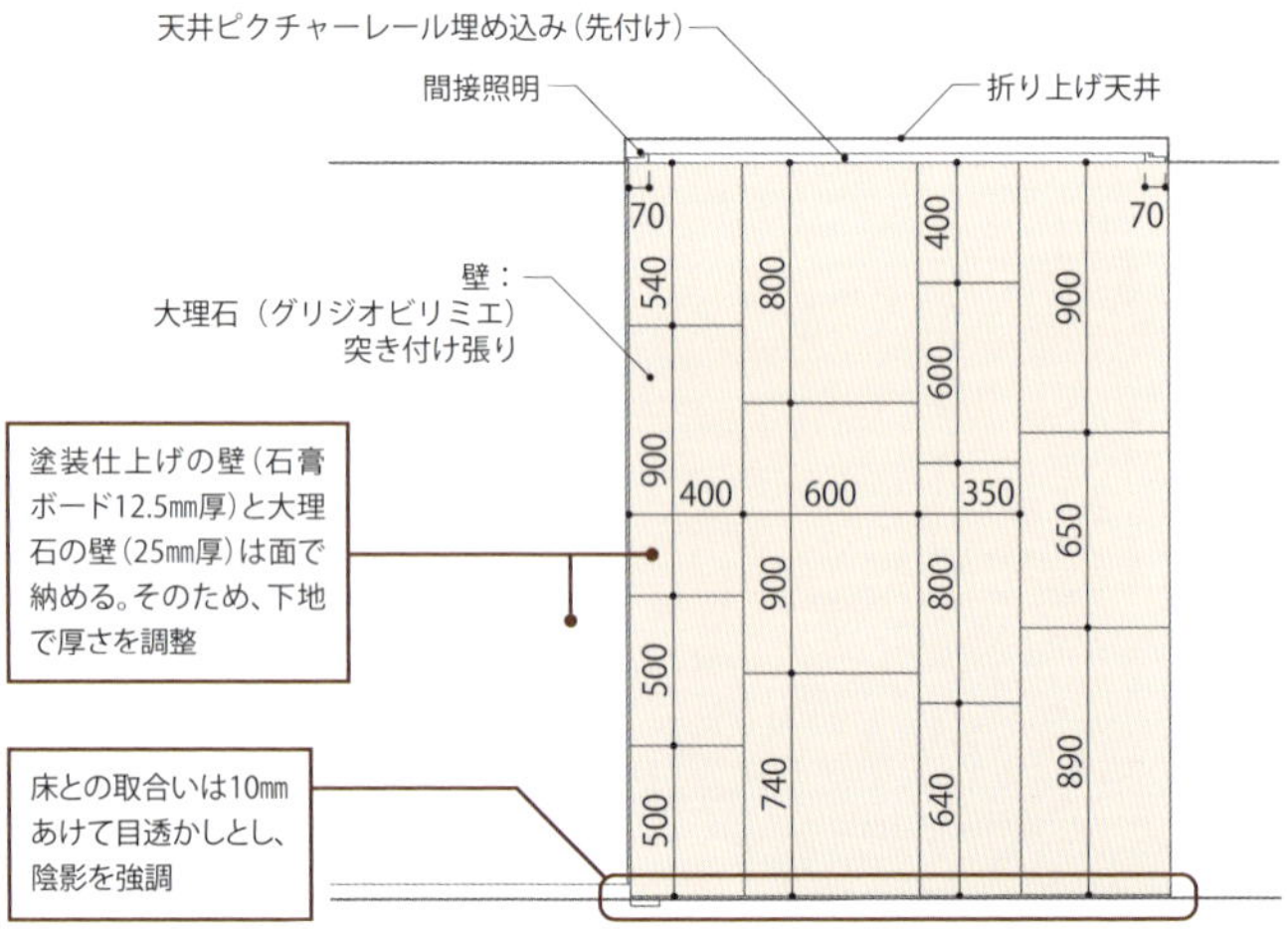
天井ピクチャーレール埋め込み（先付け）
間接照明
折り上げ天井
壁：
大理石（グリジオビリミエ）
突き付け張り
塗装仕上げの壁（石膏ボード12.5mm厚）と大理石の壁（25mm厚）は面で納める。そのため、下地で厚さを調整
床との取合いは10mmあけて目透かしとし、陰影を強調
70
540
900
500
500
800
400
900
740
600
400
600
350
800
640
900
650
890
70

展開図［S=1：50］

MATERIAL ／六本木 N 邸（施工：リフォームキュー＋インテリアコーディネート：メイズ）

壁［玄関］：AEPおよび大理石／グリジオビリエミおよびカラーガラス／ラコベル ナチュラルブラウン（旭硝子） 壁［廊下］：AEPおよび大理石／アラベスカート（アドヴァン）および人工レザーパネル／attraente sircabarrおよび鏡およびFIXガラス（トリシュナ・ジバーナ） 床［玄関土間］：大理石／グリジオビリエミ 床［廊下］：複合フローリング／複合フローリング40シリーズ サーモオーク40クリアブラッシュド（IOC） 上がり框：大理石／グリジオビリエミ 天井：AEP アート：浅見貴子（アートフロントギャラリー） ベンチ：ANIN（インテリアズ）

壁の隙間を利用した木質系のニッチベンチ

玄関には、靴の着脱時や一時的な荷物置き場として利用できるカウンターがほしいところ。スペースが限られて、カウンターを設けづらいケースは少なくないが、既存の壁を解体してみると、デッドスペースが発見されることもある。ここでは、PSでできた凹凸を隠ぺいするためのデッドスペースを利用して、急遽ベンチを設えた。仕上げには、突き板やフローリングの余剰材を利用すれば、大きな追加費用を発生させることなく、付加価値の高く、見栄えのする空間を提案できる。

Before　　After

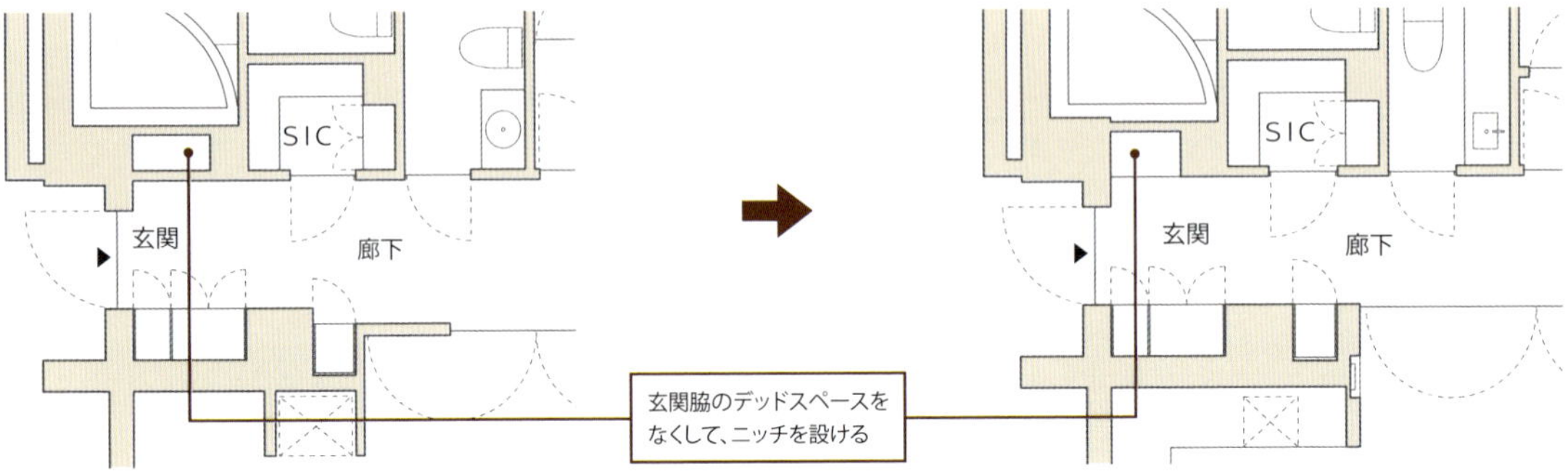

平面図

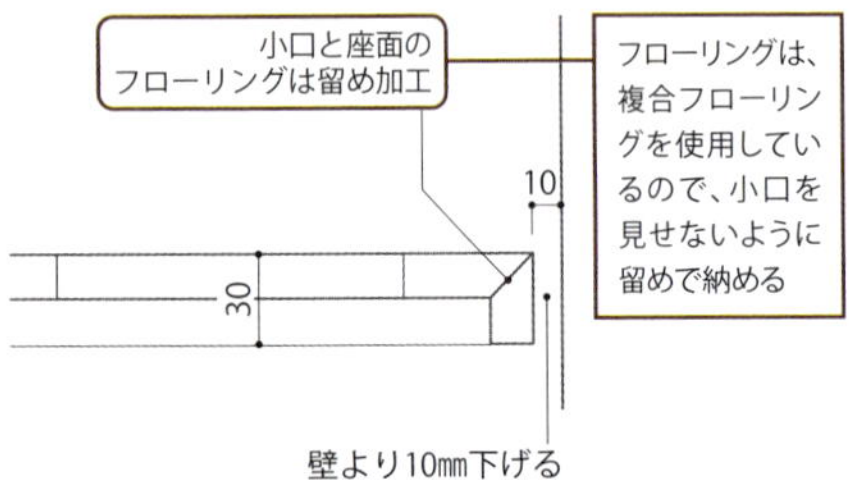

ベンチ座面詳細図［S＝1：5］

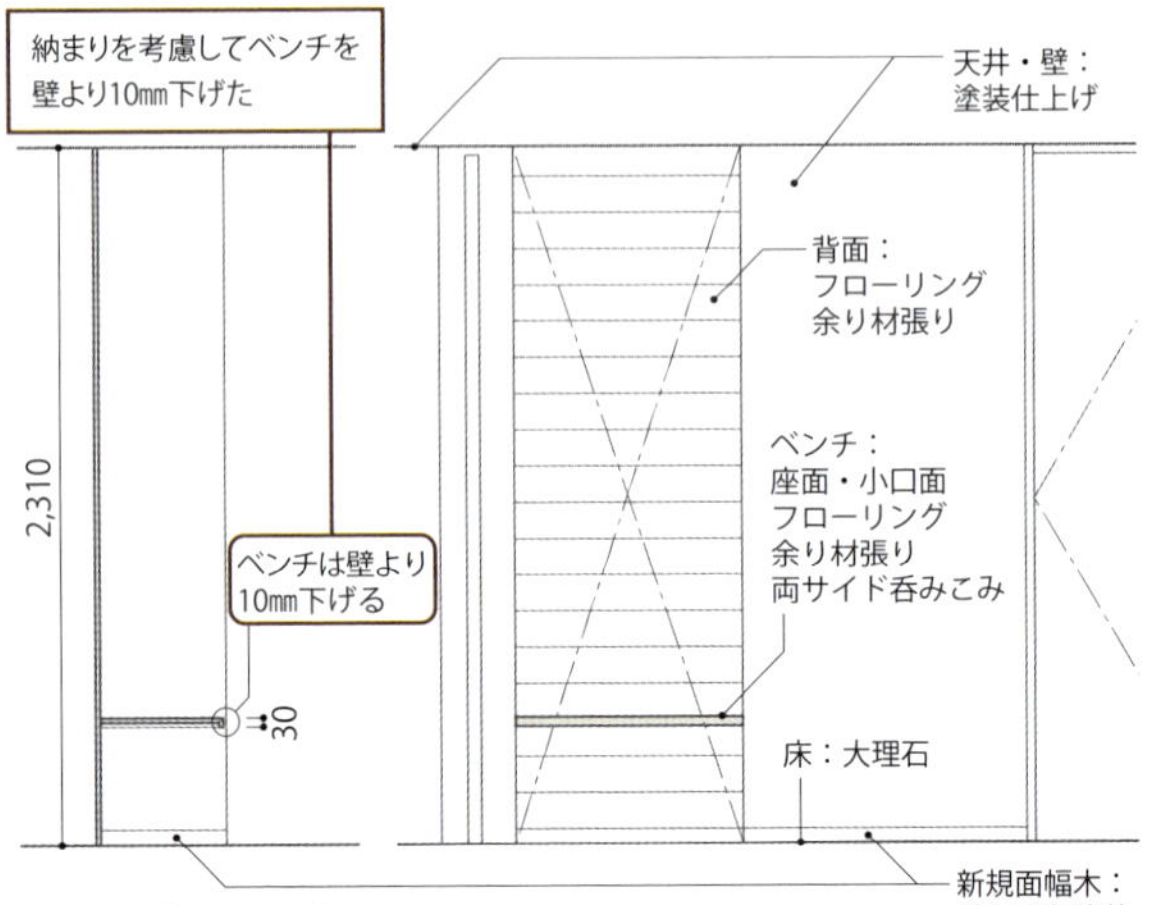

展開図［S=1：50］

MATERIAL／南平台N邸（リフォームキュー）

壁：AEPおよびカラーガラス／ラコベル アンスラサイトオーセンティック（旭硝子）および鏡　床：既存大理石　天井：AEPおよびカラーガラス／ラコベル クラシックブラック（旭硝子）　ベンチ：複合フローリング／複合フローリング20シリーズ ウエンジ20クリアオイル（IOC）　扉：塗装・特注引手・ピボットヒンジ　照明：ムービングジャイロシステム（遠藤照明）　玄関ラグ：BOUCLE Pebble（チルウィッチ）

ベンチと靴収納・扉を一体化したデザイン

玄関は、靴の着脱や収納などが効率的に行える機能と、来客を迎え入れるための設えが必要とされる。これらの要素をバラバラにデザインすると雑多な印象が生まれかねない。玄関はそれほど広くはないことが多いので、ある程度のシンプルさが求められる。使用する素材・色の数を限定するほか、大きなフレームでそれぞれの要素をまとめてしまうのがよいだろう。ここでは、枠なしのガラス戸、上質感を演出するモザイク大理石の壁、オーク材で仕上げたベンチ・収納を、L字型のフレームでまとめた。

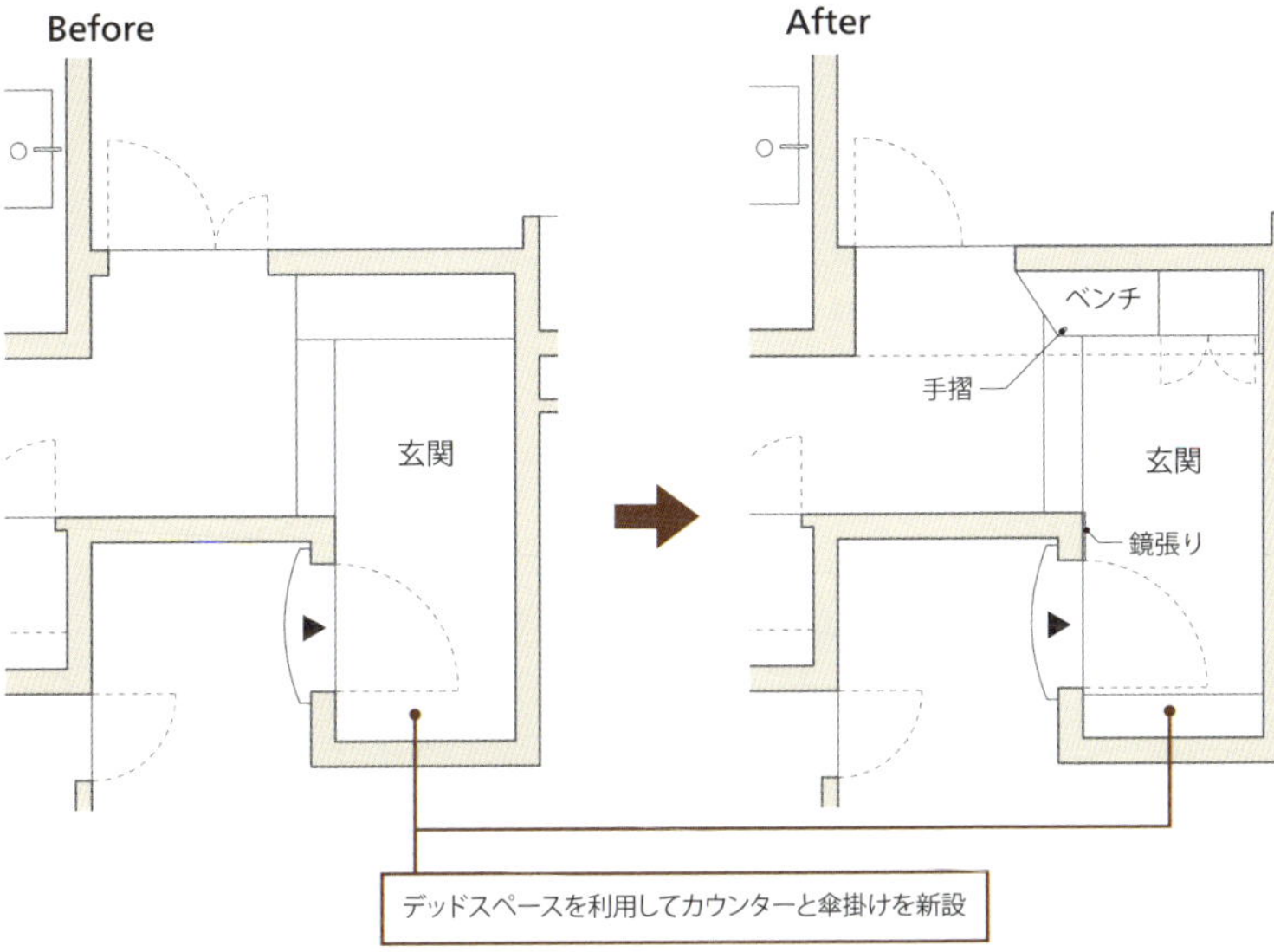

平面図

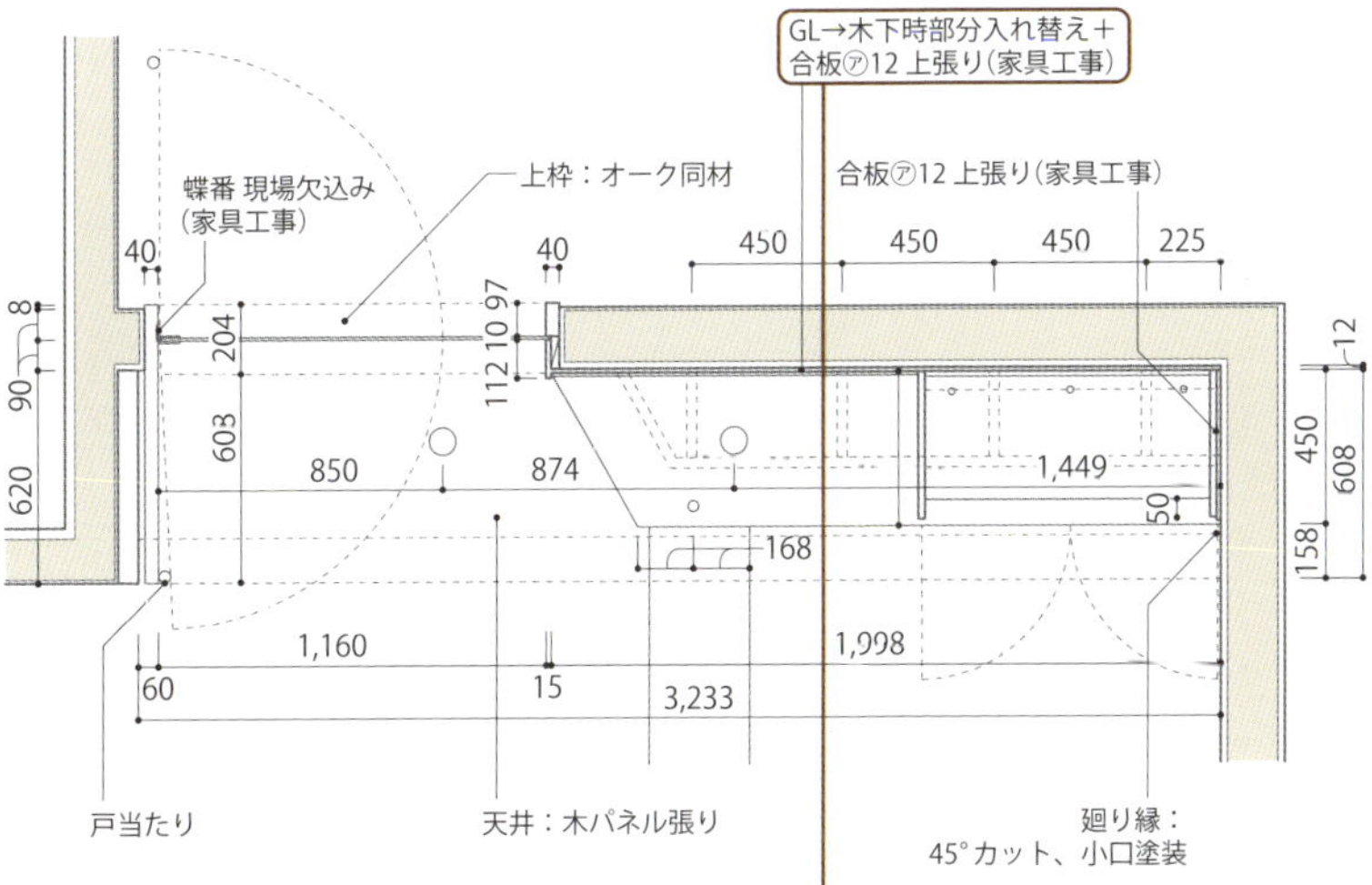

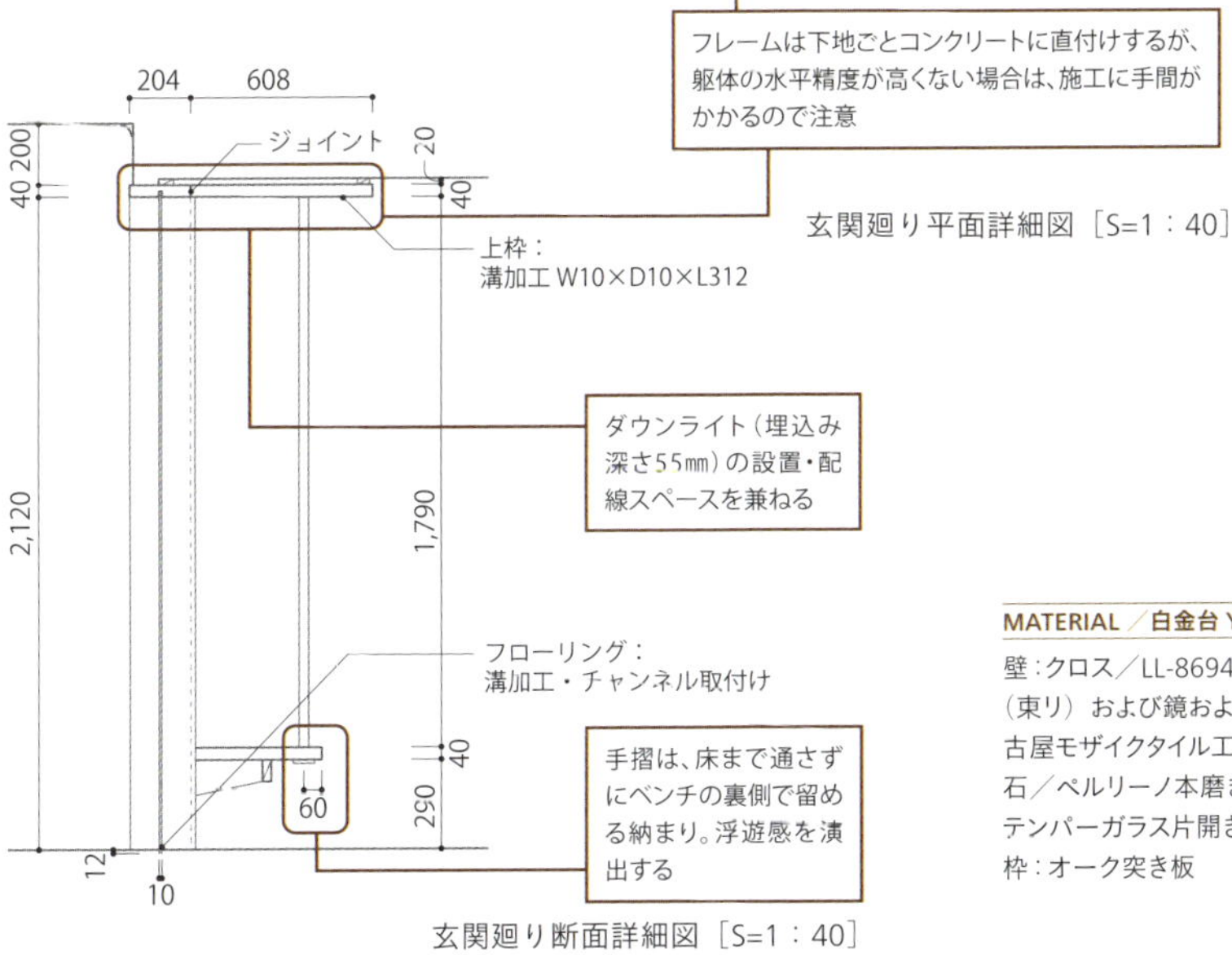

玄関廻り平面詳細図［S=1：40］

玄関廻り断面詳細図［S=1：40］

MATERIAL／白金台Y邸（施工：リフォームキュー）

壁：クロス／LL-8694（リリカラ）およびアクセントクロス／WVP7143（東リ）および鏡およびモザイク大理石／西遊石記 CL-O9401（名古屋モザイクタイル工業）　床：既存大理石を研磨　上がり框：大理石／ペルリーノ本磨き　天井：クロス／LL-8694（リリカラ）建具：テンパーガラス片開き戸　造作家具・靴収納・ベンチ・手摺・3方枠：オーク突き板

黒を効果的に利用して空間を引き締める

空間の印象を効果的に変えるには、カラーリングも重要な要素の1つだ。黒を効果的に使うと空間が引き締まり、高級感を与えられる。ここでは、造作収納やガラスブロックを利用した明り取りの窓枠、窓下のベンチを黒で塗装した。ただし、ベタ塗りの黒は重く見えるので、既存建具の木目を生かしたセミ・オープンポア塗装としている。そのほかの壁・床・天井を淡い色を用いることで玄関ホール全体にコントラストを付けている。視線は、玄関の正面に見える壁や出入口へと自然に導かれるので、その面は特に美しく仕上げたい。ここでは、モダンなガラス張りの建具を設え、奥の書斎に視線を誘導している。

After

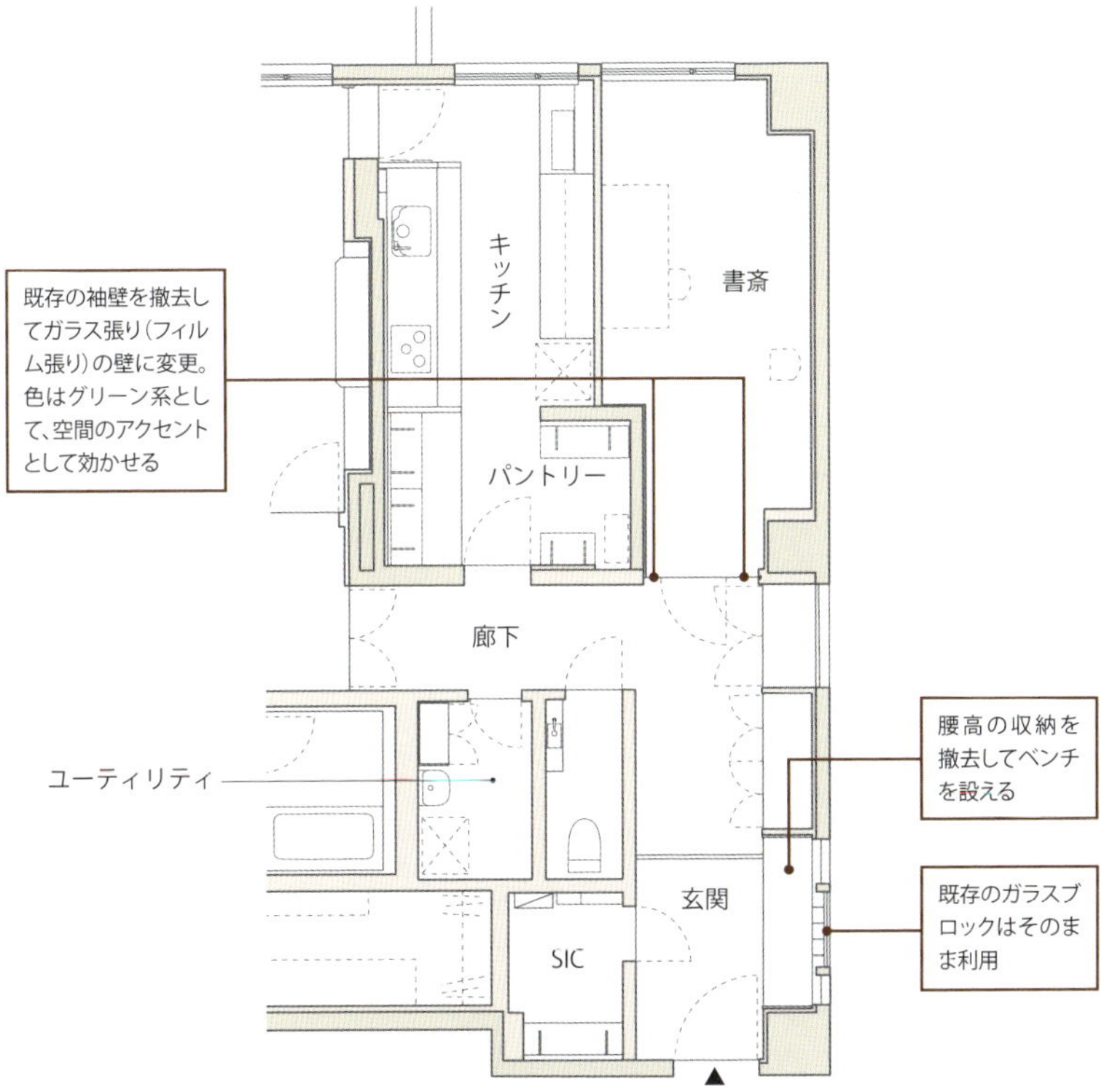

既存の袖壁を撤去してガラス張り（フィルム張り）の壁に変更。色はグリーン系として、空間のアクセントとして効かせる
キッチン
書斎
パントリー
廊下
ユーティリティ
腰高の収納を撤去してベンチを設える
既存のガラスブロックはそのまま利用
玄関
SIC

平面図

反対側の壁面は、白を基調としつつも、ブラケット照明を並べることで、全体のリズムを整えている

MATERIAL／白金台P邸（施工：リフォームキュー）

壁：クロス／LL-8188（リリカラ）　床［玄関土間］：既存大理石　床［廊下］：複合フローリングボーダー張り／複合フローリング40シリーズ オーク40クリアブラッシュド（IOC）上がり框：オーク　天井：クロス／LL-8188（リリカラ）造作家具・建具：既存造作家具・建具を再塗装　ベンチ：オーク突き板の上塗装　壁付けブラケット：ERB6261K（遠藤照明）

3種類の大理石と照明で華やかさを演出

共用廊下と住戸の境目を視覚的にはっきりと認識させるには、仕上げ材と照明の力が必要となる。ここでは、色のトーンはコントロールしつつも、モザイク、ボーダー、大判という形状の異なる3種類の大理石を仕上げ材に用いつつ、照明には、ユニバーサルダウンライト、間接照明(コーニス照明)、円形の特殊照明を用い、共用廊下では感じられない華やかさを演出している。照明光を空間全体に広げるのではなく、点在させて、明暗のコントラストを付け、それぞれの仕上げ材がもつテクスチュアを際立たせている。

Before　After

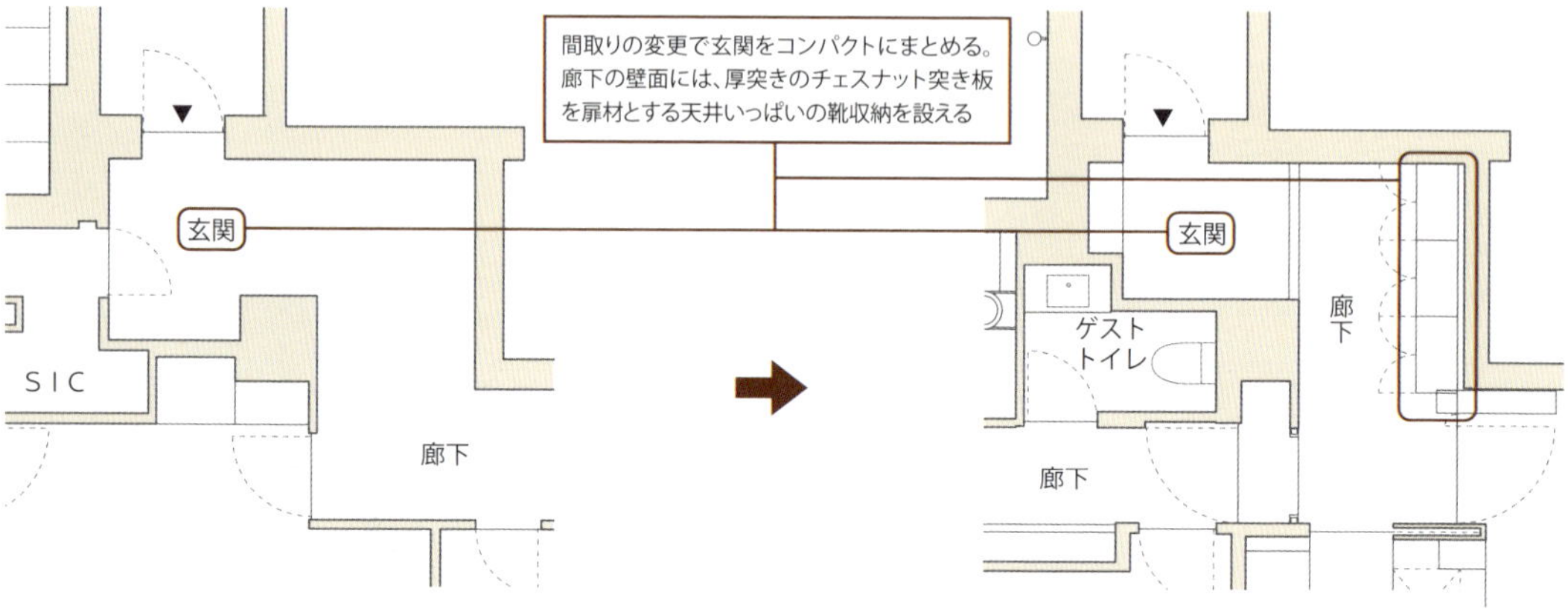
間取りの変更で玄関をコンパクトにまとめる。廊下の壁面には、厚突きのチェスナット突き板を扉材とする天井いっぱいの靴収納を設える
玄関
SIC
廊下
玄関
ゲスト
トイレ
廊下
廊下

ボーダー状のカラーガラスで仕上げた壁面。幅の狭いものと広いものを交互に組み合わせて、リズム感を演出している

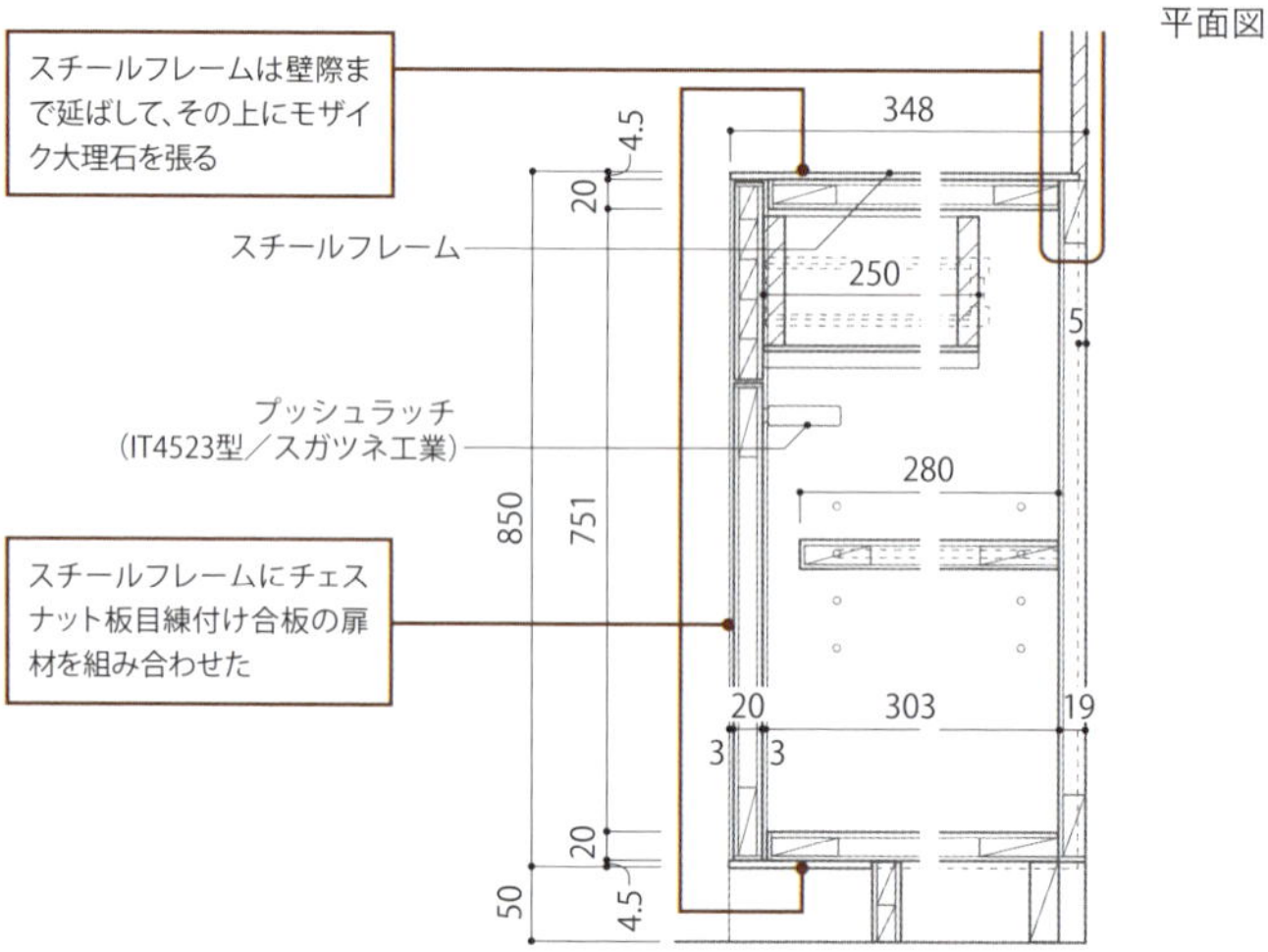
平面図
スチールフレームは壁際まで延ばして、その上にモザイク大理石を張る
スチールフレーム
プッシュラッチ
(IT4523型／スガツネ工業)
スチールフレームにチェスナット板目練付け合板の扉材を組み合わせた
348
250
280
303
4.5
20
850
751
5
20
3
3
19
20
4.5
50

玄関収納断面詳細図［S=1：10］

MATERIAL／**南麻布T邸**（**施工：青**）

壁：AEPおよび大理石／Lithoverde（サルバトーリ）および鏡およびカラーガラス／JB02（NSGインテリア）およびモザイク大理石／西遊石記 CL-O9401（名古屋モザイク工業）床［玄関土間］：大理石／トラバーチン クラシコ（アドヴァン）　天井：AEP　靴収納：チェスナットクリアマット突き板およびスチール焼付け塗装　照明：Circle of Light（フロス）

リゾートを感じさせる玄関の設え

別荘代わりに使うマンションのリノベーションでは、玄関の演出が重要である。別荘で表現すべきイメージは非日常性。ここでは、玄関正面の壁を大谷石、土間をアンティカトラベルティーノという素材で仕上げ、都会の喧騒から離れたリゾートの雰囲気を醸成している。ポイントは素材の質感とディテール。大谷石は、2種類の厚みを使い分けて凹凸が大きくなるように張り、そこに上部からスポットライトで強い照明を当てることで、大谷石特有の素材感を強調している。

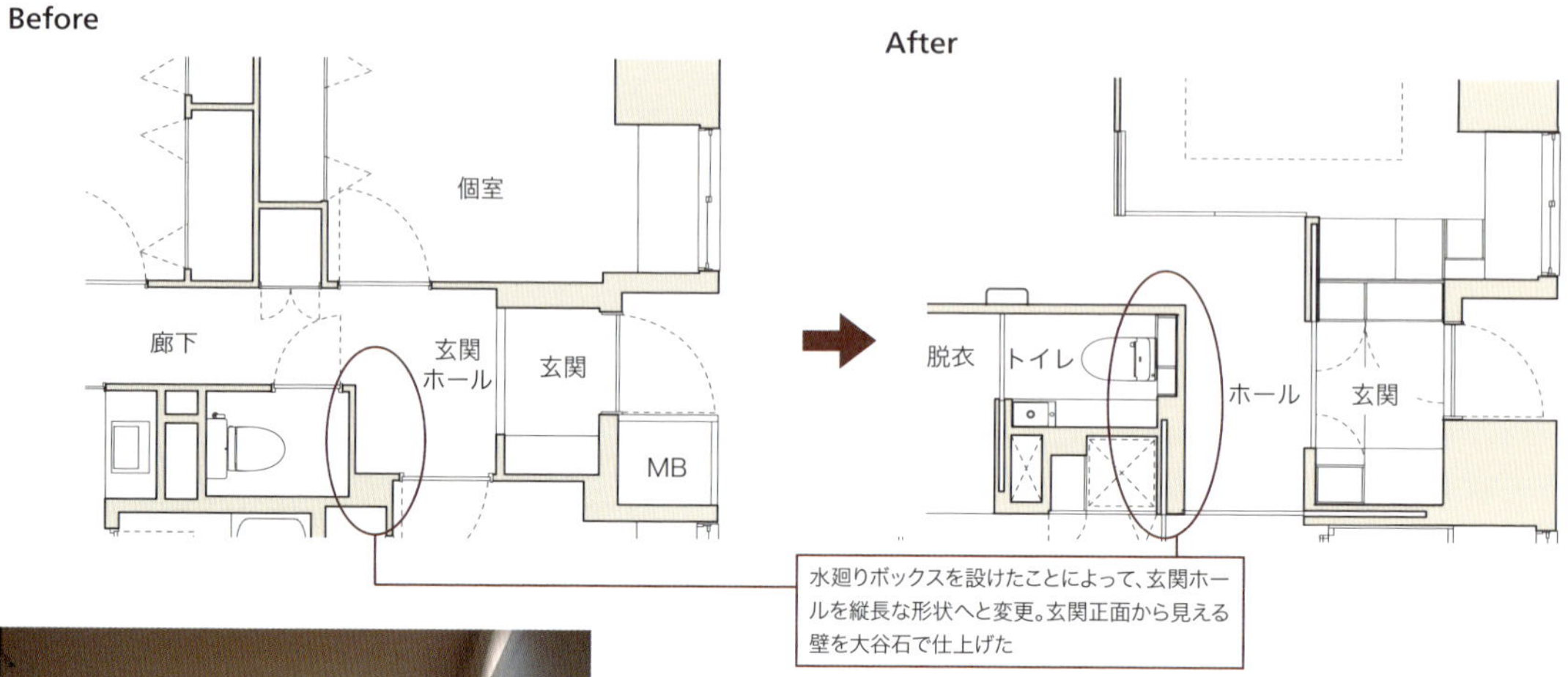

Before
個室
廊下
玄関
ホール
玄関
MB
After
脱衣
トイレ
ホール
玄関
水廻りボックスを設けたことによって、玄関ホールを縦長な形状へと変更。玄関正面から見える壁を大谷石で仕上げた

引込み戸を閉じた状態。引手の上部をFIXガラスにしているので、大谷石の姿を建具越しに伺うことができる

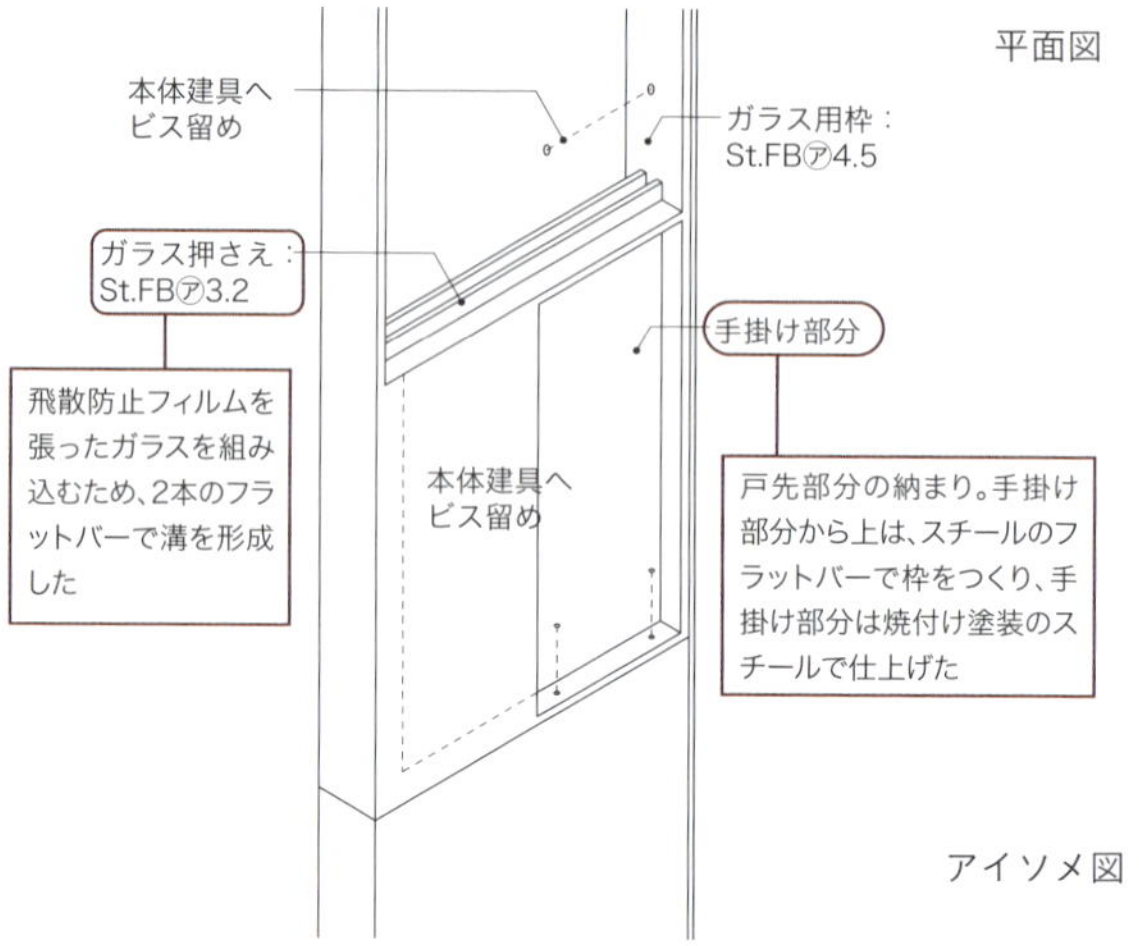

平面図
本体建具へ
ビス留め
ガラス用枠：
St.FB㋐4.5
ガラス押さえ：
St.FB㋐3.2
飛散防止フィルムを張ったガラスを組み込むため、2本のフラットバーで溝を形成した
手掛け部分
本体建具へ
ビス留め
戸先部分の納まり。手掛け部分から上は、スチールのフラットバーで枠をつくり、手掛け部分は焼付け塗装のスチールで仕上げた
アイソメ図

MATERIAL ／神戸M邸（施工：越智工務店）

壁：AEP　床［玄関土間］：大理石／アンティカ トラベルティーノ（アドヴァン）および鏡　床：複合フローリング／スカンジナビアンフローリング ワイドプランクOAEWS（スカンジナビアンリビング）　天井：AEP　廊下一部壁：天然石／大谷石細目フラット　扉：チーク突き板・特注引手・上吊レール　ベンチ・造作家具／オークホワイトオイル

玄関ホールをコンパクトにしてリビングを近づける

高級マンションでは、玄関ホールを豪勢に見せるため、空間が不必要に大く間延びしていることが多々ある。その場合、玄関ホールをコンパクトにして、居室を拡大するとよい。過剰にデザインされた玄関はリビングとの釣り合いが取れないので、仕上げ材や照明などはリビング・ダイニングとグレードを合わせることが重要だ。ここでは、玄関ホールを縮小して、リビング・ダイニングを拡大し、玄関からリビング・ダイニングを見せつつ、プライベート空間との間は建具で仕切って、プライベート空間は見せないようにした。

ベンチ・収納・建具という3つの要素を門型フレームでまとめ、すっきりとした印象を与えている

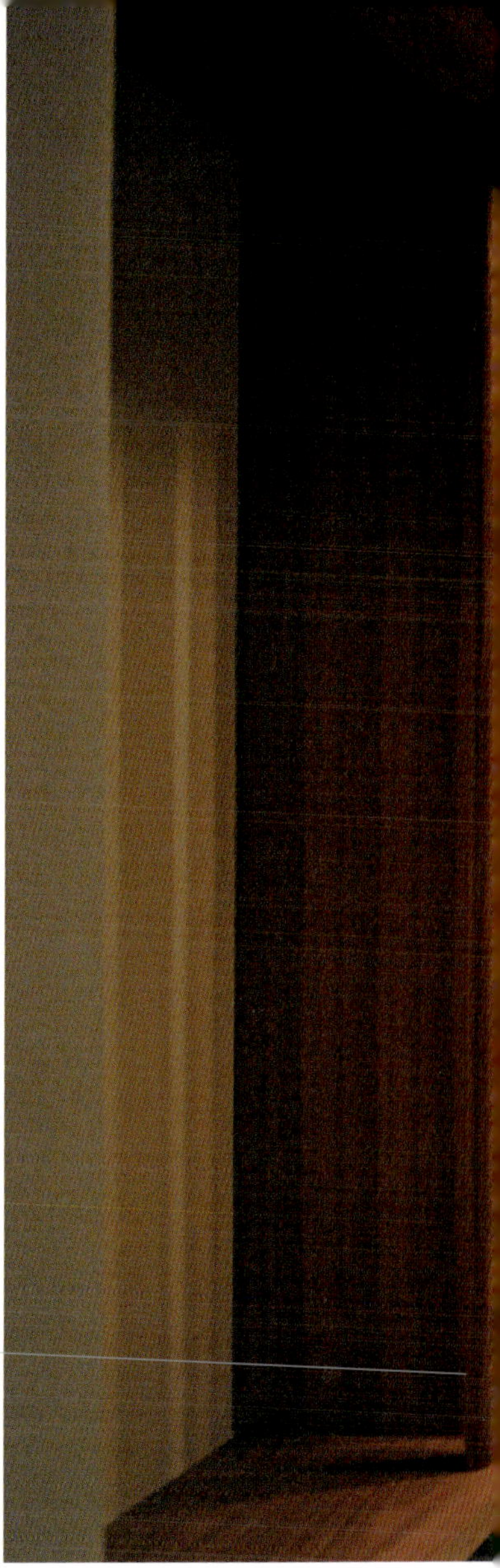

After

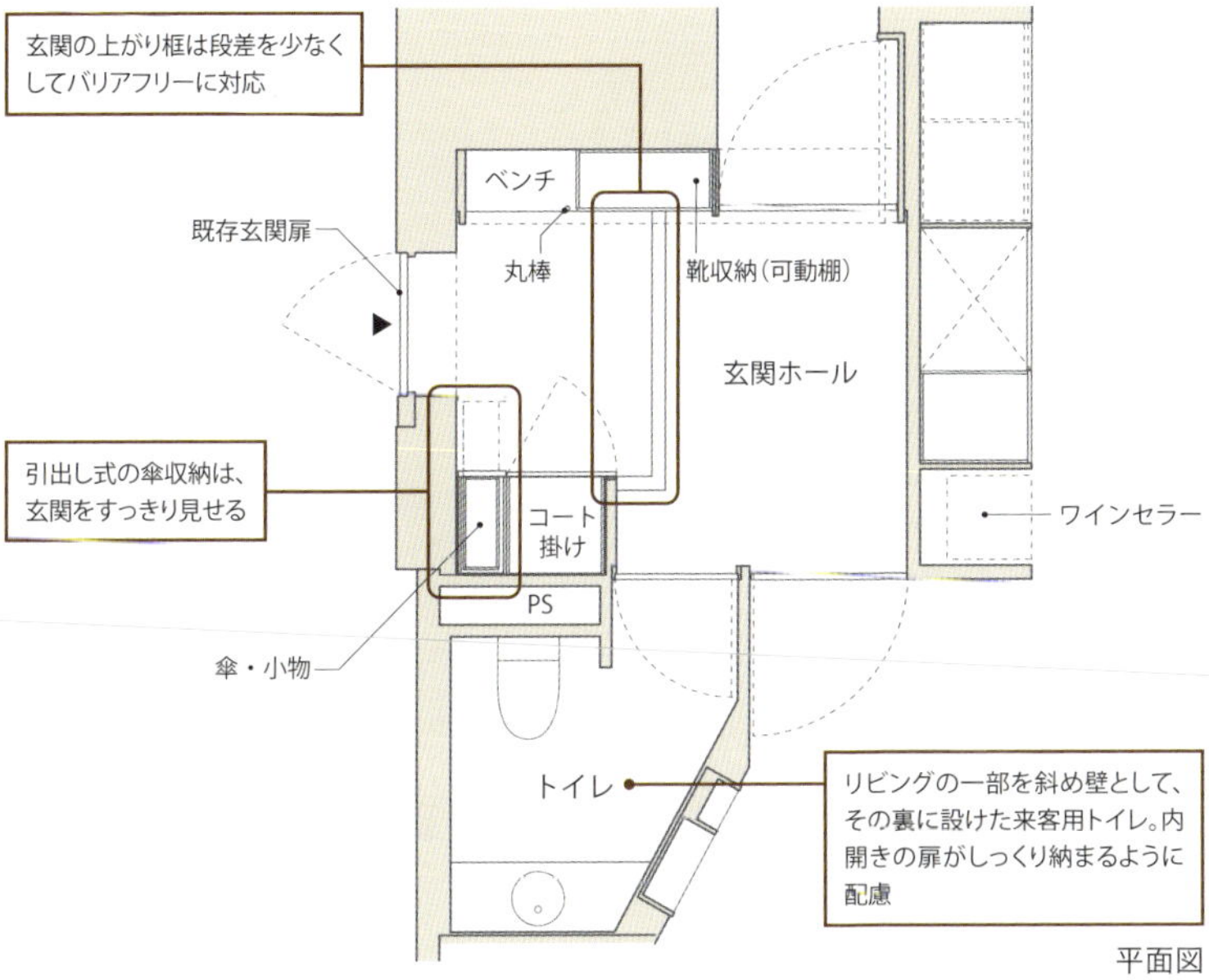

玄関の上がり框は段差を少なくしてバリアフリーに対応
ベンチ
既存玄関扉
丸棒
靴収納（可動棚）
玄関ホール
引出し式の傘収納は、玄関をすっきり見せる
コート掛け
ワインセラー
PS
傘・小物
トイレ
リビングの一部を斜め壁として、その裏に設けた来客用トイレ。内開きの扉がしっくり納まるように配慮

平面図

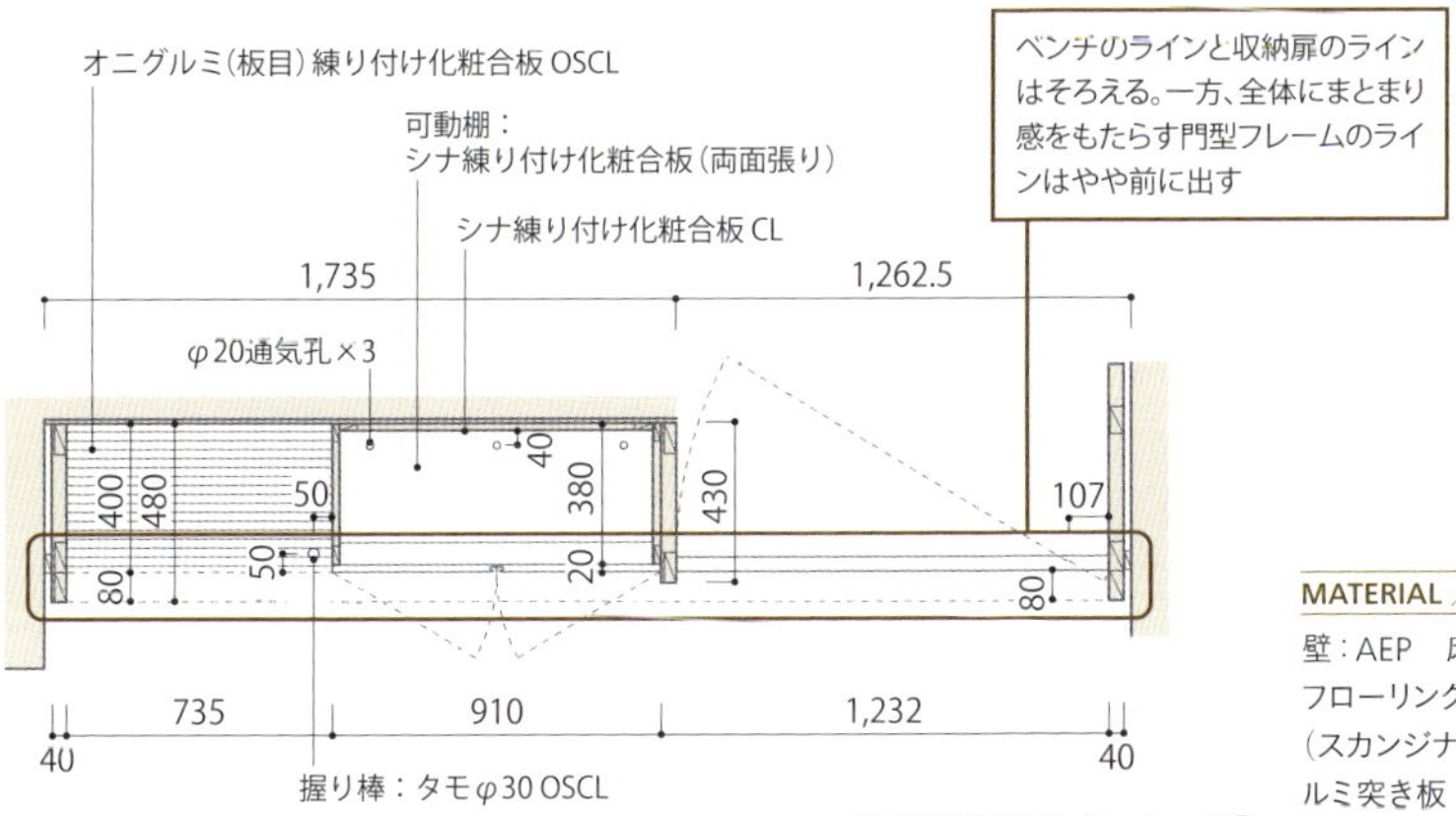

オニグルミ（板目）練り付け化粧合板 OSCL
可動棚：
シナ練り付け化粧合板（両面張り）
シナ練り付け化粧合板 CL
ベンチのラインと収納扉のラインはそろえる。一方、全体にまとまり感をもたらす門型フレームのラインはやや前に出す
1,735
1,262.5
φ20通気孔×3
400
480
50
80
50
40
380
20
430
107
80
40
735
910
1,232
40
握り棒：タモφ30 OSCL

ベンチ平面詳細図［S=1：40］

MATERIAL／**白金台S邸（施工：青）**

壁：AEP　床［玄関土間］：既存大理石　床［玄関ホール］：複合フローリング／スカンジナビアンフローリング ワイドプランク OAEWS（スカンジナビアンリビング）　天井：AEP　ベンチ・靴収納：オニグルミ突き板　コート・傘収納：ナラ突き板AEP拭き取り　ラグ：チャイニーズ・ラグ（MUNI）　アート：版画（桧原直子）

ガラス框戸と
アッパーライトによる
居室への高揚感

玄関の正面に見える建具をガラス框戸に変えると、居室にまで視線が抜け、マンションの玄関にありがちな、圧迫感を解消させられる。このとき、床にアッパーライトを埋め込むと、リビング・ダイニングに人を招き入れるような高揚感が生まれる。ここでは、玄関はウォルナットを基調とするダークでシックな空間、リビング・ダイニングは白い塗装の明るい空間にすることでメリハリを設けつつ、アッパーライトでアクセントを加えている。

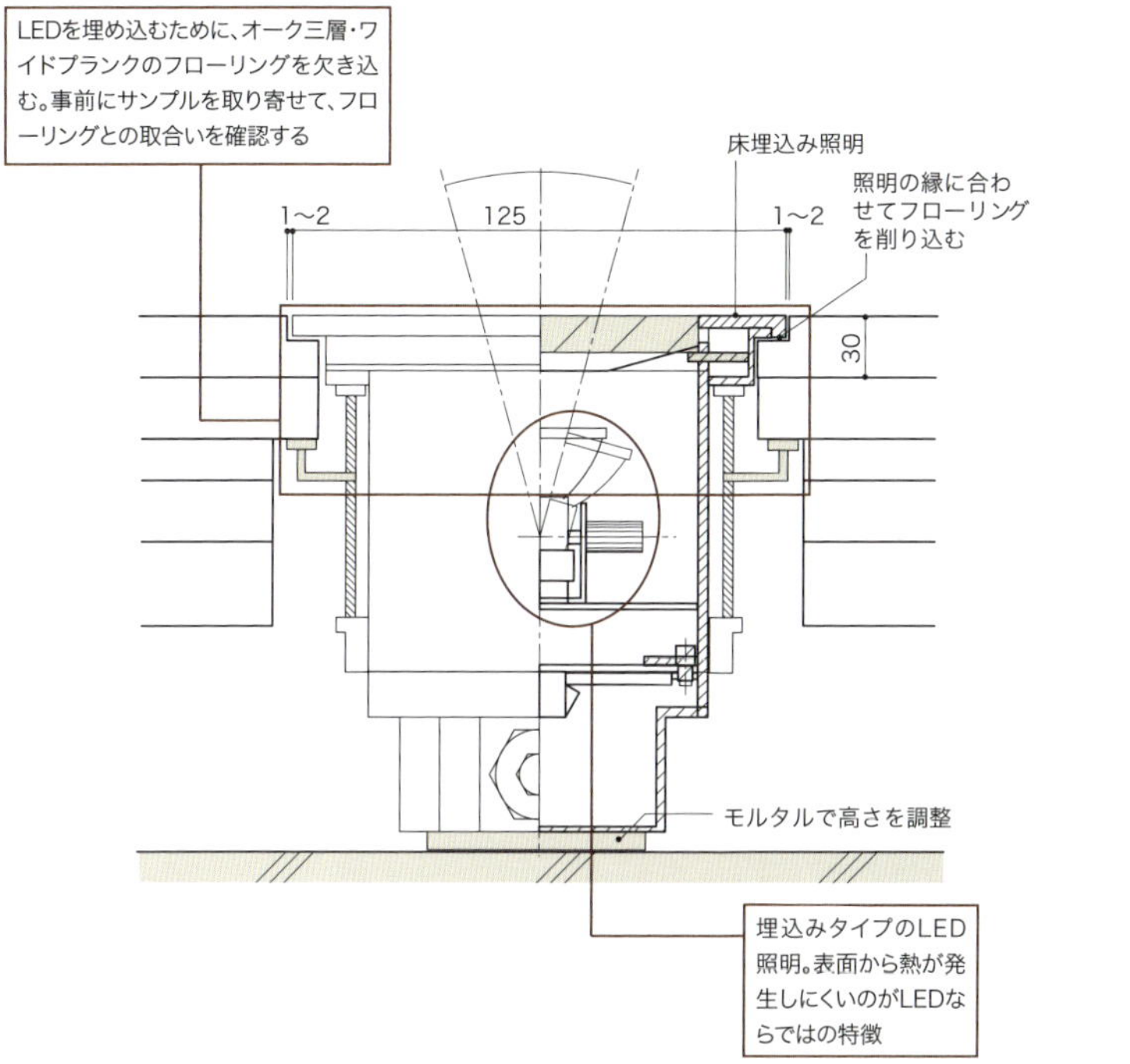
LEDを埋め込むために、オーク三層・ワイドプランクのフローリングを欠き込む。事前にサンプルを取り寄せて、フローリングとの取合いを確認する
床埋込み照明
照明の縁に合わせてフローリングを削り込む
1～2
125
1～2
30
モルタルで高さを調整
埋込みタイプのLED照明。表面から熱が発生しにくいのがLEDならではの特徴

アッパーライト断面詳細図［S=1：3］

夜間にライトアップしている様子。アッパーライトの光は天井面を柔らかく照らす

MATERIAL／六本木T邸（施工：辰）

壁：AEP　床：複合フローリング／スカンジナビアンフローリング ワイドプランクOAEWS（スカンジナビアンリビング）　天井：AEP　造作家具：ウォルナットOSCL　床埋込みアッパーライト：NEWTRON（フロス）

上質な雰囲気が感じられる玄関の設え

一般的にマンションの玄関は狭くて窮屈である。その狭さを解消するには、玄関の幅を広げるという方法や、鏡への映り込み効果を利用して空間を視覚的に拡張するという方法がある。また、そのコンパクトさゆえに、機能的な要素が増え、すっきり見えないというジレンマもある。その場合は、扉の丁番や取手を隠した建具や、壁と建具の見分けがつきにくくなる仕上げを心がけるとよいだろう。111頁では、壁や建具を縦横に桟をもつパネルで仕上げている。

玄関の土間を拡大して、窓に面する明るい空間に変えた。幅は2,500㎜と改修前の1,300㎜に対してかなり広い。収納容量が格段にアップするほか、多目的に使える［川崎K邸］

天井いっぱいのボーダータイル壁と姿見が直接取り合う納まり。鏡にボーダータイルが映り込むので、空間に広がりが感じられる［お台場K邸］（左）
来客用トイレの扉を目立たせないように、取手の高さに合わせてニッチをつくり、判子や鍵などの小物置き場として使えるようにしている［白金台K邸］（右）

111頁は白金高輪N邸

Door

建具

建具は造作家具と並んで空間のデザインをコントロールできる大きな要素なので、玄関正面の扉やリビング・ダイニングの扉は、オリジナルの製作の建具としたい。高級感を求めるのであれば、カラーガラスや人工レザー高級突き板などの面材はかなりお薦め。重厚感のある框扉もよいだろう。もちろん、「建具と壁面を面で合わせる」「建具金物・枠廻りをすっきり見せる」という工夫は必要だ。

1 カラーガラス張りの開き戸

リビングに面する壁面をボーダータイル張りとして、その壁に取り合う建具の面材にカラーガラスを使用した例。建具の上端とタイルの目地、取手の高さとボーダータイルの幅を合わせるなど、線をそろえることで、枠廻りをすっきりと見せている［お台場K邸］。

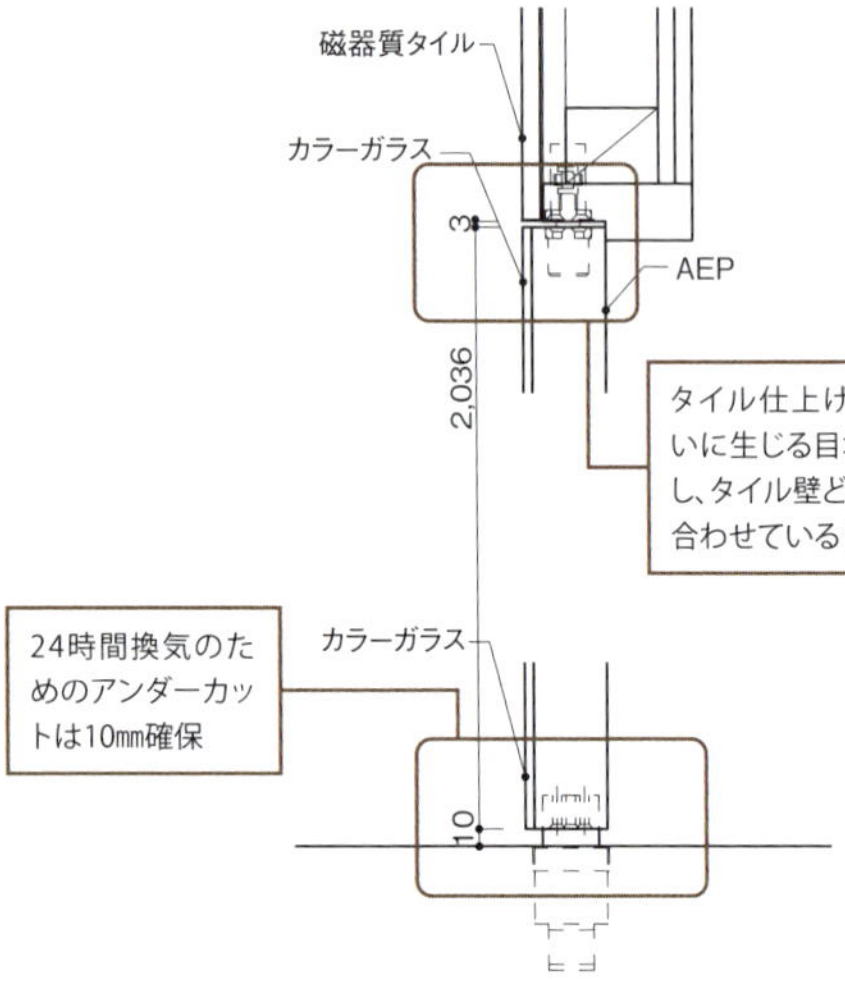

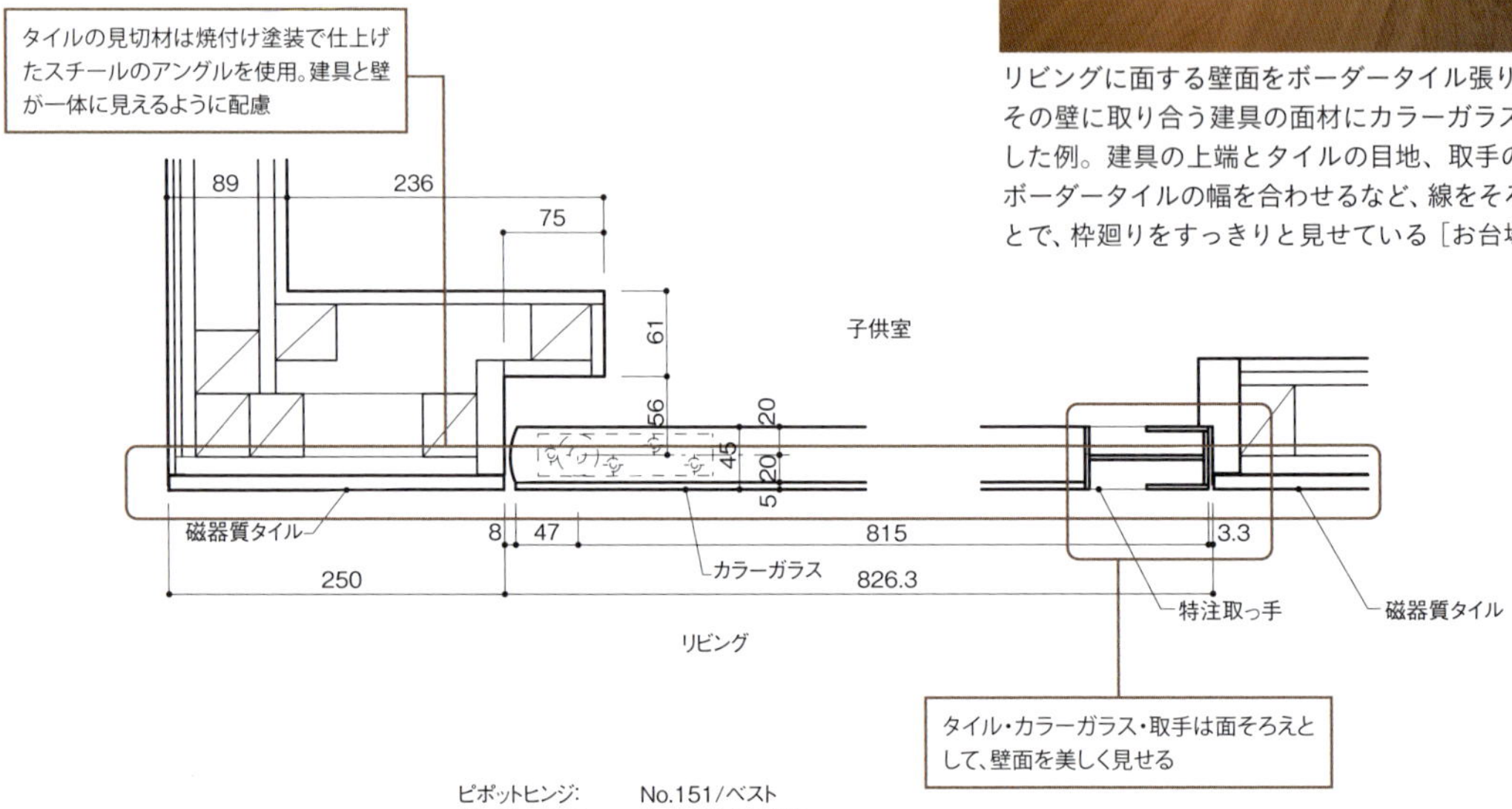

ピボットヒンジ: No.151/ベスト
ドアストッパー: No.1500N/ベスト

カラーガラス建具詳細図［S＝1：8］

2 人工レザー張りの開き戸

リビングから正面に見える扉の面材に人工レザーを用いた例。天井いっぱいの重量感のある建具ではあるものの、フロアヒンジを利用しており、枠廻りがすっきりと見える。造作収納の高さと人工レザーの目地位置をそろえたほか、取手はスチールのフレームを組み込み、目立たないようにしている［南麻布T邸］。

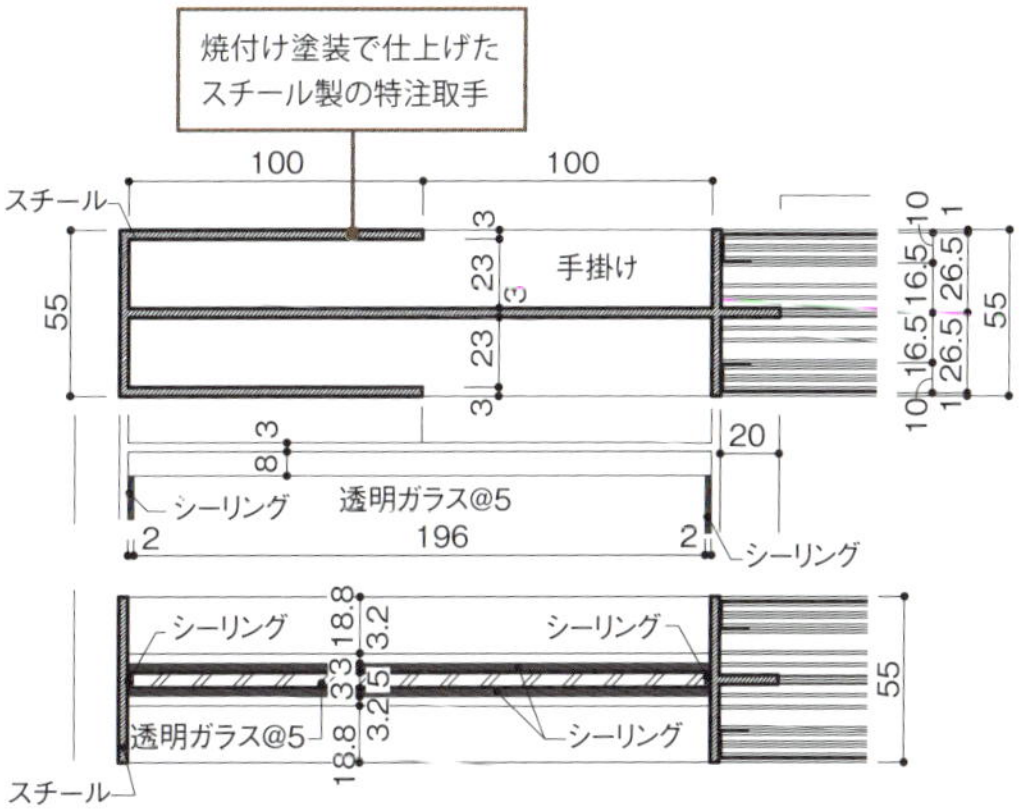

焼付け塗装で仕上げた
スチール製の特注取手
スチール
手掛け
シーリング
透明ガラス@5
シーリング
シーリング
シーリング
透明ガラス@5
シーリング
スチール

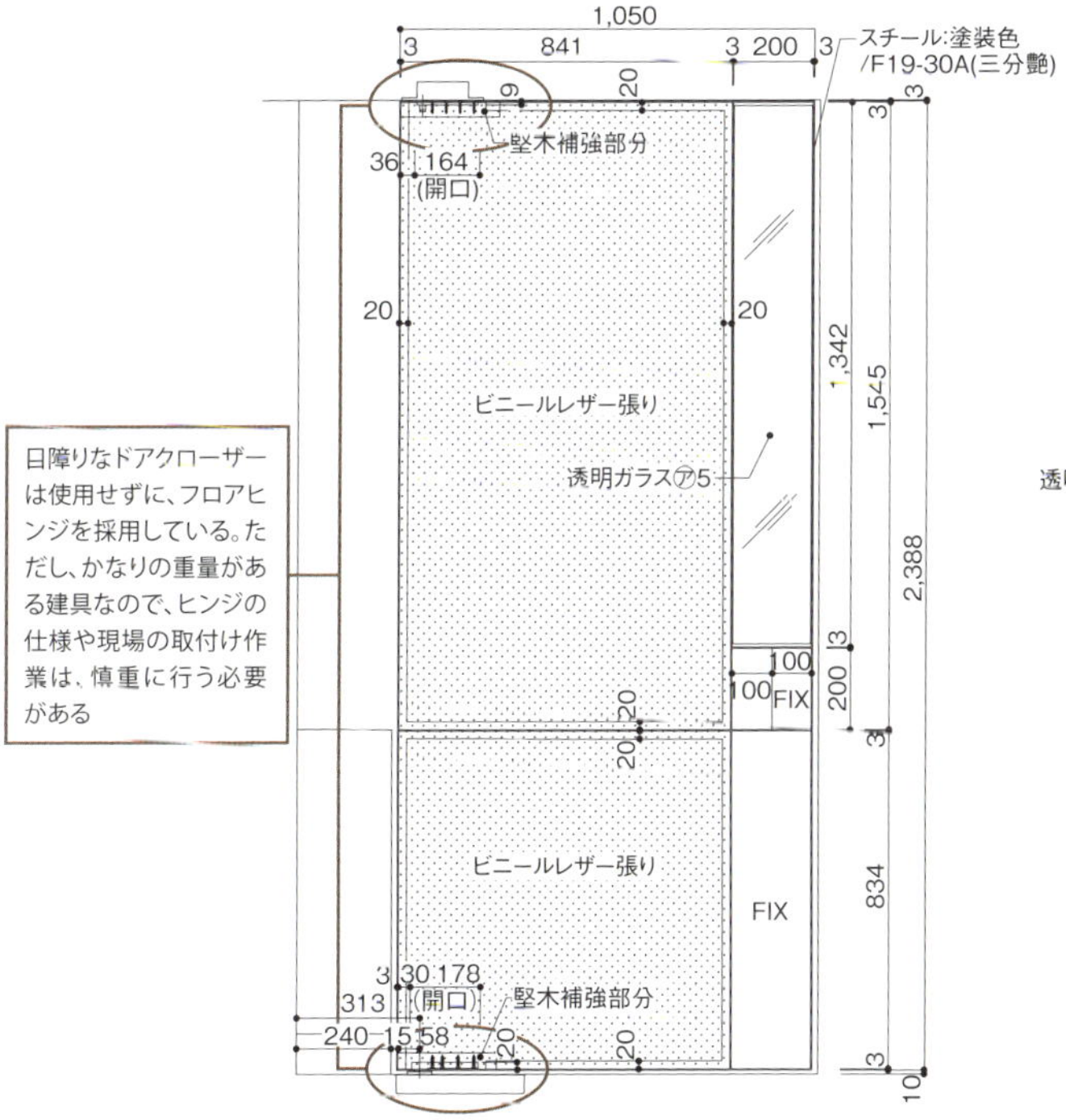

スチール:塗装色
/F19-30A(三分艶)
堅木補強部分
(開口)
ビニールレザー張り
透明ガラス㋐5
FIX
FIX
ビニールレザー張り
(開口)
堅木補強部分
日障りなドアクローザーは使用せずに、フロアヒンジを採用している。ただし、かなりの重量がある建具なので、ヒンジの仕様や現場の取付け作業は、慎重に行う必要がある

人工レザー建具姿図［S＝1：30］

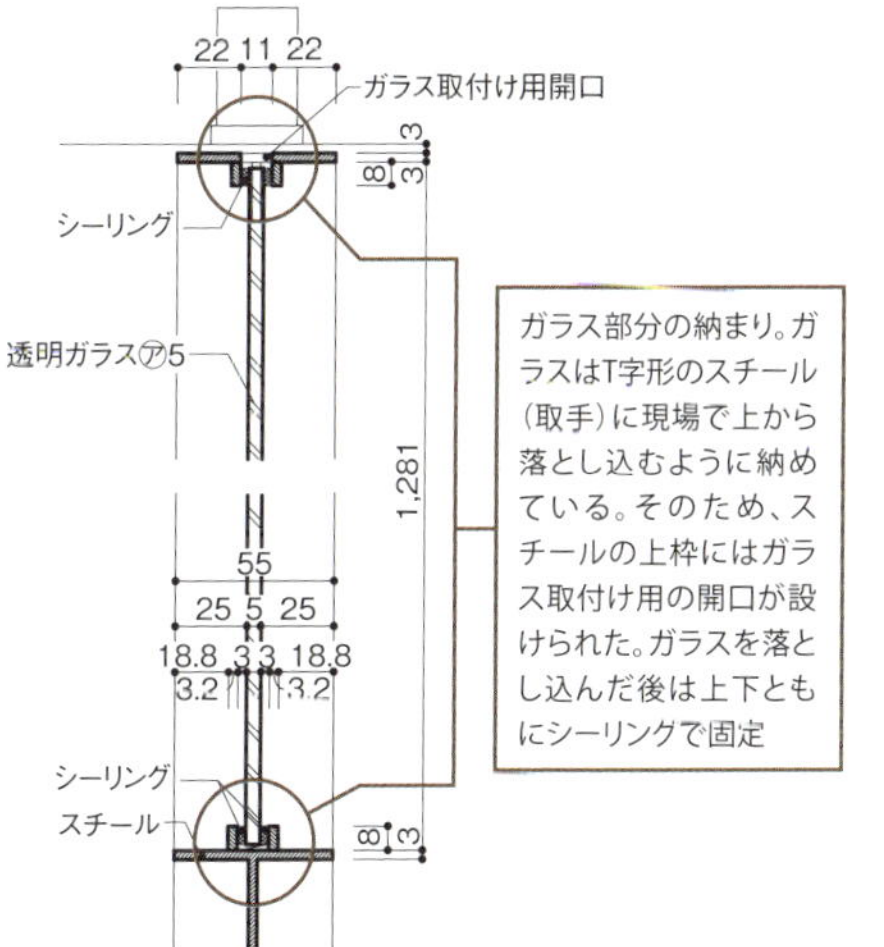

ガラス取付け用開口
シーリング
透明ガラス㋐5
シーリング
スチール
ガラス部分の納まり。ガラスはT字形のスチール（取手）に現場で上から落とし込むように納めている。そのため、スチールの上枠にはガラス取付け用の開口が設けられた。ガラスを落とし込んだ後は上下ともにシーリングで固定

人工レザー建具詳細図［S＝1：5］

3 壁デザインと合わせたガラス框戸

シンプルモダンの建具とは一線を画す枠を強調した框戸。上部は面材をガラスにして視線が抜けるようにしたほか、扉と取り合う袖壁は白で塗装して扉になじむようにデザインしている。横桟の位置は、右に見えるパネル壁の横桟の位置に合わせた［白金高輪N邸］。

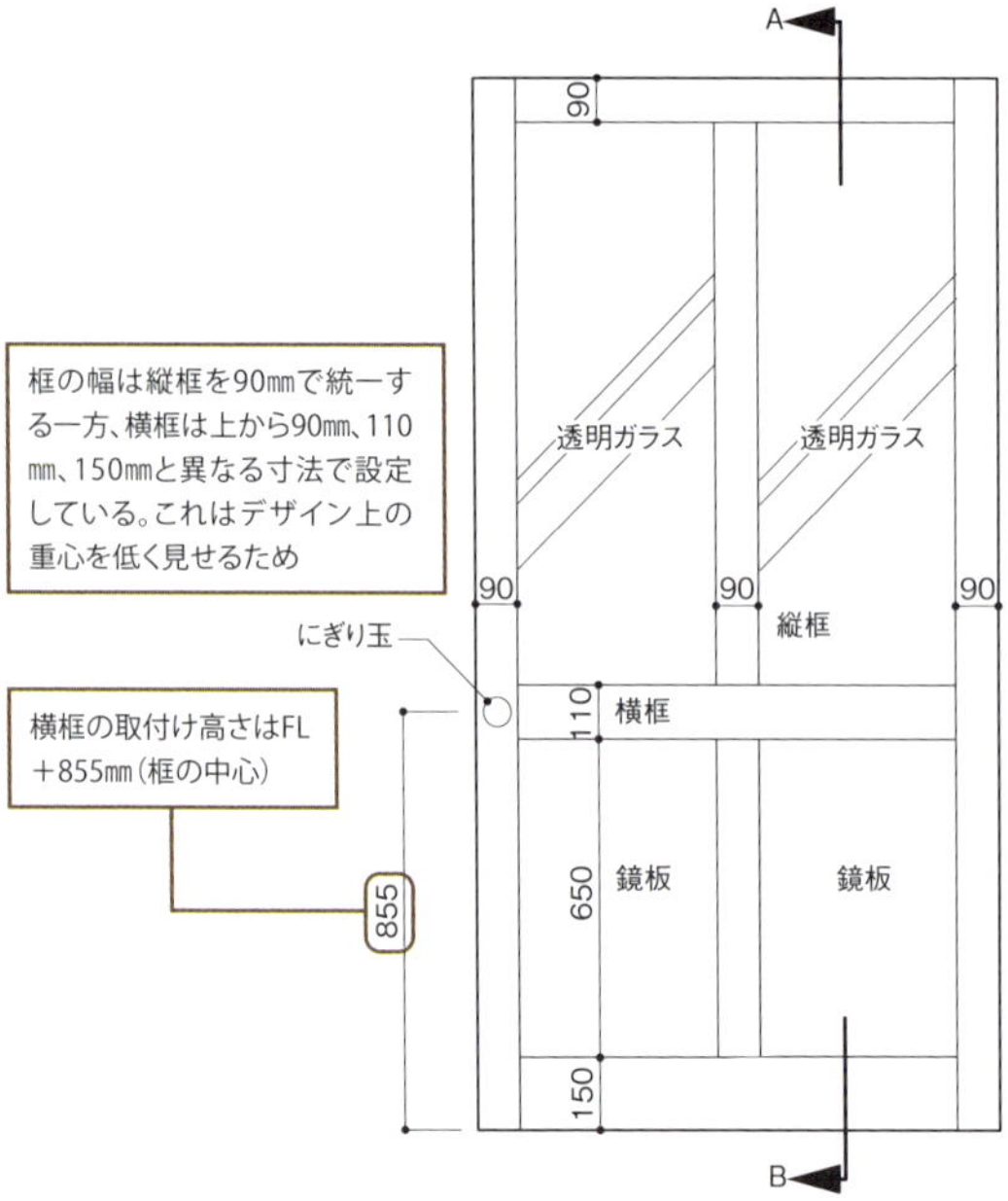

A
B
90
透明ガラス
透明ガラス
90
90
90
縦框
横框
110
650
鏡板
鏡板
150
にぎり玉
855
框の幅は縦框を90㎜で統一する一方、横框は上から90㎜、110㎜、150㎜と異なる寸法で設定している。これはデザイン上の重心を低く見せるため
横框の取付け高さはFL＋855㎜（框の中心）

框扉姿図［S＝1：30］

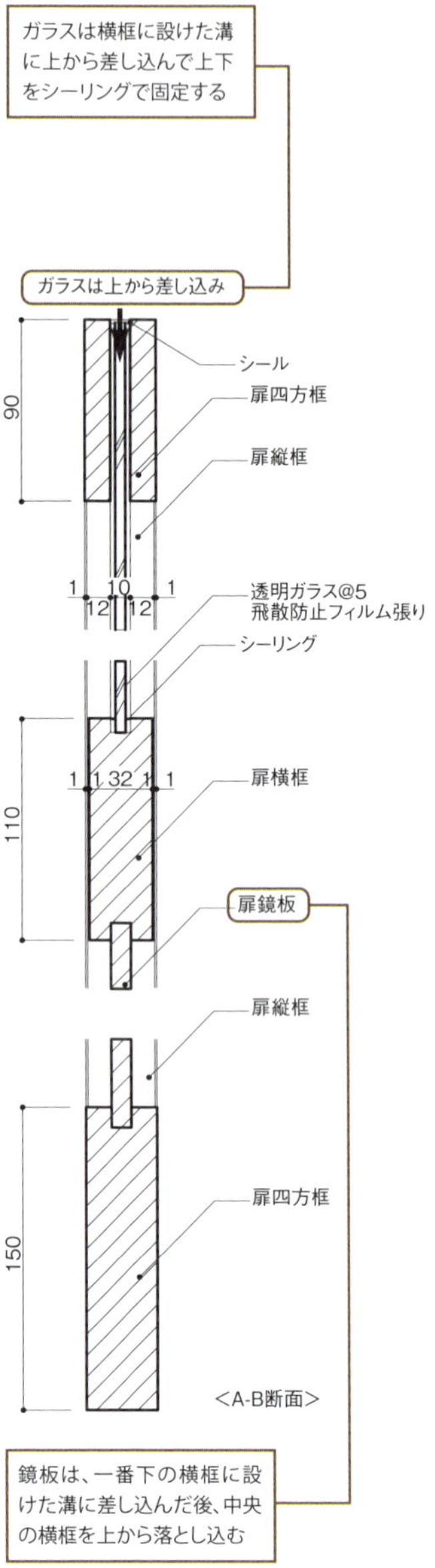

ガラスは横框に設けた溝に上から差し込んで上下をシーリングで固定する
ガラスは上から差し込み
90
シール
扉四方框
扉縦框
1 10 1
12 12
透明ガラス@5
飛散防止フィルム張り
シーリング
110
1 1 32 1 1
扉横框
扉鏡板
扉縦框
150
扉四方框
<A-B断面>
鏡板は、一番下の横框に設けた溝に差し込んだ後、中央の横框を上から落とし込む

框扉断面詳細図［S＝1：5］

4 天井いっぱいの引込み戸

天井いっぱいの引込み戸は、開閉具合によって空間の表情を変えられる、まさに動く壁である。単調になりがちなマンションの空間に可変性をもたらす。当然、床・壁・天井の取り合いは、すっきりと納めたい。ここでは、引込み戸を上吊りとして床面にノイズを発生させず、枠廻りはクロス巻き込みとして、目に見える要素を減らしている［赤坂S邸］。

引込み戸を戸袋に引き込んだ様子。上吊りにしているので、寝室（奥）のカーペットとリビング（手前）のフローリングの切り替え部分が美しく見える

戸袋部分の見上げ。上吊りのレールは天井に埋め込んでいるので、正面からは見えない。枠見込み部分には、リビングの壁に用いたクロスを巻き込んでいる

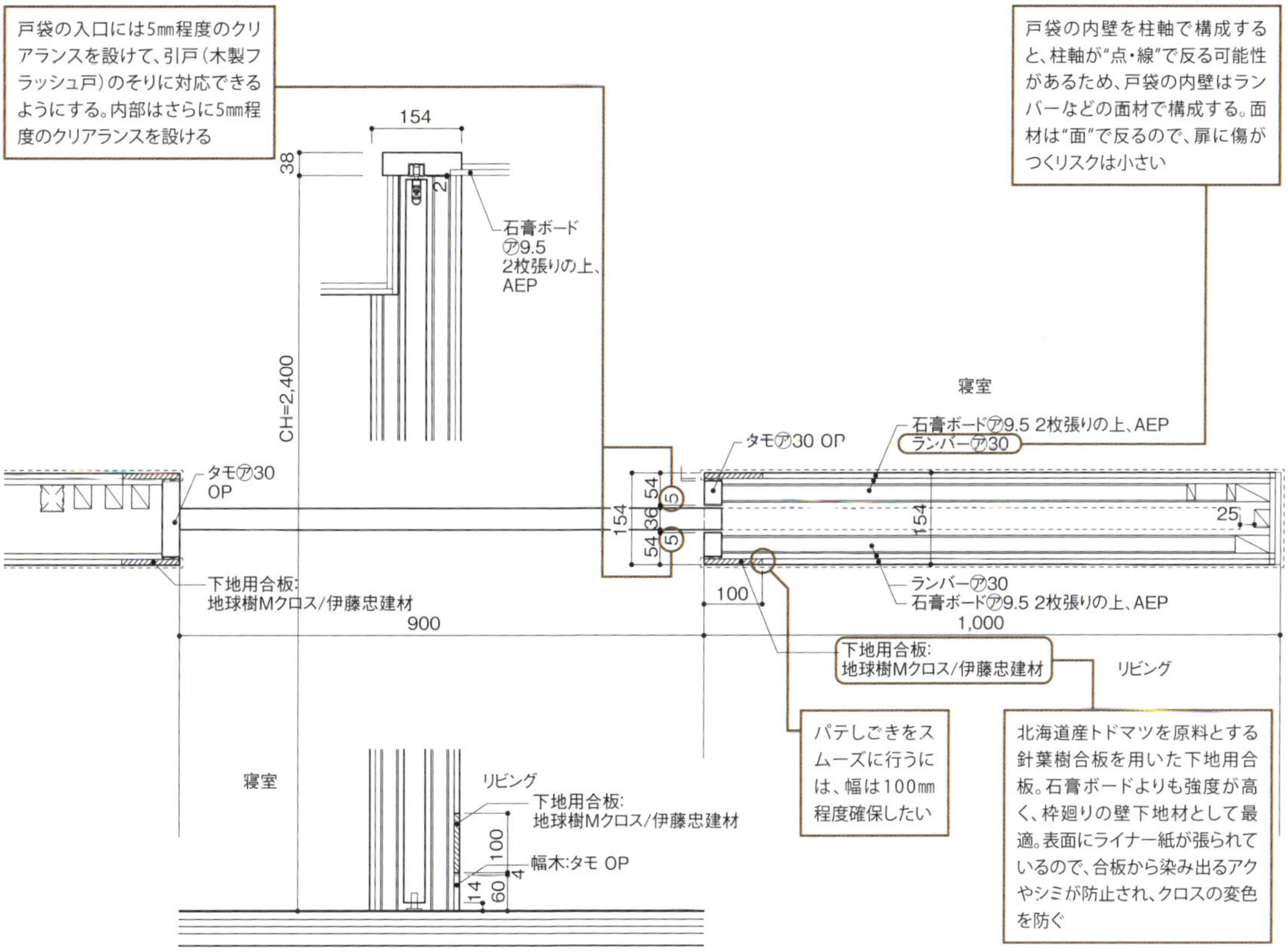

引込み戸詳細図［S＝1：15］

CORRIDOR

廊 下

雑誌やインターネットでマンション・リノベーションの事例を研究していると、「廊下をなくして、大きな空間を設けた」という趣旨の説明文を多く見かける。廊下は機能的に無駄な存在で、なるべくないほうがよいと扱われがちである。

廊下は「部屋と部屋をつなぐ通路」である。部屋と部屋が直接接しないように、緩衝帯のような機能を果たす。廊下をなくすと、部屋と部屋が直接接することになる。昔の日本家屋では、部屋の襖・障子をあけるとすぐ隣の部屋となる通称〝田の字プラン〟が一般的であった。建具の開閉によって部屋の広さをフレキシブルに調整できる便利さ、限られた面積を有効に使える利点があり、古い団地や面積が限られたマンションでは〝田の字プラン〟が活用されている。ただし、〝田の字プラン〟では、風通しとプライバシーの確保が両立できない。部屋に風を通そうと建具を開けると、すぐ隣の部屋と繋がってしまい、プライバシーが損なわれるのである。

廊下を単なる移動空間と捉えると、このような〝田の字プラン〟の考えに基づいて、空間から廊下を排除しがちである。ただし、マンションのサイズが大きくなればなるほど緩衝帯としての役割が無視できなくなってくる。リビングに直接トイレが面するのは心理的に好ましくないので、廊下で隔てるという間取りは多くみられるが、このとき、廊下はその本分である緩衝帯としての機能を果たす。移動による精神の切り替えを促すのである。その廊下に絵を飾るとギャラリーとして、クローゼット収納や本棚を設けると、ウォークスルー・タイプの収納として生まれ変わる。細長い形状をうまく利用すれば、空間に奥行きや深さをもたすことも可能である。廊下の突き当たり部分に壁全面の姿見鏡を張ると、廊下が実際以上に長く続くように見せられる。廊下を上手く再活用すれば、より快適な住空間を実現できるのである。

壁付けブラケットのある シックな雰囲気の廊下

この住宅の廊下はプライベートとパブリックな空間をつなぐ役割を担う。気持ちをリセットできるような空間を心がけた。廊下を暗くすれば、リビング・ダイニングや寝室がより明るい空間に感じられる。ここでは、壁をウォルナットで仕上げ、床には大理石を敷き、色のトーンを下げている。天井の照明は最小限として、壁付けブラケットで奥へといざなうような雰囲気をつくっている。このブラケットは、そのリズムによって扉の位置ずれを目立たせないようにする役割をも担う。

After

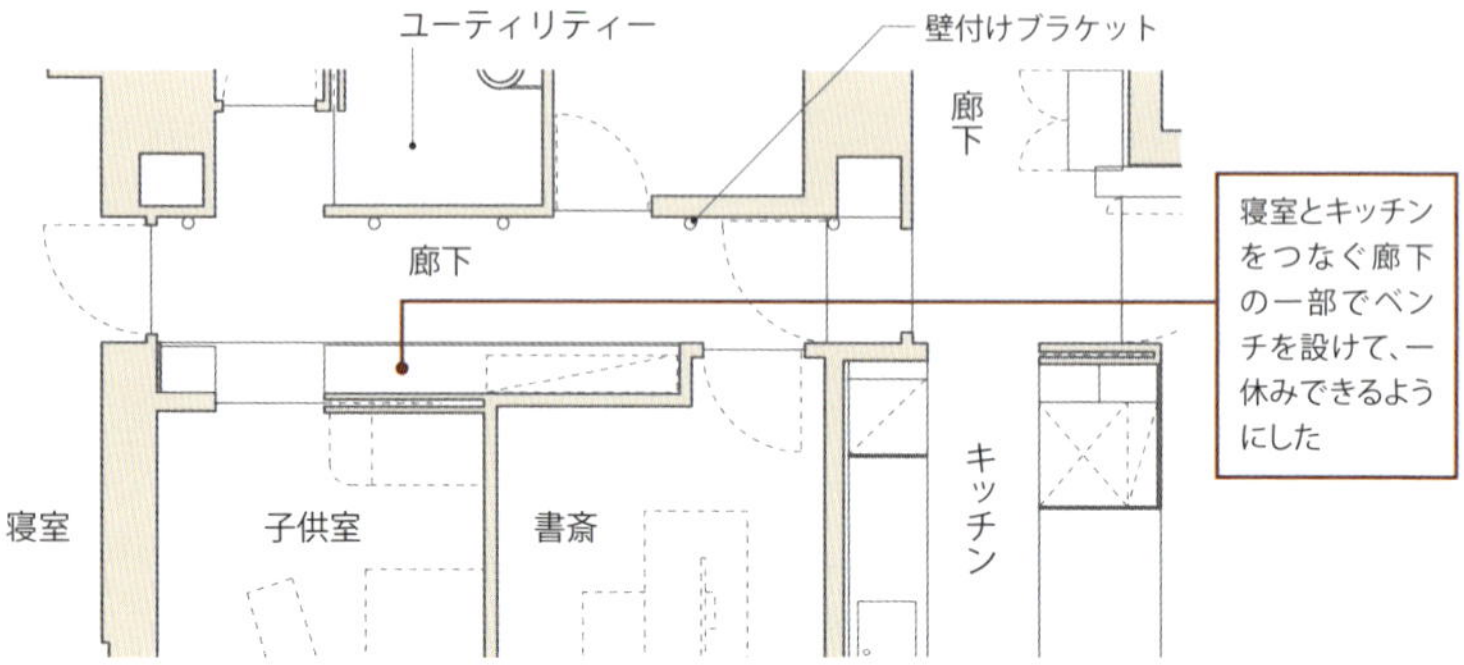

ユーティリティー
壁付けブラケット
廊下
廊下
寝室とキッチンをつなぐ廊下の一部でベンチを設けて、一休みできるようにした
寝室
子供室
書斎
キッチン

平面図

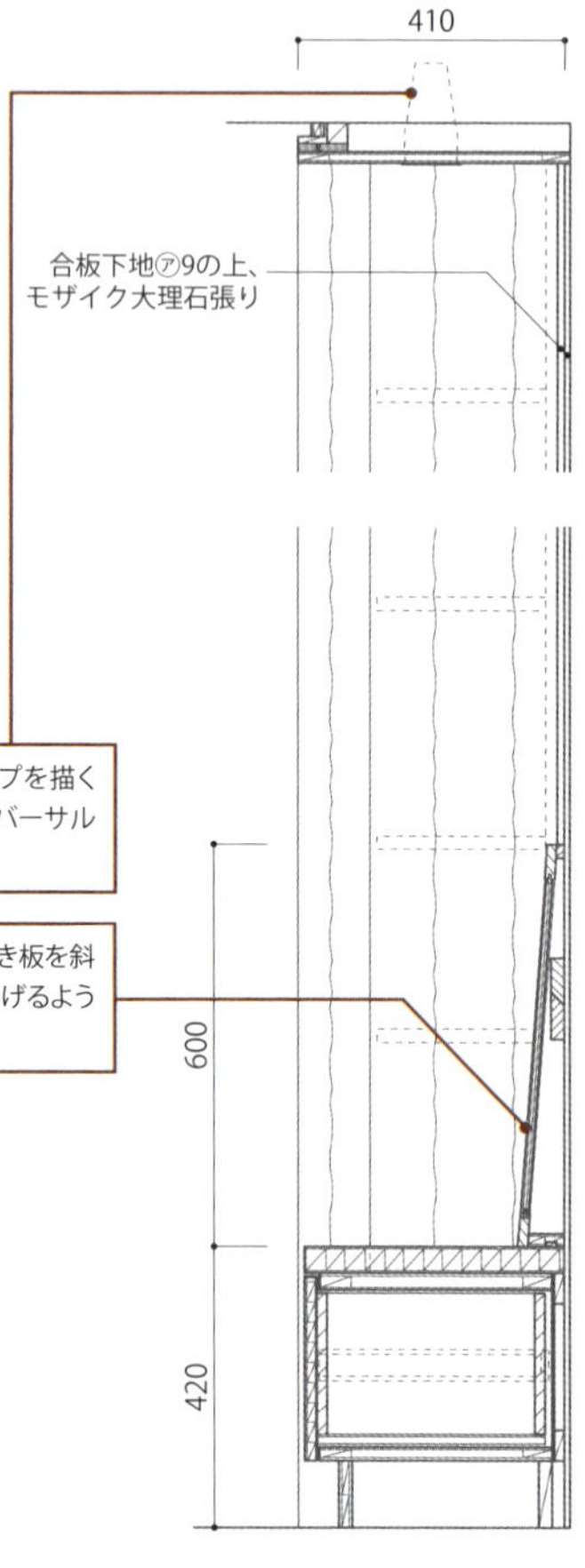

410
合板下地⑦9の上、モザイク大理石張り
モザイク大理石をスカラップを描くように光で引き立てるユニバーサルダウンライト
ベンチの背部はオークの突き板を斜めに取り付けて、人がくつろげるように配慮している
600
420

玄関ベンチ断面詳細図［S=1：20］

廊下には木製のフレームでまとめられたベンチと本棚が設けられている。ベンチの背面壁は、モザイク大理石（細かい大理石のピースを並べ、それぞれの磨き具合を少しずつ変えて表情を出した上で、裏側をネット張りにしたもの）で仕上げた

MATERIAL／南麻布T邸（施工：青）

壁：AEPおよびモザイク大理石／西遊石記CL-O9402（名古屋モザイク工業）およびウォルナット突き板柾目パネル　床：複合フローリング／スカンジナビアンフローリング ワイドプランクOAEWS（スカンジナビアンリビング）および大理石／グリジオビリミエ　天井：AEP　飾り棚：ウォルナット柾目ブラックオイル1度塗りマット　本棚 ベンチ：オーク柾目ホワイトオイル突き板　本棚：オーク柾目ホワイトオイル突き板
壁付けブラケット：TIMMEREN（ケビン・ライリー）

廊下の壁を造作収納の背板として活用する

無味乾燥な廊下の壁に意味をもたせるアイデアの1つとして、造作収納の背棚として使うというものがある。背棚にすれば、収納の用途に応じて、高さを自由にコントロールしやすいので、天井との間に隙間を設けて抜け感を演出しつつ、廊下の閉塞感も解消できる。ここでは、リビングに設けた収納の背棚を兼ねる壁を天井いっぱいにとはせずに、リビングの雰囲気が感じられる開放的な廊下としている。正面に見える彫刻を照明で演出し、アイストップを設えていることもポイントだ。

After

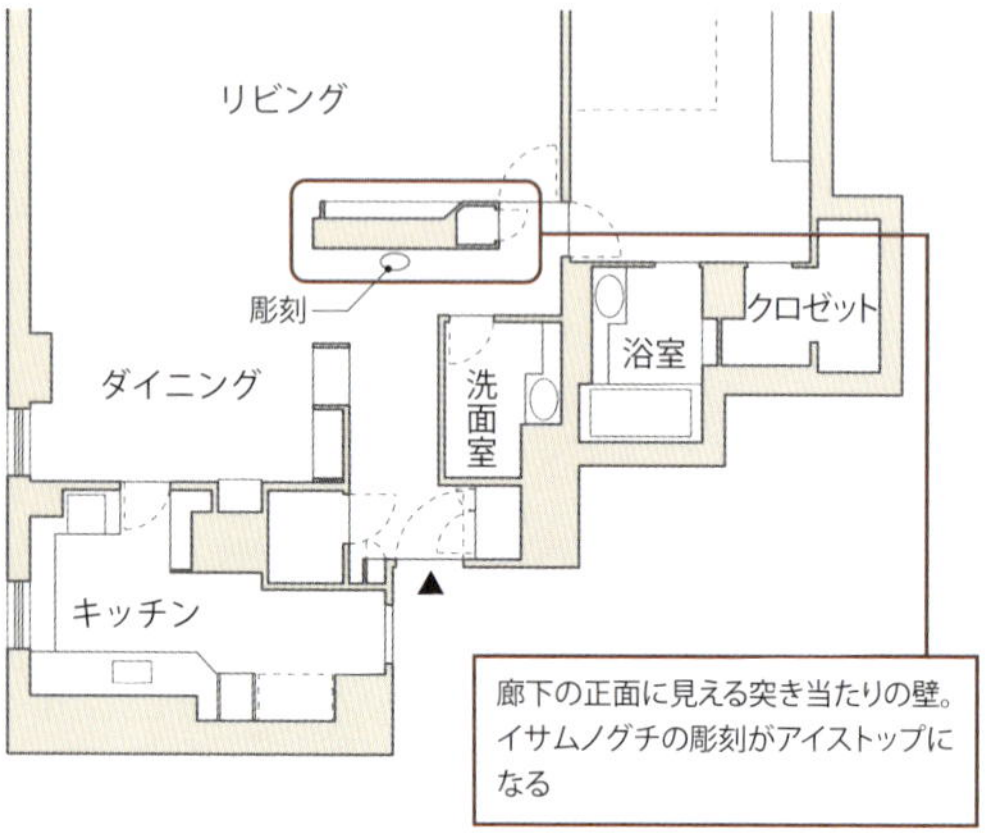

平面図

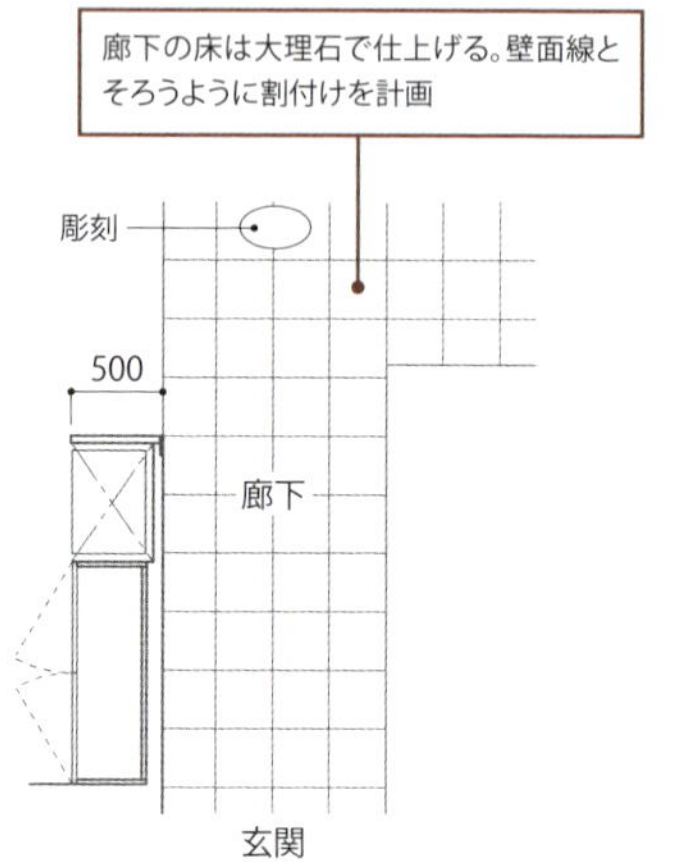

平面詳細図［S=1：8］

間仕切壁を兼ねる造作家具。家具には、キャスター付きのカトラリー収納を組み込んでいる

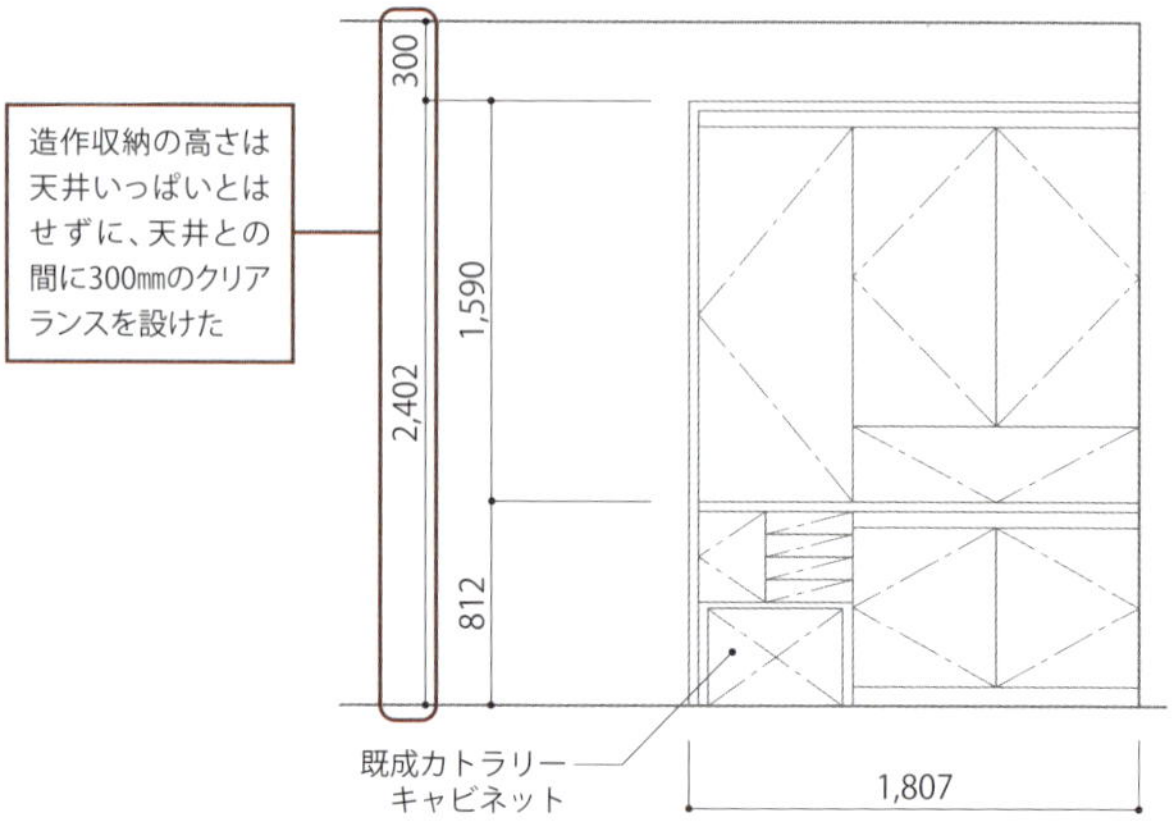

展開図［S=1：60］

MATERIAL／ニューヨークS邸（施工：ブルーストーン）

壁：AEP　天井：AEP　床：ライムストーンおよびナラ無垢フローリング　造作家具：ハードメープル　彫刻：イサムノグチ

廊下の長さを利用した通り抜け型の洗面所

廊下は細長い空間であるケースが多い。その長手方向の壁は、洗面スペースとして使える。壁面の上部に表面を鏡で仕上げた吊り戸棚収納、下部に洗面カウンターを設ければ、通り抜け型の洗面所が完成する。廊下と洗面所が一体となれば、限られたスペースを有効に活用できるほか、洗面所の近くにあることが望ましい脱衣室・浴室・トイレとの距離も短くすることができる。来客も通る空間なので、吊り戸棚収納には間接照明を仕込むなどして、華やかに演出したい。

After

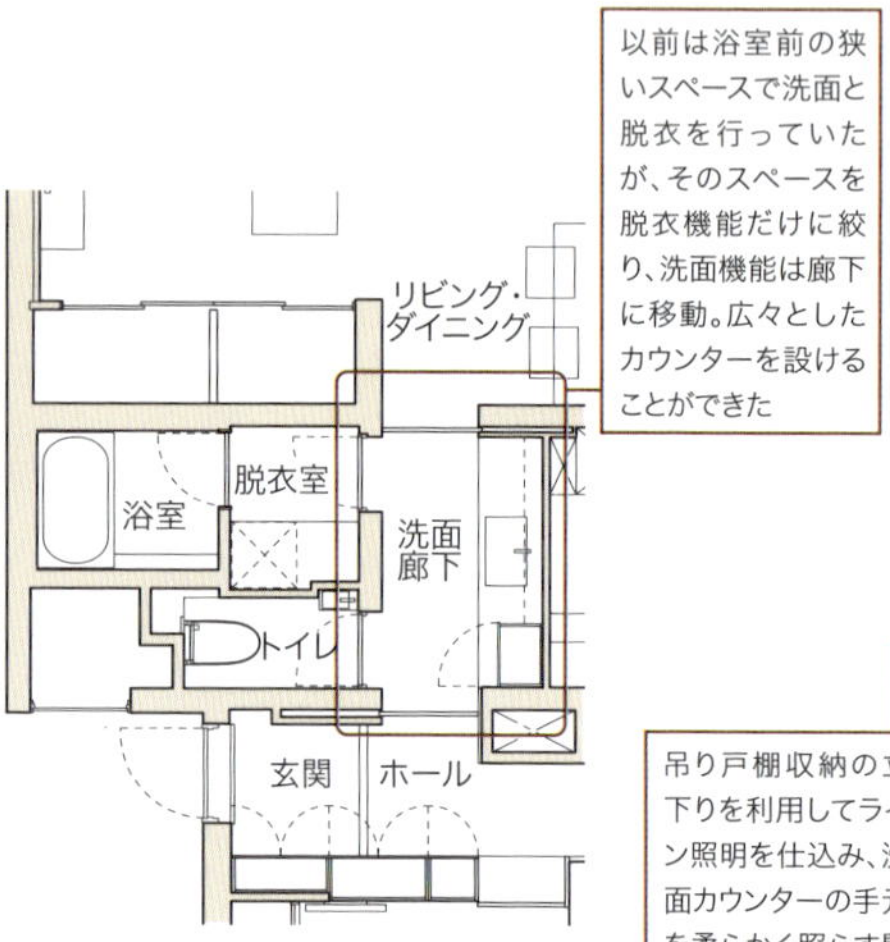
リビング・ダイニング
脱衣室
浴室
洗面廊下
トイレ
玄関
ホール
以前は浴室前の狭いスペースで洗面と脱衣を行っていたが、そのスペースを脱衣機能だけに絞り、洗面機能は廊下に移動。広々としたカウンターを設けることができた

平面図

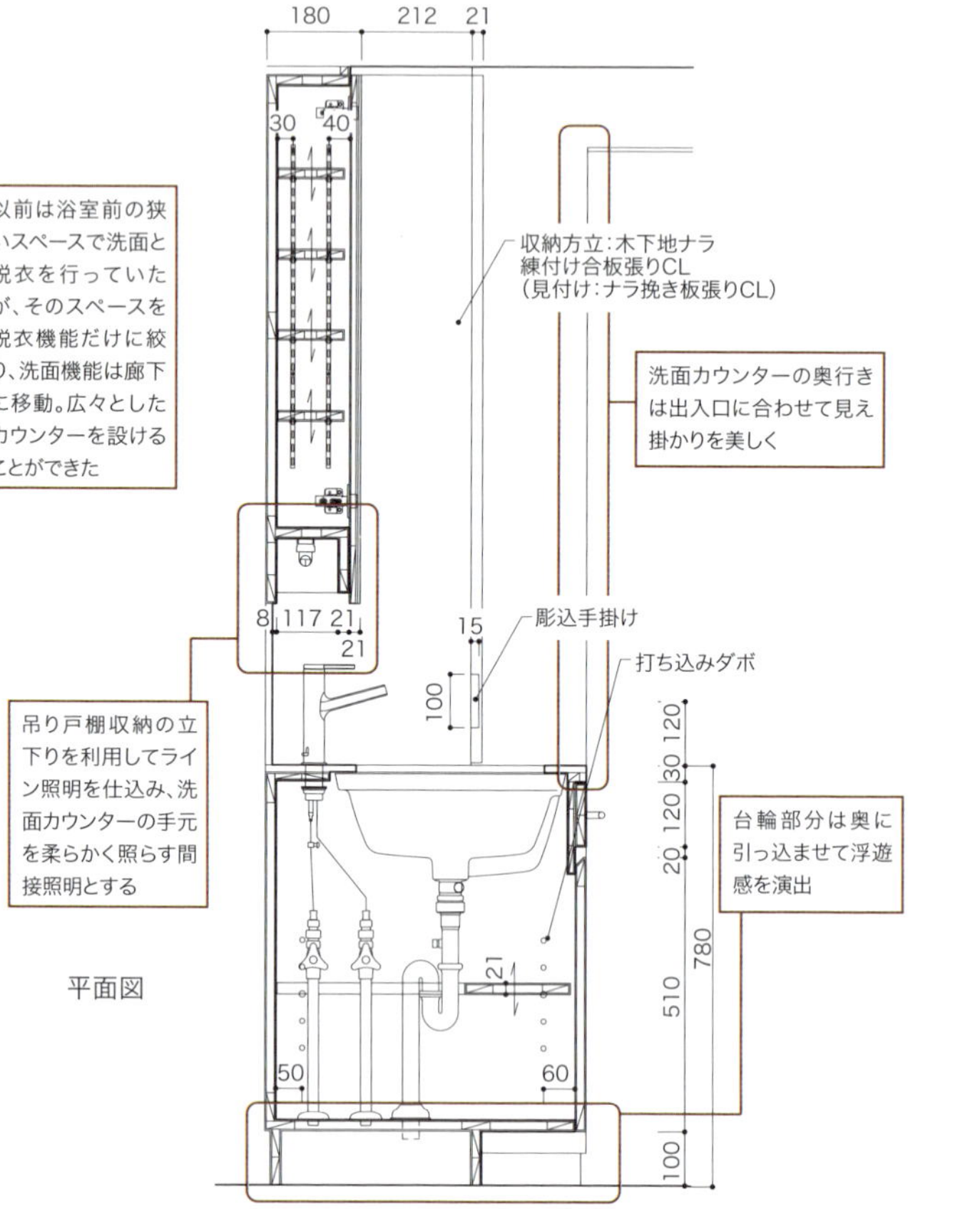
180
212
21
30
40
収納方立:木下地ナラ練付け合板張りCL
(見付け:ナラ挽き板張りCL)
洗面カウンターの奥行きは出入口に合わせて見え掛かりを美しく
8
117
21
21
15
彫込手掛け
打ち込みダボ
100
120
30
120
20
510
780
台輪部分は奥に引っ込ませて浮遊感を演出
21
50
60
100
吊り戸棚収納の立下りを利用してライン照明を仕込み、洗面カウンターの手元を柔らかく照らす間接照明とする

洗面廻り断面詳細図［S=1：20］

洗面廊下から玄関ホールを見る。日中は玄関ホールに日差しが差し込むようになっており、廊下にありがちな暗さはあまり感じない

MATERIAL ／世田谷区N邸（プロデュース・施工：NENGO）

壁：特殊塗装／ポーターズペイント（NENGO）　床：複合フローリング／複合フローリング20シリーズ ウォールナット20クリアオイル（IOC）　天井：特殊塗装／ポーターズペイント（NENGO）　洗面台カウンター：シーザーストーン　洗面ボウル：KE242150（セラトレーディング）　混合水栓金物：KW2191042U（セラトレーディング）

天井を木で仕上げて視線を遠くにいざなう

一般的に廊下の幅は必要最小限の狭い寸法で設定される。その窮屈感を解消するには、視線を廊下の突き当たりに導くという手法が考えられる。床がフローリング仕上げの場合に有効となるのが、天井を床と同じ木質系の羽目板張りで仕上げる方法。羽目板の張る方向を長手方向にすれば、目地に沿って視線が正面の壁に導かれ、幅の狭さを感じにくくなる。ここでは、床はウォルナット、天井はチークの羽目板で仕上げ、視線を飾り棚のあるダイニング正面の壁へと導いている。

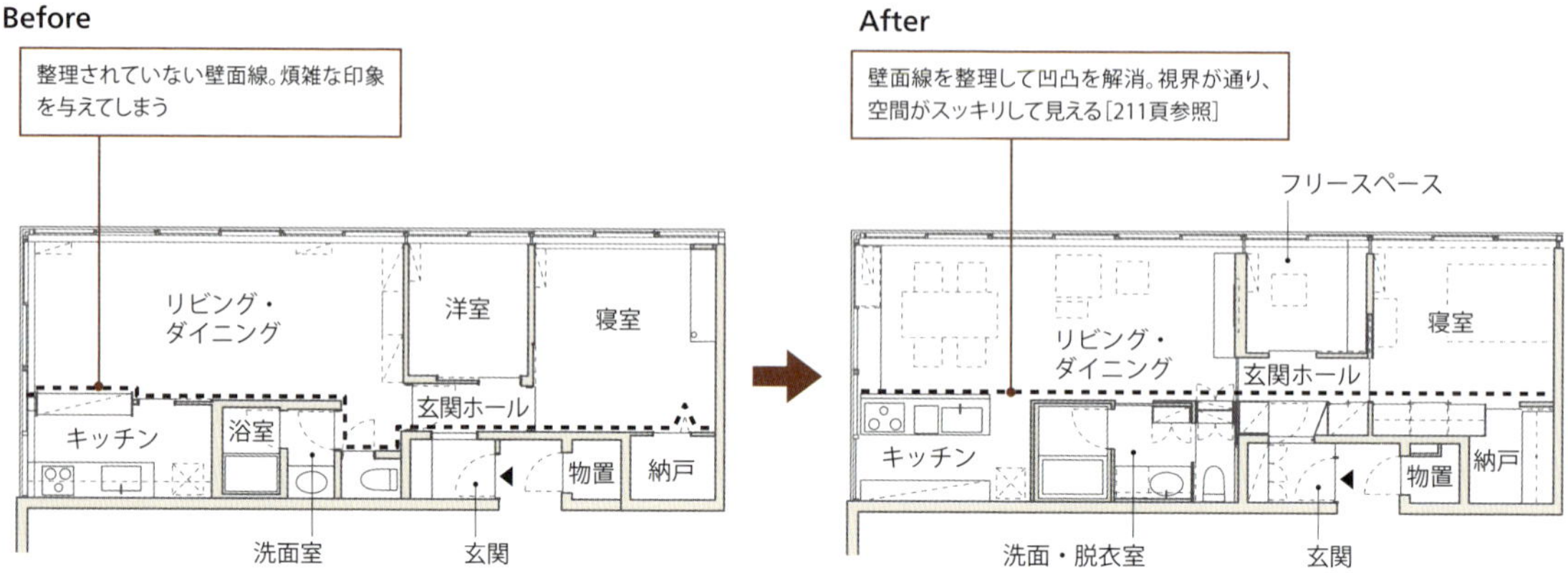

Before
整理されていない壁面線。煩雑な印象を与えてしまう
リビング・ダイニング
洋室
寝室
キッチン
浴室
玄関ホール
物置
納戸
洗面室
玄関
After
壁面線を整理して凹凸を解消。視界が通り、空間がスッキリして見える[211頁参照]
フリースペース
リビング・ダイニング
寝室
玄関ホール
キッチン
物置
納戸
洗面・脱衣室
玄関

平面図

廊下とつながる玄関の設え。壁・天井ともにスペースを絞り、別の空間として表現している

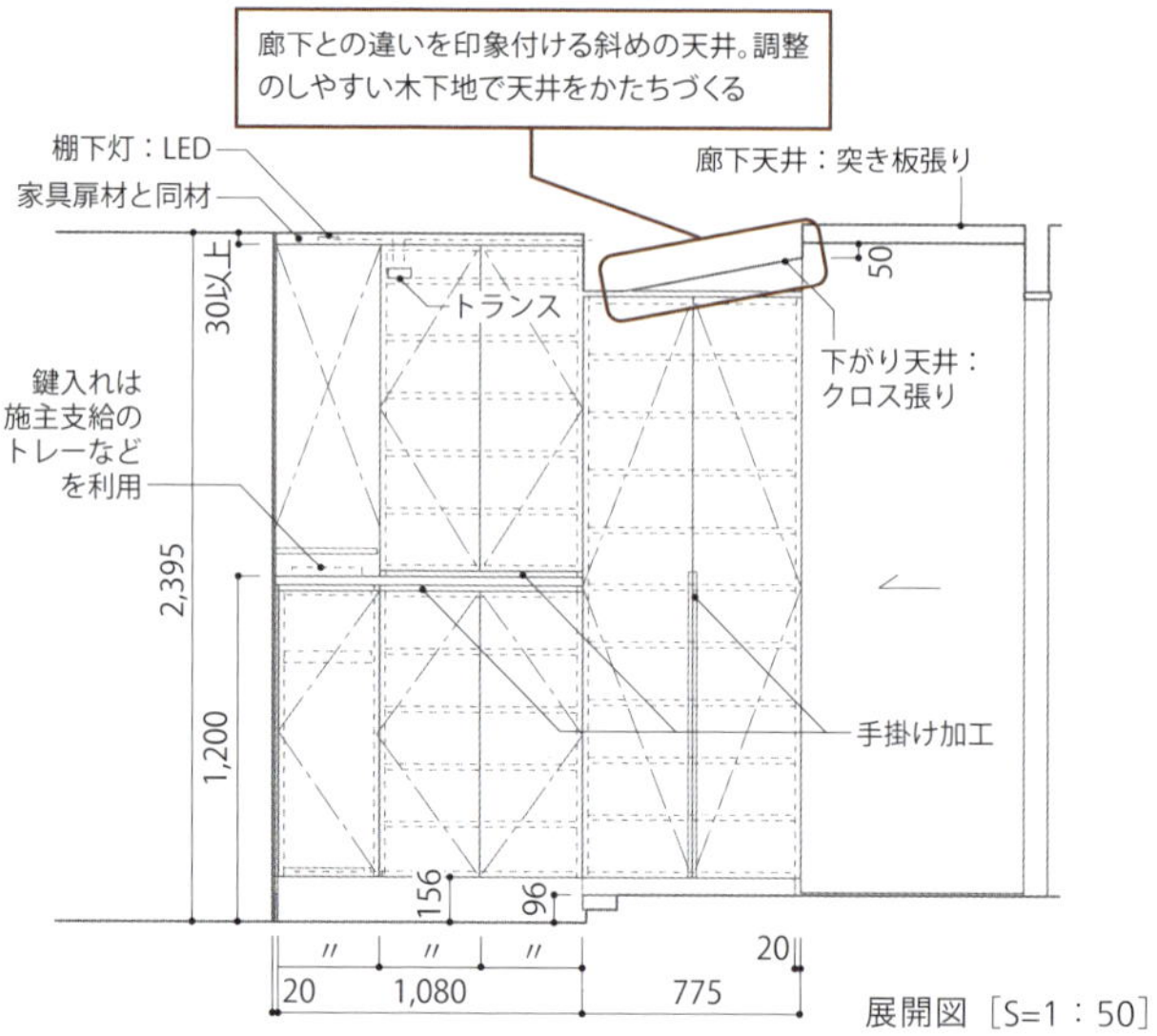

廊下との違いを印象付ける斜めの天井。調整のしやすい木下地で天井をかたちづくる
棚下灯：LED
家具扉材と同材
廊下天井：突き板張り
30以上
トランス
50
下がり天井：クロス張り
鍵入れは施主支給のトレーなどを利用
2,395
1,200
手掛け加工
156
96
20
20
1,080
775

展開図［S=1：50］

MATERIAL／目黒S邸（施工：NENGO）

壁：ポーターズペイント（NENGO）およびクロス／ノイエローヴ（旭興）　床：複合フローリング／複合フローリング20シリーズ オーク20マットコート（IOC）　天井：内装用不燃ボード／リアルパネル（ニッシンイクス）およびクロス／ノイエローヴ（旭興）　造作家具：オニグルミ突き板

廊下の壁面を本棚として利用する

廊下の間仕切壁は、本棚などの収納と相性がよい。収納にはある程度の奥行きが必要となるため、既存の廊下が狭い場合には、プランを念入りに検討しなければならないが、既存の廊下が広い場合は、そのスペースに本棚を設けると、長い廊下が単調にならない。ここでは、幅が1.1mある廊下の両側に、本棚を設けた。片方は、水廻りの間仕切り壁の前に本棚を設け、もう片方は、書斎と廊下の間仕切り壁を撤去し、廊下と書斎から使える本棚としている。本棚最上段には間接照明を設け、廊下全体の照度を確保している。

書斎から廊下を眺めた要素。間仕切壁を兼ねる書棚の上部には、間接照明を設置して、書斎・廊下の天井を柔らかく照らす

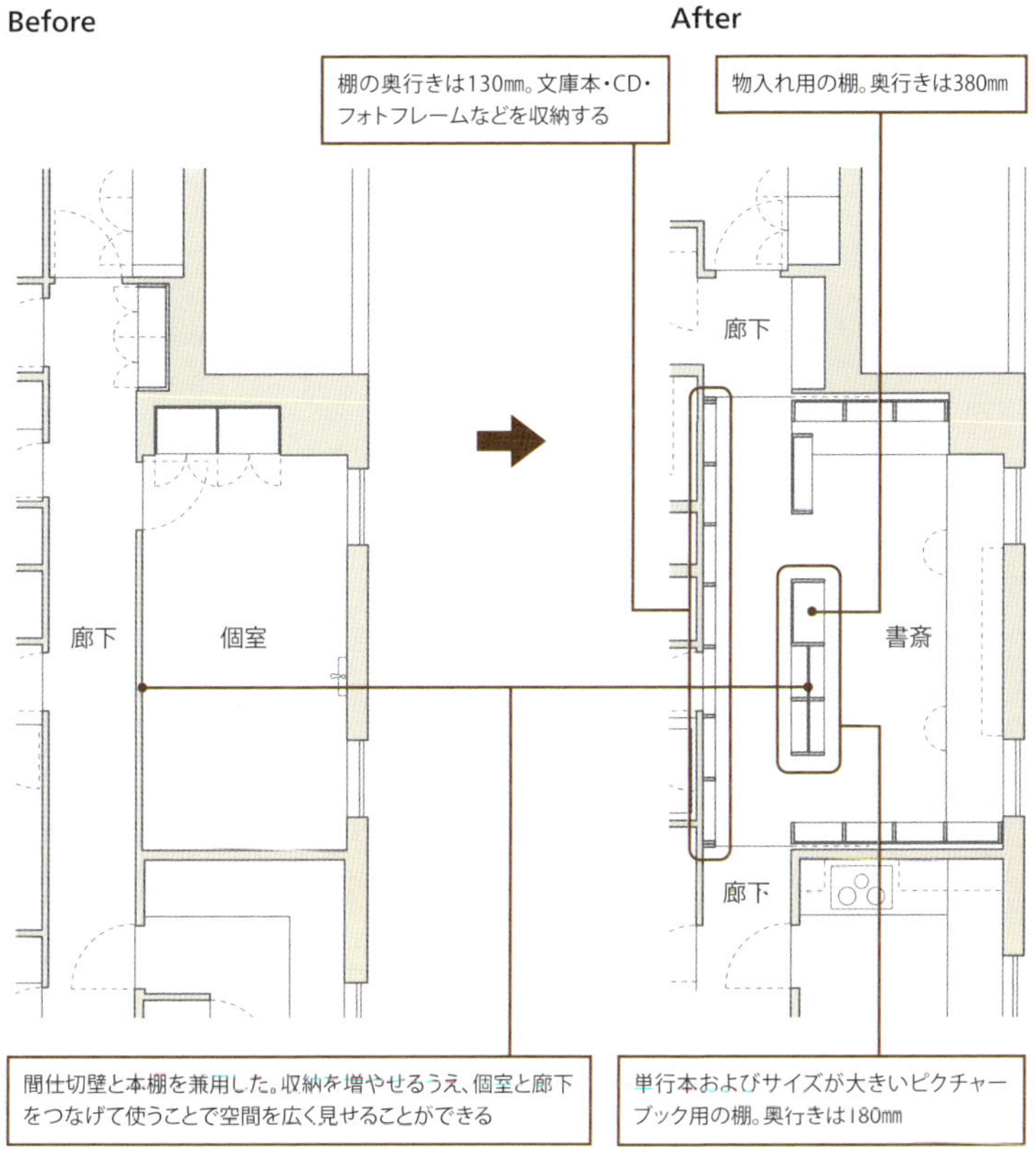
Before
After
棚の奥行きは130㎜。文庫本・CD・フォトフレームなどを収納する
物入れ用の棚。奥行きは380㎜
廊下
個室
廊下
書斎
廊下
間仕切壁と本棚を兼用した。収納を増やせるうえ、個室と廊下をつなげて使うことで空間を広く見せることができる
単行本およびサイズが大きいピクチャーブック用の棚。奥行きは180㎜

平面図

MATERIAL ／白金台S邸（施工：青＋造作家具：現代製作所）

壁：クロス／ノイエローヴ（旭興） 床：カーペット／CS-514（ニッシン） 天井：クロス／ノイエローヴ（旭興） 本棚：オニグルミ突き板OSCL

本棚とベンチのある書斎のような廊下

廊下を単なる移動空間ではなく、居室として機能させる方法としては、廊下の壁を利用して、本棚やデスク・ベンチを設けて書斎のように使うというものが考えられる。ここでは、廊下の出窓部分を利用して、本棚とベンチを設え、旅行の思い出となる品物や写真などを飾り、家族の歴史が見えるようなくつろぎの場としている。収納棚を照らすため、ユニバーサルダウンライトの取り付け位置を、廊下の中心ではなく本棚側に寄せて、棚の内部まで光が届くようにしているほか、床にはラグを敷いて前室らしさを表現している。

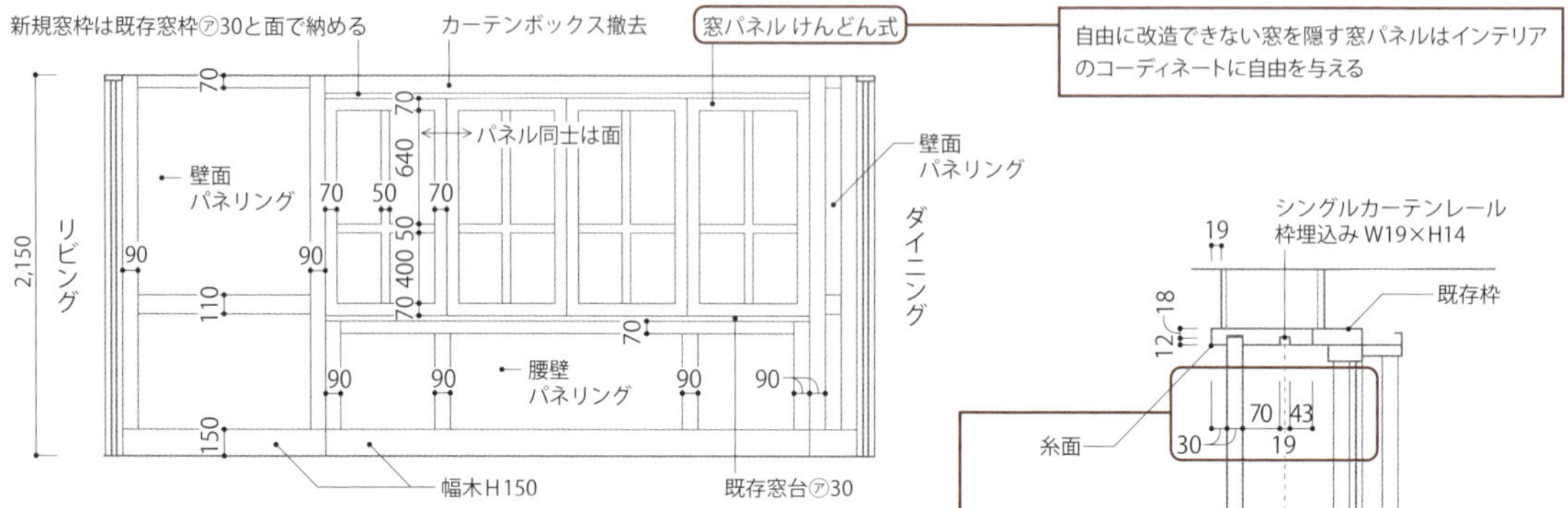

展開図［S=1：60］

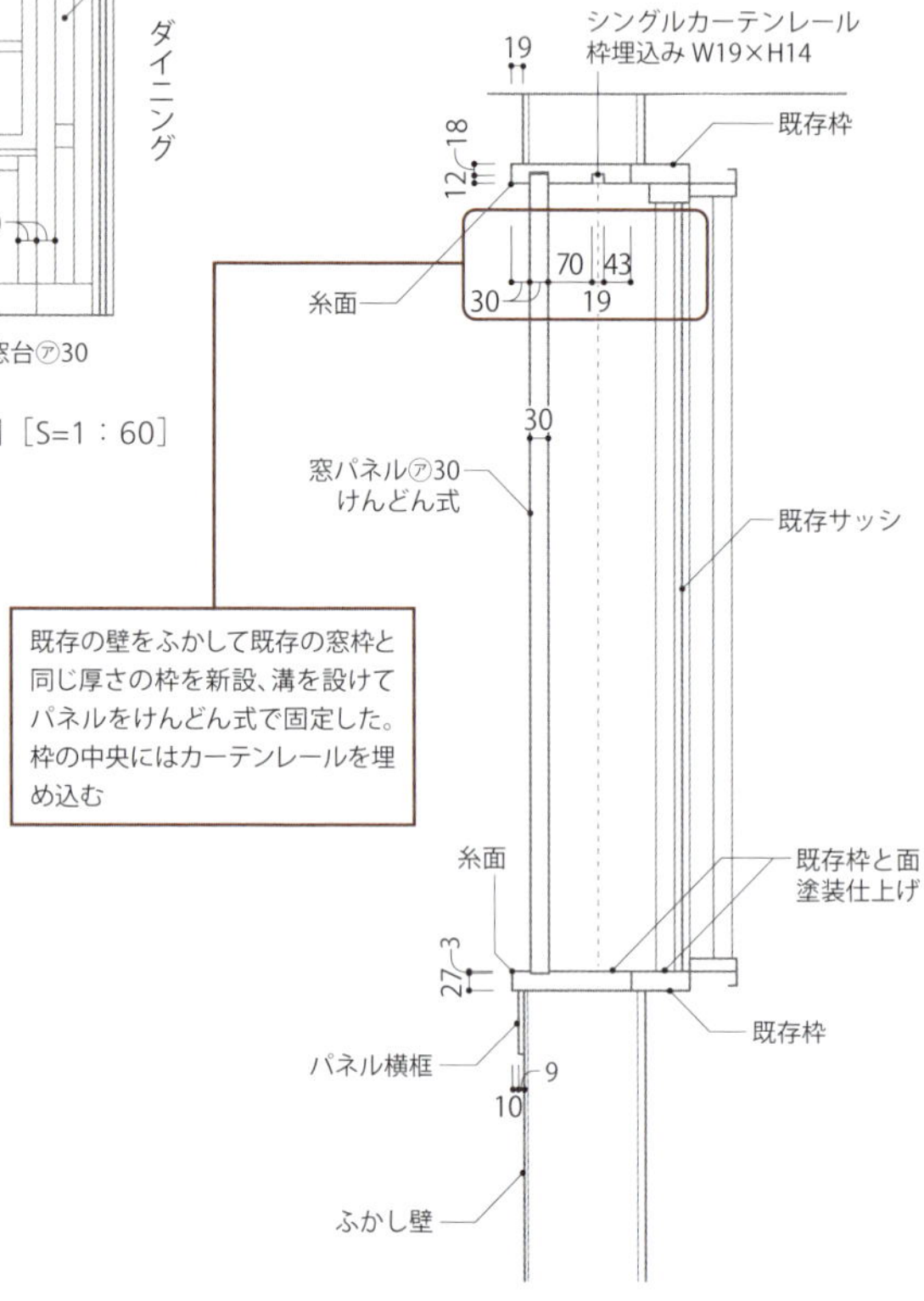

窓台断面詳細図［S=1：20］

直交する廊下の奥からベンチのある廊下を見る。ライトグリーンの壁と壁掛けのアートがアイストップとして効く

MATERIAL／**白金高輪N邸（施工：リフォームキュー）**

壁：AEPパネル　床：複合フローリング／スカンジナビアンフローリング ワイドプランクOAEWS（スカンジナビアンリビング）　天井：AEP　本棚・造作家具：AEP　ベンチ・ラグ：施主支給

VAN EYCK

廊下の明るさに
コントラストを付ける

廊下は窓がなく、薄暗い空間であるが、居室への出入り口をガラスの飾り付け扉にすると、廊下の一部分を明るい空間にできる。このような明るさのコントラストは、薄暗い廊下から光に満ち溢れる居室への期待感を高められる効果をもたらす。格子と重厚感のある枠廻りが特徴のガラス戸からこぼれる光は、廊下の奥からも目に留まる。大判の鏡や小さなコンソールとテーブルランプのある前室としての空間である。

After

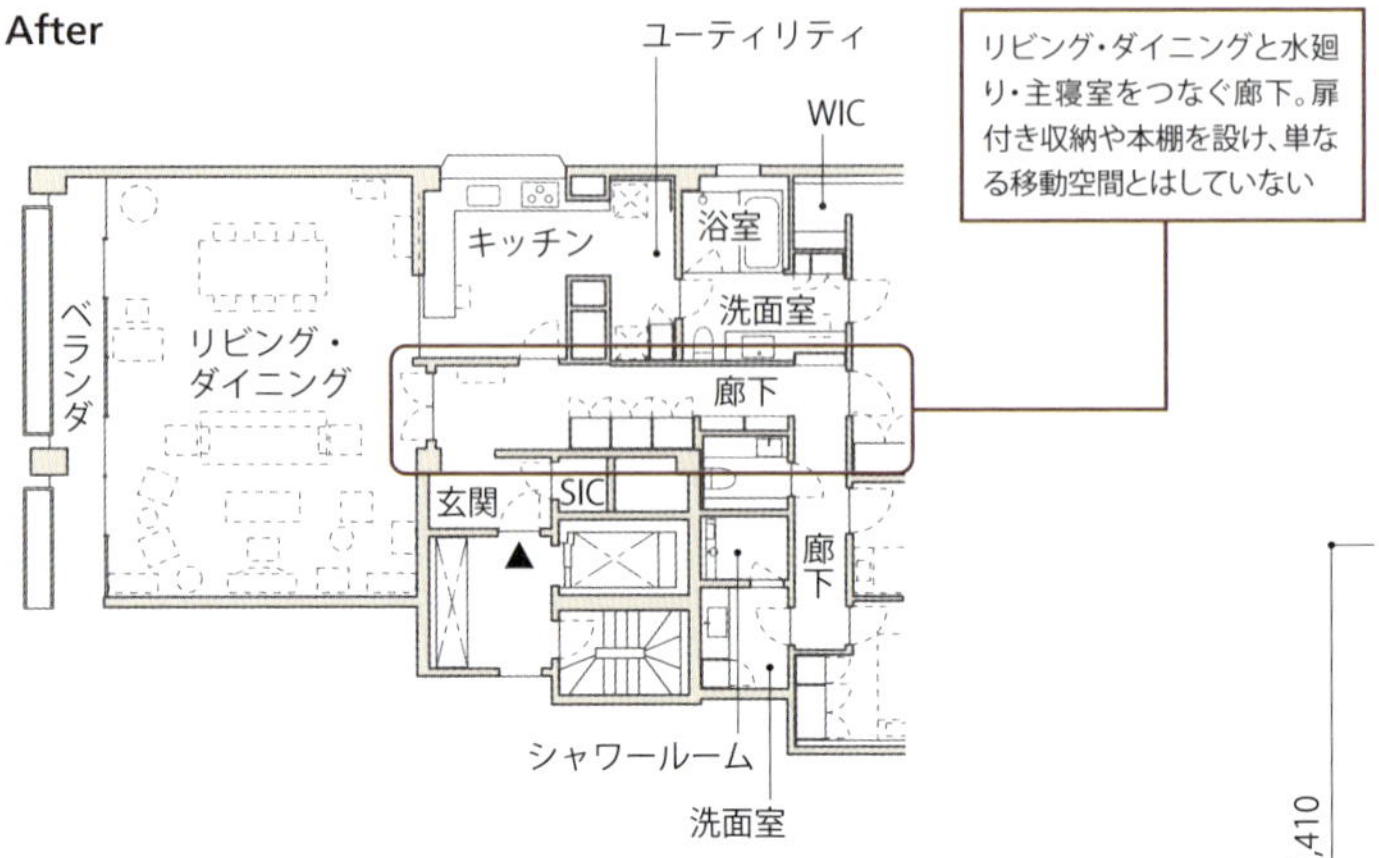
ユーティリティ
WIC
キッチン
浴室
洗面室
リビング・
ダイニング
ベランダ
廊下
玄関
SIC
廊下
シャワールーム
洗面室
リビング・ダイニングと水廻り・主寝室をつなぐ廊下。扉付き収納や本棚を設け、単なる移動空間とはしていない

平面図

重厚感のある枠廻りと建具、幅木は白、壁はグリーン調の織物クロスで仕上げる。床にはサファヴィヤのラグを敷いて、視線を楽しませる前室の設えとした

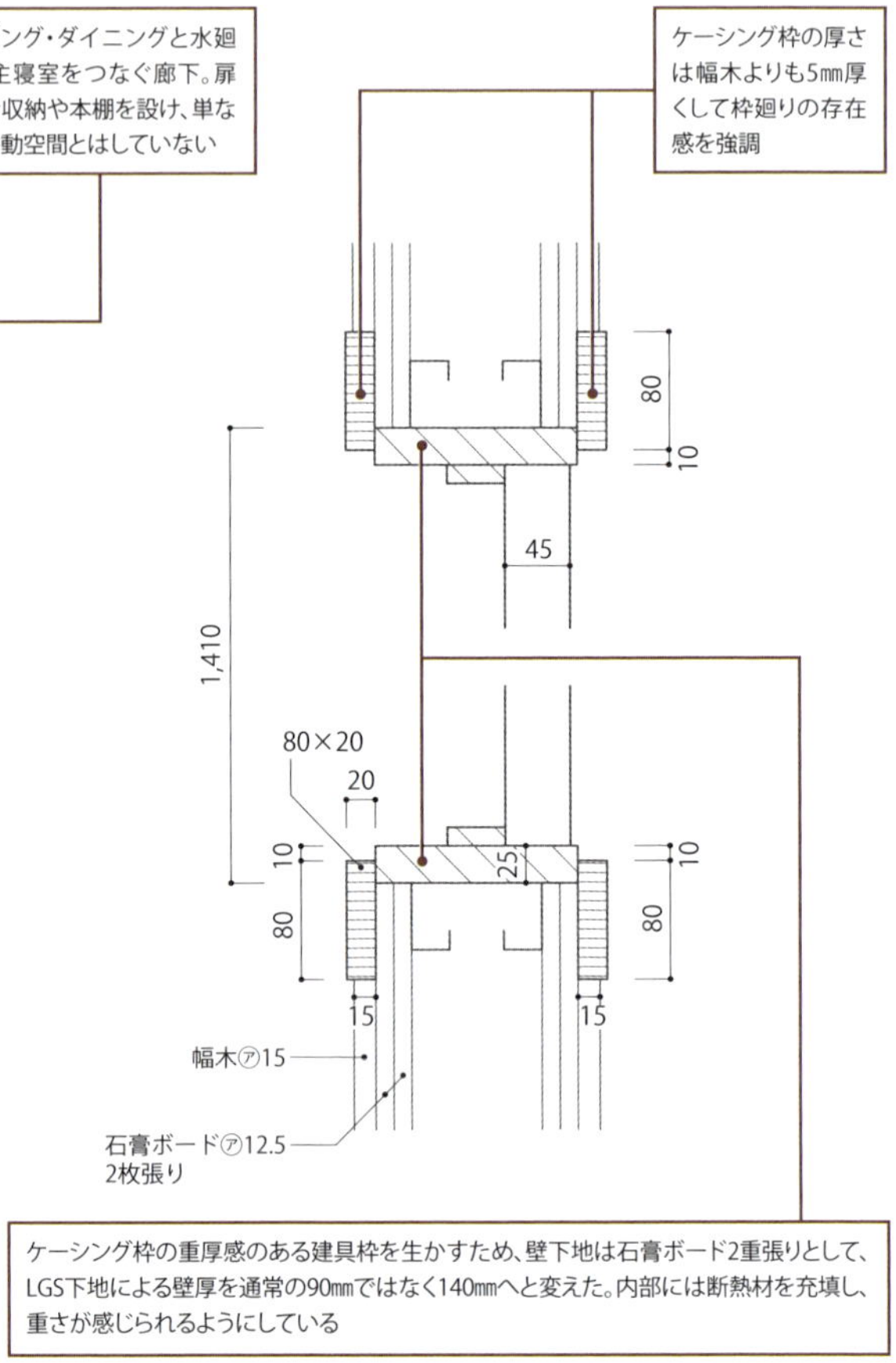
ケーシング枠の厚さは幅木よりも5㎜厚くして枠廻りの存在感を強調
80
10
45
1,410
80×20
20
10
25
10
80
80
15
15
幅木㋐15
石膏ボード㋐12.5
2枚張り
ケーシング枠の重厚感のある建具枠を生かすため、壁下地は石膏ボード2重張りとして、LGS下地による壁厚を通常の90㎜ではなく140㎜へと変えた。内部には断熱材を充填し、重さが感じられるようにしている

建具詳細図［S=1：8］

MATERIAL ／広尾 N 邸（施工：アイホーム）

壁：AEPおよびバンブークロス（施主支給）および鏡　床［廊下］：サイザル麻／マヤヘンプ（上田敷物）　天井：AEP　床［玄関土間］：塩ビシート／ボロン プレーンサンド（アドヴァン）　扉：輸入建具現場塗装　本棚・造作家具：AEP　コンソールテーブル・ランプ：施主支給　ラグ：サファヴィヤ（施主支給）

WHEAT BELLY
I AM THAT

扉のデザインを変えて
リビングの格調を高める

廊下と居室をつなぐ扉のデザインは、居室の雰囲気を想像させるものがよい。特に、リビングへとつながる出入り口の扉は、ほかの扉とはデザインを変えて、リビングが格調高い空間であることを印象付けたい。ここでは、コロニアルなリビングの雰囲気を強調するような、特注のパネル扉を設えた。取っ手やヒンジなどの金物類もクラシックな雰囲気のあるものとし、色を黒で引き締め、視線が自然にリビングへの導かれるように工夫している。

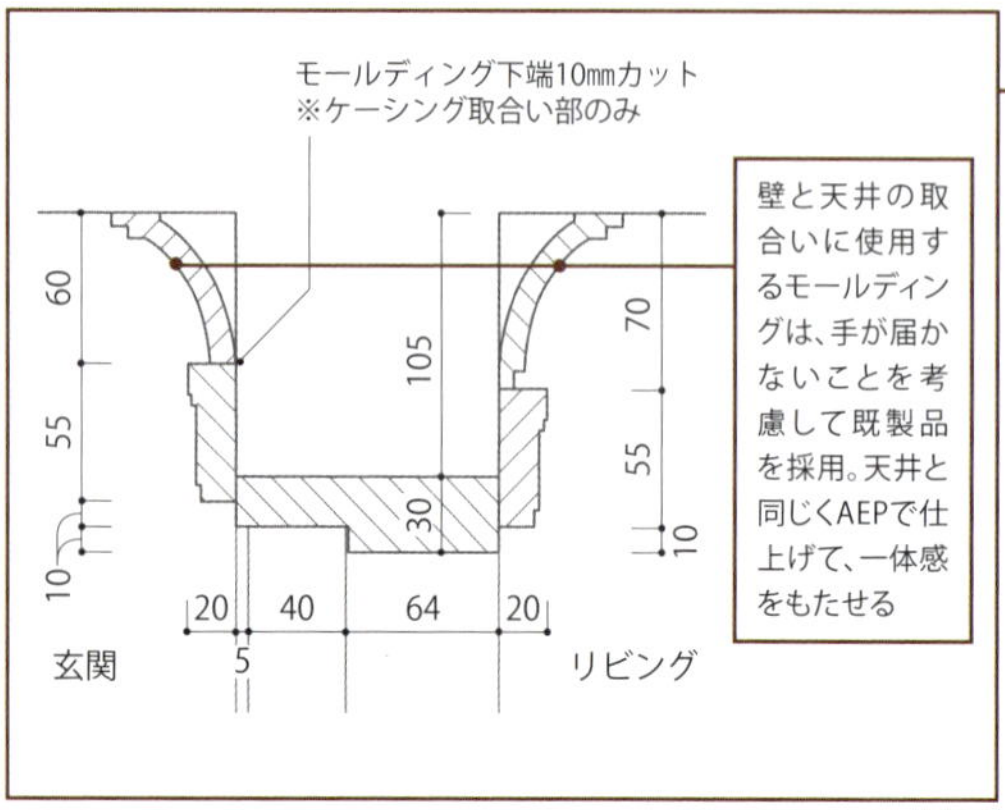

枠廻り断面詳細図［S=1：6］

玄関ホールから横につながるプライベート空間への廊下は、床材をダークなフローリングとして突き当たりに姿見の鏡を設ける。鏡への映り込みを利用して、空間の長さを強調

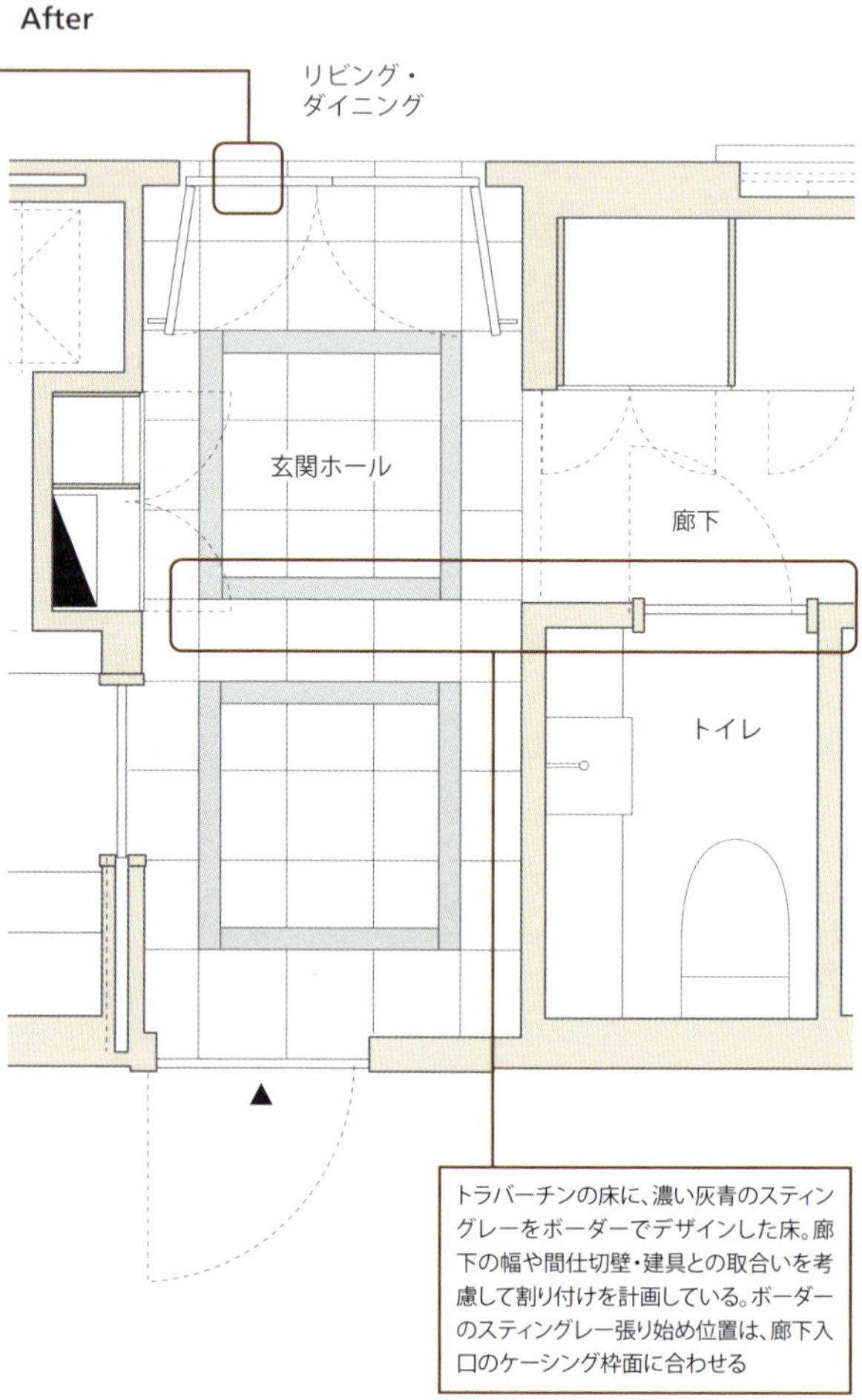

平面図

MATERIAL ／六本木 M 邸（施工：ライフデザイン）

壁：クロス／TE-JEANNE-VL9108（テシード）および不燃突き板　床：大理石／トラバーチンクラシコ（アドヴァン）およびスティングレー（アドヴァン）　天井：既存クロス　モールディング：アートスタイル フレックス 天井廻り縁（アドヴァン）　建具取手・ヒンジ類（堀金物）

ブックギャラリーを上下の間接照明で演出する

廊下の印象を一変させる方法の1つに、お洒落な本屋のような雰囲気が感じられるブックギャラリーを設えるという方法がある。本をシンプルに並べるだけではなく、本の表紙が廊下から見えるように飾ってみよう。ここでは棚上にライン照明、前面にガラスを張った飾り棚を設え、お気に入りのタイトルを美しく並べられるようにした。壁の一面は大理石張りとしてアートを飾り、空間全体を、折り上げ天井と床に仕込んだ間接照明で伸びやかに演出している。

Before　After

窓から離れた光の届かない一角をギャラリーに変える。大理石やカラーガラスなどの光沢のある素材や間接照明などで明るい雰囲気を演出
ゲストトイレ
トイレ
浴室
洗面室
廊下
WIC
廊下
ゲストトイレ
浴室
ギャラリー
洗面室
廊下

平面図

本棚の枠材には、セミ・オープンポア（木目を少し残した半塗りつぶし）で仕上げた黒色のオークを用いている

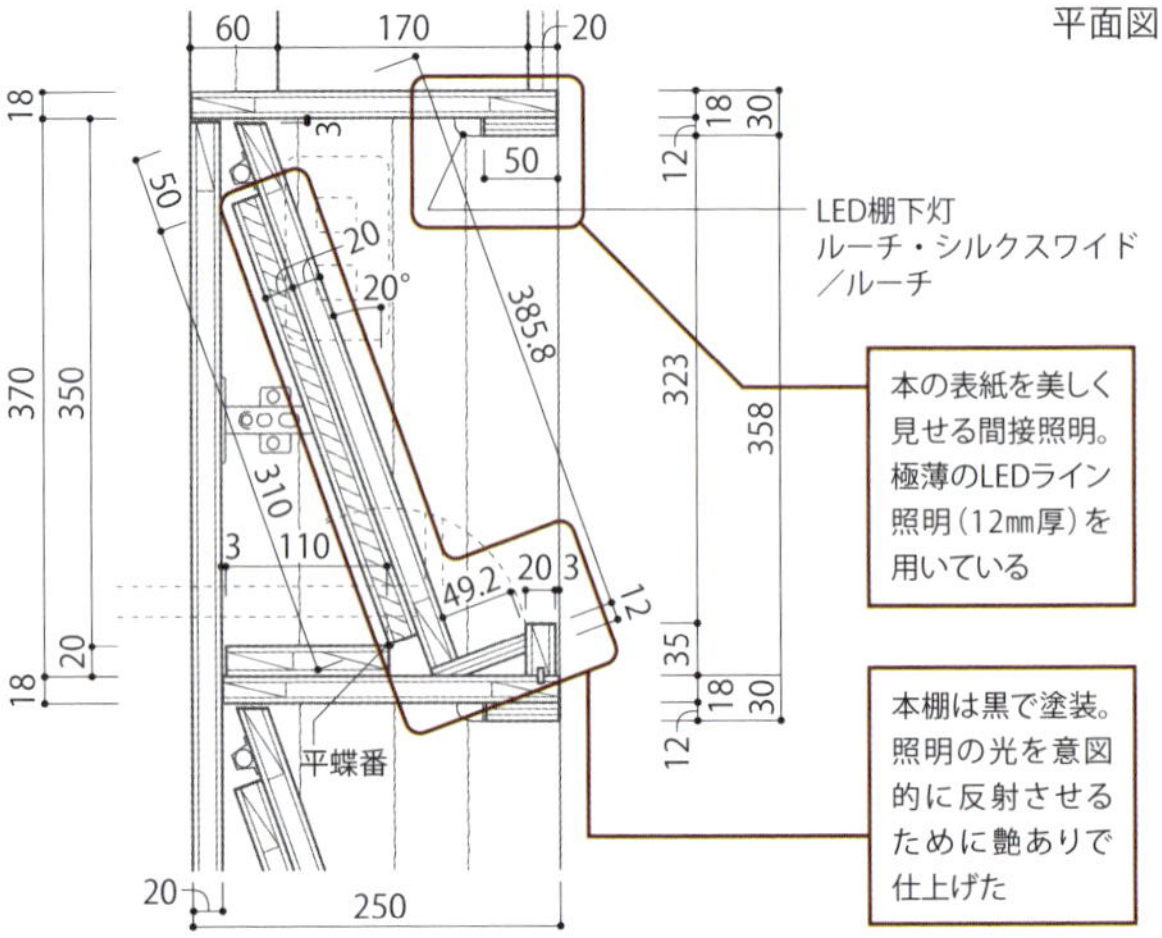
60
170
20
18
370
350
20
18
50
3
50
20
20°
385.8
310
3
110
49.2
20
3
12
12
18
30
323
358
35
18
30
12
LED棚下灯
ルーチ・シルクスワイド／ルーチ
本の表紙を美しく見せる間接照明。極薄のLEDライン照明（12㎜厚）を用いている
本棚は黒で塗装。照明の光を意図的に反射させるために艶ありで仕上げた
平蝶番
20
250

本棚断面詳細図［S=1：10］

MATERIAL／六本木N邸（施工：リフォームキュー+インテリアコーディネート：メイズ）

壁：AEPおよびFIXガラスおよび大理石／アラベスカートおよび鏡　床：複合フローリング／複合フローリング40シリーズ サーモオーク40クリアブラッシュド（IOC）　天井：AEP　オープン本棚：オーク突き板セミオープンポア塗装3分艶　リビング扉：ウォルナット縮みブラックオイル全艶・特注引手・フロアヒンジ　アート：中岡真珠美（アートフロントギャラリー）　アッパーライト：ルーチ・ラインググレイズ（ルーチ）　コーブ照明：ルーチ・パワーフレックス（ルーチ）　棚下灯：ルーチ・シルクスワイド（ルーチ）

VOGUE
HELLER

カラーガラスとスチールサッシで奥行き感を演出

光沢のある素材を組み合わせると、照明の光を反射・透過させられるので、明るさだけではなく、不思議な奥行き感が生まれる。ここでは、廊下の突き当たりの壁をカラーガラスで仕上げ、リビングへの出入り口を面材がガラスのスチールサッシとして、照明の光が響き合う空間とした。カラーガラスの目地はサッシの横桟とそろえている。これは、照明の光で壁をなめるように明るくする際に浮かび上がるカラーガラスの目地が、不自然に見えないようにするための配慮である。天井の黒いカラーガラスと照明のラインもダイニングへとつながっている。

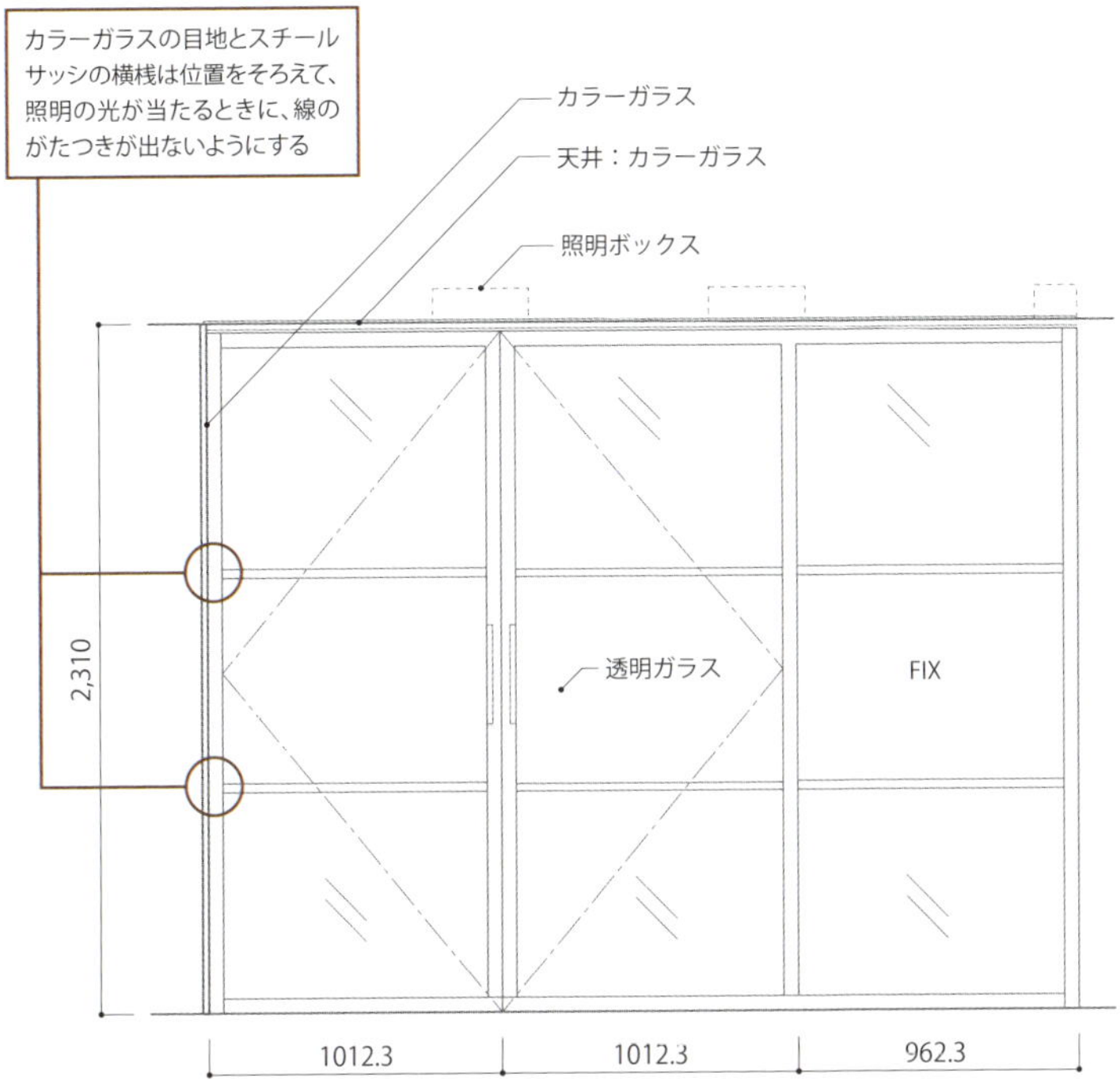
カラーガラスの目地とスチールサッシの横桟は位置をそろえて、照明の光が当たるときに、線のがたつきが出ないようにする
カラーガラス
天井：カラーガラス
照明ボックス
2,310
透明ガラス
FIX
1012.3
1012.3
962.3

サッシ展開図［S＝1：40］

既存床のシックな大理石に合わせて、全体をダークな色調でまとめた。単一の色とするのではなく、グレー（左側の塗装壁）やネイビー（正面のカラーガラス）などを組み合わせ、変化を付けている

MATERIAL／南平台N邸（施工：リフォームキュー）

壁：AEPおよびカラーガラス／ラコベル アンスラサイトオーセンティック（旭硝子）　床［廊下］：既存大理石　天井：AEPおよびカラーガラス／ラコベル クラシックブラック（旭硝子）　扉：特注建具スチール焼き付け塗装

ギャラリーとしての機能をもつ廊下

廊下は窮屈で単調な空間になりがちである。その印象を一変させる1つの手立てとして、廊下にギャラリーの機能をもたせるという方法がある。突き当たりの壁や側壁にアートを飾れば、目に楽しい空間として生まれ変わる。角度を自由に変えられるユニバーサルダウンライトなどでライトアップするとなおよい。アートを飾る壁をカラフルに仕上げる、アートを飾る反対側の壁を収納などに利用するなど［139頁］、廊下に付加価値をもたらすアイデアは、フルに活用しよう。

突き当たりの壁に金属製の彫刻を飾り、ユニバーサルダウンライトで演出している［南青山Y邸］（左）。廊下の両側に白黒写真のアートを飾っている［南平台N邸］（右）。いずれも、アートを吊るすピクチャーレールを天井から出っ張らないように納めて、壁と天井の取合いをすっきり見せた

突き当たりの壁上部に凹凸を設けて、調度品を飾る棚を設えた。側面に抱きをつくり、バーチカルな間接照明を仕込む［小石川S邸］（左）。突き当たりの壁を鮮やかなオレンジ色の壁で仕上げ、家族のポートレートをランダムに並べた。手前のスポットライトがその存在感を引き立てる［南麻布MT邸］

139頁は代官山T邸、南麻布MT邸の写真はジーク

Direct Lighting

直 接 照 明

直接照明は、スタンドライトやペンダントライトのような〝器具のデザインに価値があるもの〟、ダウンライトやスポットライトなど〝機能に価値があるもの〟に大別される。前者では、インテリアのイメージに見合うものをピックアップしていく。後者では、器具が目立たないように、納まりを工夫する。最近では、LEDへの切り替えが進んでおり、室内の床に照明器具を埋め込むことも可能になっている。

1 トリシュナ・ジバーナ

2 デマイオ

3 イサムノグチ・AKARI

4 ケビン・ライリー

1 アームライト：Beyond L（トリシュナ・ジバーナ）［代官山T邸］ **2** シャンデリア：2400 with Shade（デマイオ）［白金高輪N邸］ **3** ペンダントライト：75A（イサムノグチ・AKARI）［ニューヨークS邸］ **4** 壁付けブラケット：TIMMEREN（ケビン・ライリー）［南麻布T邸］

5 ボッチ

6 アーテリアズ

7 フロス

8 ルミナベッラ

5ペンダントライト：28 Series 28.1（ボッチ）［南麻布T邸］ 6テーブルランプ：Navarro Lamp（アーテリアズ）［六本木N邸］ 7ペンダントライト：Compass Box（フロス）［代官山T邸］ 8ペンダントライト：Lewit pendant me（ルミナベッラ）［南青山Y邸］

9 スポットライトを天井のスリットに埋め込む

スポットライトは移動や首振りが可能で使い勝手がよいものの、ライティングダクトや器具によって天井に不自然な凹凸が生まれるという悩ましい問題がある。その場合は、天井にスリットを設けて、ライティングダクトごとスポットライトを埋め込むとよい。器具の表面と天井が面で納められる［南平台N邸］。

カラーガラスを張り付けている様子。カラーガラスは、合板の上にミラーマットをクッション材として接着剤で固定

スリット内部の様子。器具裏面からの熱抜きのため、有孔石膏ボードを採用していることが分かる

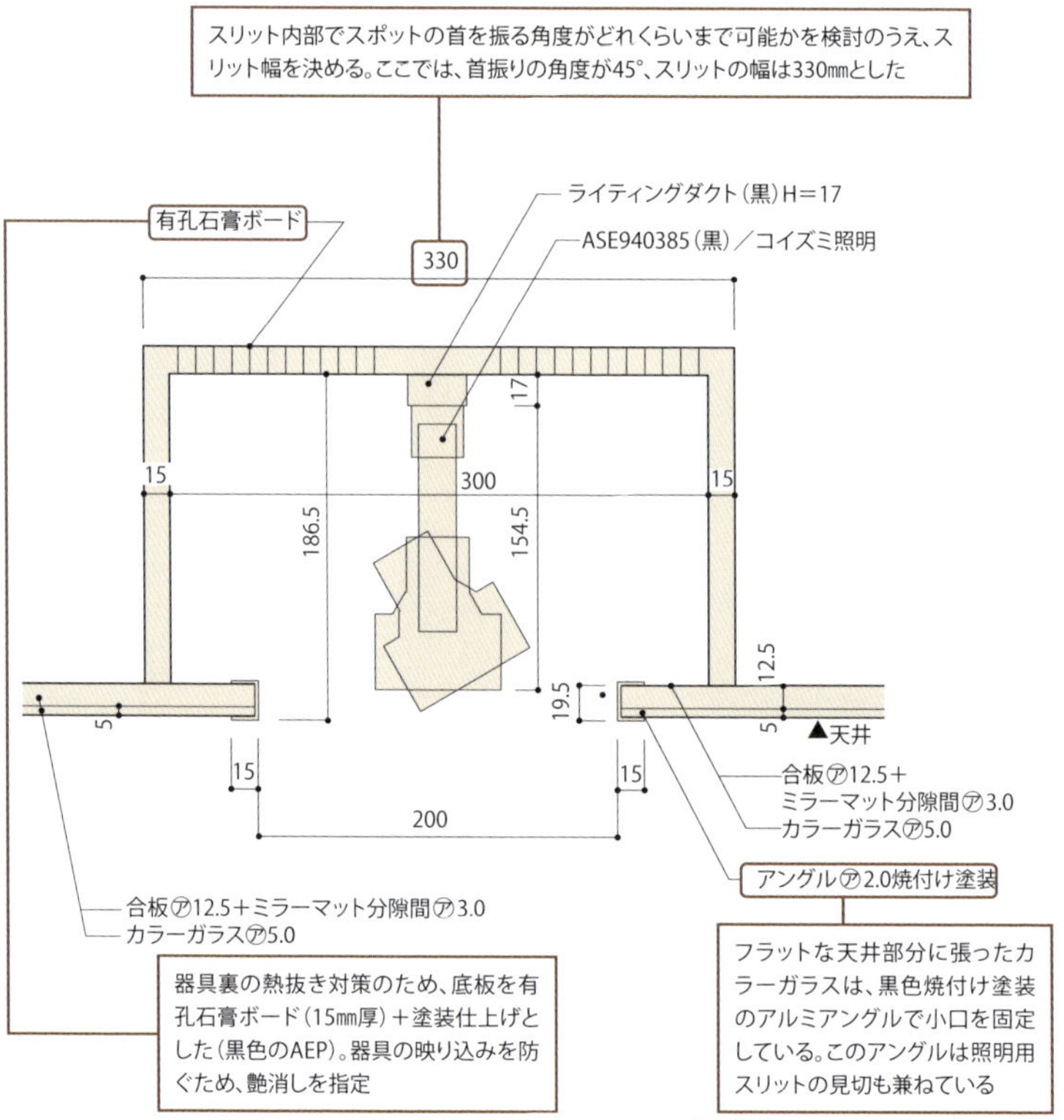

スリット内部でスポットの首を振る角度がどれくらいまで可能かを検討のうえ、スリット幅を決める。ここでは、首振りの角度が45°、スリットの幅は330mmとした
有孔石膏ボード
330
ライティングダクト（黒）H=17
ASE940385（黒）／コイズミ照明
17
15
300
15
186.5
154.5
12.5
19.5
5
5
▲天井
15
15
200
合板㋐12.5＋
ミラーマット分隙間㋐3.0
カラーガラス㋐5.0
アングル㋐2.0焼付け塗装
合板㋐12.5＋ミラーマット分隙間㋐3.0
カラーガラス㋐5.0
器具裏の熱抜き対策のため、底板を有孔石膏ボード（15mm厚）＋塗装仕上げとした（黒色のAEP）。器具の映り込みを防ぐため、艶消しを指定
フラットな天井部分に張ったカラーガラスは、黒色焼付け塗装のアルミアングルで小口を固定している。このアングルは照明用スリットの見切も兼ねている

照明ボックス詳細図［S=1：6］

10 LED照明をアッパーライトとして使う

LEDは表面から熱が発生しにくいので。室内の床に埋め込んで使うことも可能である。壁面や天井面に器具を付けたくない場合には、器具を床に埋め込むとよい。ただし、LEDの光源は、グレアレスタイプであっても直視するとまぶしいので、光の具合を見ながら上面のガラス（アクリル）にフィルムを張るのが好ましい［神戸M邸］。

天井高は2,600㎜で懐はほとんどない。TV背面の壁は天井まで立ち上げずに2,175㎜として、はしごを使って上に登れるようにしている。至近距離から光源を目にすることがないように、床埋め込みのアッパーライトとした

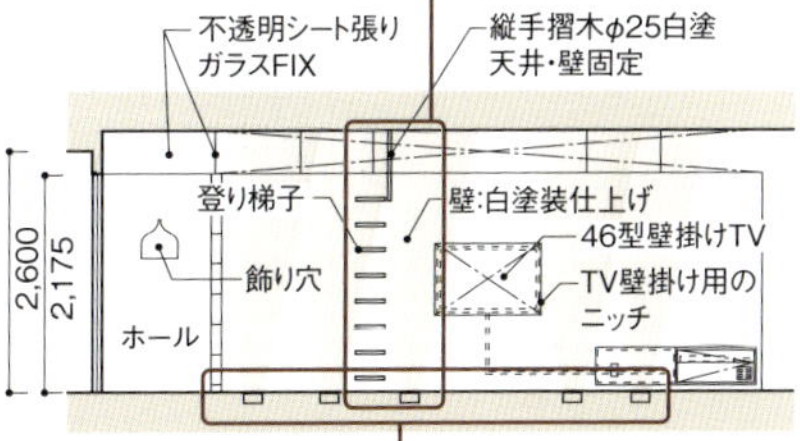

アッパーライトの配光タイプは広角で、ガラス面にまぶしさを防ぐフィルムを張り、壁にスカラップが強く出ないように配慮

展開図［S=1：150］

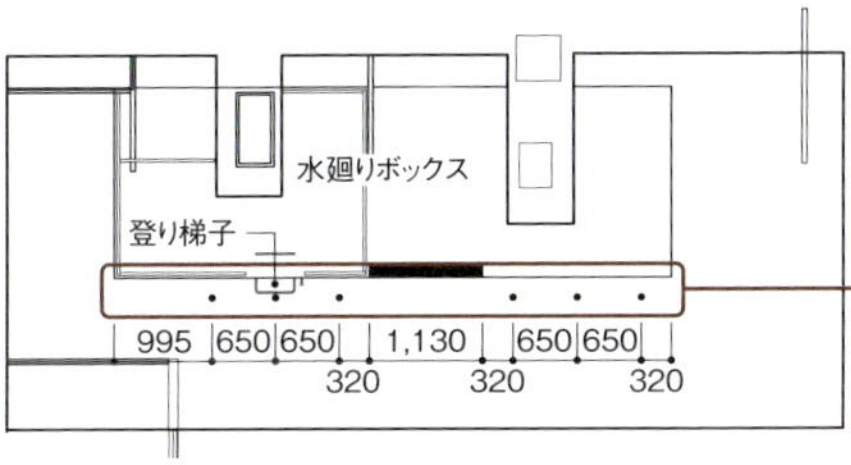

平面図［S=1：150］

アッパーライトの埋込み穴はφ80㎜。TVの真下を避けるように、650㎜ピッチで配灯した。このピッチは壁とのデザイン的なバランスとリビングのソファとの位置関係から決めている

強化ガラスはフローリングに固定される照明器具のケースで支持する納まり。フローリングとの取合いはフローリングを3㎜切り欠くことで床面とフラットに納まる。

器具の埋込み深さは115㎜で、FLから45㎜下の位置が発光面

変圧器（トランス）をどの位置に設置して、どのようにメンテナンスするかが納まりのポイント。ここでは、トランスは床下に置いて、照明器具を抜いたときに引き出せるようにしている。故障があった際は照明器具ごと交換する

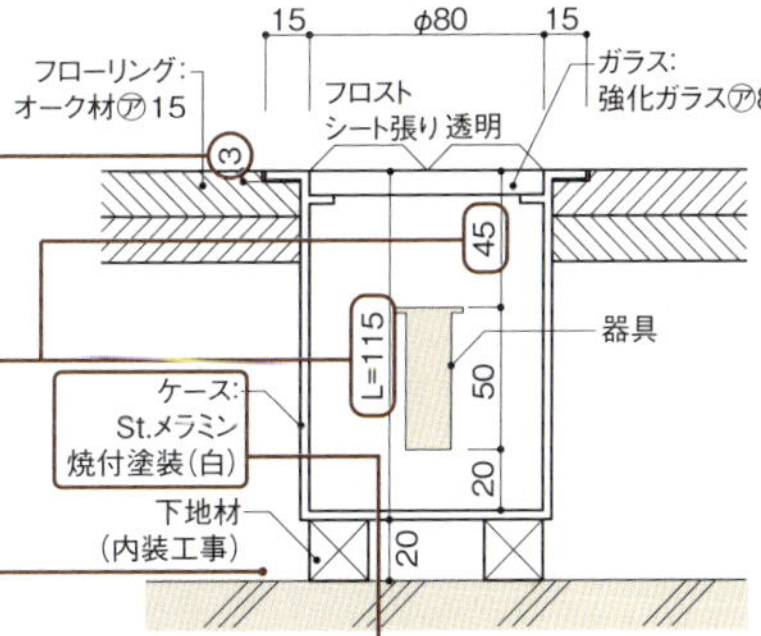

ホワイトオイル仕上げのフローリングと色を合わせるため、ケースはスチールメラミン焼付け塗装（ライトグレー）とした

床埋込み照明断面詳細図［S=1：5］

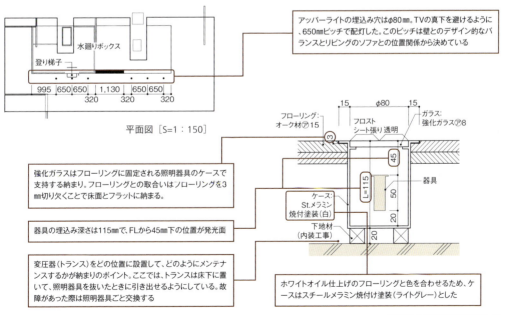

BEDROOM

寝室

寝室では、「朝ベッドで目覚めたときに、どのような〝景色〟が目に入るのか」「休日にベッドでまどろむときの〝光の様相〟」「就寝前に、ベッドで本を読んでいる時の〝周りの雰囲気〟」を想像しながら設計を行う。

結果として、床・壁・天井のやり替えだけでなく、ベッドや枕、布団、リネン、カーテンやブラインド、家具や照明、小物、壁掛けのアート・調度品まで、住まい手と相談しながら、案を考えることになる。ただし、季節や気分に応じて、簡単に雰囲気を変えられる、可変性に富むものであるのが肝要だ。

人が暮らしてゆくうえで、人生の約3分の1の時間を過ごすことになる寝室に求められる具体的な要素を示そう。まずは快適な睡眠と朝の目覚めを可能にする物理的な環境。外部からの騒音、日射、冷気をコントロールできるような2重窓や断熱フィルム、遮音・遮光カーテンはマストアイテムだ。エアコンの冷気が、体に直接当たらないよう吹出し位置と方向を調整する必要もあるだろう。目に優しい照明計画も重要である。ベッドに横たわったときに、光源が直接目に入らないように、間接照明や手元灯・足元灯を上手く使おう。スイッチはすべて手元で操作できるようにベッドサイドにまとめるのがよい。

続いては夫婦がゆったりとした時間を過ごせるインテリア。彩度を抑えた落ち着いた内装とカラーコーディネートをベースとしつつ、小物にはアクセントカラーを用い、少々の華やかさを添えてみる。素材としては、吸音性のあるカーペット（フローリングの場合はラグ）、人体に優しい珪藻土や自然素材をベースとするクロスなどはお薦めだ。

最後に収納スペース。大きなウォークイン・クロゼットは理想的ではあるものの、難しい場合は壁面にクロゼットを設える。化粧コーナーやテレビ収納、ミニ冷蔵庫などと一体化して、機能を付加するのもよいだろう。

書斎・化粧コーナー などのある 機能的な寝室

寝室を〝寝る〟のみの空間として捉える必要はない。就寝前や起床後に行う行為のための機能を加えた空間としてもよい。書斎や化粧コーナー・クロゼットを設けると、寝室で生活をある程度完結させられる。その場合、デスクや収納棚を設けることになるが、面材や枠廻りに用いる素材は同じものとして、デザインの統一感が損なわれないようにしたい。ここでは、窓際に向き合うデスクや、デスクにつながる化粧コーナー・クロゼットを一体的なハードメープルの造作家具でつくり込んでいる。

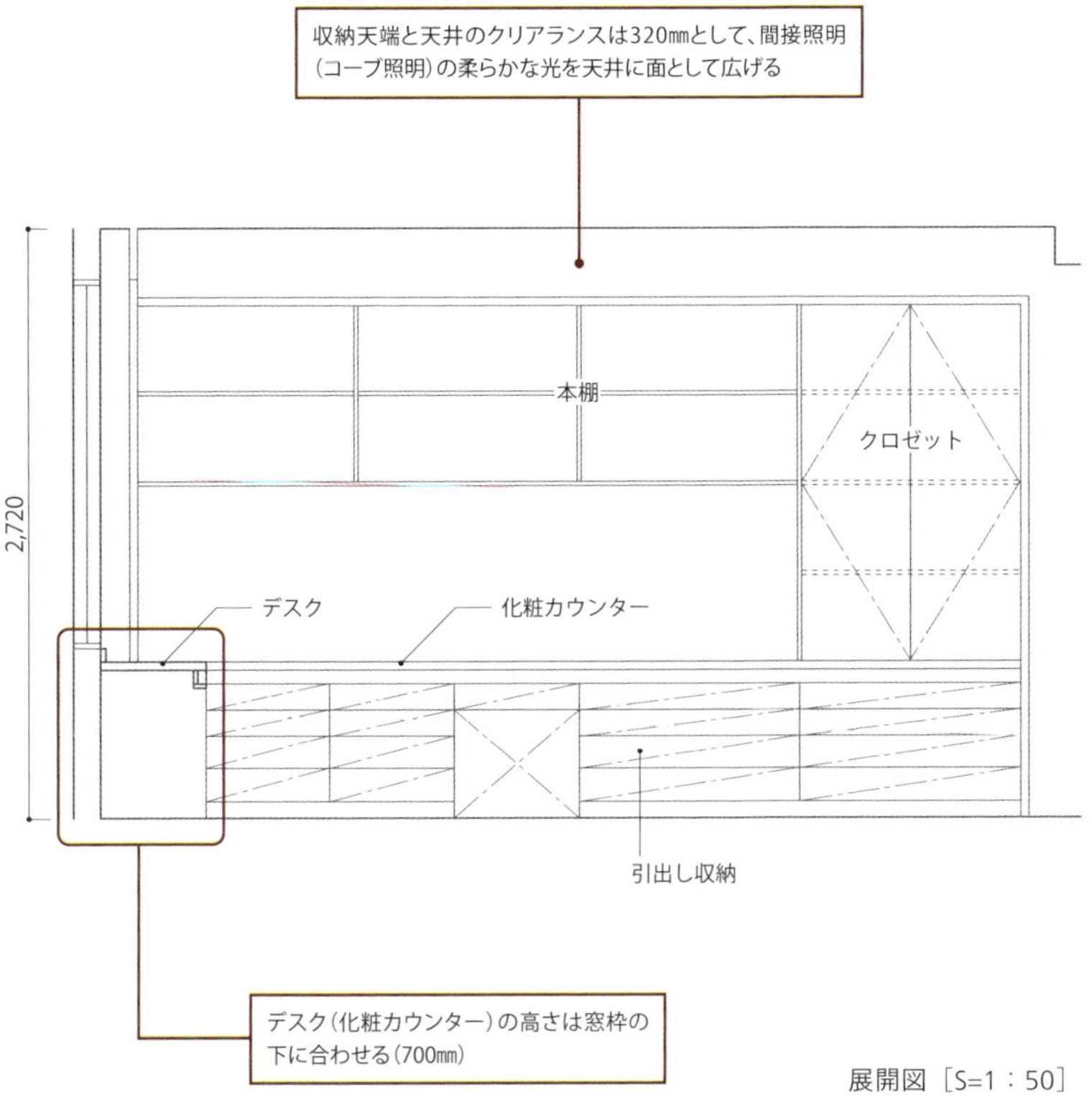
収納天端と天井のクリアランスは320㎜として、間接照明（コーブ照明）の柔らかな光を天井に面として広げる
2,720
本棚
クロゼット
デスク
化粧カウンター
引出し収納
デスク（化粧カウンター）の高さは窓枠の下に合わせる（700㎜）

展開図［S=1：50］

書棚の収納の高さは天井いっぱいとはせずに、間接照明（コーブ照明）を設け、天井面を柔らかく照らしている。ベッドの真上には、眩しさや天井面の美しさを考慮して、照明器具を取り付けていない

MATERIAL／ニューヨークS邸（施工：ブルーストーン）

壁：AEP　天井：AEP　床：ウールカーペットおよび無垢フローリング／ナラ　造作家具：ハードメープルOSCL　枕元照明（施主支給）

小窓を介して
リビングとつながる
寝室

開放廊下型マンションの寝室は小さくて、薄暗い空間になりがちだ。廊下側からの明かりや開放感が期待できないケースでは、室内側に窓を設けてほかの部屋とのつながりを設けるとよい。窓のサイズはあまり大きくする必要はないので、腰窓くらいで十分だ。腰窓は引戸で、開閉具合を自由に調整できるのがよい。ここでは、寝室と隣り合うリビングとの間に引戸による小窓を設置。それによって生じた腰壁にウォルナットの突き板を張回して、白を基調とする寝室の重心を下げて、空間に落ち着きをもたらしている。

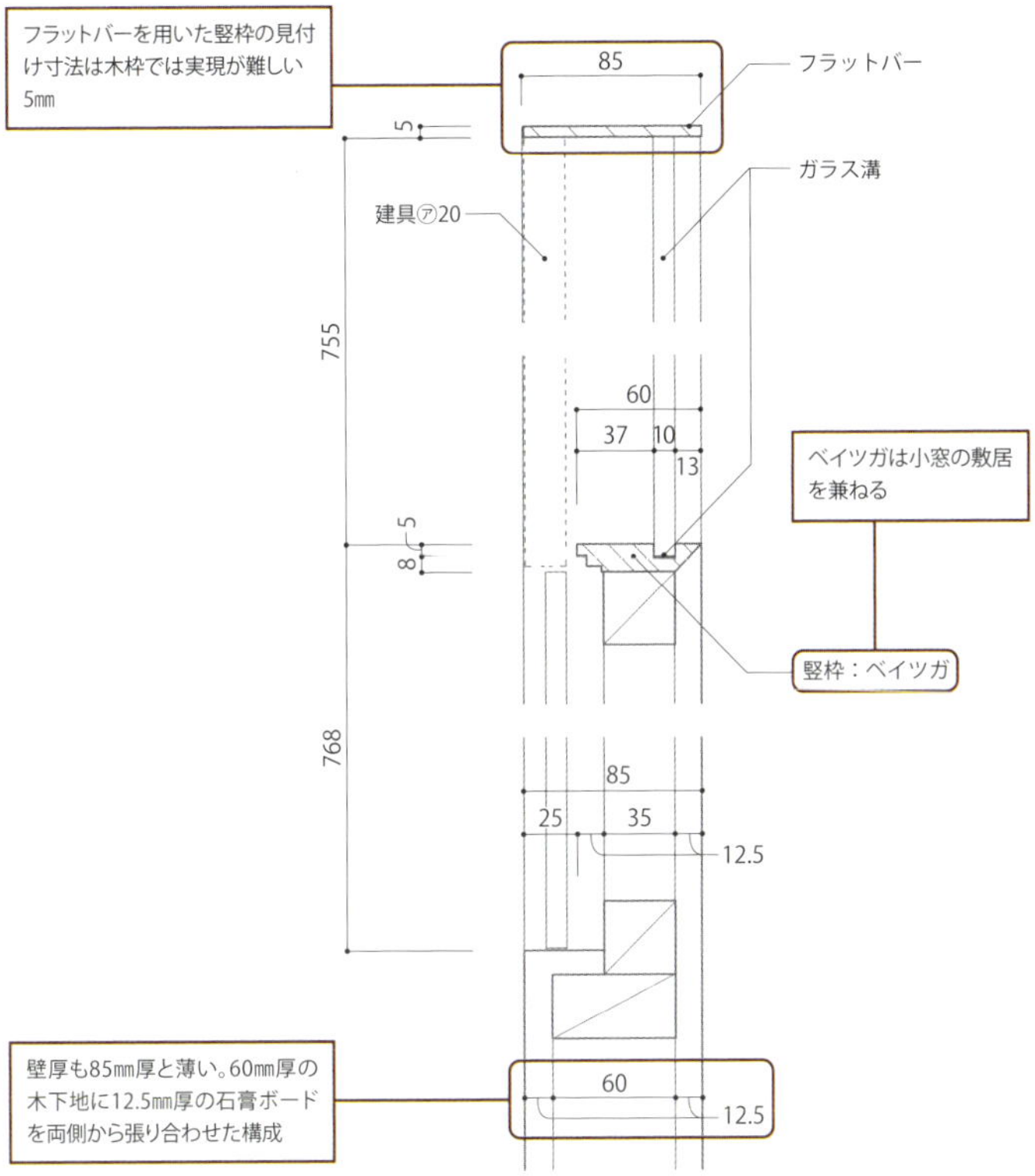
フラットバーを用いた竪枠の見付け寸法は木枠では実現が難しい5mm
85
フラットバー
5
ガラス溝
建具㋐20
755
60
37
10
13
ベイツガは小窓の敷居を兼ねる
5
8
竪枠：ベイツガ
768
85
25
35
12.5
壁厚も85mm厚と薄い。60mm厚の木下地に12.5mm厚の石膏ボードを両側から張り合わせた構成
60
12.5

引戸平面詳細図［S=1：5］

寝室から水廻りボックスを見る。フラットバーを用いた建具の枠廻りは非常に細く、空間全体はすっきり見える

MATERIAL／神戸M邸（施工：越智工務店）

壁：AEP　腰壁：ウォルナット突き板　床：複合フローリング／スカンジナビアンフローリング ワイドプランクOAEWS（スカンジナビアンリビング）天井：AEP　扉：塗装・特注引手　ベッド：オーダー／ウォルナット色（日本ベッド製造）　リネン：Line（スイートインスタイル）　スロー：ANN GISH（ニーマン・マーカス）　サイドテーブル：LITS（アルフレックス）　ランプ：Josephine table（ルミナベッラ）　アート：DRY RHYTHM（日出真司）

インテリアと一体の据付け型ヘッドボードで寝室の印象を変える

仕上げ材のやり替えは大掛かりな工事を伴う一方、大型の据付け家具をうまく利用すれば、比較的簡単に空間の印象を一変させられる。家具は取り外しや移動がしやすいので、模様替えなどにも対応できる。ここでは、壁・天井の仕上げを変更することなく、ベッドの据付け型ヘッドボードを利用して、シックな寝室の設えを試みた。ウォルナットと人工レザー緞子張りの横に引出しの机を設けるスタイルのパネルをベッド頭部分の背面壁に固定。ブラックのフローリングとともに、空間にアクセントを与えている。

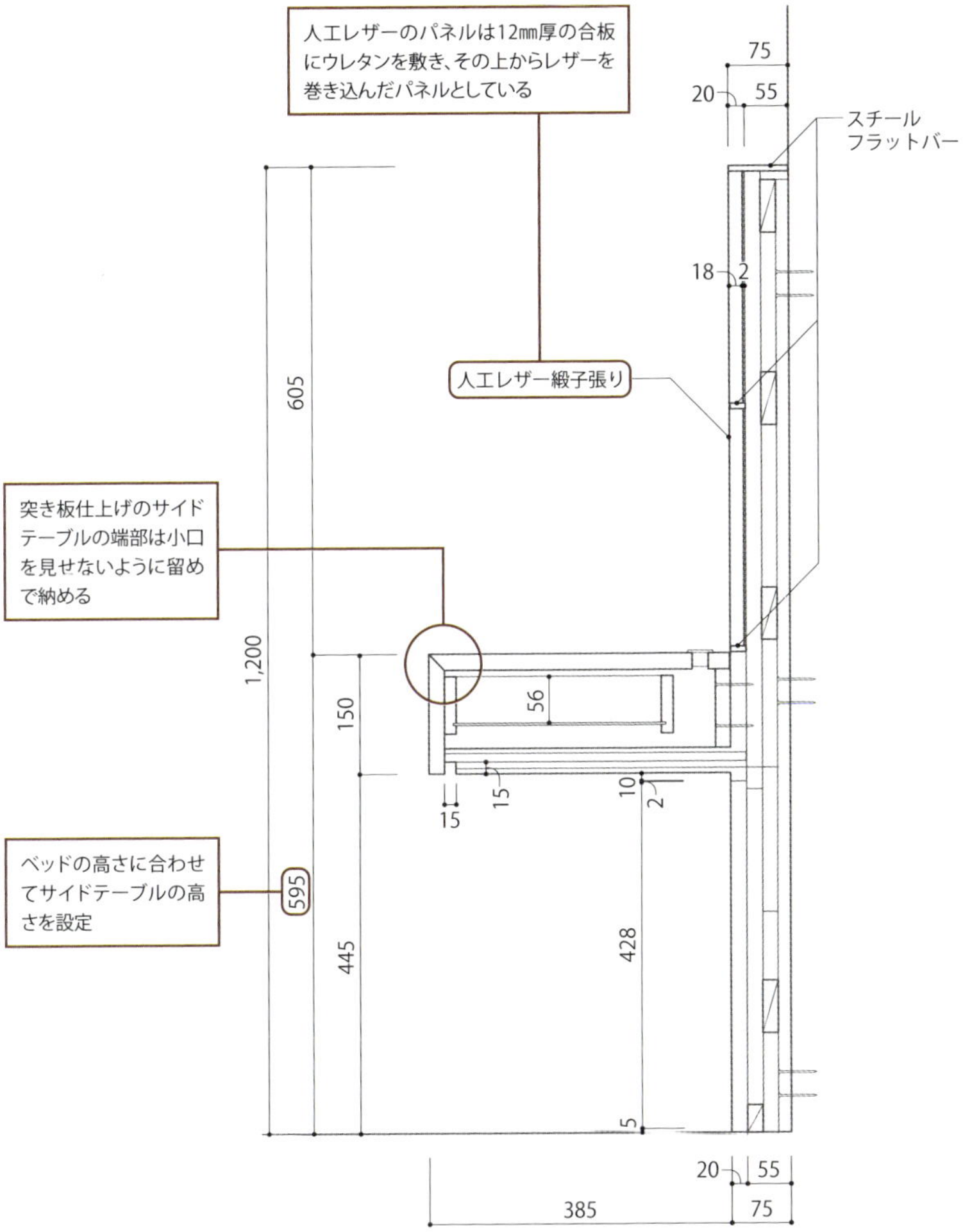
人工レザーのパネルは12㎜厚の合板にウレタンを敷き、その上からレザーを巻き込んだパネルとしている
75
20
55
スチールフラットバー
18
2
人工レザー緞子張り
605
突き板仕上げのサイドテーブルの端部は小口を見せないように留めで納める
1,200
150
56
15
15
10
2
ベッドの高さに合わせてサイドテーブルの高さを設定
595
445
428
5
20
55
385
75

サイドボード断面詳細図［S=1：12］

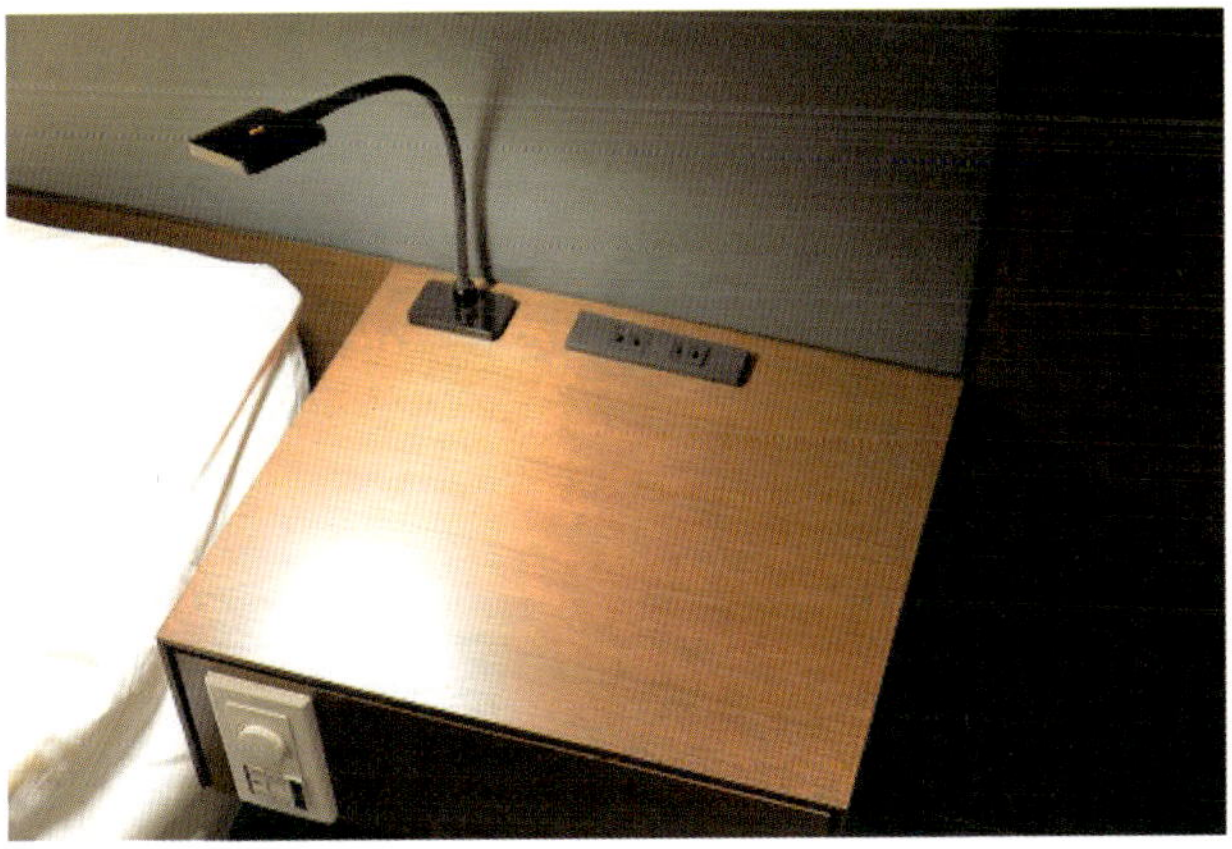

コンセントや読書灯、ダウンライトの調光器が取り付けられたシンプルなサイドテーブル。調光器は、ベッドの真上に取り付けたLEDダウンライトの眩しさを調整するためのもの

MATERIAL ／六本木 N 邸（施工：リフォームキュー＋インテリアコーディネート：メイズ）

壁：クロス　床：複合フローリング／複合フローリング40シリーズ サーモオーク40クリアブラッシュド（IOC）　天井：AEP　ベッド（シモンズ）　ベッドヘッドボード：ウォルナット突き板・レザー　オーダー家具（ヤマシタ・プランニング・オフィス）　ヘッドボード照明：Mini Kelvin LED（フロス）　リネン：MARINA RIGA LARGA（フルー）　クッション：ARMANI／CASA（マナトレーディング）　カーテンドレープ（フジエテキスタイル）シャープシェード：インハウス（五洋インテックス）　ラグ：DIVA（ナショナル物産）　ヘッドボードパネル（ヤマシタ・プランニング・オフィス）

クロゼット越しに水廻りの見える寝室

プライベート空間の生活動線を合理的な視点で考えるのであれば、寝室とクロゼット、水廻りの位置関係は、近いものとするのがよい。ここでは、寝室とクロゼット、水廻りを一直線上に配した。寝室とクロゼットの間にある2枚の引込み戸を開けたときに、奥のガラス間仕切りで仕切られた水廻りまで見透せる開放的な寝室の設えとしている。引込み戸を開けたときでも、閉じたときでもデザインに統一感が生まれるように、壁面のラインをがたつきがないように整えたほか、仕上げ材の素材感を同系のものでまとめている。

After

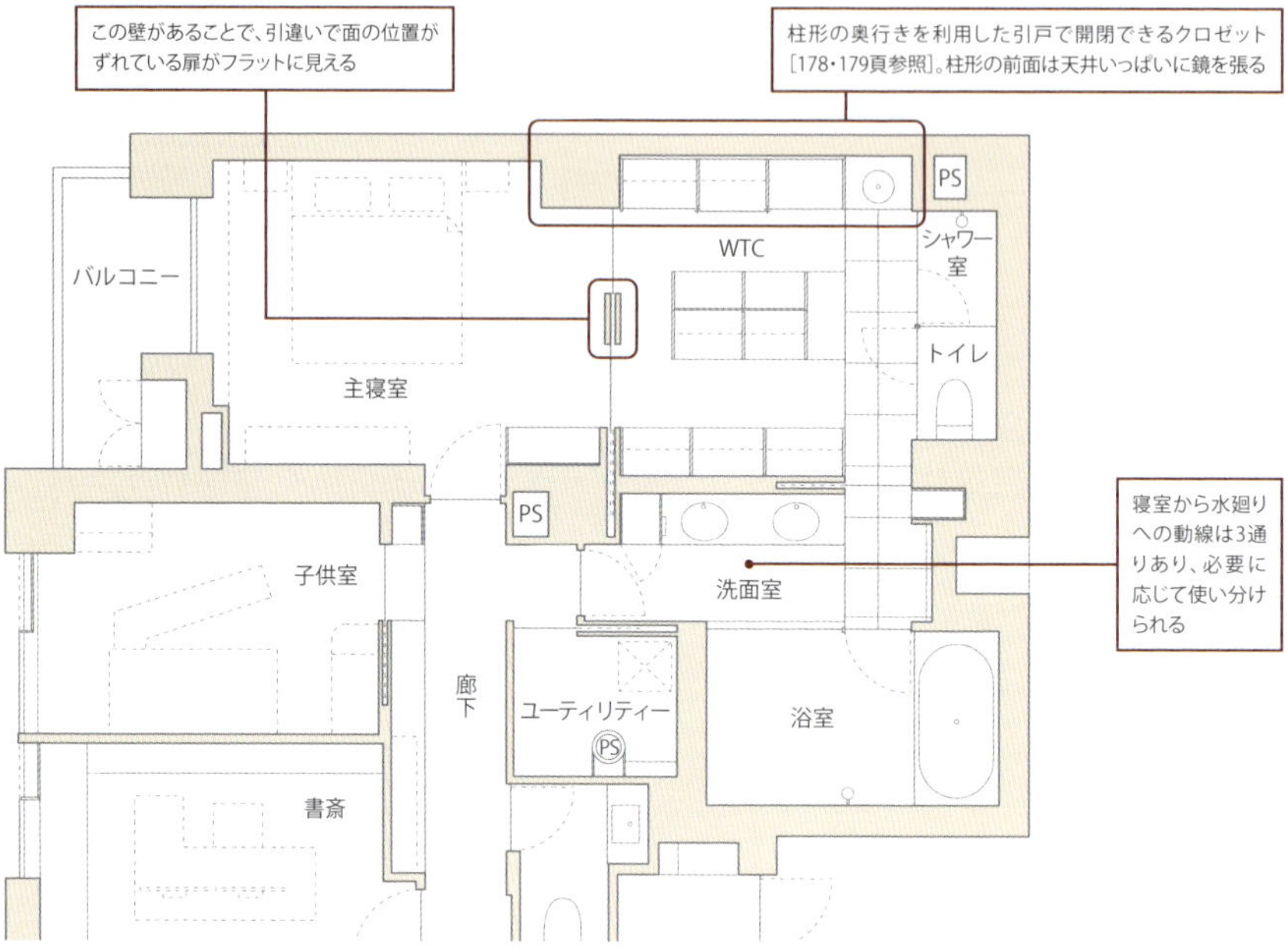

この壁があることで、引違いで面の位置がずれている扉がフラットに見える
柱形の奥行きを利用した引戸で開閉できるクロゼット［178・179頁参照］。柱形の前面は天井いっぱいに鏡を張る
PS
WTC
シャワー室
バルコニー
トイレ
主寝室
PS
寝室から水廻りへの動線は3通りあり、必要に応じて使い分けられる
子供室
洗面室
廊下
ユーティリティー
PS
浴室
書斎

平面図

寝室の見返し。開口部越しの緑や壁面収納の間接照明がアクセントとして効いている

MATERIAL／南麻布T邸（施工：青＋造作家具：現代製作所）

壁：AEPおよびクロスパネルおよび鏡　床［寝室］：複合フローリング／スカンジナビアンフローリング ワイドプランクOAEWS（スカンジナビアンリビング）　床［ドレッシングルーム］：磁器質タイル／マイルストーン（ABC商会）　天井：AEP　ベッド：Olivier（フルー）　リネン：Namib（フルー）　ペンダントライト：9051 SO（デマイオ）　カーテンドレープ／MANAS（マナトレーディング）　シャープシェード：Time（マナトレーディング）　飾り棚：オークホワイトオイル　扉：カラーガラス

柱・梁で生まれる下がり天井をフレームでまとめる

ＲＣラーメン造のマンションでは、柱や梁、ダクトによって空間に凹凸が出やすい。その場合は、その凹凸を積極的に利用してフレームをつくり、インテリアのアクセントとして生かすとよい。ここでは、梁形と柱形を利用して、木質系のフレームを門型に設えつつ、壁をクロスパネル張りで仕上げ、その壁面がアクセントとして効くようにした。壁面にはテレビを掛けているが、ＤＶＤなどの周辺機器は奥のクロゼット側に寄せてつくった造作収納に格納しているので、余計なものが目に付かない。フレームの厚さはガラス扉の奥に見えるウォークスルークロゼット［174・175頁］と奥行きをそろえた。

寝室の見返し。腰壁をウォルナットで仕上げて空間の重心を下げつつ、腰壁と一体のサイドテーブルを設けて、機能性を確保した

After

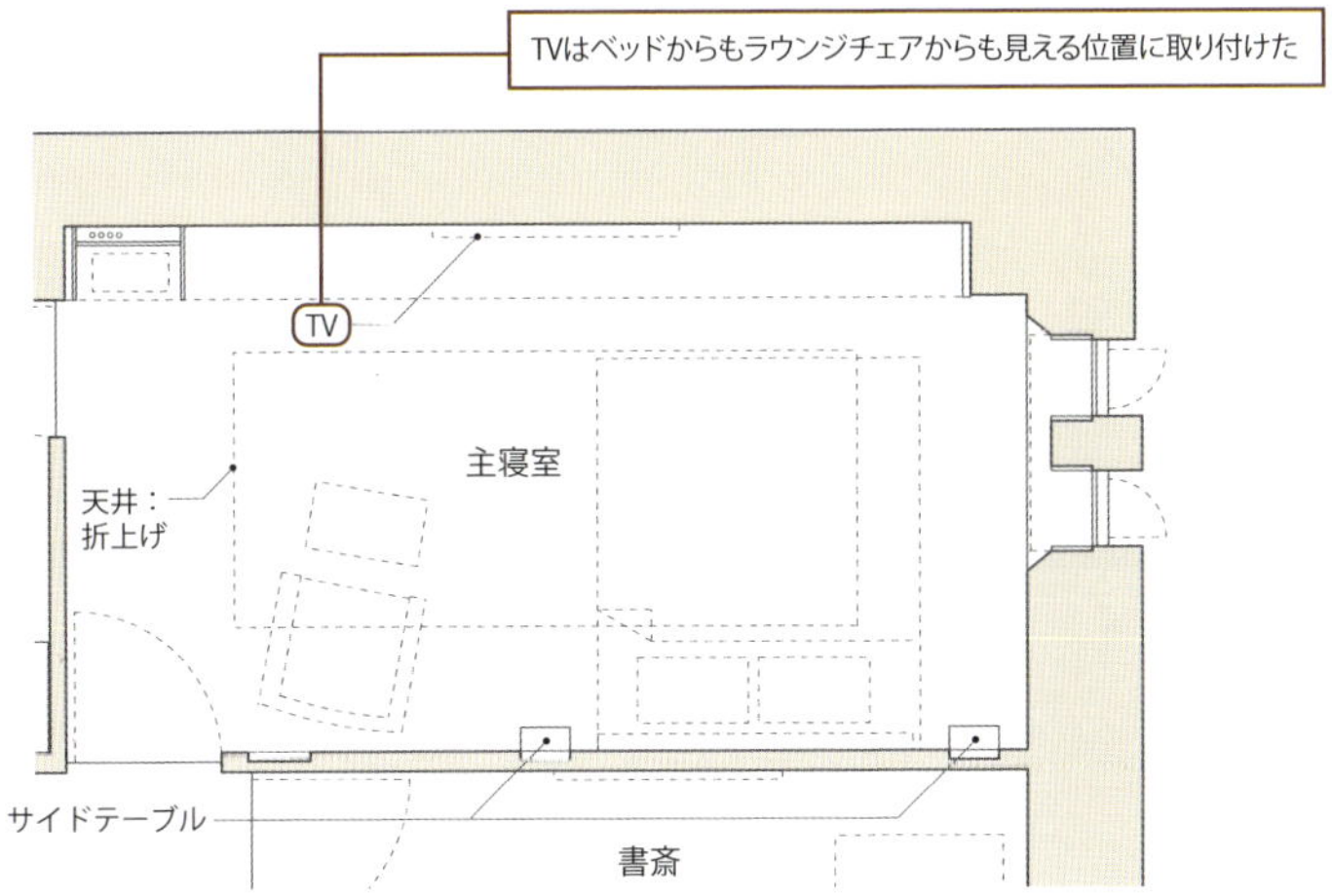

TVはベッドからもラウンジチェアからも見える位置に取り付けた
TV
主寝室
天井：折上げ
サイドテーブル
書斎

平面図

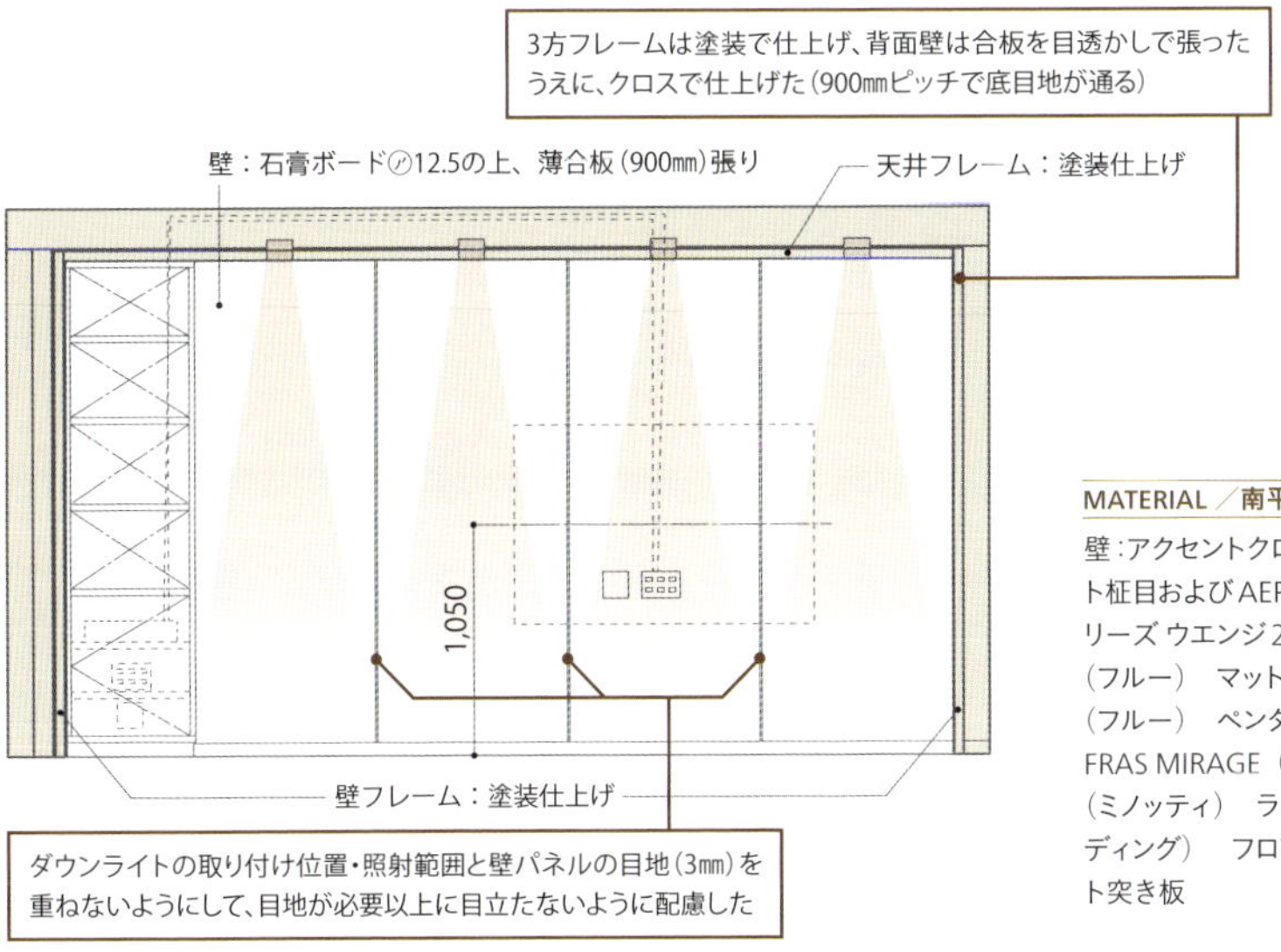

3方フレームは塗装で仕上げ、背面壁は合板を目透かしで張ったうえに、クロスで仕上げた（900㎜ピッチで底目地が通る）
壁：石膏ボード⑦12.5の上、薄合板（900㎜）張り
天井フレーム：塗装仕上げ
1,050
壁フレーム：塗装仕上げ
ダウンライトの取り付け位置・照射範囲と壁パネルの目地（3㎜）を重ねないようにして、目地が必要以上に目立たないように配慮した

断面詳細図［S=1：60］

MATERIAL ／南平台 N 邸（施工：リフォームキュー）

壁：アクセントクロス／LV-5368（リリカラ）および突き板／ウォルナット柾目およびAEP　床：複合フローリング／複合フローリング 20シリーズ ウエンジ20クリアオイル（IOC）　天井：AEP　ベッド：Alicudi（フルー）　マットレス：カスタムロイヤル　（シモンズ）リネン：Tailor（フルー）　ペンダントライト：Beluga steel（ルミナベッラ）　アート：FRAS MIRAGE（カッシーナ・イクスシー）　ラウンジチェア：JENSEN（ミノッティ）　ラグ：LIMMITED・EDITION MUSTANG（マナトレーディング）　フロアランプ：施主支給　飾り棚・造作家具：ウォルナット突き板

逆梁を利用した収納棚・飾り棚のある機能的な寝室

最近のマンションでは、天井をフラットに仕上げるために、逆梁工法を採用している建物が少なくない。逆梁の真上部分がデッドスペースになっている場合がある。このデットスペースの奥行きや高さを利用すれば、壁面収納や書斎コーナーを設えられる。ここでは、壁面いっぱいの収納とデスクスペースを設けている。ベッド真上の収納には耐震ラッチ付きの扉を付けて、地震などで収納物が飛び出てこないように配慮している。ベッドの両サイドには、照明スイッチと小物置きを兼ねたニッチを設けて、利便性を高めた。

寝室の見返し。壁面にはテレビを埋め込んでいるが、「グラスルーチェ」と呼ばれるミラーガラスを用いて、テレビの存在感を消去している。ブルーレイなどのAV機器は写真右に見えるニッチ収納に納めている

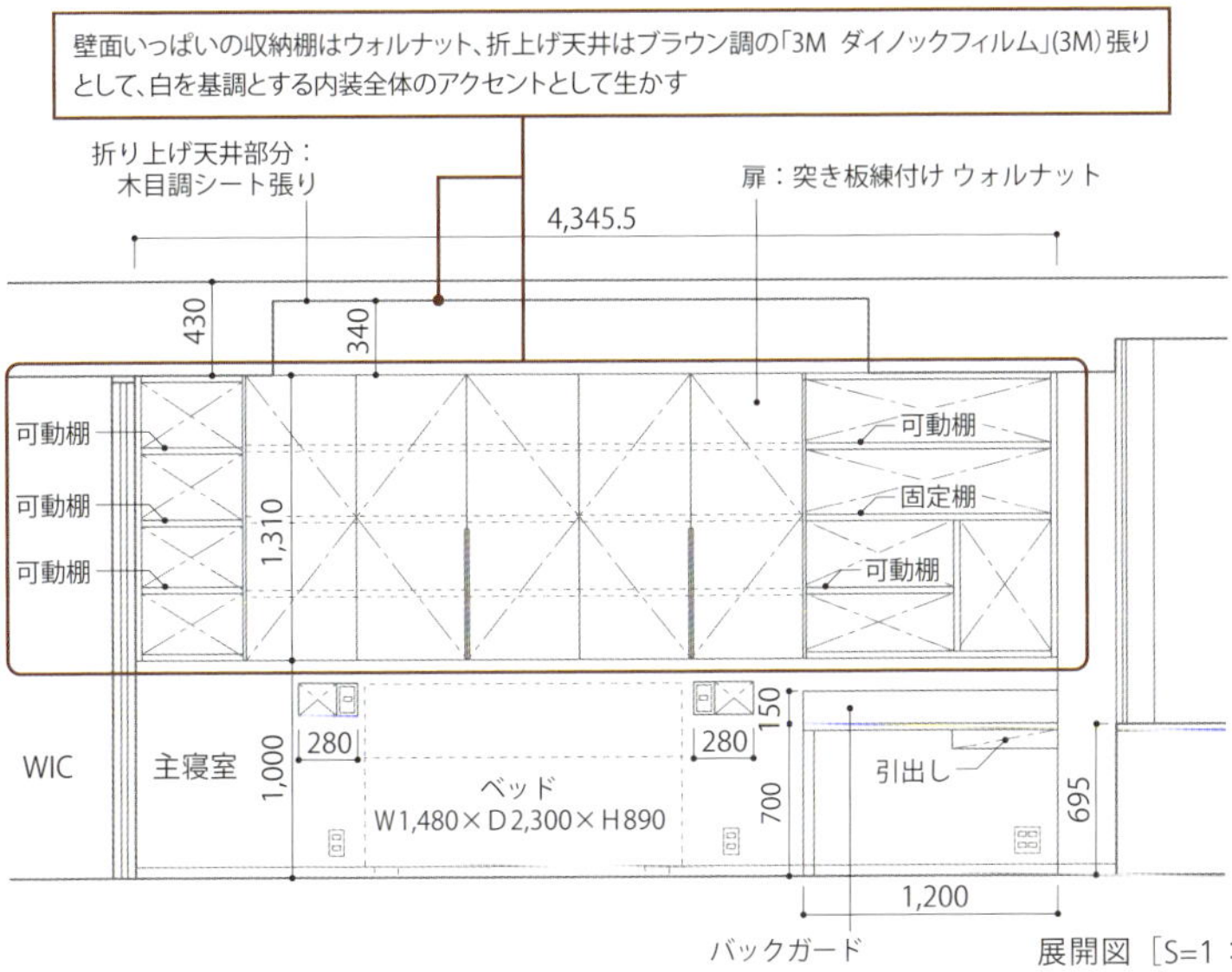

展開図［S=1：60］

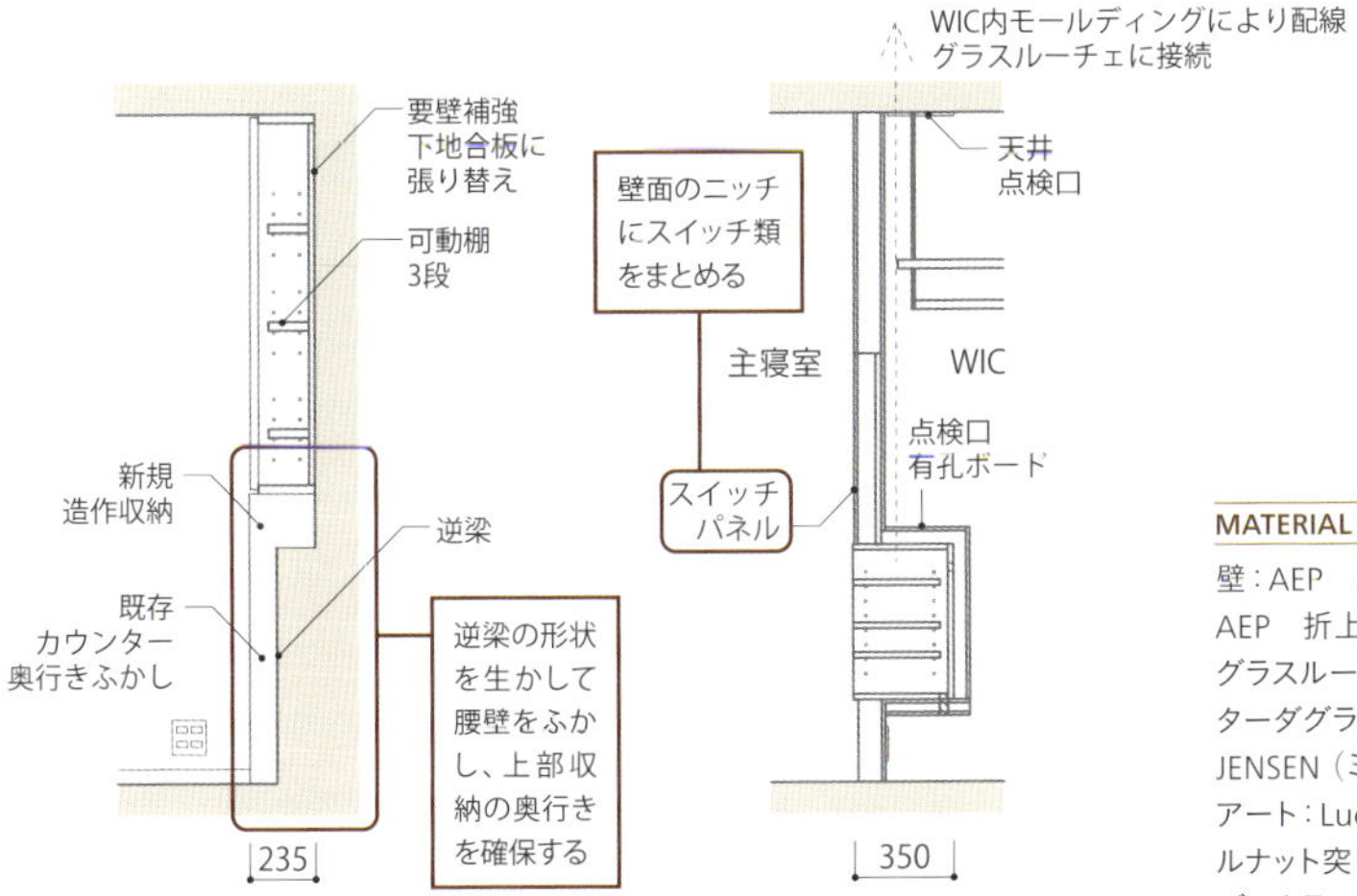

断面詳細図［S=1：50］

MATERIAL／代官山T邸（施工：リフォームキュー）

壁：AEP　床：カーペット／HDC-809-03（堀田カーペット）　天井：AEP　折上げ天井：3Mダイノック フィルム（3M）　ミラーガラス：グラスルーチェ（ハナムラ）　ブラインド：シルエットシェード（ハンターダグラス）ベッド：施主支給（アルフレックス）　ラウンジチェア：JENSEN（ミノッティ）　コーヒーテーブル：WARREN（ミノッティ）　アート：Luca Di Filippo（サブジェクトマター）　本棚・デスク：ウォルナット突き板　デスクチェア：アーロンチェア（ハーマンミラー）　デスクランプ：KELVIN LED（フロス）

Indirect Lighting

間接照明

間接照明には、照明器具の存在を消しながら、柔らかな光で空間を演出できるというメリットがあり、多くの建築家に好まれる手法である。LEDの普及によって、その選択肢は格段に増えている。器具が小さくて、消費電力が少ないため、さまざまな個所に間接照明を仕込みやすい。テープ状のものは加工もしやすい。天井はもちろん、床や上がり框、造作家具などはLEDの間接照明にとって最適の場所である。

1 天井と床に間接照明を仕込む

折上げ天井の段差を生かして間接照明（コーブ照明）を仕込み、天井に広がりを感じさせる一方、大理石仕上げの壁面を床に埋め込んだ間接照明でライトアップ。床面からのライトアップは空間に浮遊感をもたらし、ギャラリーのようなお洒落な雰囲気を醸し出す［六本木N邸］。

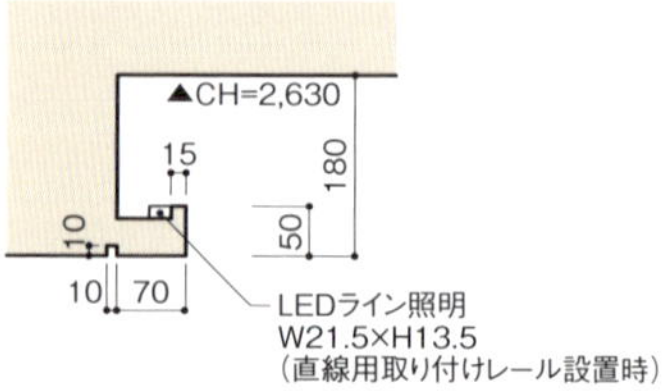

▲CH=2,630
15
180
50
10
10
70
LEDライン照明
W21.5×H13.5
(直線用取り付けレール設置時)

折上げ天井間接照明の標準ディテール。幕板の厚さは50㎜。天井面とのクリアランスは130㎜

廊下折上げ天井詳細図［S=1:15］

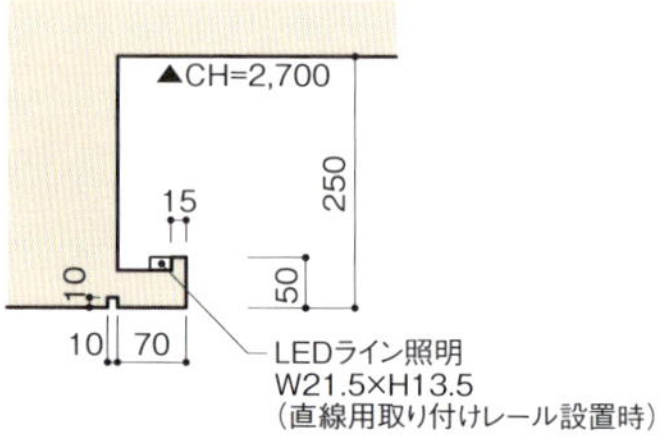

▲CH=2,700
15
250
50
10
10
70
LEDライン照明
W21.5×H13.5
(直線用取り付けレール設置時)

本棚の上に抜け感をもたせるため、天井面とのクリアランスは200㎜

ライブラリー折上げ天井詳細図［S=1:15］

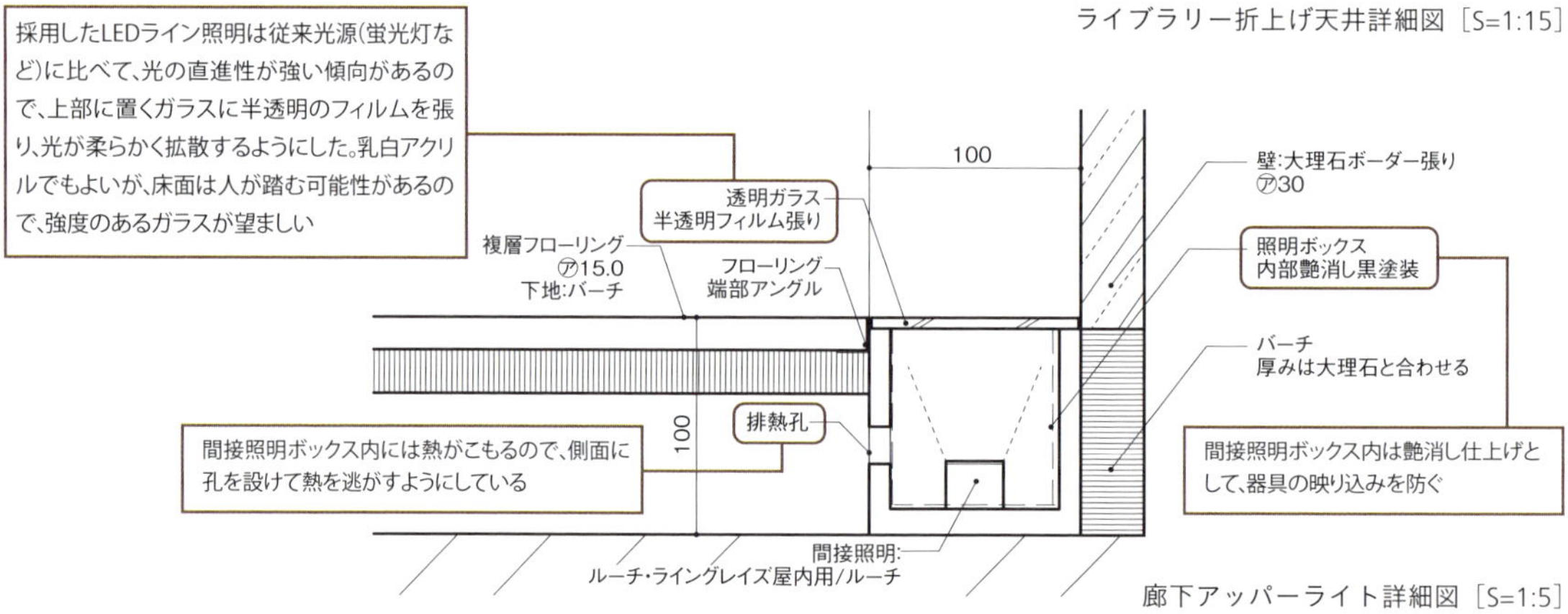

採用したLEDライン照明は従来光源(蛍光灯など)に比べて、光の直進性が強い傾向があるので、上部に置くガラスに半透明のフィルムを張り、光が柔らかく拡散するようにした。乳白アクリルでもよいが、床面は人が踏む可能性があるので、強度のあるガラスが望ましい
100
透明ガラス
半透明フィルム張り
壁:大理石ボーダー張り
㋐30
複層フローリング
㋐15.0
下地:バーチ
フローリング
端部アングル
照明ボックス
内部艶消し黒塗装
バーチ
厚みは大理石と合わせる
排熱孔
100
間接照明ボックス内には熱がこもるので、側面に孔を設けて熱を逃がすようにしている
間接照明ボックス内は艶消し仕上げとして、器具の映り込みを防ぐ
間接照明:
ルーチ・ラインググレイズ屋内用/ルーチ

廊下アッパーライト詳細図［S=1:5］

2 造作家具と上がり框に間接照明を仕込む

鏡張りの吊り戸棚収納の上下、床の段差で生じた上がり框の裏側に間接照明を仕込んだ例。前者では、顔の正面に強い光が当たらず、まぶしさを感じさせない。後者では、床の一部が明るくなることで浮遊感が生まれる。LEDであれば常夜灯してもよく、安全性も確保できる［南麻布T邸］。

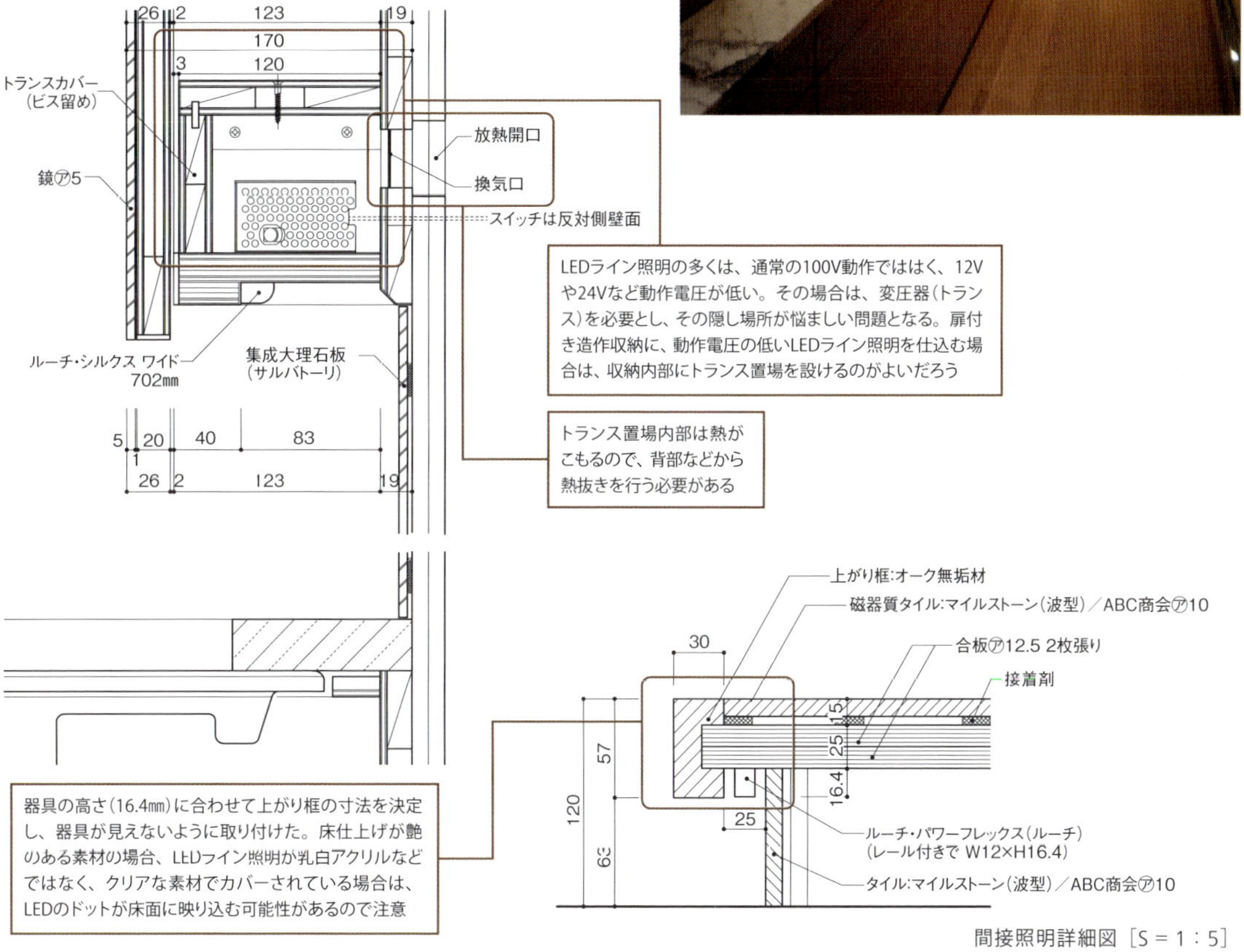

26 2 123 19
170
3 120
トランスカバー（ビス留め）
鏡㋐5
放熱開口
換気口
スイッチは反対側壁面
ルーチ・シルクス ワイド 702㎜
集成大理石板（サルバトーリ）
5 20 40 83
1
26 2 123 19
LEDライン照明の多くは、通常の100V動作でははく、12Vや24Vなど動作電圧が低い。その場合は、変圧器（トランス）を必要とし、その隠し場所が悩ましい問題となる。扉付き造作収納に、動作電圧の低いLEDライン照明を仕込む場合は、収納内部にトランス置場を設けるのがよいだろう
トランス置場内部は熱がこもるので、背部などから熱抜きを行う必要がある
上がり框:オーク無垢材
磁器質タイル:マイルストーン（波型）／ABC商会㋐10
30
合板㋐12.5 2枚張り
接着剤
15
25
57
16.4
120
25
63
ルーチ・パワーフレックス（ルーチ）（レール付きで W12×H16.4）
タイル:マイルストーン（波型）／ABC商会㋐10
器具の高さ（16.4㎜）に合わせて上がり框の寸法を決定し、器具が見えないように取り付けた。床仕上げが艶のある素材の場合、LEDライン照明が乳白アクリルなどではなく、クリアな素材でカバーされている場合は、LEDのドットが床面に映り込む可能性があるので注意

間接照明詳細図［S＝1：5］

VARIOUS ROOM

諸 室

この章では、書斎・子供室・クロゼットなどについて解説を行う。まずは書斎。最も私的な空間であるがゆえに、要望の優先順位としては低い。リビング・ダイニングや寝室、廊下の一角に小さな机コーナーを設けるのみというケースは少なくない。余裕があれば、夫婦が一緒に使える大きめの書斎が選択肢として挙がる。専用ではないが、好みの椅子とPCを別々に用意すれば、落ち着いた大人の空間を確保できる。家族全員で使える家庭ライブラリーも選択肢の1つ。家族の1人ひとりが使用する時間帯は異なることが多く、使い勝手は意外とよい。

子供室では、自我の形成と家族とのつながりの兼ね合いから、なるべく完全独立型の個室は避けて、何らかの活動を個室以外でできるような工夫を行うことが多い。居室の外に子供用のプレイコーナーを設ける、読書や勉強のスペースとして家族共用の家庭ライブラリー設ける、などである。子供服の収納は廊下を挟んだ反対側に兄弟共有のクロゼットを設け、子どもの生活に必要な要素を分解し、住戸内に分散させることもありうる。

最後にクロゼット。壁面収納のクロゼットは、1間分の幅で服を収納できるのであれば使いやすい。ただし、服の量が多い場合は、一目で服を見つけられるウォークイン・クロゼットが重宝する。ただし、分譲マンションでよく見かける一畳程度のウォークイン・クロゼットは、衣類の着脱ができないほど小さく、コーナーにデッドスペースが生じやすい。通常のクロゼットのほうが単位面積当たりの洋服収納数も多く、使い勝手はよくなる場合もある。服の量が多く、空間が大きいのであれば、欧米でよく見かけるウォークスルー・クロゼットも選択肢として挙がる。水廻りと寝室の間にクロゼットを設けるという間取りで、非常に合理的である。

リビング・ダイニングの間に書斎コーナーを設ける

リビングとダイニングには、それぞれ、家具のレイアウトに適した形状がある。整形に近いと家具のレイアウトは容易だが、変形の場合は、余計なスペースが生まれかねない。その場合は、余剰なスペースを書斎や収納など、ほかの用途に使うのがよいだろう。ここでは、飾り棚とデスクのある書斎コーナーを設けて、リビングとダイニングが間延びしないように配慮した。リビングとダイニングの中間にあるので、さまざまなコミュニケーションのかたちが生まれる。

After

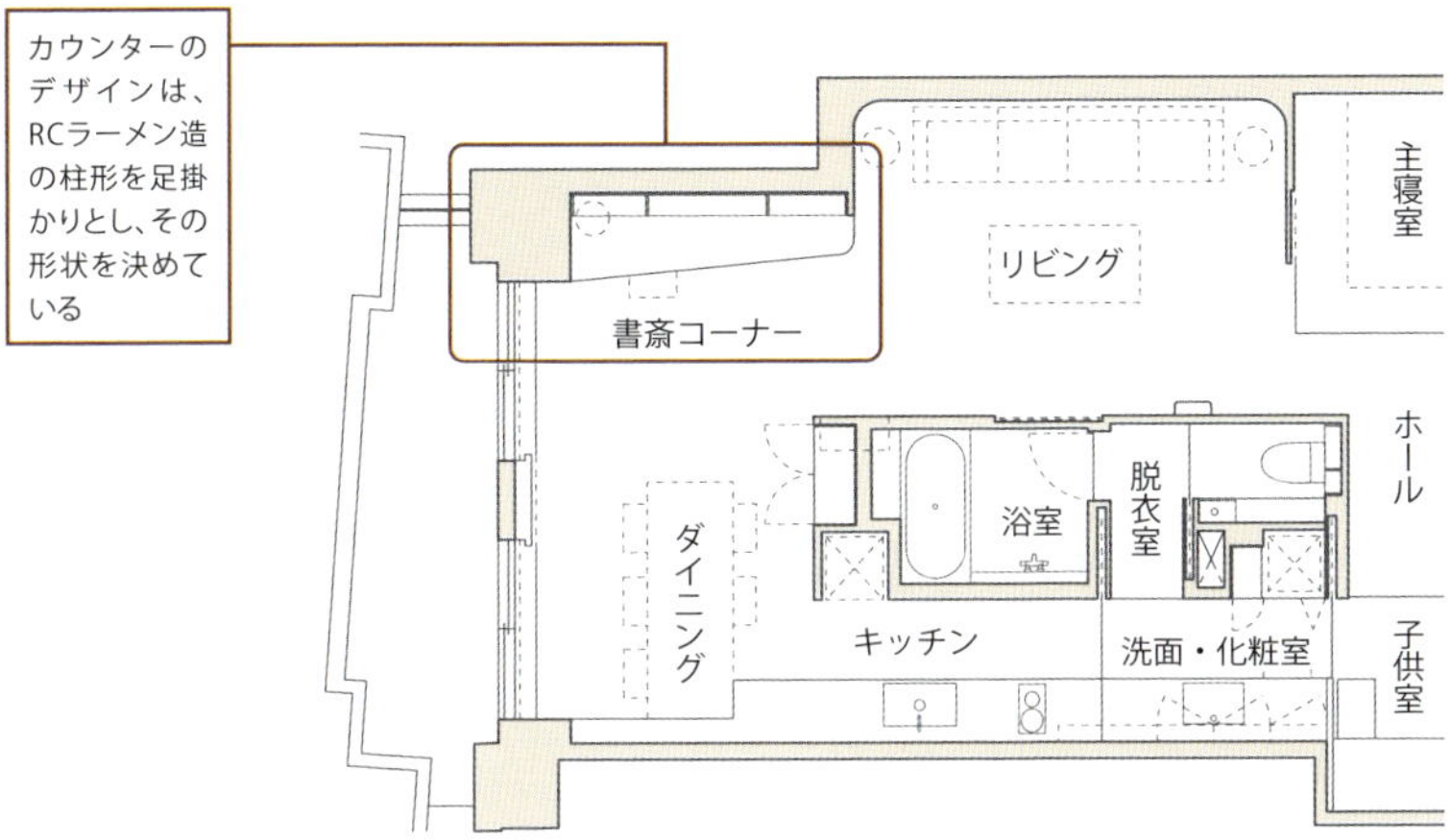

カウンターのデザインは、RCラーメン造の柱形を足掛かりとし、その形状を決めている
書斎コーナー
リビング
主寝室
ホール
浴室
脱衣室
ダイニング
キッチン
洗面・化粧室
子供室

平面図

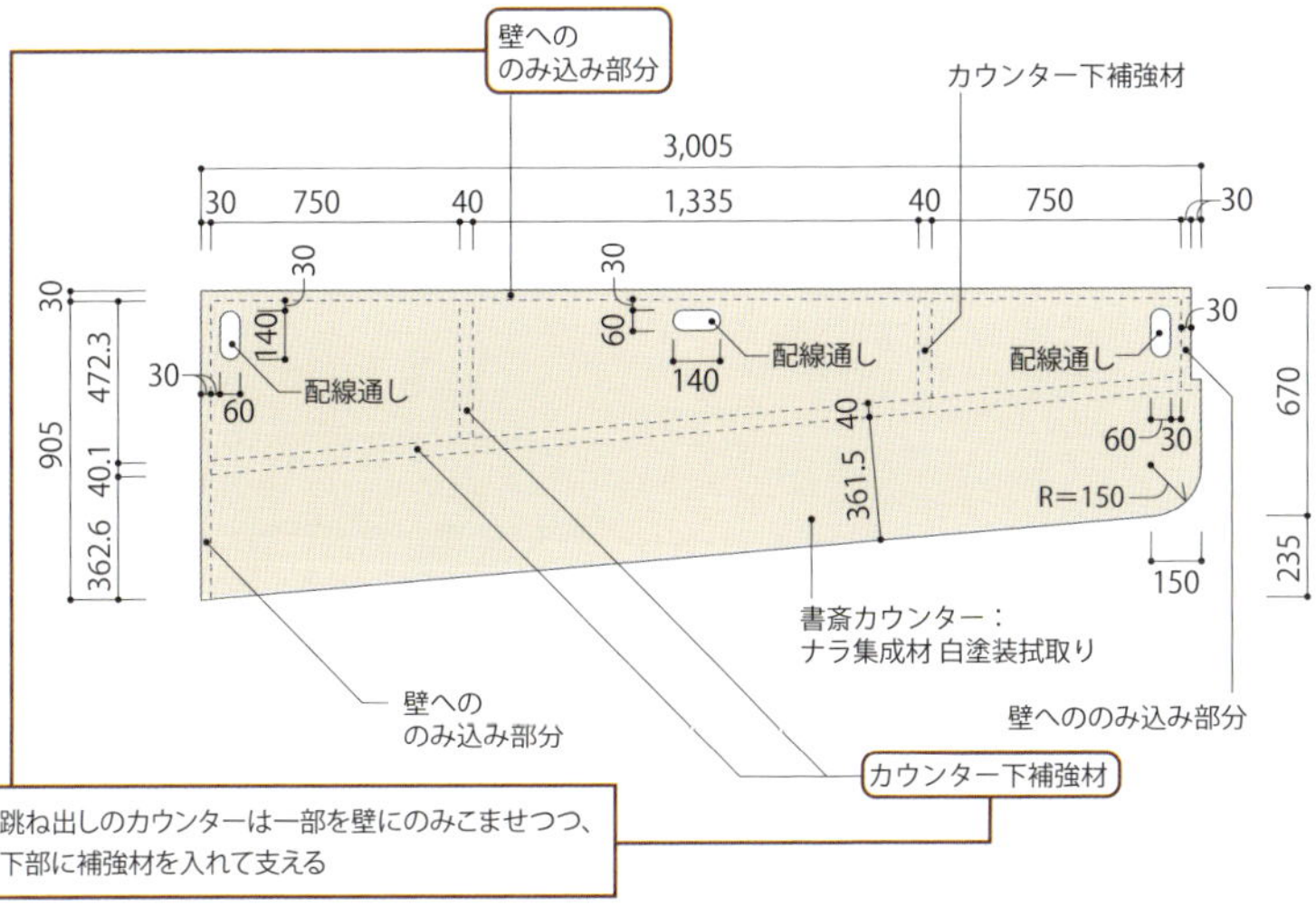

壁へののみ込み部分
カウンター下補強材
3,005
30
750
40
1,335
40
750
30
30
140
60
配線通し
30
60
140
配線通し
30
60
30
配線通し
40
361.5
60
30
R=150
150
670
235
30
905
472.3
40.1
362.6
書斎カウンター：
ナラ集成材 白塗装拭取り
壁へののみ込み部分
壁へののみ込み部分
カウンター下補強材
跳ね出しのカウンターは一部を壁にのみこませつつ、下部に補強材を入れて支える

机平面詳細図［S=1：40］

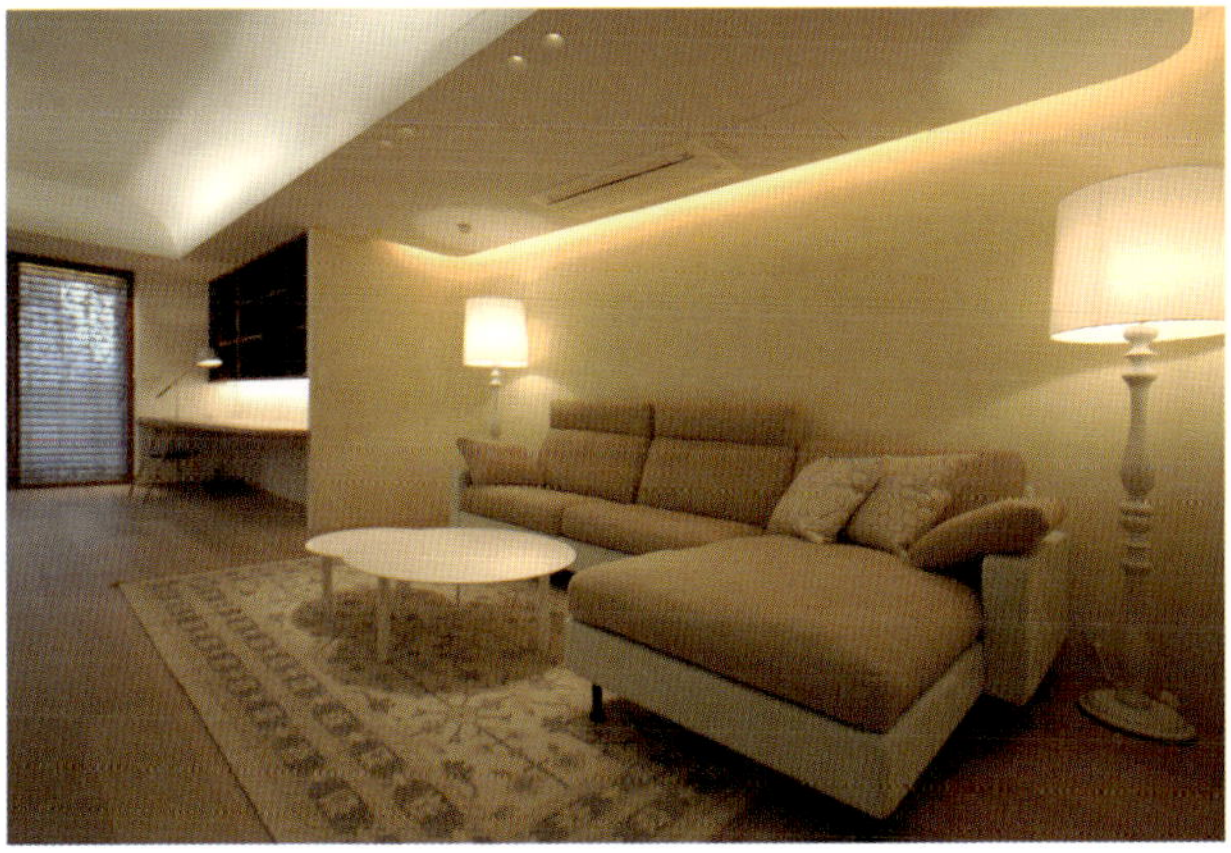

リビングから書斎コーナーを見る。飾り棚・デスクとソファの間には間仕切壁を設けて、空間を緩やかに仕切る。間接照明を仕込んだ円形天井は、リビング・書斎コーナーに連続させる

MATERIAL／神戸M邸（施工：越智工務店）

床：複合フローリング／スカンジナビアンフローリング ワイドプランクOAEWS（スカンジナビアンリビング） 壁：珪藻土／タナクリーム（田中石灰工業）およびAEP 天井：AEP 本棚・カウンター：ウォルナット突き板およびオークホワイトオイル デスクランプ：Libra（ルミナベッラ） チェア：JK（アルフレックス） ソファ：CONSETA（アイデック） センターテーブル：RYUTARO（インテリアズ） ラグ：KINNASAND（マナトレーディング） フロアランプ：LA FIBULE HILAIRE（フーガ）

可動棚をすっきり見せる本棚のある書斎

書斎には、収納量に応じた本棚を設えるのが基本だが、すべてを固定棚にしてしまうと、将来を見据えた場合の可変性の乏しさが問題となる。ただし、可動棚にすると、ダボ穴が目立ってしまい、本棚全体がすっきり見えないのが悩ましいところ。ここでは、デンマーク製棚受け金物を採用して、可動棚のダボ穴が最小になるように配慮している。加えて、間接照明を仕込んだ棚板や人工レザー張りの棚板、薄型引出しを組み合わせることで、本棚が単調に見えないようにも工夫した。

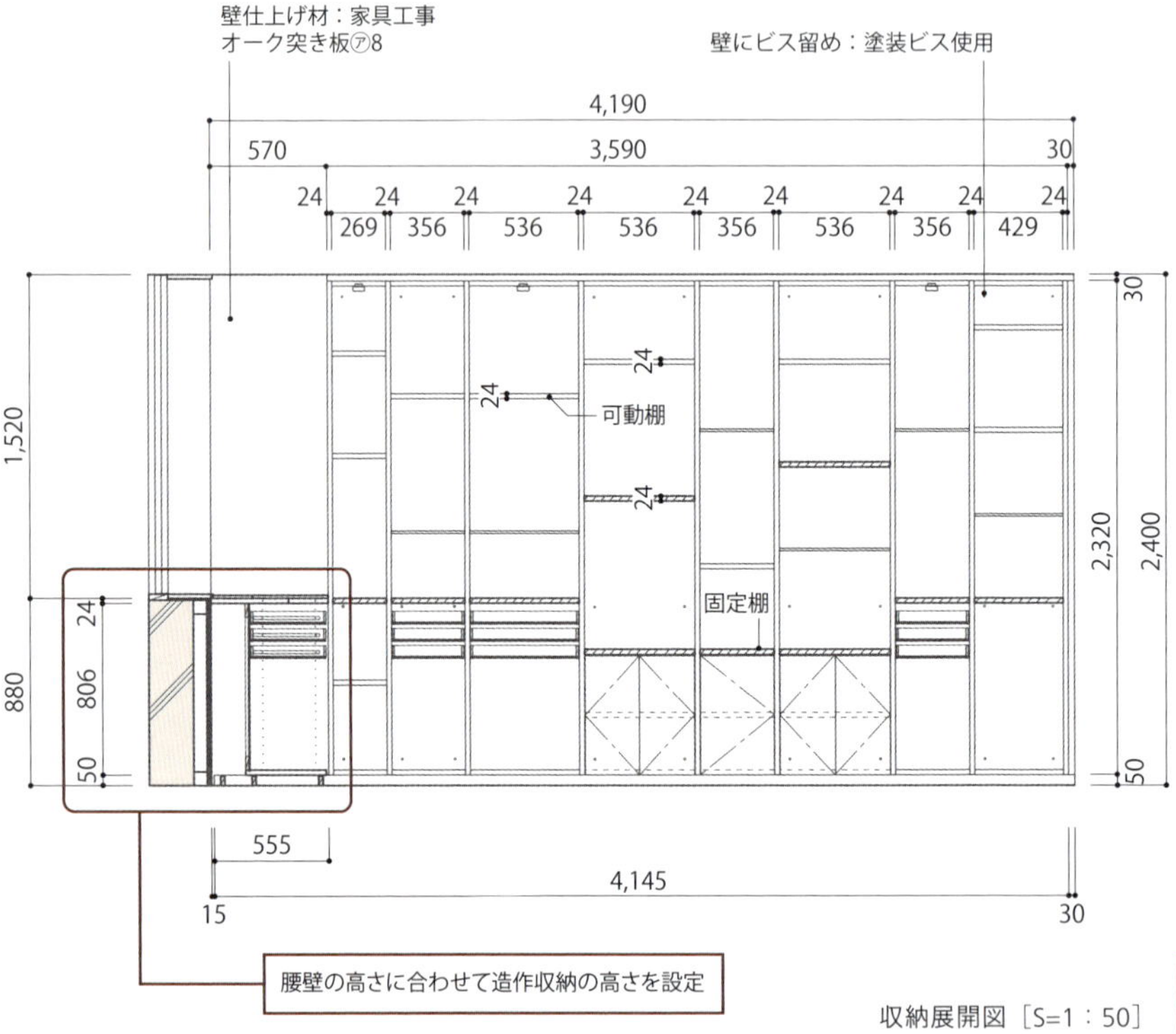

壁仕上げ材：家具工事
オーク突き板㋐8
壁にビス留め：塗装ビス使用
4,190
570
3,590
30
24
269
356
536
356
429
可動棚
固定棚
1,520
880
806
50
2,320
2,400
555
4,145
15
腰壁の高さに合わせて造作収納の高さを設定

収納展開図［S=1：50］

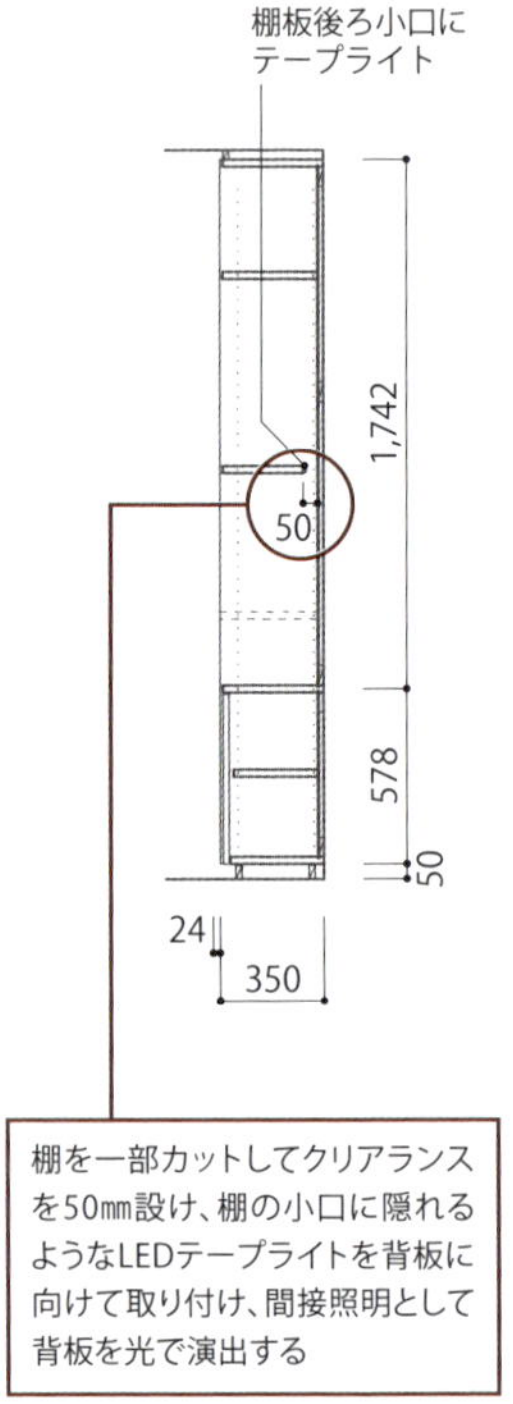

棚板後ろ小口にテープライト
1,742
50
578
24
350
棚を一部カットしてクリアランスを50㎜設け、棚の小口に隠れるようなLEDテープライトを背板に向けて取り付け、間接照明として背板を光で演出する

収納断面詳細図［S=1：50］

コンピューター作業用のテーブル。ケーブルが目立たないように、床付けのコンセントからデスク下を通すようにしている

MATERIAL／南麻布T邸（施工：青＋造作家具：トリシュナ・ジバーナ）

壁：AEPおよび和紙パネルFIX（KAMISM）　床：複合フローリング／スカンジナビアンフローリング ワイドプランクOAEWS（スカンジナビアンリビング）　天井：AEP　本棚：オーダー／Slab一部棚板レザー張り（トリシュナ・ジバーナ）　テーブル：オーダー／オーク板目塗装・カウンター一部メラミン化粧板（ヤマシタ・プランニング・オフィス）　窓：和紙パネルFIX（KAMISM）　シェード：シルエットシェード（ハンターダグラス）

スチールサッシ越しに
リビングが見える書斎

書斎とほかの居室とのつながりをもたせながら、プライバシーを確保するなら、間仕切壁の面材をガラス張りなどにするのが有効だ。ただし、書斎は書類などで煩雑になりがちなので、壁際にブラインドを設け、視線をコントロールできるようにするのがよい。ここでは、リビング・ダイニングと書斎をシャープな割付けのスチールサッシで間仕切り、視覚的につなげているが、書斎側天井の埋込みボックス内にブラインドを設けているので、書斎を籠れる空間にできる。天井から垂れ下がる可動のペンダントライトがアクセントとして機能している。

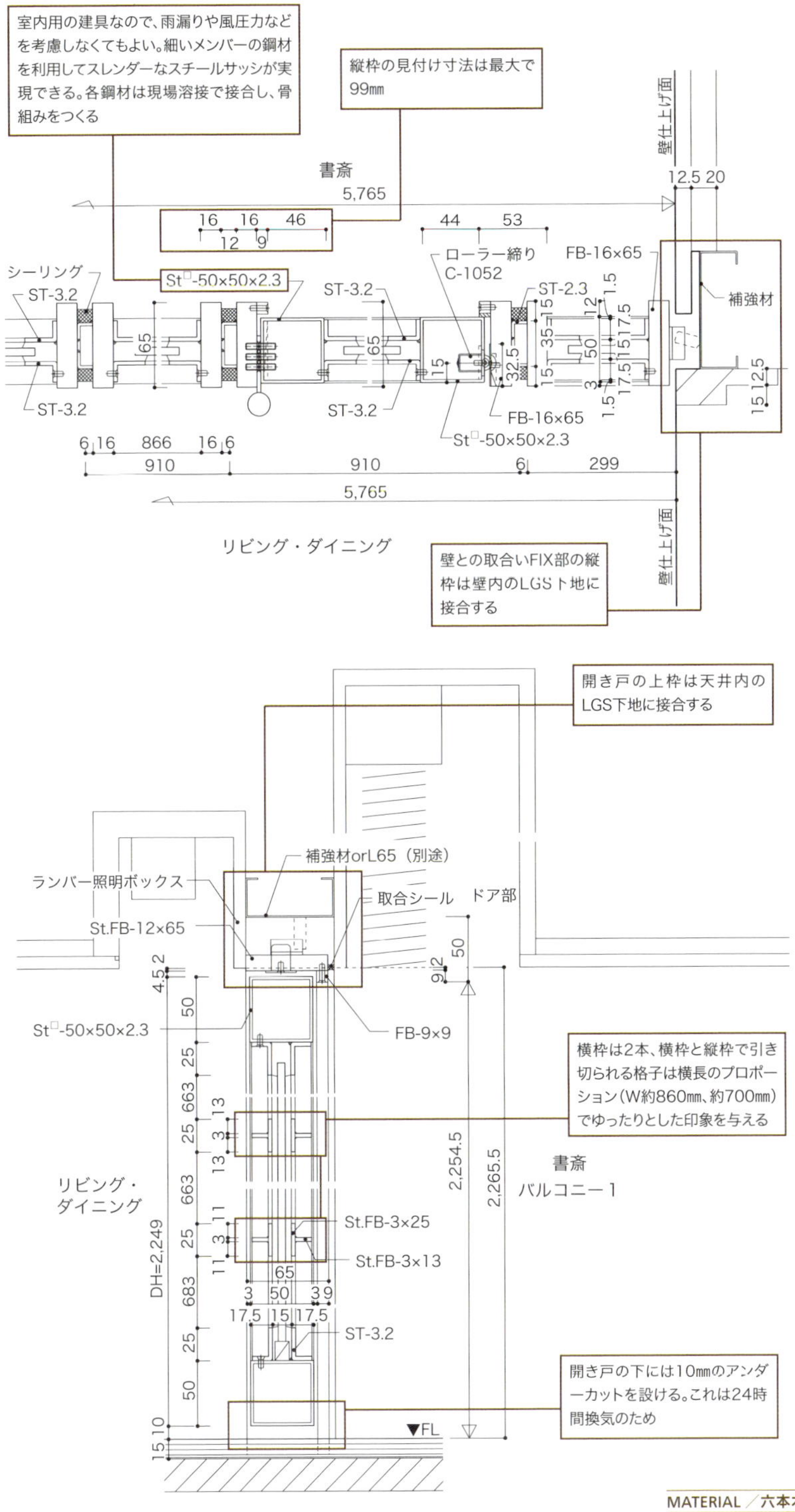

スチールリッシ詳細図［S=1：6］

MATERIAL／六本木T邸（施工：辰）

壁：AEP　床：複合フローリング／スカンジナビアンフローリング ワイドプランクOAEWS（スカンジナビアンリビング）　天井：AEP　書斎テーブル：オーダー（ヤマシタ・プランニング・オフィス）　ペンダントライト：ARTEMIDE（ヤマギワ）　木製ブラインド：Nanikシリーズ（ナニックジャパン）

“遊び心”をくすぐる
子供室の設え

子供室は「子どもの想像力が豊かになること」「自分達だけでも遊べること」が大切。空間全体を活用できるように2段ベッドや滑り台などを設けて、子供室の中でさまざまなコーナーが生まれるようにするとよい。女の子の場合は、壁の仕上げ材に限らず、ファブリックやリネンもピンクや柄物として、白を適度に組み合わせることで、可愛らしい雰囲気をつくり出す。男の子の場合は、冒険心を掻き立てるような複雑な構成が好まれる。ボルダリングができる壁やロープを設けて、体力が養えるものとしたい。

I型部分とリボンタッセルを
ギンガムチェックに

アクソメ図

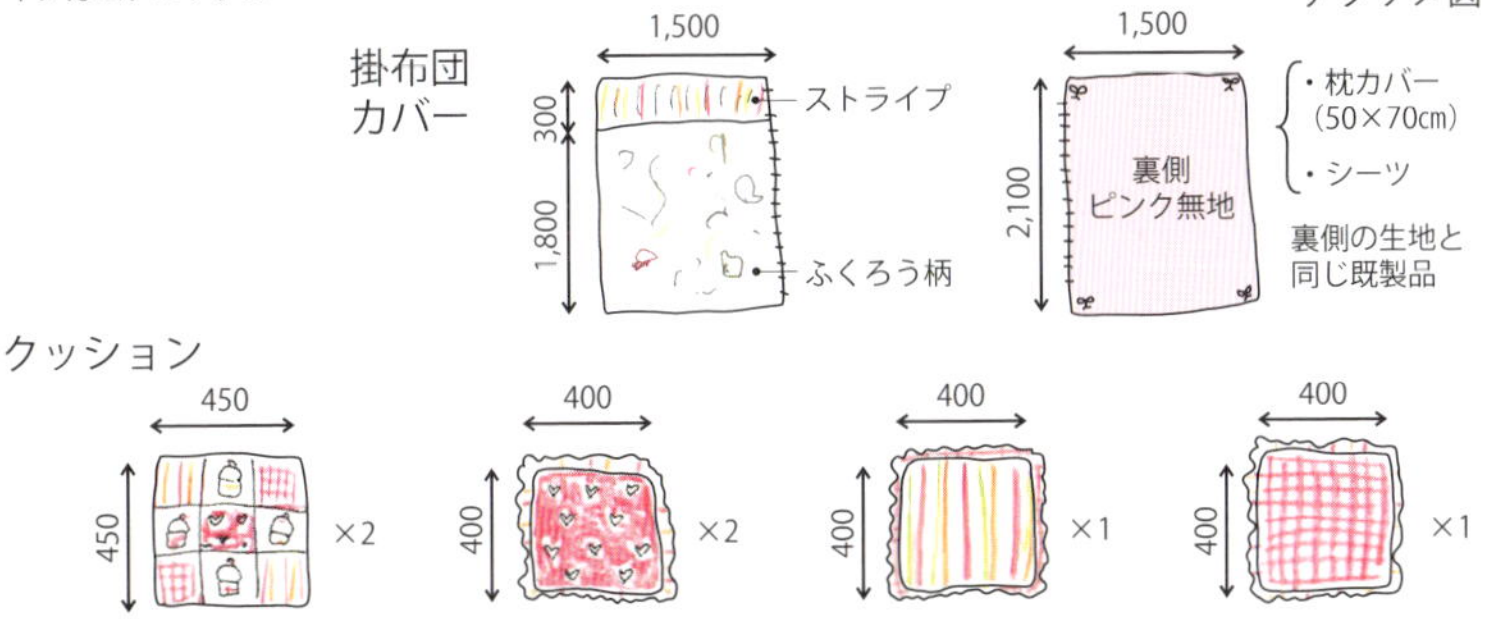
掛布団
カバー
1,500
300
1,800
ストライプ
ふくろう柄
1,500
2,100
裏側
ピンク無地
・枕カバー
(50×70cm)
・シーツ
裏側の生地と
同じ既製品
クッション
450
450
×2
400
400
×2
400
400
×1
400
400
×1

男の子はアクティブな分だけ、下階への音の問題が生じやすいので、ここでは遮音フローリングの上に、タイルカーペットを敷いたうえ、部分的にはラグを敷き込んで音が漏れないようにしている

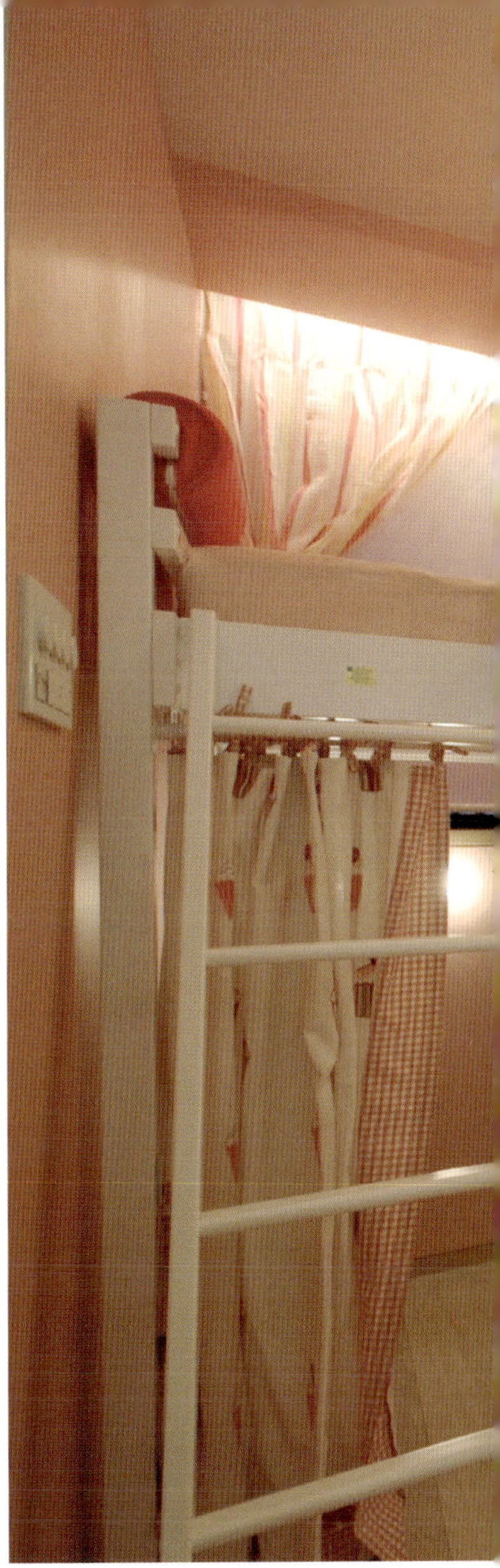

MATERIAL／神戸M邸（女の子用の子供室）（施工：越智工務店＋造作家具：ヴィベル）

壁：輸入紙クロス（ハーレークイン）　床：複合フローリング／スカンジナビアンフローリング ワイドプランクOAEWS（スカンジナビアンリビング）　天井：AEP　ベッド・ベンチ一式（ヴィベル）　ペンダントライト（ヴィベル）　壁付けブラケット：半壁埋め込みブラケットライト（森川製作所）　カーテン・レース・ロールスクリーン（デザイナーズギルド）天蓋（ヴィベル）

MATERIAL／南麻布T邸（男の子用の子供室）（施工：青＋造作家具：エンジェルシェア）

壁：輸入紙クロス／Sanderson（マナトレーディング）　床：タイルカーペット／GX3018（東リ）　天井：AEP　ベッド・滑り台一式（エンジェルシェア）　コンフォーターカバー：オーダー／Sanderson（マナトレーディング）　ラグ：ビーンズラグ（東リ）　本棚（エンジェルシェア）

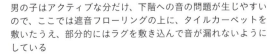

リビング奥にある色分けされた子ども用ニッチ

大きなLDKの一角に子供用コーナーを設けるというケースは、年々増加傾向にある。このとき、問題となるのが、LDKに子どものおもちゃが野放図に広がってしまいLDKが乱雑な空間になってしまうこと。これを防ぐには、エリア分けを明確にできるニッチをつくるほか、色分けなどで、インテリアのトーンも明確に分けて、子どもの領域をはっきりさせるのがよいだろう。ここでは、黄色い壁と黄色いラグで、子どもでも直感的に理解してもらえるようにした。子どもの様子が伝わりながら、おもちゃがはみ出しにくい幅と奥行きが重要だ。

Before　After

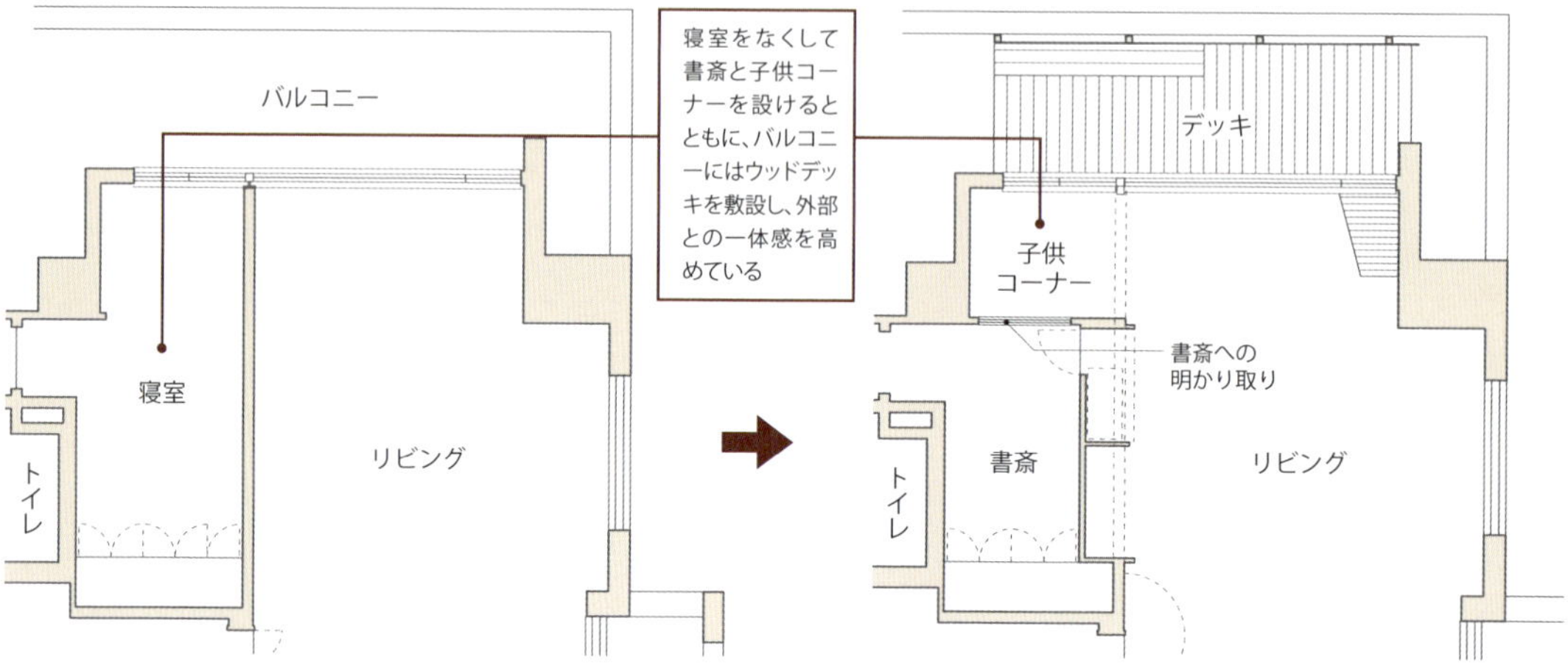
バルコニー
寝室
リビング
トイレ
寝室をなくして書斎と子供コーナーを設けるとともに、バルコニーにはウッドデッキを敷設し、外部との一体感を高めている
デッキ
子供コーナー
書斎への明かり取り
書斎
リビング
トイレ

平面図

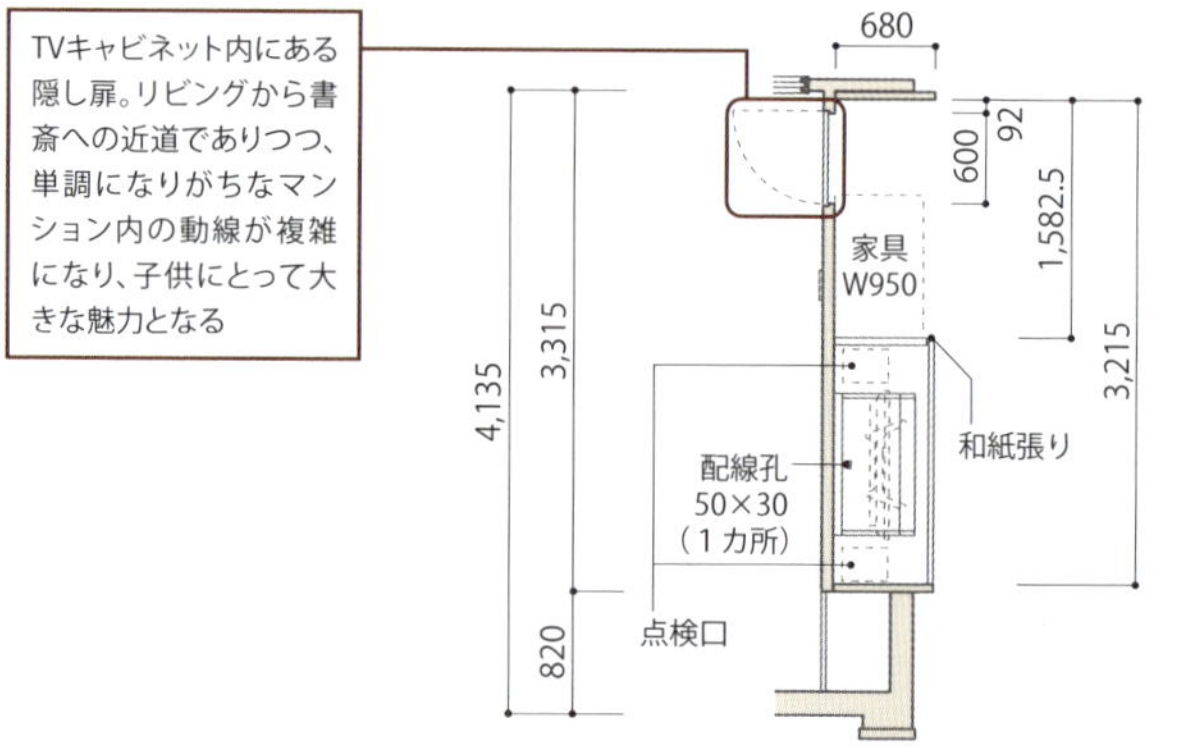
TVキャビネット内にある隠し扉。リビングから書斎への近道でありつつ、単調になりがちなマンション内の動線が複雑になり、子供にとって大きな魅力となる
680
600
92
1,582.5
家具W950
3,215
和紙張り
4,135
3,315
配線孔50×30（1カ所）
820
点検口

平面詳細図［S=1：100］

左に見えるのがTVキャビネット。中央奥に開き扉があり、書斎へとつながる

MATERIAL／南麻布MT邸（プロデュース・施工：ジーク＋造作家具：SSK）

壁：クロス／ノイエローヴ（旭興）およびAEP　床：複合フローリング／スカンジナビアンフローリング ワイドプランクOAEWS（スカンジナビアンリビング）　天井：クロス／ノイエローヴ（旭興）　TV家具（SSK）

写真：ジーク

通り庭のある
離れのような和室

マンション内で本格的な和室を設ける場合に、悩ましいのが和室以外の居室との関係性である。全体を洋風のインテリアとすることが多いので、和室に入った瞬間にとまどいを覚えることが想像される。ここでは、和室の前に、敷石で仕上げた通り庭と、床の段差を利用した上がり框を設けた。通り庭と上がり框による段差によって人は下を見ながら慎重に歩くので、時間的な距離を感じさせることができる。洋室から和室への心理的な移動を、よりスムーズなものにすることが可能だ。

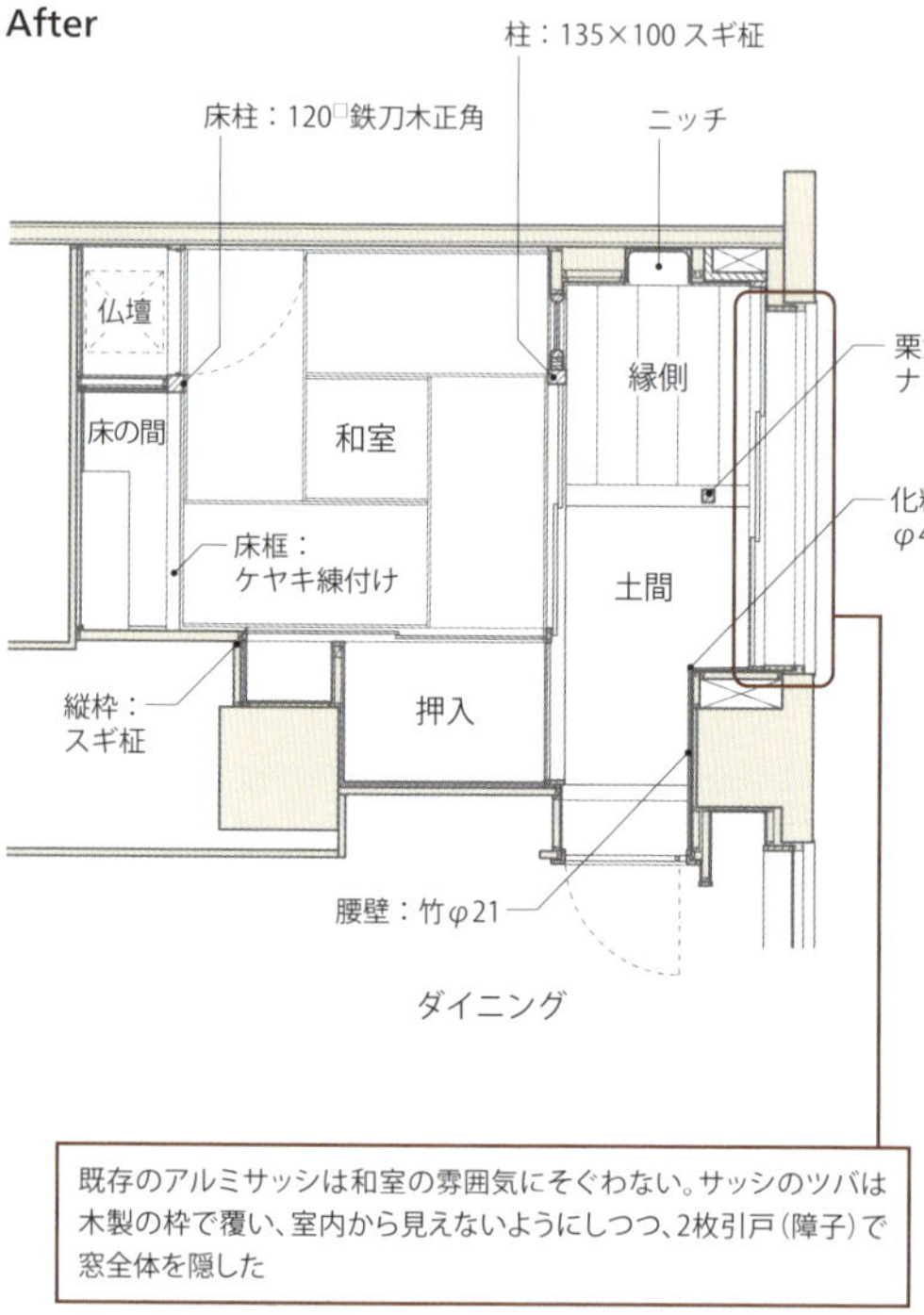

After
柱：135×100スギ柾
床柱：120□鉄刀木正角
ニッチ
仏壇
床の間
和室
縁側
栗六角化粧
ナグリ柱
化粧丸太
φ45
床框：
ケヤキ練付け
土間
縦枠：
スギ柾
押入
腰壁：竹φ21
ダイニング
既存のアルミサッシは和室の雰囲気にそぐわない。サッシのツバは木製の枠で覆い、室内から見えないようにしつつ、2枚引戸（障子）で窓全体を隠した

平面図

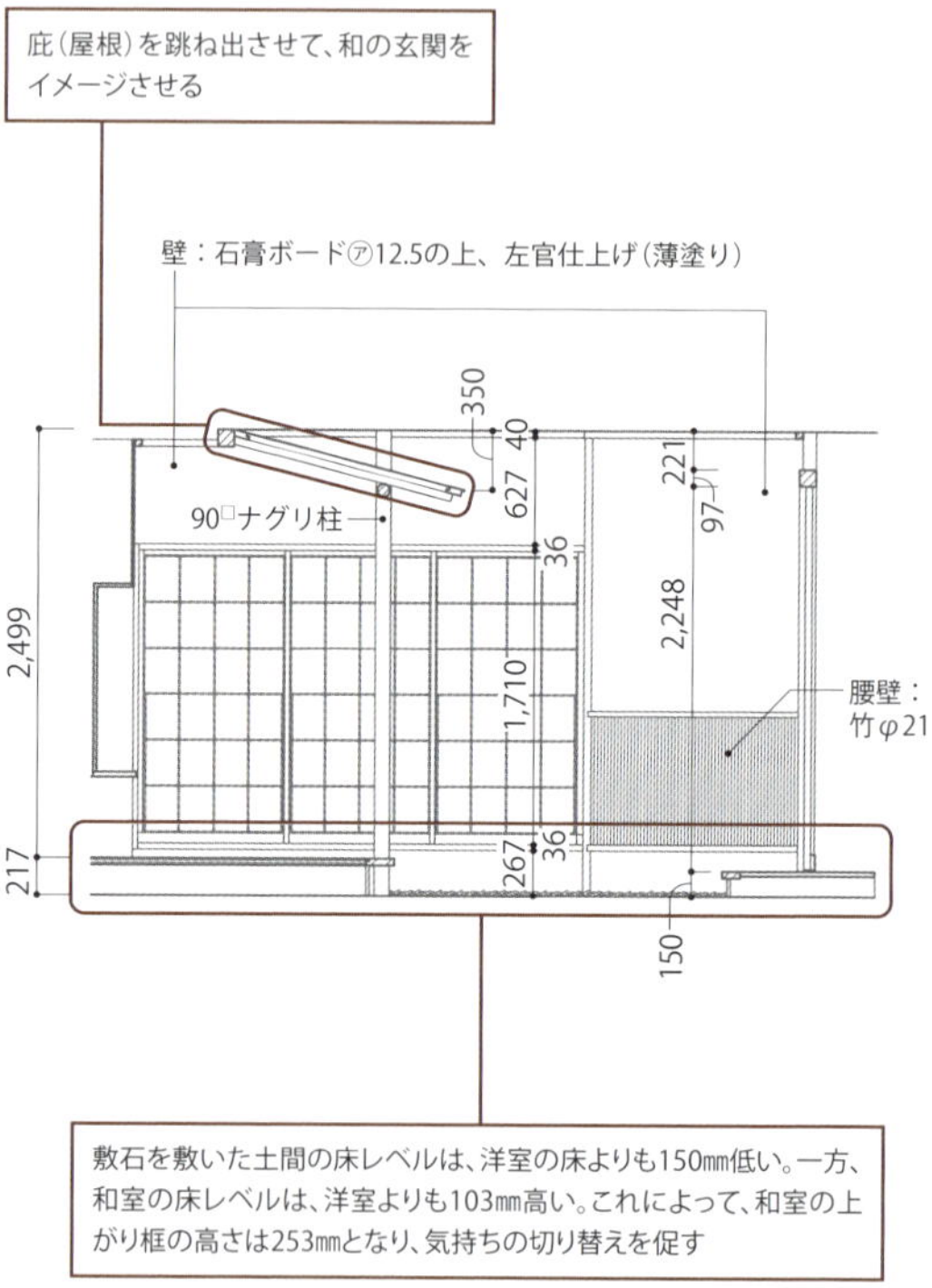

庇（屋根）を跳ね出させて、和の玄関をイメージさせる
壁：石膏ボード㋐12.5の上、左官仕上げ（薄塗り）
350
40
627
221
97
90□ナグリ柱
36
2,499
2,248
1,710
腰壁：
竹φ21
217
267
36
150
敷石を敷いた土間の床レベルは、洋室の床よりも150㎜低い。一方、和室の床レベルは、洋室よりも103㎜高い。これによって、和室の上がり框の高さは253㎜となり、気持ちの切り替えを促す

断面詳細図［S=1：80］

吊り床のある床の間（左）と仏壇（右）のある四畳半の本格的な和室。床柱には、耐久性の高い120㎜角の鉄刀木《タガヤサン》無垢材を使用

MATERIAL／高輪M邸（施工：現代製作所）

壁：土壁／ジョリパット爽土 淡路土（アイカ工業） 壁［床の間］：綾部板+無双・吊り竹+棚板 床：江戸間畳および栗（ナグリ仕上げ）無垢縁甲板および飛石・砂利 天井：矢羽網代煤女竹押えおよび杉板目目透かしおよびスギ柾目目透かし 屋根：化粧桁+化粧垂木および軒裏／よしず

ショーケースのある ウォークスルー クロゼット

クロゼットは、外出前の服装を吟味し、身なりを整えるための空間である。朝の身支度時間を効率的にし、服を探しやすくするには、ウォークスルークロゼットとするのがよいだろう。ここでは、寝室と水廻りをつなぐ高級ブティックのようなウォークスルークロゼットを設えた。生活動線を合理的にしただけではなく、飾り棚やガラス張りのアイランド収納を設け、服や装飾品を眺める楽しみをプラスしている。システムクロゼットを使うことで、引出しやパンツ掛けを後日レイアウト変更することが可能になっている。

After

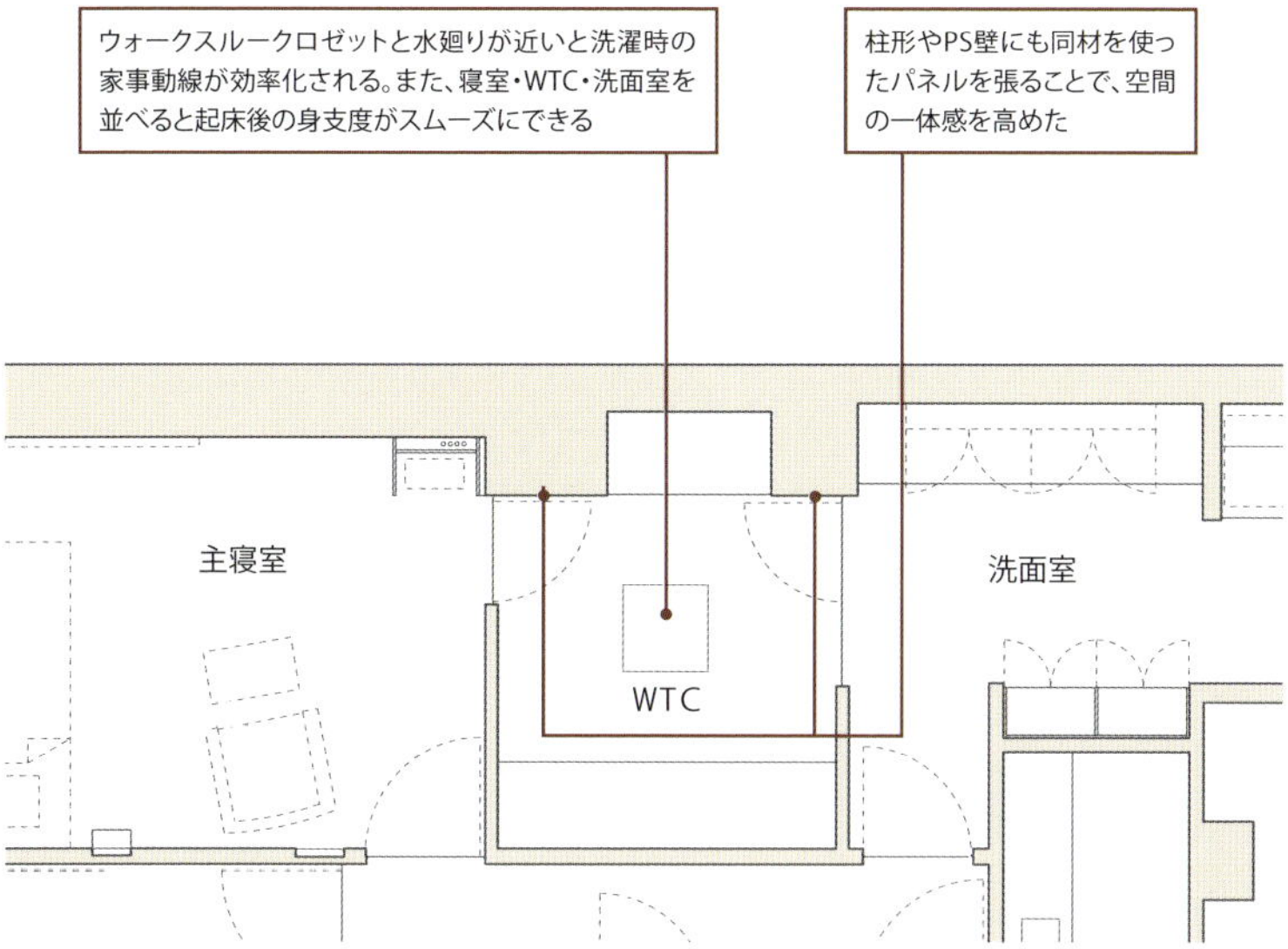
ウォークスルークロゼットと水廻りが近いと洗濯時の家事動線が効率化される。また、寝室・WTC・洗面室を並べると起床後の身支度がスムーズにできる
柱形やPS壁にも同材を使ったパネルを張ることで、空間の一体感を高めた
主寝室
WTC
洗面室

平面図

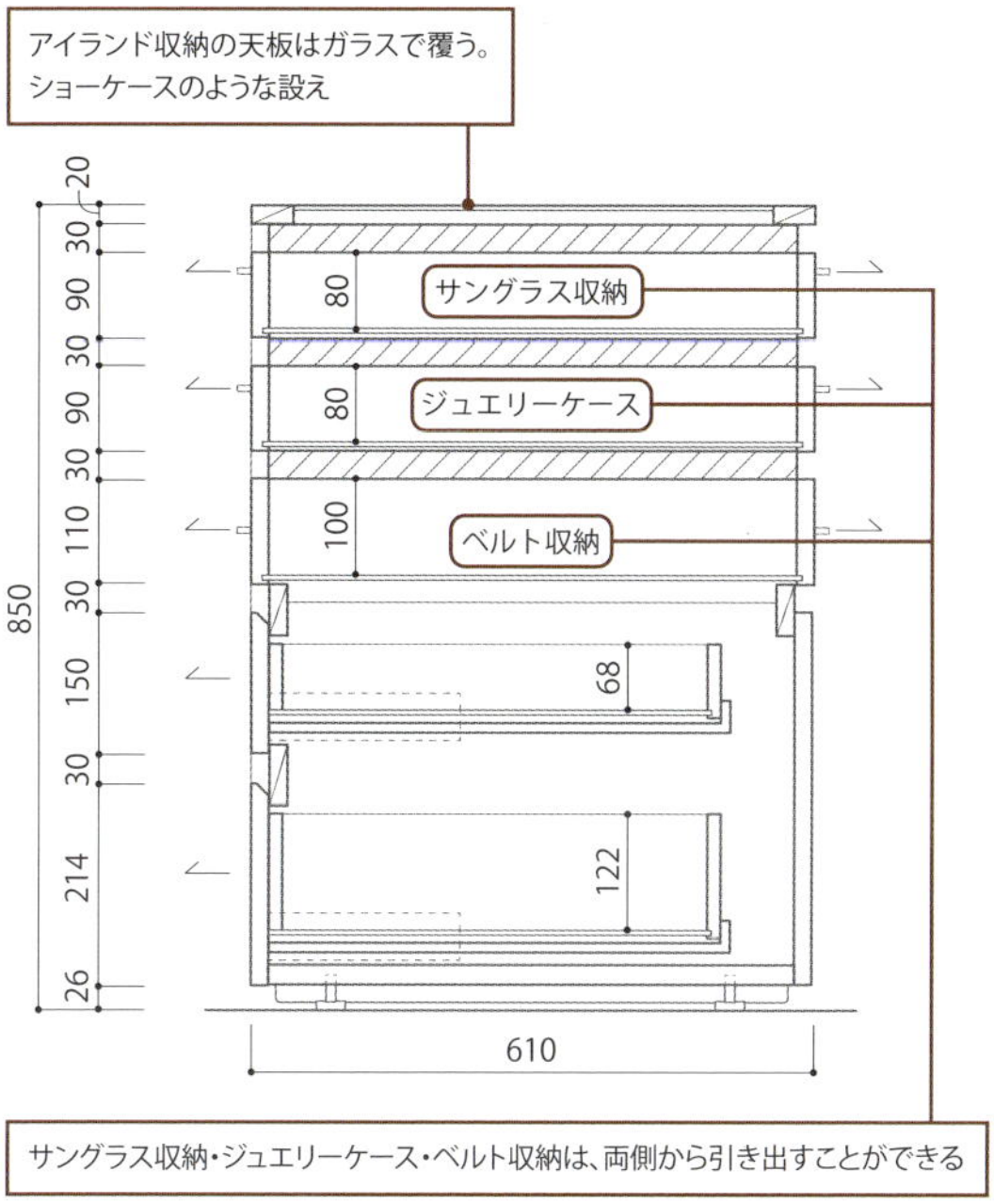
アイランド収納の天板はガラスで覆う。ショーケースのような設え
20
30
90
30
90
30
110
30
150
30
214
26
850
80
80
100
68
122
サングラス収納
ジュエリーケース
ベルト収納
610
サングラス収納・ジュエリーケース・ベルト収納は、両側から引き出すことができる

アイランド 収納断面詳［S=1：15］

MATERIAL／南平台 N 邸

壁：AEPおよび鏡　床：複合フローリング／複合フローリング 20シリーズ ウエンジ20クリアオイル（IOC）　天井：AEP　クロゼット：GLISS QUICK（モルテーニ）　アイランド家具：オーダー（アルフレックス）

寝室を大型のウォークインクロゼットに変える

服のコレクションが多い場合は、不必要な居室をつぶして、クロゼットに変えてしまおう。ここでは、2つの居室をウォークインクロゼットに変えた。ただし、居室には窓があるので、紫外線による服の変色や褪色が懸念される。各クロゼットには扉を設けて、紫外線に晒されないようにしたい。その扉の表面にフックを設けると、一時的にコートなどを掛けられるので便利である。さらに、鞄用の棚や小物・宝飾品を飾れる棚、姿見を設け、遊び心を加えよう。

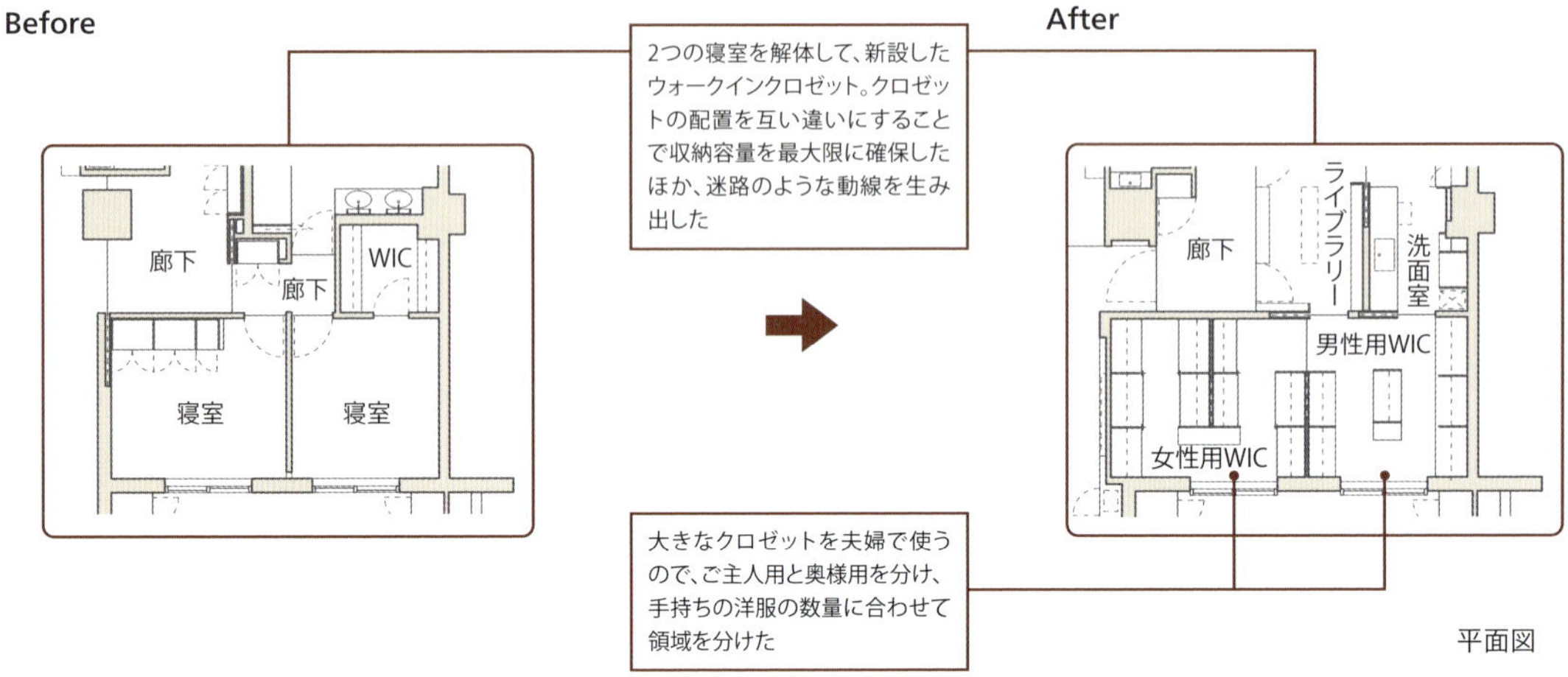
Before
After
2つの寝室を解体して、新設したウォークインクロゼット。クロゼットの配置を互い違いにすることで収納容量を最大限に確保したほか、迷路のような動線を生み出した
廊下
廊下
WIC
寝室
寝室
廊下
ライブラリー
洗面室
男性用WIC
女性用WIC
大きなクロゼットを夫婦で使うので、ご主人用と奥様用を分け、手持ちの洋服の数量に合わせて領域を分けた

平面図

もともとは寝室だったので、ウォークインクロゼットにも自然光が入り、明るい空間になる。ただし、明るすぎないように窓前にはブラインドを取り付けた

ウォークインクロゼットから洗面室・浴室を見る。床仕上げはウォークインクロゼットが複合フローリング、洗面室が磁器質タイル

MATERIAL／六本木N邸（施工：リフォームキュー＋造作家具：タイムアンドスタイル）

壁：AEPおよび鏡　床：複合フローリング／複合フローリング40シリーズ サーモオーク40クリアブラッシュド（IOC）　天井：AEP　クロゼット：ウォルナット柾目突き板UC3分艶（タイムアンドスタイル）　壁付けブラケット：Beluga white G27（ルミナベッラ）　シェード：ダブルシェード（フジエテキスタイル）

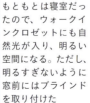

寝室と水廻りをつなぐ ウォークスルー クロゼット

コの字形ウォークインクロゼットの問題は、空間の4隅が使い切れないこと。一方、ウォークスルークロゼットはデットスペースが生まれにくい。ここでは、2本の通路がある計3本のクロゼットとオープン棚を設けて、寝室と水廻りをつないだ。ただし、水廻りからの湿気で、服がダメージを受けないように、トイレとシャワーはガラスで仕切り、換気扇の設置も忘れないようにした。角度が変えられるスポットライトを天井埋込みボックスの中に仕込み、洋服や鞄などをきれいに見せる工夫も重要だ。

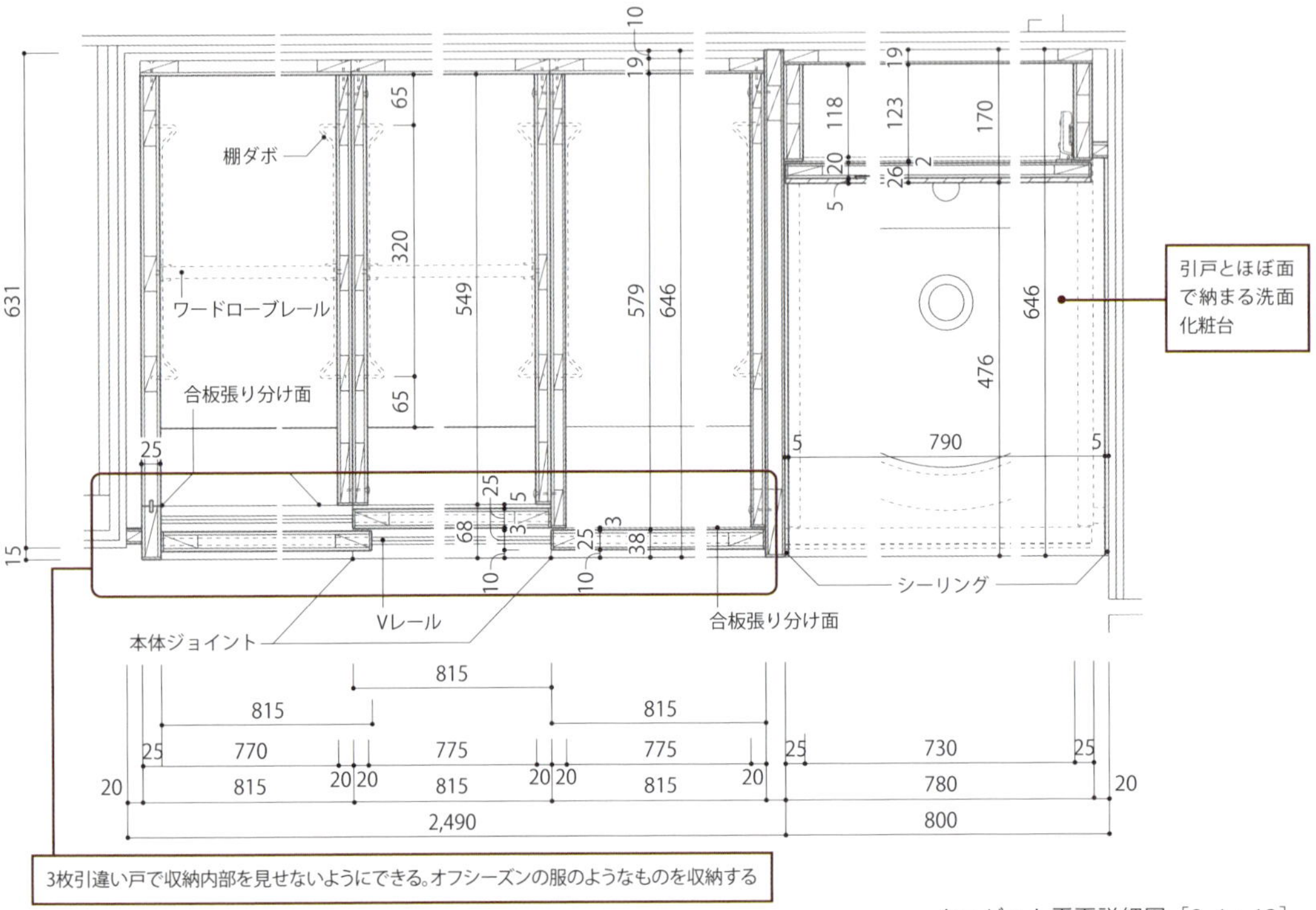
棚ダボ
ワードローブレール
合板張り分け面
本体ジョイント
Vレール
合板張り分け面
シーリング
引戸とほぼ面で納まる洗面化粧台
3枚引違い戸で収納内部を見せないようにできる。オフシーズンの服のようなものを収納する
2,490
800

クロゼット平面詳細図［S=1：12］

寝室からウォークスルークロゼットを見る。引戸を閉じると、寝室には視線の抜けがない落ち着いた雰囲気が生まれる

MATERIAL／南麻布T邸（施工：青＋造作家具：現代製作所）

壁：AEPおよび鏡　床［寝室］：複合フローリング／スカンジナビアンフローリング ワイドプランクOAEWS（スカンジナビアンリビング）　床［ドレッシングルーム］：タイル／マイルストーン（ABC商会）　天井：AEP　クロゼット：オークホワイトオイルクロゼットシステム（ハーフェレ）　シャワールーム：オーダー（東京バススタイル）

リビングの一角に設けたペットスペース

ペットは都心のマンション居住において重要な要素の1つになりつつある。最近では、犬や猫などペット人気はかなり高く、リビング・ダイニングの一角にペットコーナーを設けて、ペットと長い時間を過ごすというニーズは見逃せないものになっている。RCラーメン造の柱形や梁形を利用したニッチや、この事例のようにクロゼットの奥行きを利用したニッチは、ベッドコーナーとして最適。インテリアを崩すことなく、ペットと過ごす理想的な環境を実現できる。

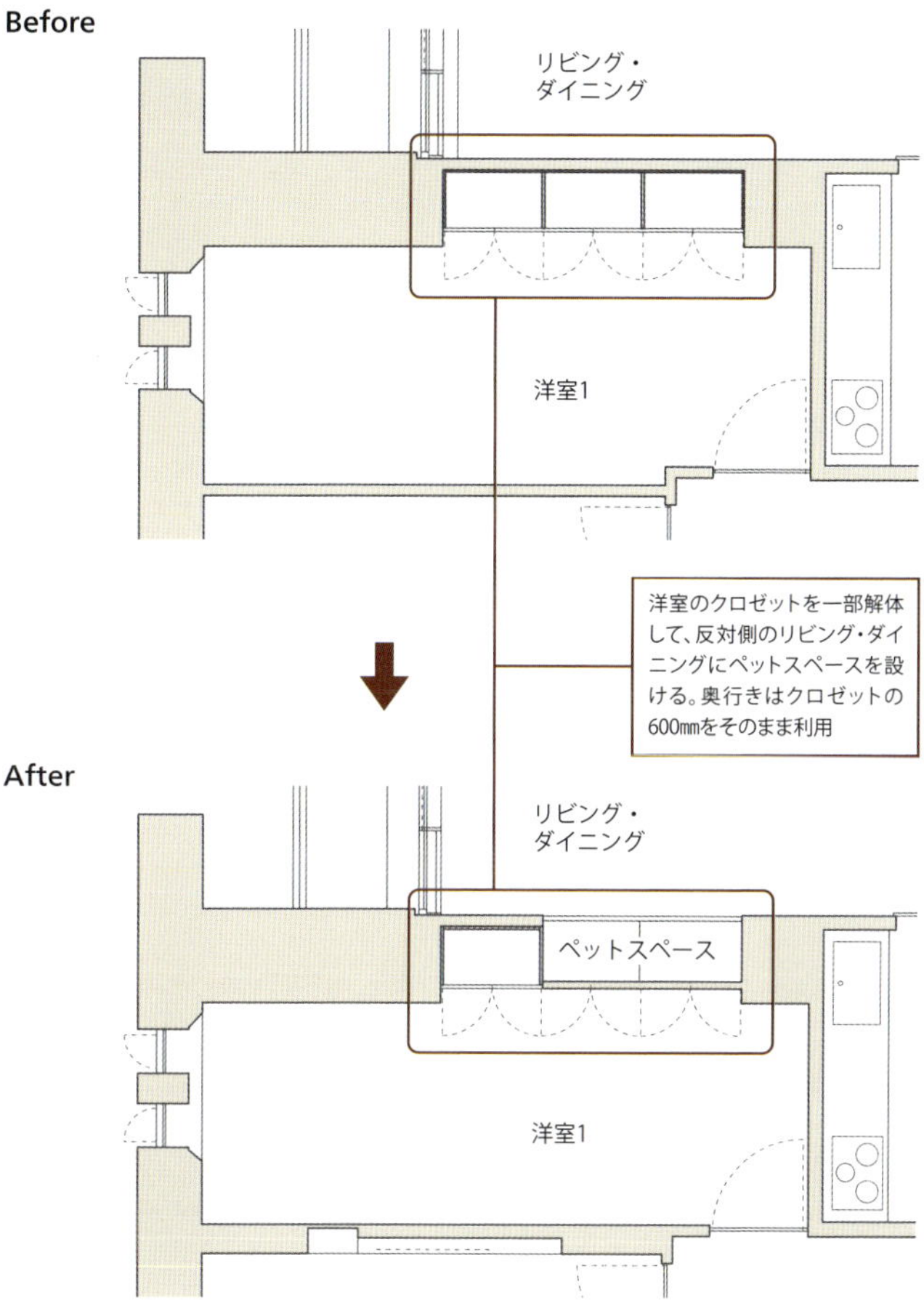

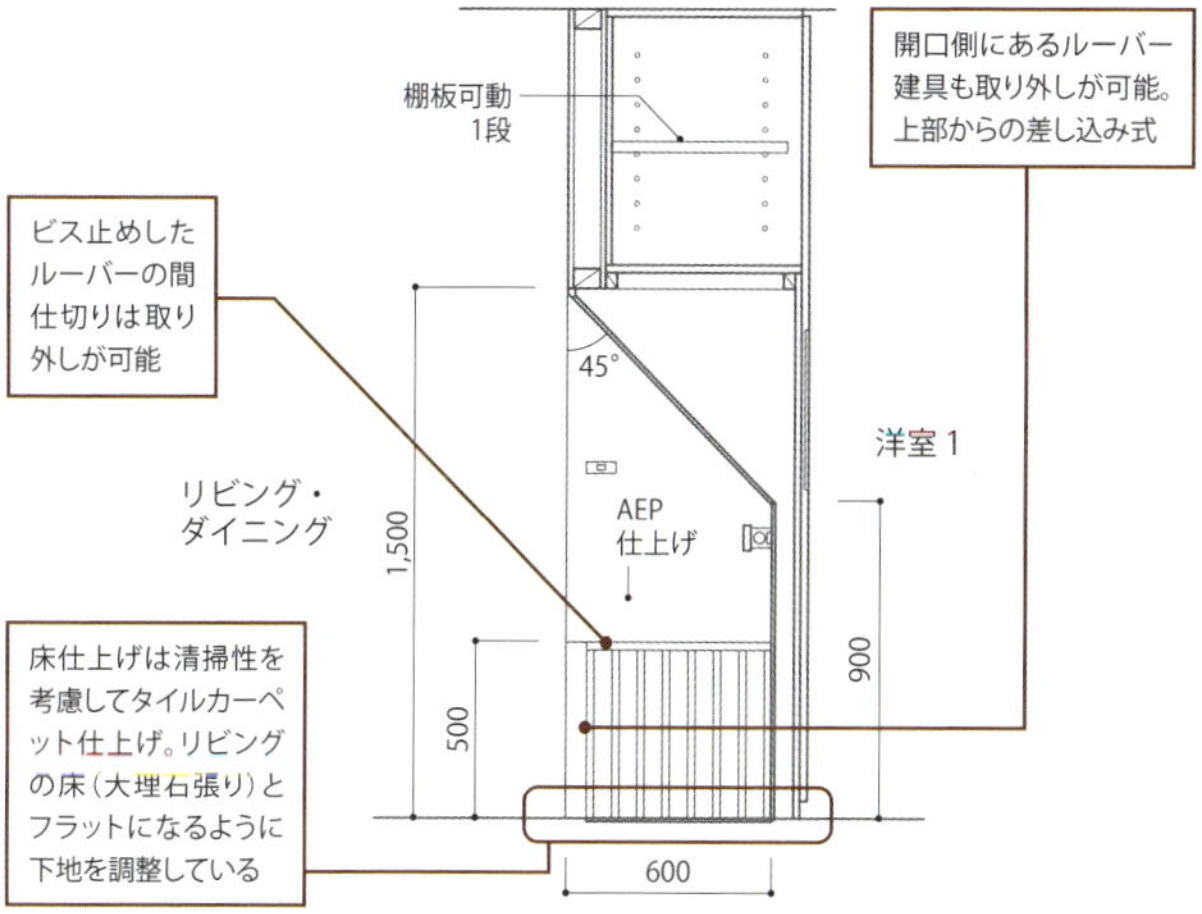

ペットスペース断面詳細図［S=1：40］

MATERIAL／代官山T邸（施工：リフォームキュー）

壁：AEPおよび天然石／バサルティーナ（アドヴァン）床（既存）：天然大理石／ペルリーノホワイト　ペットコーナー床：タイルカーペット　天井：AEP　折上げ天井：3Mダイノックフィルム（3M）　ダイニングテーブル：Diamond（モルテーニ）　ダイニングチェア：FLYNT CROSS BASE（ミノッティ）　ソファ：SHERMAN（ミノッティ）　ダイニングペンダントライト：Compass Box（フロス）　アート：ジュリエット・ファーガソン（サブジェクトマター）

Equipment

設備

電気設備や空調設備は、インテリアの見栄えを損ないかねない目障りな存在である。特に最近では、TVが大型化しており、壁面のデザインを整えるのは容易ではない。高級マンション・リノベーションでは50型より大きなサイズを持ち込むケースが多いので、壁面に大きなニッチを設けてTVを壁面と面で納める方法や、特殊なミラーガラスでTVを覆って視覚的に消去するという方法はお薦めである。

1 壁面のニッチにTVを納める

壁面に大きなニッチを設けてTVを壁面と面で納めた例。TV画面の色に合わせて、ニッチの内部を濃色のカラーガラス張りとして、TVが目立たず、ニッチ全体が、白で仕上げた壁のアクセントとなっている［六本木N邸］。

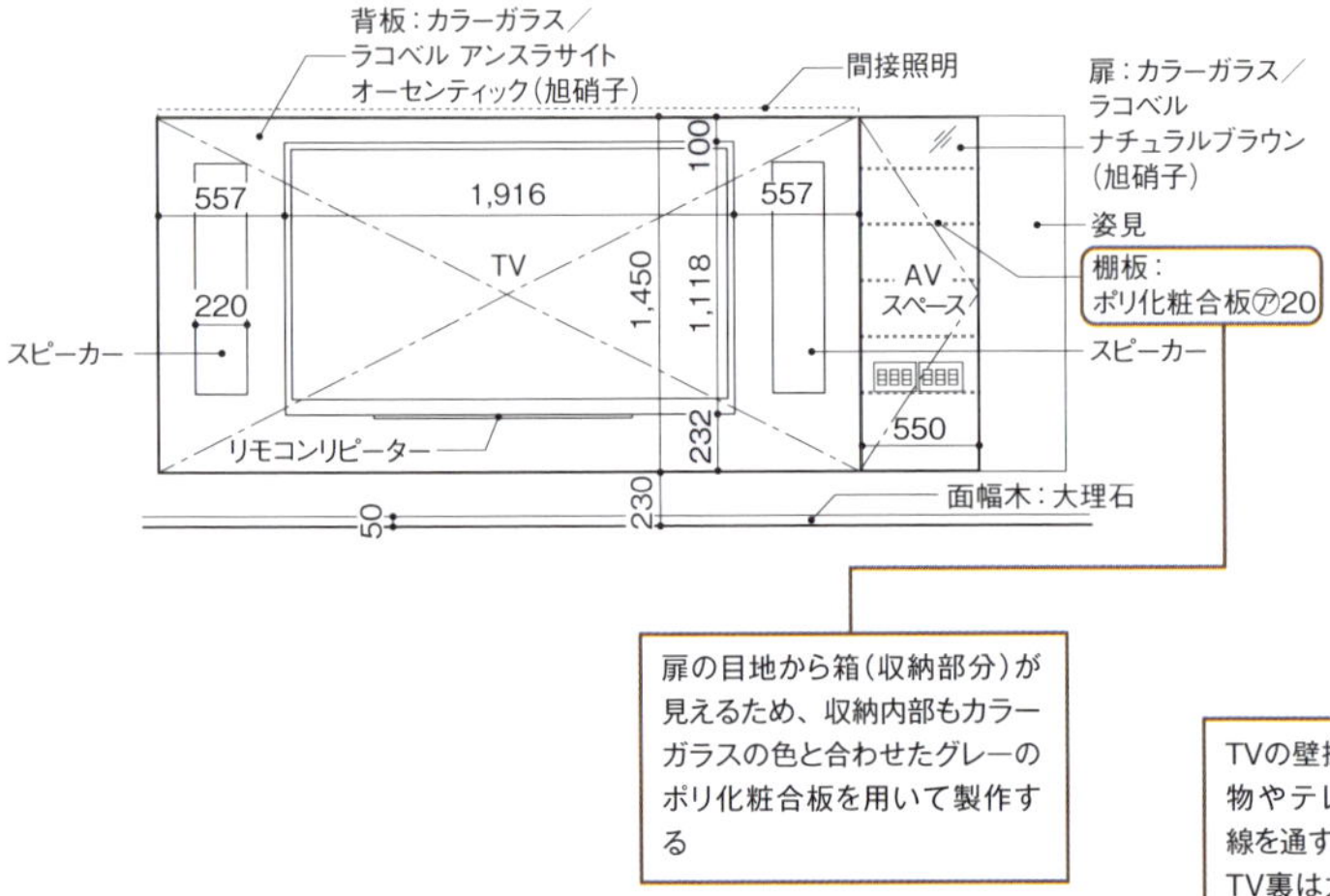

テレビ収納展開図［S=1:60］

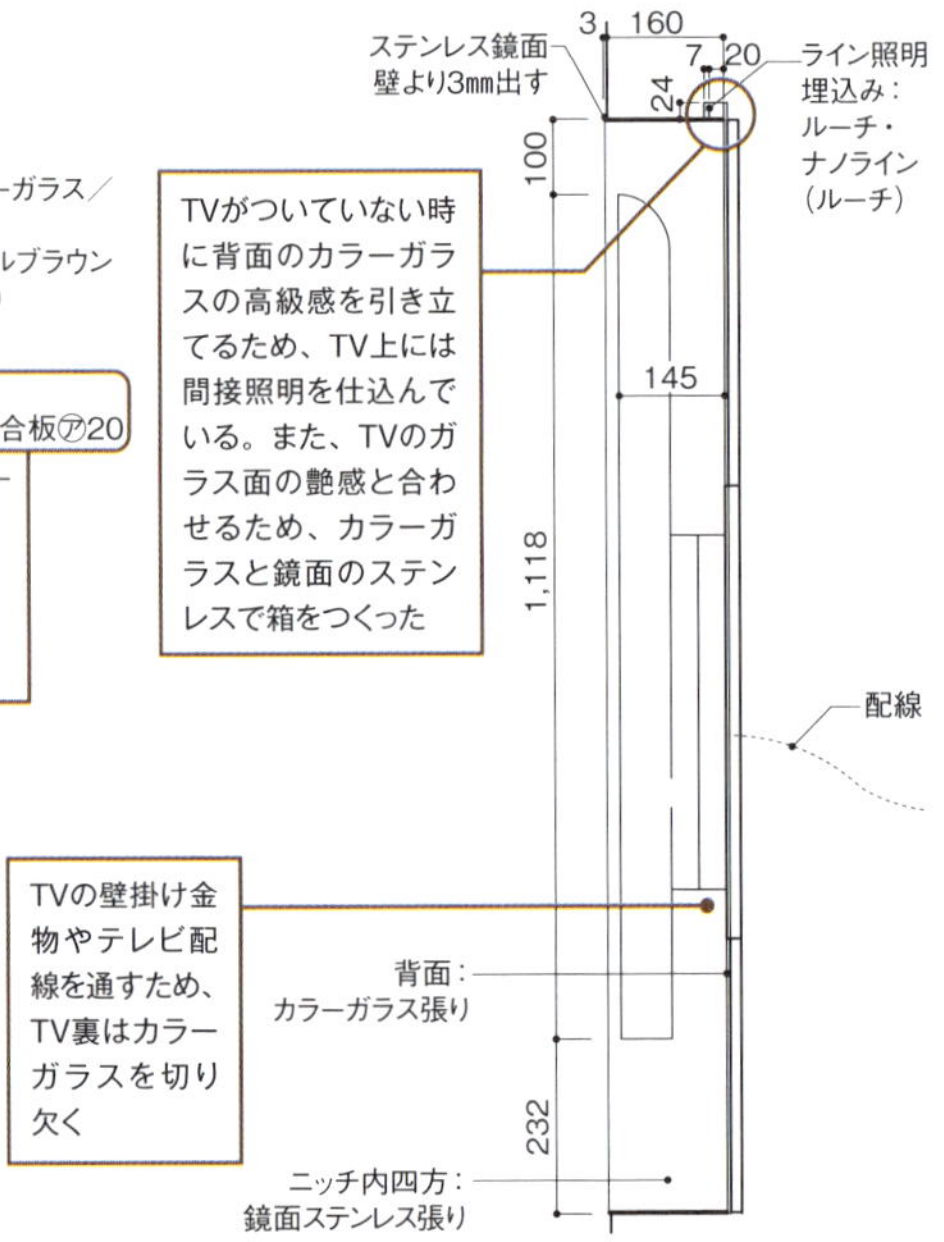

テレビ収納断面詳細図［S=1:20］

2 ミラーガラスでTVを隠す

ミラーガラスでTVを隠すシステム「グラスルーチェ」（ハナムラ）を用いてTVの存在を視覚的に消去した例。TVの電源をオフにしていると、「グラスルーチェ」の奥にTVが隠されていることがまったく分からない。オンにすると、黒いミラーの後ろから画像が飛び出てくるような感覚が得られる［代官山T邸］。

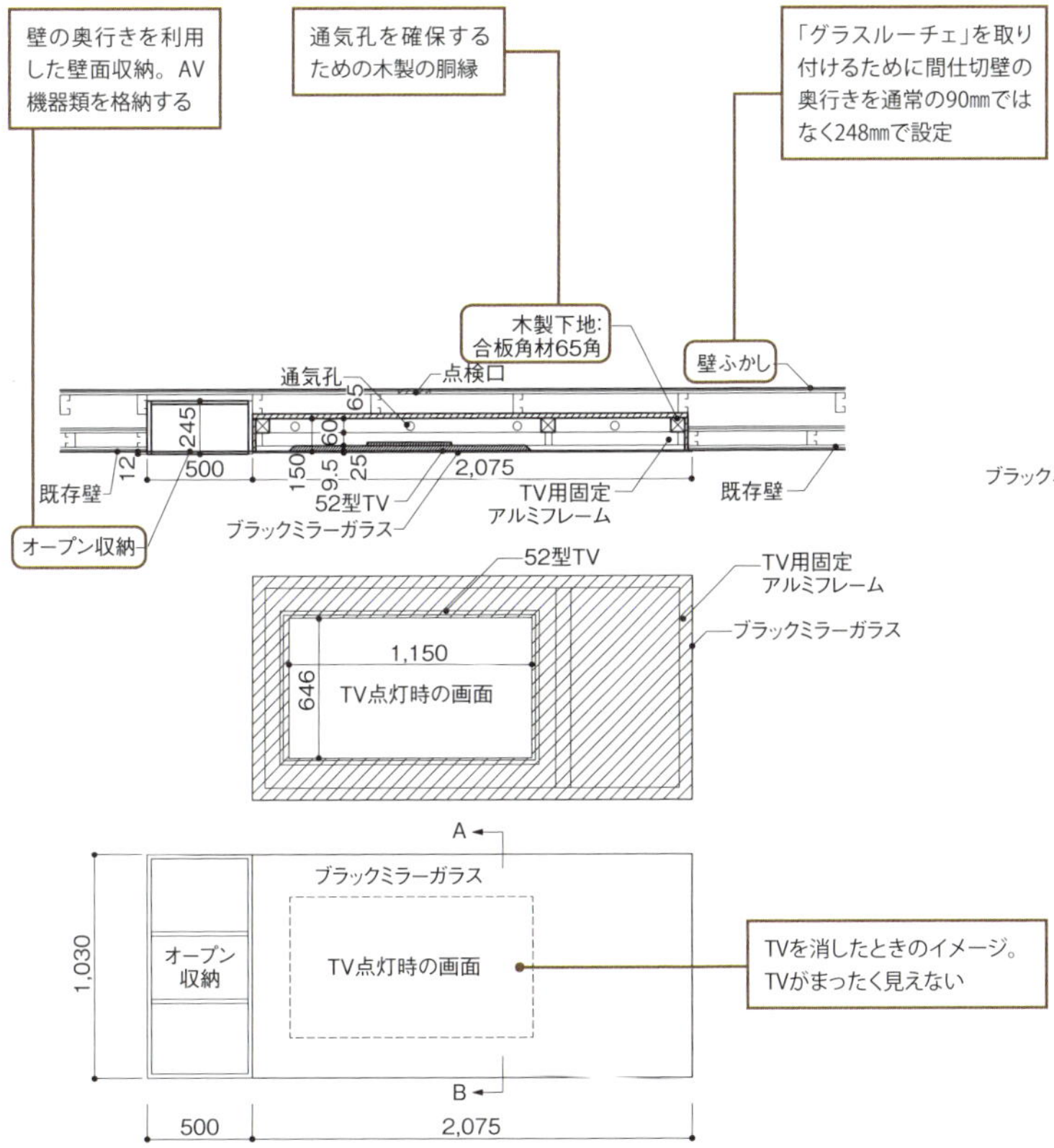

TV収納平面図・断面図・姿図［S=1:50］

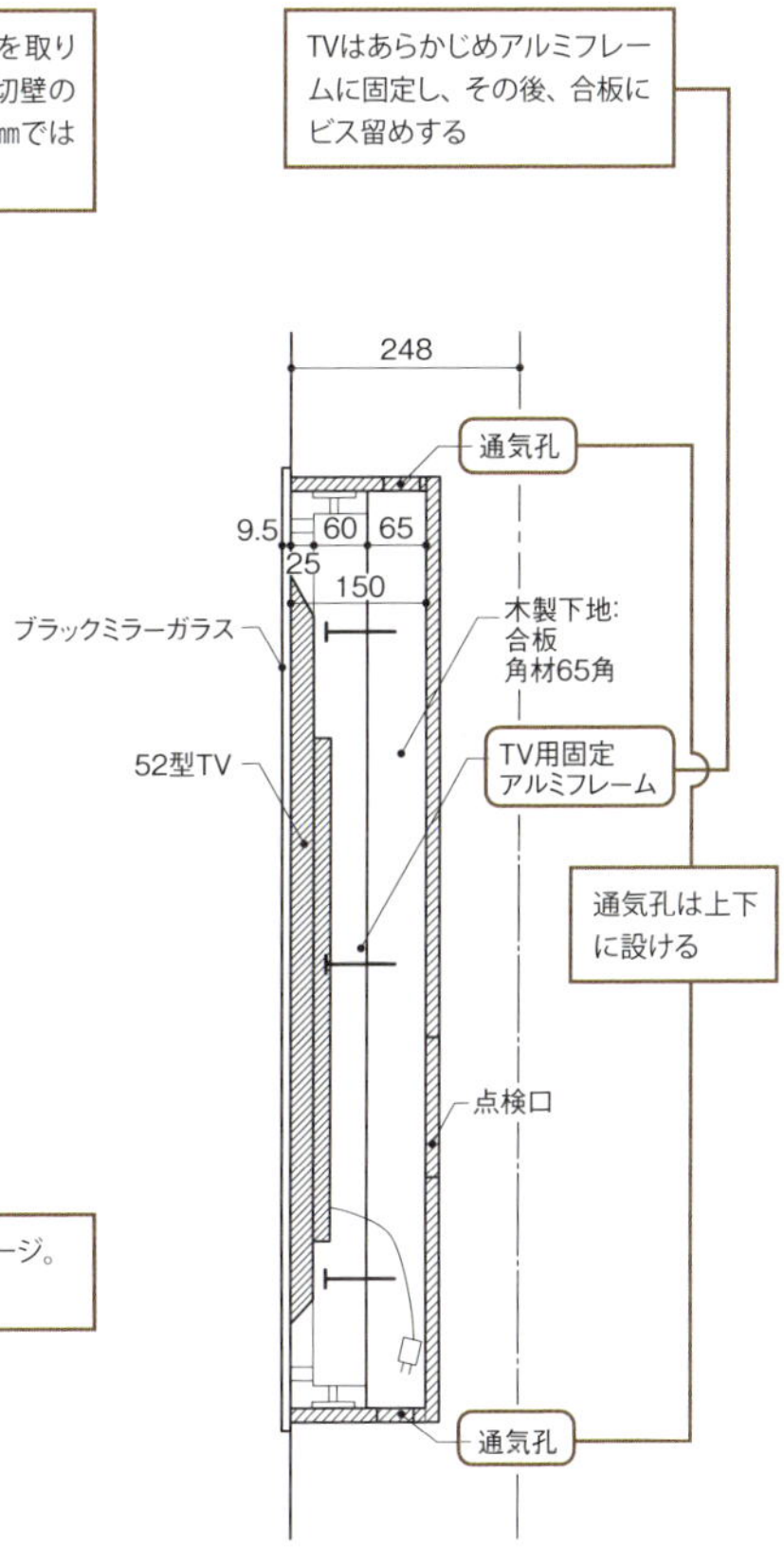

TV収納断面詳細図［S=1:15］

SANITARY

水 廻 り

洗面・浴室やトイレといった水廻りは、住まい手が素肌で向き合う空間。設計の際には、最も慎重な対応が必要である。夫婦で一緒に洗面所を使う家族もあれば、洗面所を夫婦別々にする場合もある。広い洗面所にマッサージチェアやトレーニングマシンを設置したり、親と子どもは別の脱衣スペースを使うケースも。ホテルのように大理石やガラスで仕上げたリッチなイメージが求められる一方、リネンやストックの備品や下着類を豊富にしまえる収納力が重視されるケースもある。空間のイメージは多種多様だ。

同時に、水廻りは、キッチンと並んでマンション・リノベーションで面積単価として最も費用が掛かる場所でもある。特に、在来工法と呼ばれる、コンクリートの躯体に直接防水層を作ってタイルなどで壁や床を仕上げた浴室は、解体するだけでも相当な時間と費用が掛かり、騒音が近隣との問題になることが少なくない。マンションによっては禁止しているところもある。既存の浴室を撤去して、ラグジュアリーなオーダーユニットバスやハーフユニットバスを組み込む方法もあるものの、少し手を加えればまだ使えそうな浴室は、浴槽の化粧直し、壁パネルや天井、シャワーや水栓金物類の刷新、照明を入れ替えると、まるで新しい浴室に生まれ変わったかのような印象を与えられる。

浴室のすべてをやり替える必要はない。必要に応じて、それぞれの工事を取捨選択すれば、費用対効果が高い浴室リノベーションは可能である。

一般的にリフォーム業者による浴室のやり替えといえば、既存の浴室を解体して新しいフルユニットバスを入れる方法がある。フルユニットバスは、合理的ではあるが、そこから個性は生まれない。プロならではの提案力とアイデアを生かした浴室リノベーションの可能性を知ってほしい。

男性用の水廻りと女性用の水廻りを分ける

夫婦で水廻りを分ける場合は、機能だけではなく、インテリアのテイストも分けたいものだ。男性の場合は、ダークなインテリアでまとめた水廻り、女性の場合は、軽やかな水廻り、としてコントラストを付ける。さらにここでは、男性用は1824サイズのテレビ付きオーダーユニットバスを設ける一方、女性用は化粧コーナーを備えた大型の洗面カウンターを設けつつ、浴槽は設けずにシャワーブースのみとしている。男性用の洗面所には入浴後に飲むビール用の冷蔵庫、女性用の洗面所には冷蔵保存が必要な基礎化粧品を保管する小型冷蔵庫を設けている。

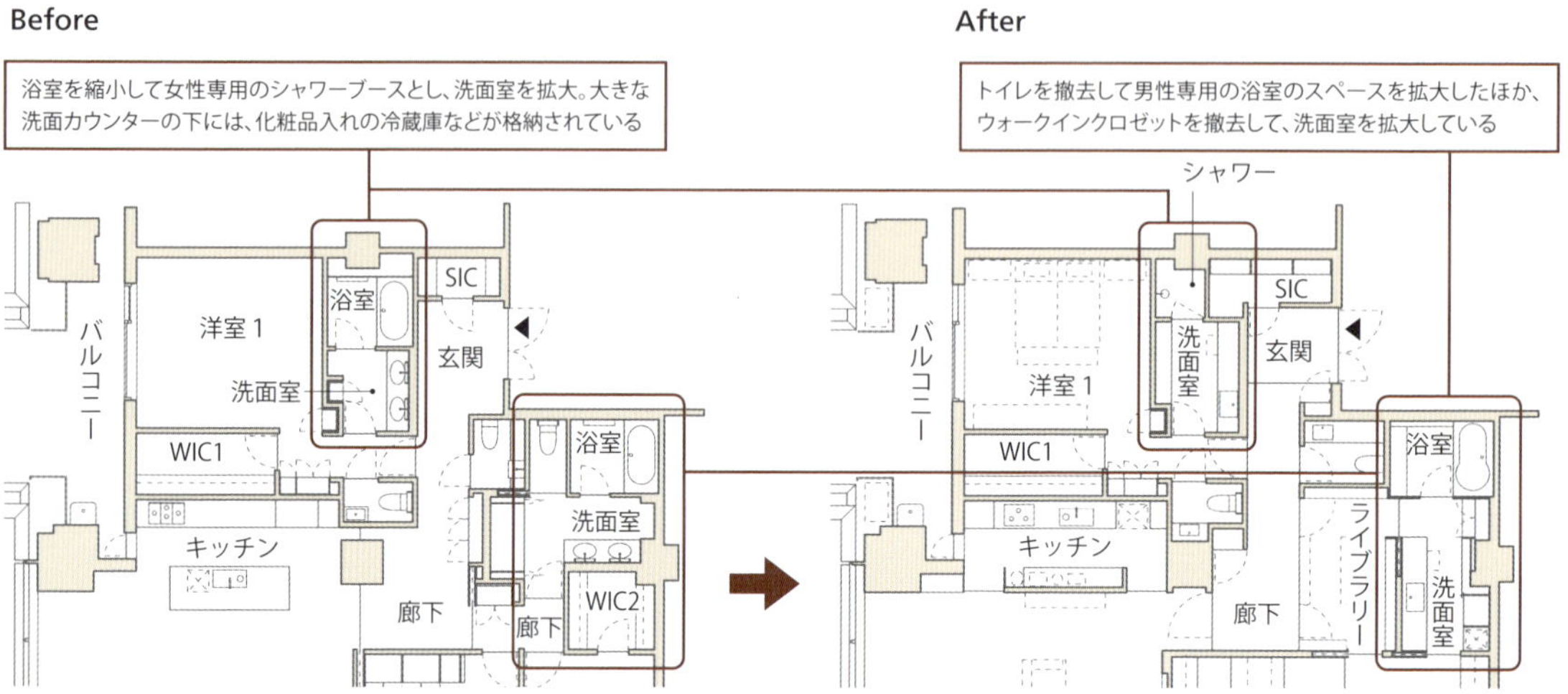

Before
浴室を縮小して女性専用のシャワーブースとし、洗面室を拡大。大きな洗面カウンターの下には、化粧品入れの冷蔵庫などが格納されている
浴室
SIC
洋室1
玄関
洗面室
バルコニー
WIC1
浴室
洗面室
キッチン
WIC2
廊下
廊下
After
トイレを撤去して男性専用の浴室のスペースを拡大したほか、ウォークインクロゼットを撤去して、洗面室を拡大している
シャワー
SIC
洗面室
玄関
バルコニー
洋室1
WIC1
浴室
キッチン
ライブラリー
洗面室
廊下

平面図

男性用の水廻り（左）は、壁と床をダークブラウンのタイルでまとめた。TVやオーバーヘッドシャワー付きのゴージャスな浴室。女性専用のシャワールーム（右）は、テクスチュアのある大理石調の大判タイルでまとめている

MATERIAL／六本木N邸（施工：リフォームキュー＋浴室・シャワーブース：東京バススタイル）

浴室：オーダーユニットバス（東京バススタイル）　シャワーブース：オーダーユニットシャワーブース（東京バススタイル）　壁［浴室］：タイル／ピエトレ・シチリアーナ ブルチ（アドヴァン）　壁［シャワーブース］：マルミ-マックスファインカラカッタ（ABC商会）およびマーベル カラカッタエクストラ 59LAP（ダイナワン）　壁［洗面室］：AEP　床［浴室］：磁器質タイル／マイルストーン（ABC商会）　床［シャワーブース］：Maristo アブソルート AFAB190（アベルコ）　床［洗面室］：磁器質タイル／ピエトレ・シチリアーナ ブルチおよびイ・マルミグリジオ（アドヴァン）　天井：AEP　洗面カウンター：大理石／グリジオビリエミ［男性］およびドラマチックホワイト［女性］　扉：ウォルナット柾目突き板塗装5分艶［男性］および全艶［女性］　メディスンキャビネット：鏡およびカラーガラス／ラコベル ナチュラルブラウン（旭硝子）　洗面ボウル・水栓金物（セラトレーディング）　スツール：HUGO（タイムアンドスタイル）　浴槽：Venti（ジャクソン）　シャワー水栓（ハンスグローエ）　浴室TV：16型（パナソニック）　スツール：ILE stool（カッシーナイクスシー）

統一感が感じられる水廻りのインテリア

全面ガラス張りの建具で仕切られた浴室と洗面の一体レイアウトで悩ましいのが、両者のインテリアに統一感をもたせることである。浴室の床は水しみの恐れがあるので、大理石を利用するのは好ましくない。必然的に、浴室の床にはノンスリップ加工された磁器質タイルなどを用いることになる。一方、洗面所の床には艶感のあるタイルを使いたいので、両者の一体感を高めるには、洗面所の壁・床と同じ素材で、浴室の壁を仕上げればよい。ここでは、浴槽のエプロンを含めて、同じタイルで仕上げ、水廻り全体に統一感をもたらしている。

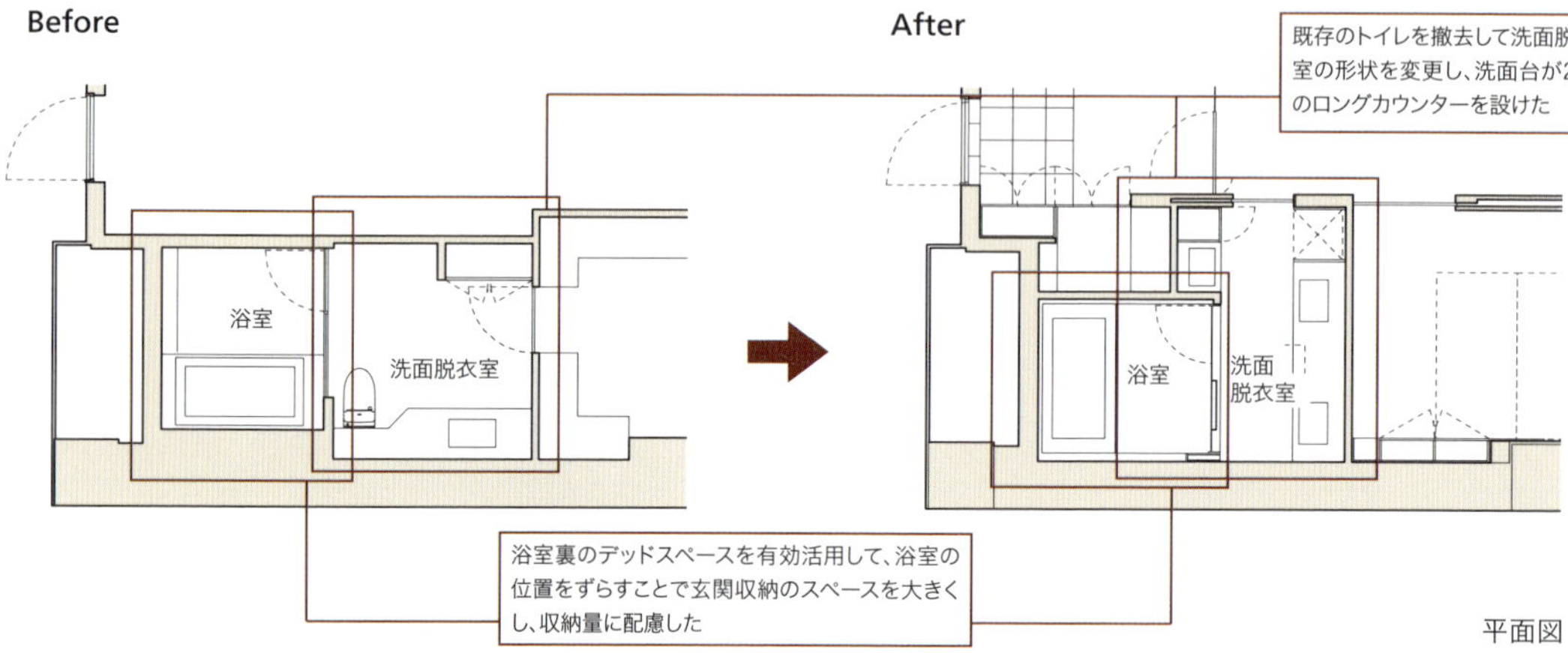

Before
After
既存のトイレを撤去して洗面脱衣室の形状を変更し、洗面台が2つのロングカウンターを設けた
浴室
洗面脱衣室
浴室
洗面
脱衣室
浴室裏のデッドスペースを有効活用して、浴室の位置をずらすことで玄関収納のスペースを大きくし、収納量に配慮した

平面図

目地が美しく見えるような割付けが成否の鍵を握る。ここでは、壁と床の目地位置をそろえた

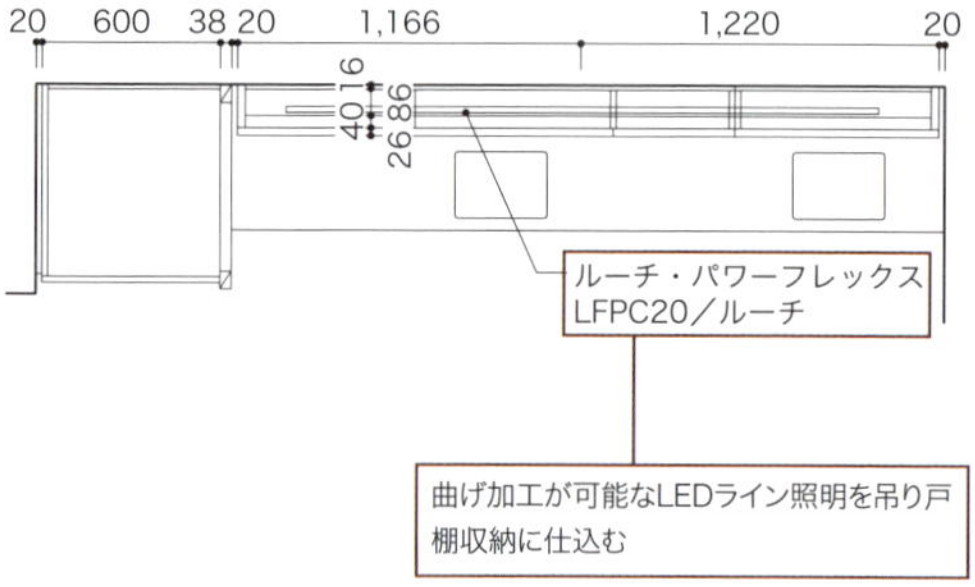

20
600
38
20
1,166
1,220
20
16
40
86
26
ルーチ・パワーフレックス
LFPC20／ルーチ
曲げ加工が可能なLEDライン照明を吊り戸棚収納に仕込む

洗面化粧台詳細図［S=1：50］

MATERIAL ／赤坂 S 邸（施工：リフォームキュー＋浴室：東京バススタイル）

浴室：オーダー（東京バススタイル）　壁［洗面室］：クロス／LL-8188（リリカラ）および磁器質タイル／ヴィストーンVS-48485（平田タイル）およびメラミン不燃化粧板／FKJ6000ZNN74（アイカ工業）　床：磁器質タイル／ヴィストーンVS-48485（平田タイル）　天井：クロス／LL-8188（リリカラ）　洗面化粧台：全艶塗装 メディシンボックスおよび鏡　洗面カウンター：人造大理石／サイルストーンCS501アルピナ・ホワイト（コセンティーノ）　洗面ボウル：施主支給／DR-030549（デュラビット）　水栓：施主支給／FOCUS S（ハンスグローエ）　タオルラック：FRF74-0903（大洋金物）　フック：SA-485-XC（カワジュン）　間接照明：ルーチ・パワーフレックス（ルーチ）

モルタルで仕上げた シンプルな浴室

新しいマンションでは、地震などの揺れや経年変化により、防水層が切れる可能性があることで、在来工法の浴室はあまり一般的ではない。マンションによっては、禁止しているところもある。ただし、改修前が在来の浴室の場合や浴室に強い個性を求める場合は、在来工法の浴室を検討する意味がある。ここでは、全体のロフト的な雰囲気に合わせて、左官仕上げの下地として一般的なモルタルで仕上げた浴室を設えた。浴槽（鋼製のホーロー）や水栓金物の雰囲気もそれに合わせ、シンプルなガラス扉とカラフルなタオルウォーマーを合わせている。

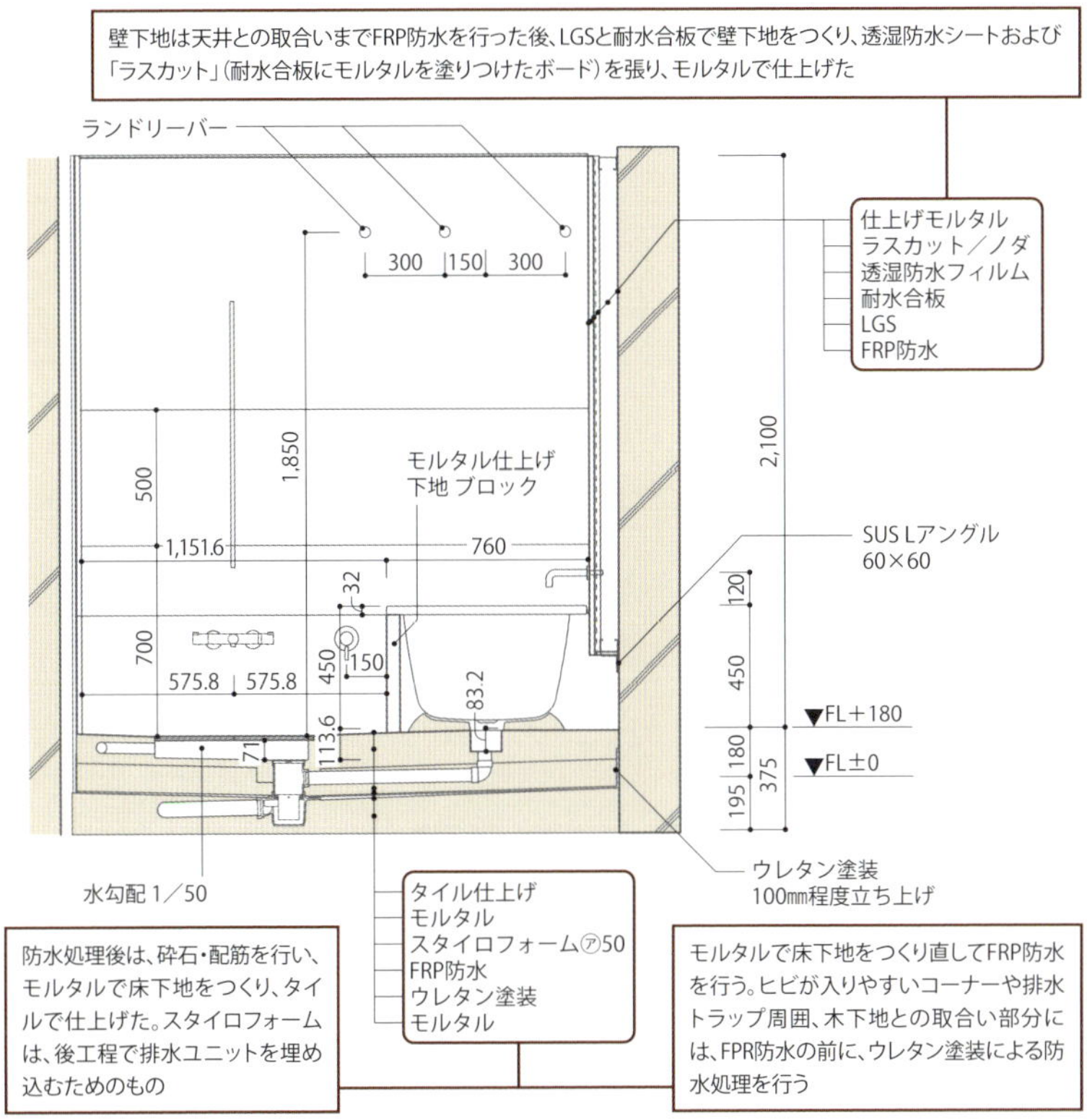
壁下地は天井との取合いまでFRP防水を行った後、LGSと耐水合板で壁下地をつくり、透湿防水シートおよび「ラスカット」(耐水合板にモルタルを塗りつけたボード)を張り、モルタルで仕上げた
ランドリーバー
300
150
300
仕上げモルタル
ラスカット／ノダ
透湿防水フィルム
耐水合板
LGS
FRP防水
500
1,850
2,100
モルタル仕上げ
下地 ブロック
1,151.6
760
SUS Lアングル
60×60
32
120
700
150
450
575.8
575.8
83.2
450
▼FL＋180
113.6
71
180
375
▼FL±0
195
水勾配 1／50
タイル仕上げ
モルタル
スタイロフォーム㋐50
FRP防水
ウレタン塗装
モルタル
ウレタン塗装
100㎜程度立ち上げ
防水処理後は、砕石・配筋を行い、モルタルで床下地をつくり、タイルで仕上げた。スタイロフォームは、後工程で排水ユニットを埋め込むためのもの
モルタルで床下地をつくり直してFRP防水を行う。ヒビが入りやすいコーナーや排水トラップ周囲、木下地との取合い部分には、FPR防水の前に、ウレタン塗装による防水処理を行う

浴室断面詳細図［S=1：40］

洗面室から浴室を見る。洗面カウンターの面材は浴室との雰囲気に合わせて、オリーブオークを採用。浴室との間にできる床段差には、間接照明を仕込んで浮遊感を演出

MATERIAL／杉並区S邸（施工：青）

壁［浴室］：モルタル撥水／ランディックスコート（大日技研） 壁［洗面室］：AEP 床［浴室］：タイル／RNL-243（アドヴァン） 床［洗面室］：タイル／RNL-243（アドヴァン） 天井［浴室］：OP 天井［洗面室］：AEP 浴槽：FLN72-5703（カルデバイ） 水栓金物［バス］：AGN73-01660（大洋金物） 水栓金物（シャワー）：HG13114・HG28535・HG28637・HG28245（セラトレーディング） 洗面台カウンター扉材：天然木突き板／オリーブオーク（山一商店） 洗面ボウル：ADF70-0404（大洋金物） 混合水栓金物：SFG73-0001（大洋金物）

浴室の一部に ドライサウナを設ける

高級マンションには、ときに無駄に大きすぎる浴室があり、そのスペースは有効に活用したいところだ。その方法の1つとして、浴室の一角にドライサウナを設けた事例を紹介する。サウナを設ける場合は、浴室全体のバランスを考慮して、壁面や枠廻りのデザインを整えていく必要がある。ここでは、浴室ライニング上の壁と、スチールサッシ廻りの壁を同じ大理石で仕上げて、統一感をもたせている。それに対してサウナ内部は、2色のスプルース羽目板で立体的に仕上げている。

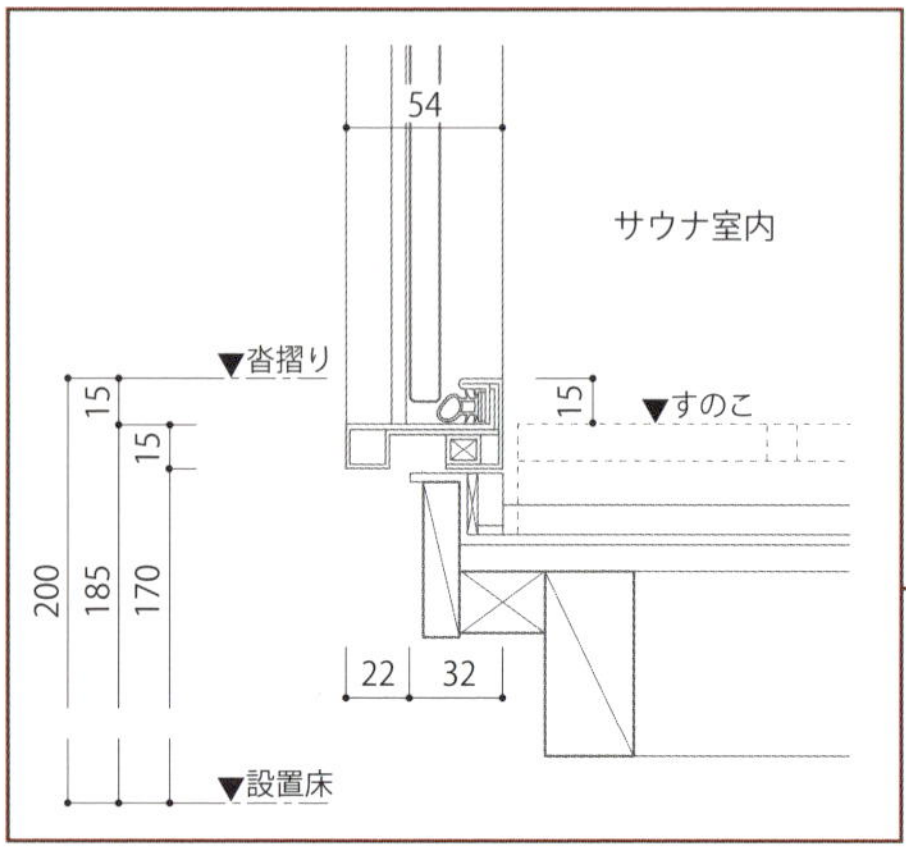

断面詳細図［S=1：3］

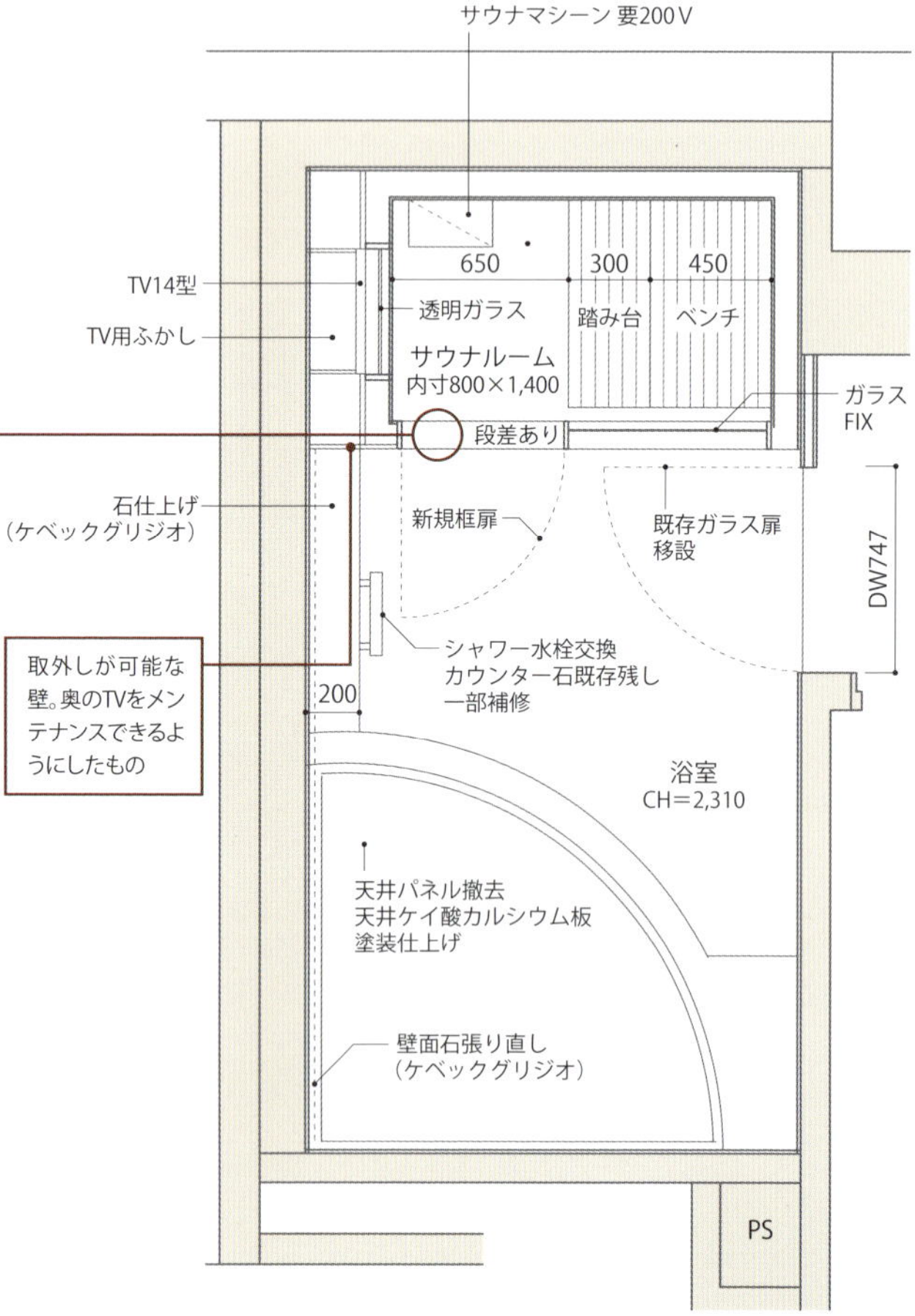

浴室平面詳細図［S=1：40］

スプルースで仕上げたドライサウナのインテリア。正面のテレビはスチールサッシでカバーされており、正面からメンテナンスできないので、浴室側の袖壁を一部取外し可能としている

MATERIAL／南平台N邸（施工：リフォームキュー＋ドライサウナ：東京バススタイル）

サウナルーム：オーダー（東京バススタイル）　壁［浴室］：天然石／ケベックグリジオ　壁［サウナルーム］：スプルース着色　床［浴室］：既存　床［サウナルーム］：磁器質タイル／デルフィ（長江陶業）および着色スノコ敷き　天井［浴室］：既存AEP　サウナマシーン：家庭用ドライサウナcompact2／4（ティーロ）　浴室TV：iiZA 14型地上デジタル液晶防水テレビ（中野エンジニアリング）

オーダーユニットバスでつくる開放的な水廻り

新築の高級マンションでは、浴室と洗面室の間仕切りをステンレス枠のテンパーガラスにして、浴室と洗面室を一体化しているケースが多い。これをリノベーションで実現するには、在来の浴室を採用するという方法があるが、防水性の観点から、特に高層階では実現が難しい。そこでもう1つの選択肢としてオーダーユニットバスがある。ここでは、洗面台のカウンター立上りの位置に合わせてガラスを張ったほか、洗面所背面の収納扉面材も洗面カウンター下部の面材に合わせ、さらに浴室奥にあるアクセント壁の大理石も色調を合わせることで一体化を図った。

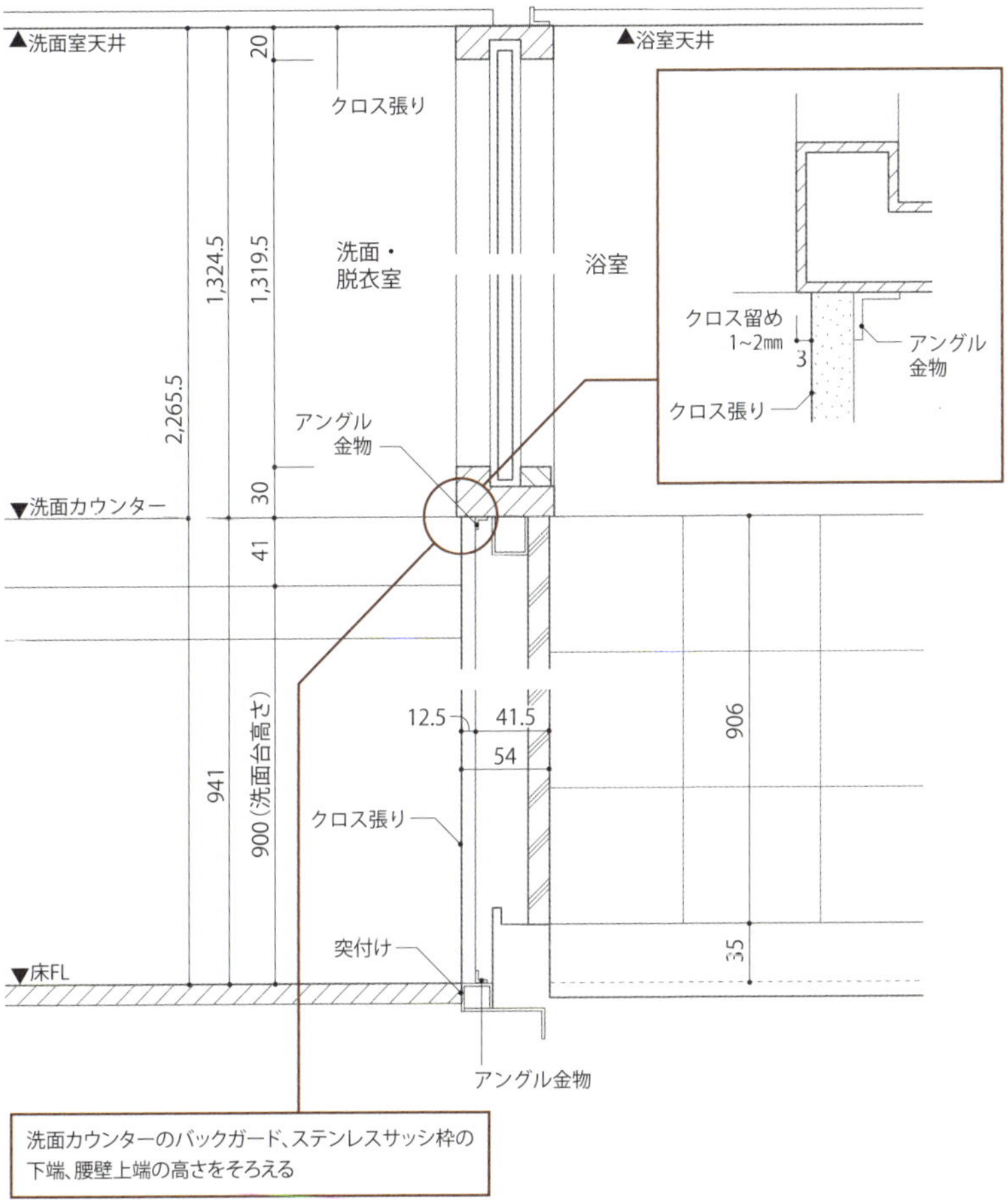

浴室・洗面室断面図［S=1：6および1：2］

ジャクソン社の浴槽を使用した浴室。一般的なユニットバスでは、洗面室との間に床段差が生じる可能性が高いものの、オーダーユニットバスでは、排水トラップの位置調整でフラットに納めることができる

MATERIAL／六本木T邸（施工：辰＋浴室：東京バススタイル）

浴室：オーダーユニットバス（東京バススタイル）　壁［洗面・脱衣室］：AEP　床：複合フローリング／スカンジナビアンフローリング ワイドプランクOAEWS（スカンジナビアンリビング）　天井：AEP　洗面カウンター：人造大理石／デュポン コーリアン レインクラウド（MRC・デュポン）　洗面ボウル（セラトレーディング）　水栓金物（セラトレーディング）　タオル掛け：EC.S0861R（セラトレーディング）バスローブフック（セラトレーディング）

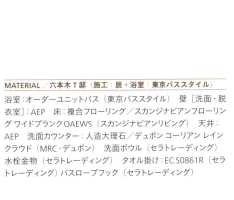

窓の近くに位置するガラス張りの浴室

高級マンションにふさわしい水廻りといえば、窓に面した位置に浴室があるイメージではないだろうか？ただし、高層階の場合は、窓際に浴室を配置すると、窓ガラス面の結露という問題が生じる。ここでは、既存のサッシの30㎝くらい手前に、新しくガラスサッシを設けて、湿気による不具合に対応している。浴室の間仕切りはガラス張りとして、シャワーブースやトイレと一体となる明るく開放的な空間としている。窓際の隙間には新規サッシの掃出し窓から出入りできるつくりとして、メンテナンスを可能にした。

テンパーガラスで仕切られた浴室と洗面室・シャワールーム・トイレ。浴室は黒い大理石、洗面室・シャワーブース・トイレはベージュの大理石を基調として、ホテルライクでシックな雰囲気にまとめた

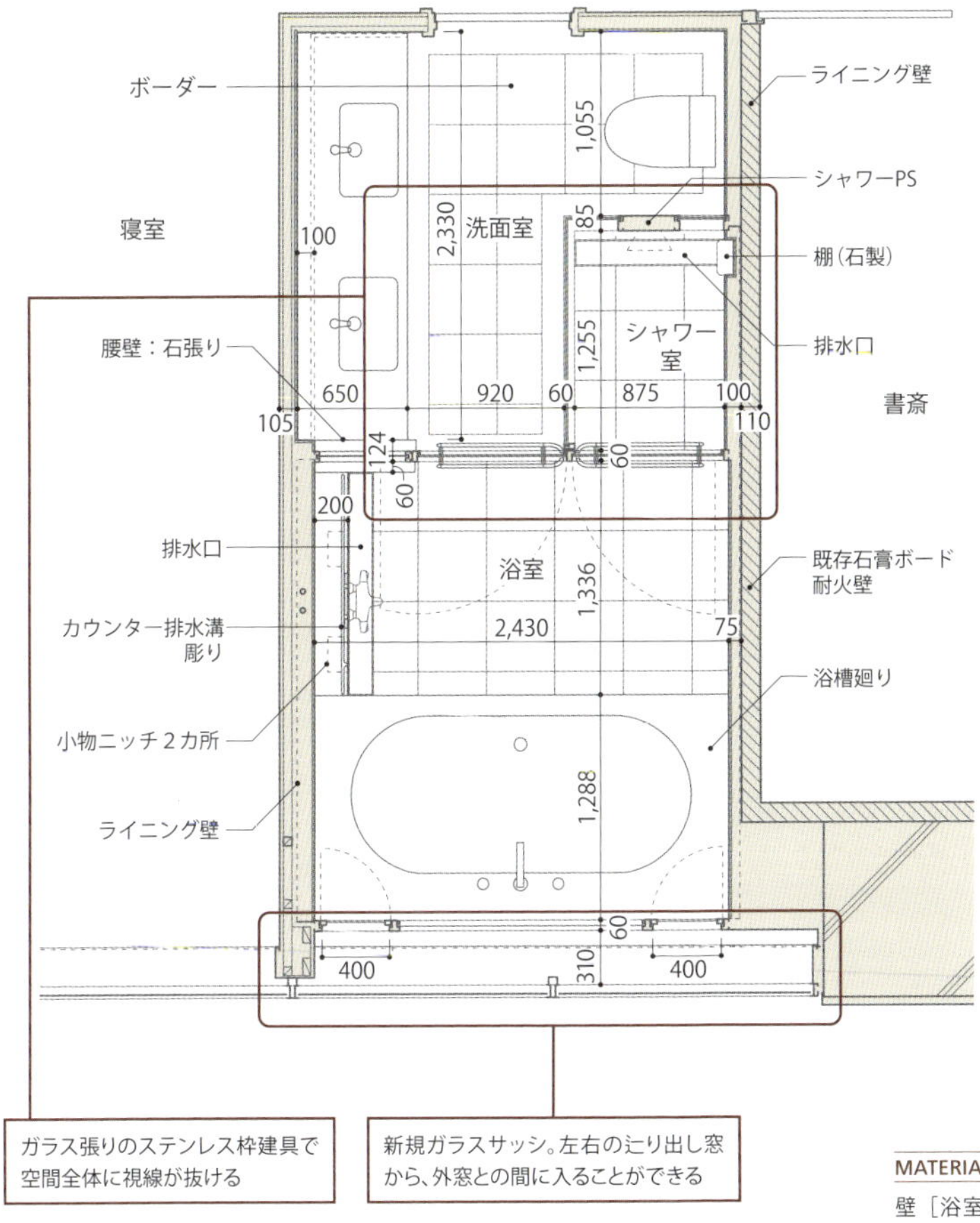

水廻り平面詳細図［S=1：60］

MATERIAL／高輪Ｔ邸（施工：現代製作所）

壁［浴室］：大理石／クラフティーブラウン　壁［シャワー室］：大理石／ベルラートシチリア　壁［洗面脱衣室］：大理石／ベルラートシチリア　床［浴室・シャワー室］：大理石／ジンバブエブラック　床［洗面脱衣室］：大理石／ベルラートシチリア・マロンブラウン　天井［浴室・シャワー室］：キッチンパネル　天井［洗面脱衣室］：AEP／FARROW&BALL POINTING No. 2003（カラーワークス）浴槽：Rossetti（ジャクソン）　電動ブラインド：アルペジオ（ニチベイ）　トイレ：NEOREST（TOTO）　洗面台：アルセア（セラトレーディング）

窓のない水廻りに開放感をもたらすガラスの間仕切り

マンションの水廻りは、窓から離れていて、自然光がまったく入ってこないケースが少なくない。そのため、水廻り全体が薄暗い空間になりがちである。薄暗さを解消し、明るさと開放感を感じられるようにするためには、間仕切壁を全面ガラスにして空間全体の一体感を高めるほか、インテリアを明るい色調のものでまとめるという手法をお薦めしたい。直接照明や間接照明をうまく組み合わせれば、空間に実際以上の広がりが感じられ、より明るさと開放感が感じられるようになる。

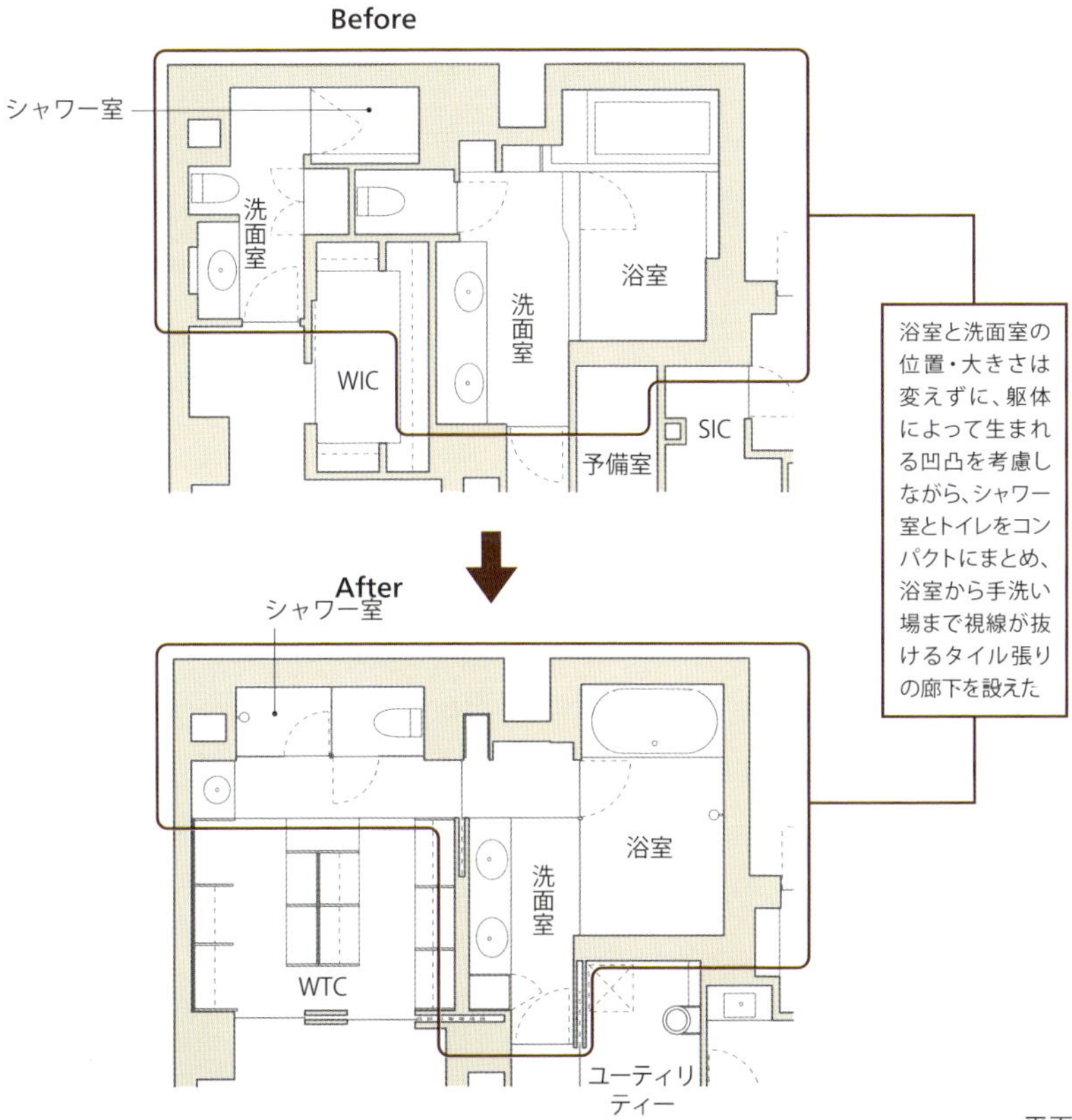
Before
シャワー室
洗面室
WIC
洗面室
浴室
SIC
予備室
After
シャワー室
浴室
洗面室
WTC
ユーティリティー
浴室と洗面室の位置・大きさは変えずに、躯体によって生まれる凹凸を考慮しながら、シャワー室とトイレをコンパクトにまとめ、浴室から手洗い場まで視線が抜けるタイル張りの廊下を設えた

平面図

洗面室からトイレ・浴室を見る。床仕上げのタイルは、間仕切壁の出入口の位置を考慮しながら、目地の位置やサイズがそろうように割付けている

MATERIAL ／南麻布Ｔ邸（施工：青＋浴室・シャワーユニット：東京バススタイル）

浴室：オーダーユニットバス（東京バススタイル）　壁［浴室］：磁器質タイル／マイルストーン（ABC商会）　壁［洗面室］：AEPおよびLithoverde・BANBOO（サルバトーリ）　壁［トイレ］：AEPおよびFIXガラスおよびタイル／磁器質マイルストーン（ABC商会）　床［浴室］：磁器質タイル／マイルストーン（ABC商会）　床［洗面室］：複合フローリング／スカンジナビアンフローリング ワイドプランクOAEWS（スカンジナビアンリビング）　床［トイレ］：磁器質タイル／マイルストーン（ABC商会）天井［洗面室・トイレ］：AEP　洗面化粧台・リネン収納：オーク柾目ホワイトオイル　洗面カウンター：大理石／ドラマチックホワイト　浴槽：Mega DUO Oval（カルデバイ）　シャワー水栓（ハンスグローエ）　洗面ボウル：CEL1585（セラトレーディング）　水栓金物（セラトレーディング）　リネン収納扉：カラーガラス／EB4（NSGインテリア）

費用を抑えて 浴室のイメージを一新

浴室のリノベーションには、漏水というリスクが常に付きまとう。大掛かりな工事を伴うほか、マンションでは在来工法が嫌がられていることや工期の関係で、ユニットバスにせざるを得ないケースが少なくない。高価なオーダーユニットバスを予算的に採用できない場合に、重宝するのがハーフユニットバスだ［201頁］。防水性の高さはもちろん、腰上の壁・天井・脱衣室側の扉は自由に仕上げられるので、フルユニットバスにはない個性を表現できる。既存浴室の壁一面を耐水性のあるアートパネルで仕上げる方法もある。

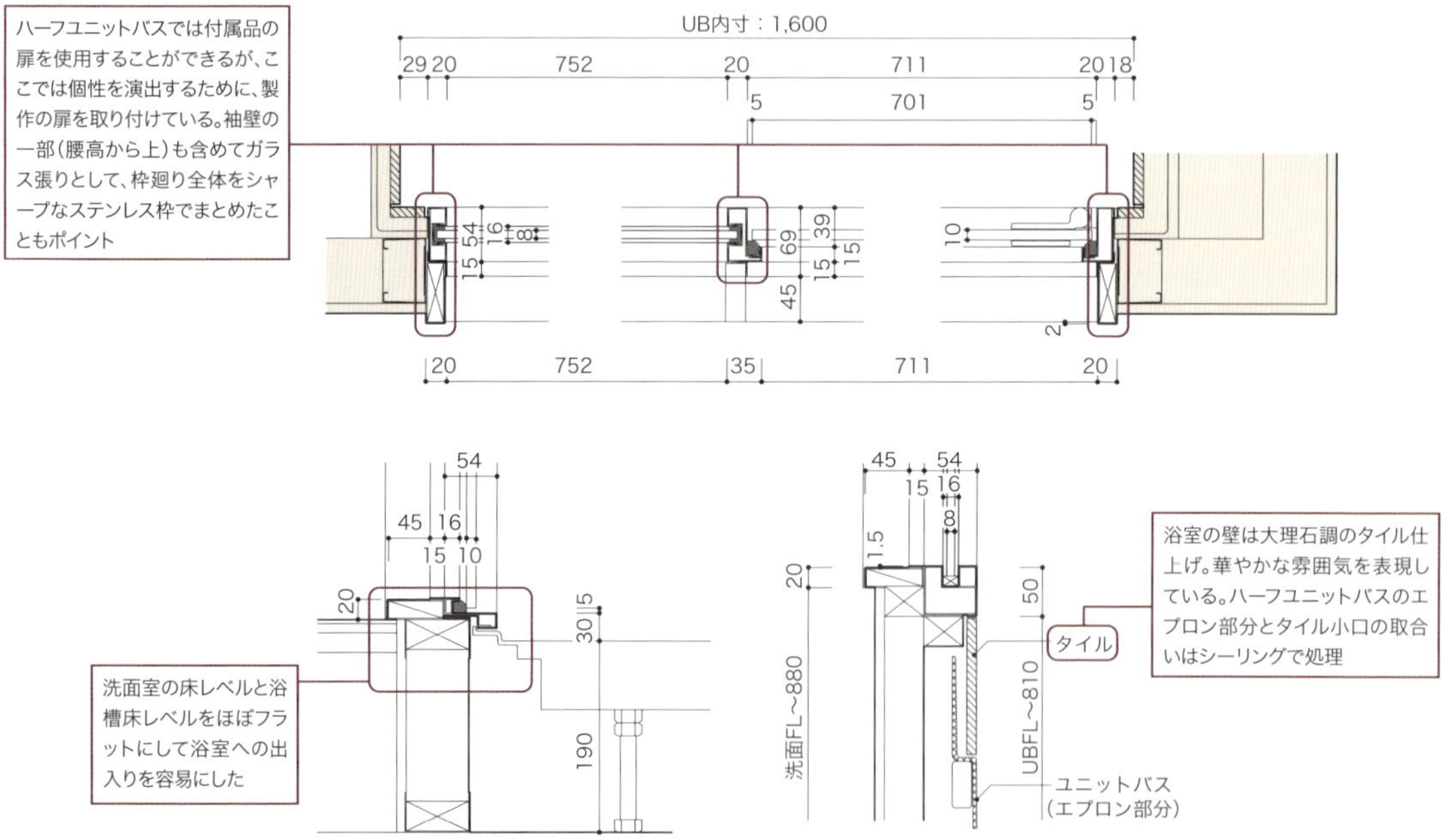

ハーフユニットバスでは付属品の扉を使用することができるが、ここでは個性を演出するために、製作の扉を取り付けている。袖壁の一部（腰高から上）も含めてガラス張りとして、枠廻り全体をシャープなステンレス枠でまとめたこともポイント
UB内寸：1,600
29 20 752 20 711 2018
5 701 5
54 16 8 15
69 39 15 15 45
10 2
20 752 35 711 20
54 45 16 15 10
20 5 30 190
洗面室の床レベルと浴槽床レベルをほぼフラットにして浴室への出入りを容易にした
45 54 15 16 8 1.5 20 50
洗面FL～880
UBFL～810
タイル
ユニットバス（エプロン部分）
浴室の壁は大理石調のタイル仕上げ。華やかな雰囲気を表現している。ハーフユニットバスのエプロン部分とタイル小口の取合いはシーリングで処理

浴室詳細図［S=1：10］

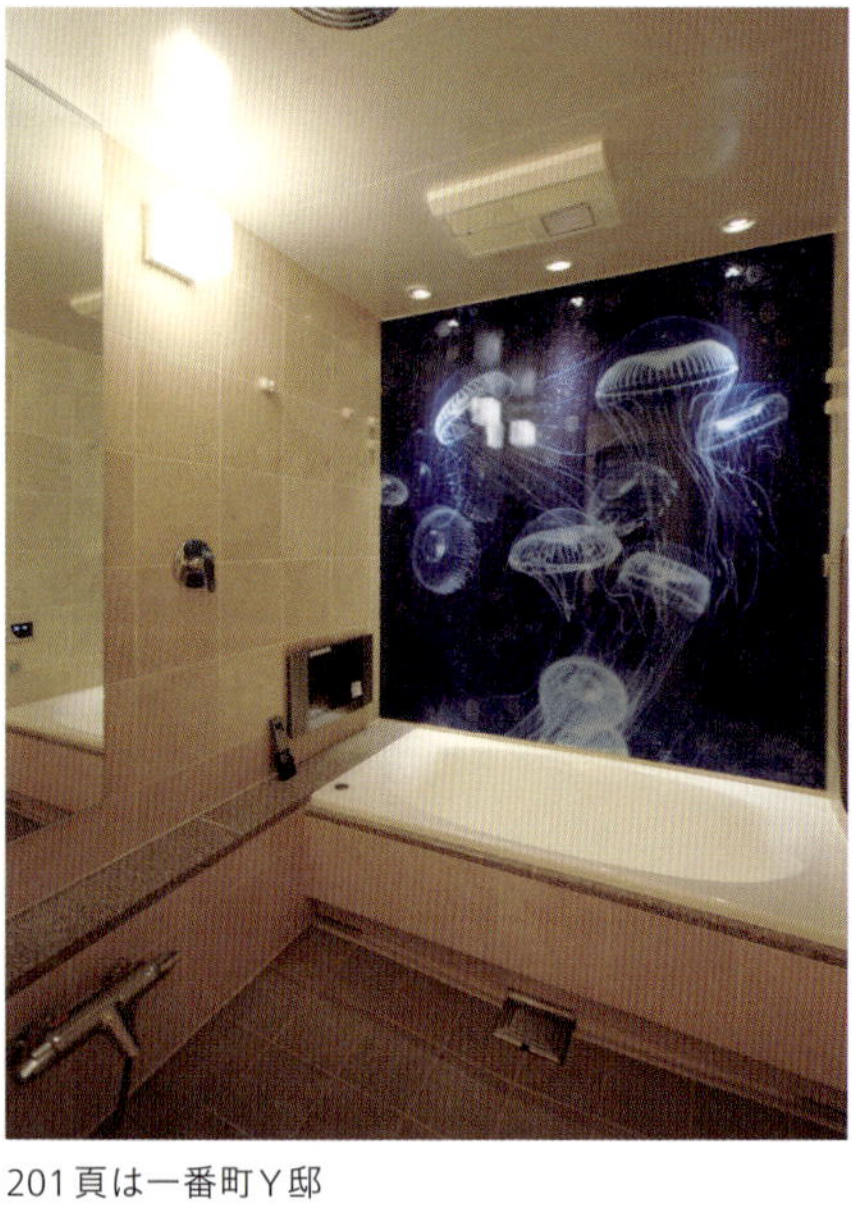

既存のユニットバスを壊すことなく、イメージチェンジを図ったこの事例では、アーティストにつくってもらった耐水性アートパネルを壁面に張っている

201頁は一番町Y邸

MATERIAL／一番町Y邸（施工：リフォームキュー）

浴室：ハーフユニットバス／ハーフバス08（TOTO）　壁［浴室］：磁器質タイル／ミネラルDリビング ブラウン（アドヴァン）およびイ・マルミ グリジオ（アドヴァン）　壁［洗面室］：クロス／LL-8188（リリカラ）　床［洗面室］：塩ビタイル／LYTILE モカクリーム LYT83148（リリカラ）　天井［浴室］：VP　天井［洗面室］：LL-8188（リリカラ）　トイレ扉・クロゼット扉：フルハイトドア（神谷コーポレーション）

MATERIAL／代官山T邸（施工：リフォームキュー）

浴室：既存ユニットバス　壁面パネル：水性アートパネル

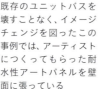

鏡を利用してコンパクトなトイレを視覚的に拡張

ほかの部屋の広さと快適性を優先すると、トイレは、狭くて天井が低くなりがち。プライバシーを確保しながら、伸びやかさを感じられるようにするには、鏡による視覚的な効果を積極的に利用したい。ここでは、帯状の鏡を、引込み戸越しの外側にまで伸ばし、トイレの境界を曖昧なものとし、トイレを視覚的に拡張している。帯状の鏡と取り合うように、同じ高さで壁面収納と飾り棚を設けて、正面から見たときに、短手方向にも空間に広がりが感じられるようにしているのもポイント。

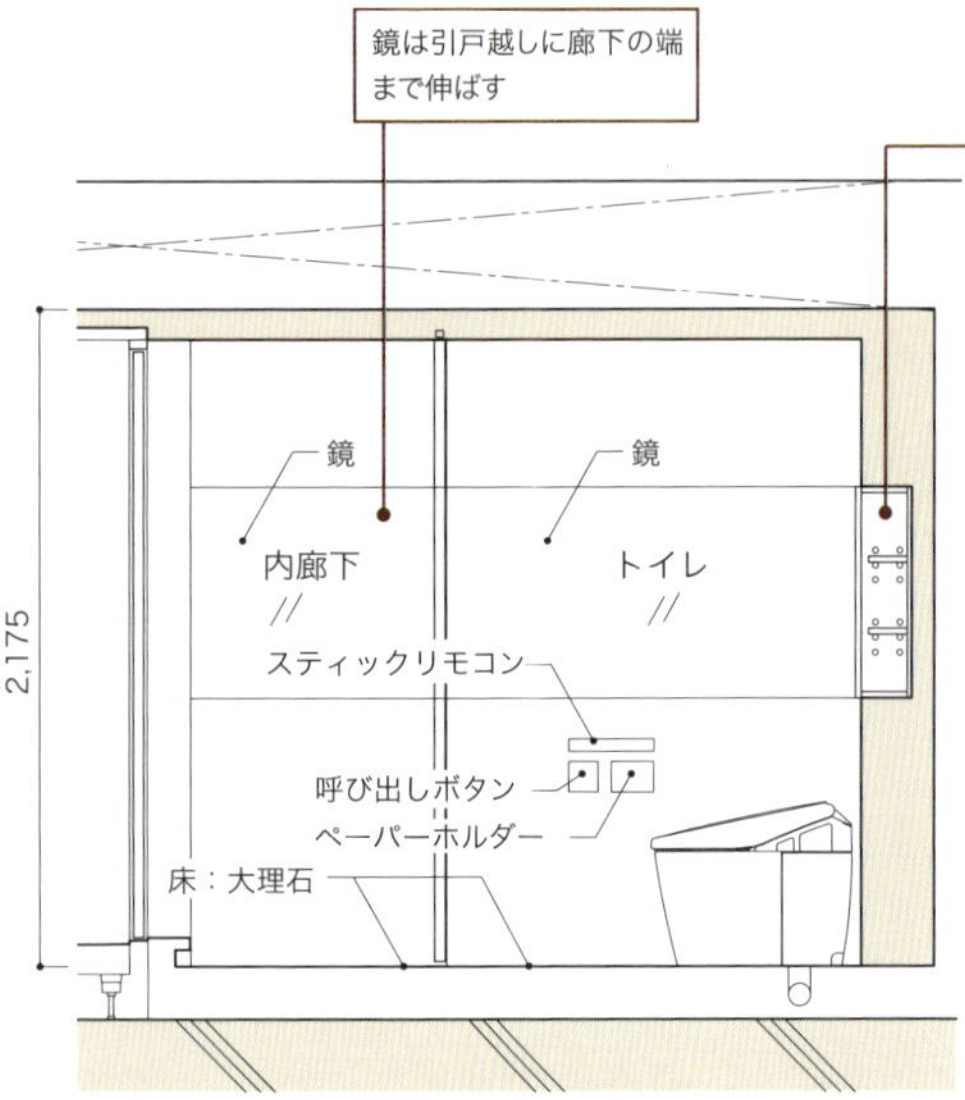

トイレ断面詳細図［S=1：50］

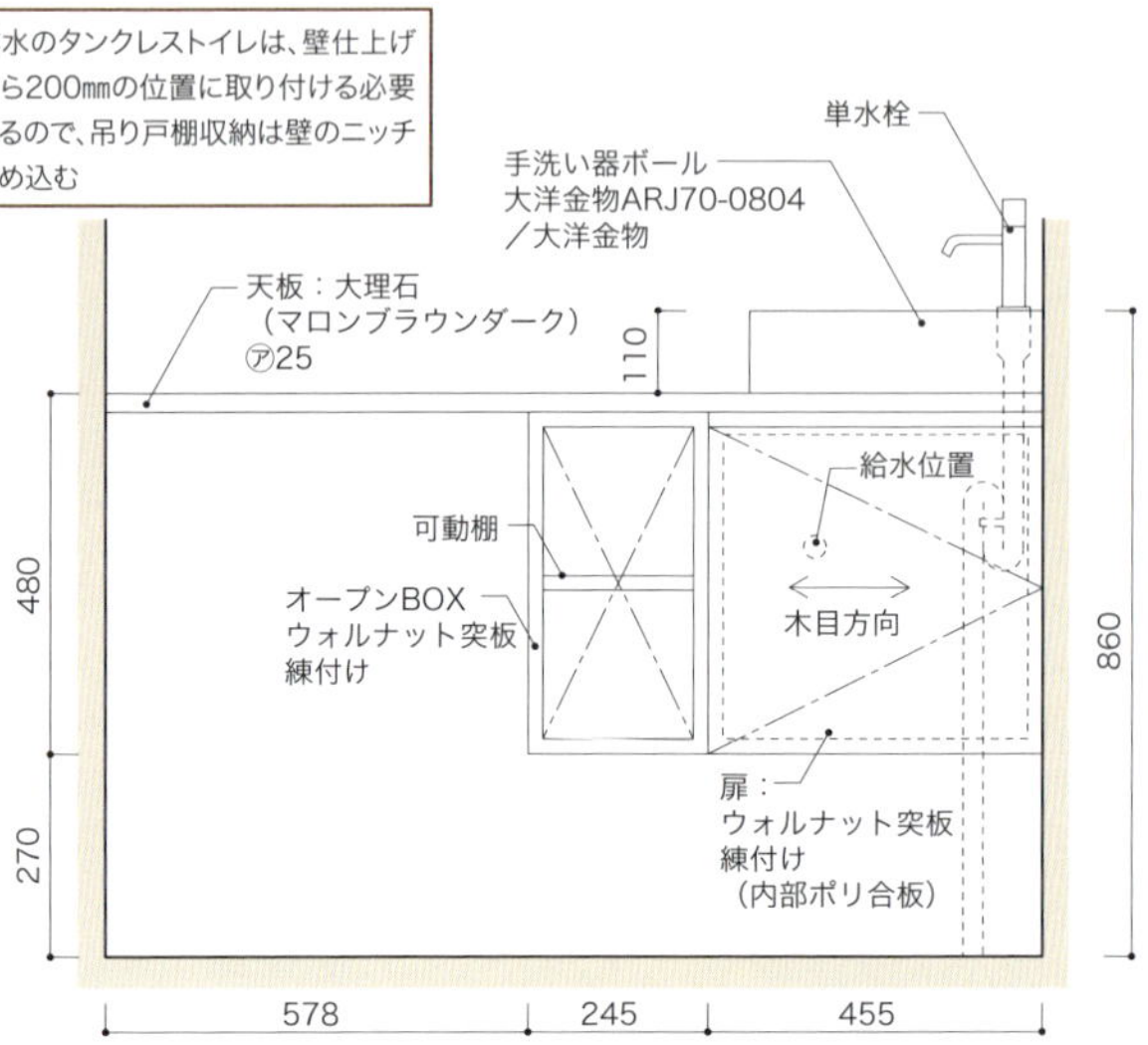

手洗いカウンター詳細図［S=1：20］

トイレのあるグリーン基調の水廻りボックスを外から見る。正面奥に鏡が見えるところから右側がトイレ、左側が浴室となっている

MATERIAL／**神戸M邸（施工：越智工務店）**

壁：AEPおよび鏡　床：大理石／マジョルカコルスタ（アドヴァン）　天井：AEP　トイレ：NEOREST（TOTO）背面埋込み収納：ウォルナット突き板　手洗い扉：ウォルナット突き板　手洗いカウンター：大理石／マロンブラウン　手洗いボウル：CATALANO ADF70-0613（大洋金物）　水栓金物：FANTINI AGN73-0101-001（大洋金物）　ペーパーホルダー：EC.S0800R（セラトレーディング）　タオルバー：EC.S0855R（セラトレーディング）

付加価値を生み出す
トイレの表現手法

トイレは狭くて閉鎖的な空間であり、既存のマンションでは、インテリアがあまり工夫されているとはいえない。インテリアを刷新してトイレに大きな付加価値を生み出すアイデアとしては、「全体を高級感のある素材で仕上げる」「壁の一面をカラフルに仕上げる」など、閉鎖性があるゆえの自由な表現が可能である。くつろぎの空間と捉えて、壁面に書棚を設けて、書斎のような空間にしてもよいだろう。自立型のシンクと組み合わせれば、海外の高級ホテルで見られるような品のある空間へと生まれ変わる。

タンクレストイレと自立型シンクを並べて、間接照明で演出。奥に見える寝室とつながる［ニューヨークS邸］（左）。トイレの背面壁を鮮やかな赤い塗装で仕上げ、アクセントとする。壁はふかして間接照明（バーチカル照明およびコーブ照明）を仕込んでいる［杉並区S邸］（右）

浴室の中にトイレを設置した例。ホテルのようなコンパクトな設えとなっている。タンクレストイレがよく似合う［広尾H邸］（左）。トイレの壁面を「ポーターズペイント」（NENGO）で仕上げた例。個性のある色合いと凹凸のあるテクスチュアが特徴。正面の壁にはニッチを設けて、アクセントとして効かせる［世田谷区N邸］（右）

心
田舎教師

高級感あふれる
来客用トイレ

トイレが2つある場合の来客用のトイレには、高級感のある設えが求められる。〝おもてなし〟の空間であると捉え、来客を迎え入れる玄関と同等の仕上げとすることを心がけたい。そのためには、インテリアを構成する素材が重要となる。コンパクトな空間なので、カラーガラスや鏡、モザイクタイル、水栓金物などの光を反射する素材に、突き板や大理石のような柄のある素材を組み合わせていくと、華やかな空間となる。照明も艶感のある素材を照らすスポット照明と全体の照度を確保するベース照明で分けて考えるとよい。

207頁の事例と同様にトイレの背面壁をブラウンのカラーガラスで仕上げ、側面に大理石をカウンターとする手洗いコーナーを設けた［六本木N邸］（左）。トイレの床と背面壁を同じ大理石調タイルで仕上げ、空間の一体感を表現した。ユニバーサルダウンライトの取付け位置を壁際に寄せているのはタイルの艶感を強調するため［白金台P邸］（右）

便器の正面に壁面いっぱいの手洗いコーナーを設けた例。鏡の木枠は見付け寸法を50㎜として目立たせ、重厚感のある雰囲気を演出している［六本木T邸］（左）。便器の正面に見える鏡は枠なしで壁面いっぱいに納める。映り込みの効果で空間が実際以上に広く感じられる［南麻布S邸］（右）

207頁は南平台N邸

Window

窓

マンションの窓は、勝手に改造することができないにも関わらず外観重視で決められたデザインは、内部のデザインを台無しにする可能性もある。ただし、内側から窓が目立たないようにデザインし直すことは可能である。具体的には、サッシの枠を化粧シートでくるんで、サッシのくたびれた印象を消去してしまうこと、窓をつぶして、壁面に変えることが考えられる。横連窓の場合は、窓前に大きなフレームを設えてもよい。

1 化粧シートでサッシの枠を隠す

緑を望む大きな窓。方立が美しく見えるように、方立正面には2㎜厚の木板、側面には化粧フィルムを張っている。インテリアの色に合わせて、ベージュ系の素材を採用［南麻布T邸］。

2 壁を立てて、飾り棚を設える

天井と床の木材を長手方向に張って、窓をつぶした正面の壁がアイストップになるようにしている。小窓や飾り棚で、目を楽しませる工夫を仕掛けた［目黒S邸］。

天井高は2,320㎜。築年数が30年を超えるマンションの天井高は概して低い。天井懐がまったくなかったので、羽目板の天井を元の天井より65㎜下げて、当時最薄のLEDダウンライトを納めた

窓の内側から壁を立てて、その壁を一部開口することで、アクセントとなる横長の窓を飾り棚の上に取り付けた

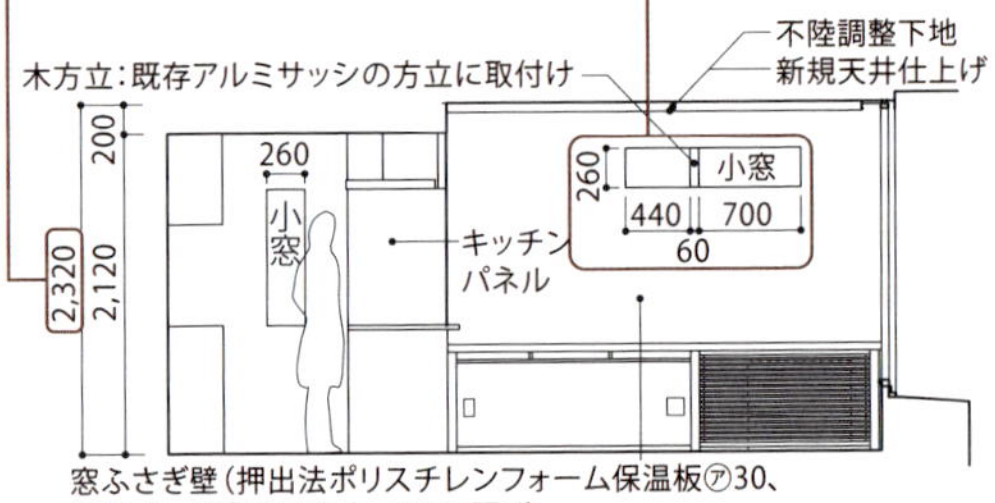

不陸調整下地
新規天井仕上げ
木方立：既存アルミサッシの方立に取付け
200
2,320
2,120
260
小窓
キッチンパネル
260
小窓
440
700
60

窓ふさぎ壁（押出法ポリスチレンフォーム保温板㋐30、石膏ボード㋐12.5の上、クロス張り）

展開図［S=1:100］

3 窓の手前にルーバー戸を組み込む

窓の存在感を目立たなくするように、間口いっぱいに木製のフレームを設えた。窓部分は木製のルーバー、袖壁は木の羽目板張りとして、面全体のデザインに統一感をもたせている。ルーバー戸の背部にレースのカーテンを仕込み、間接照明で美しく照らした［神戸M邸］。

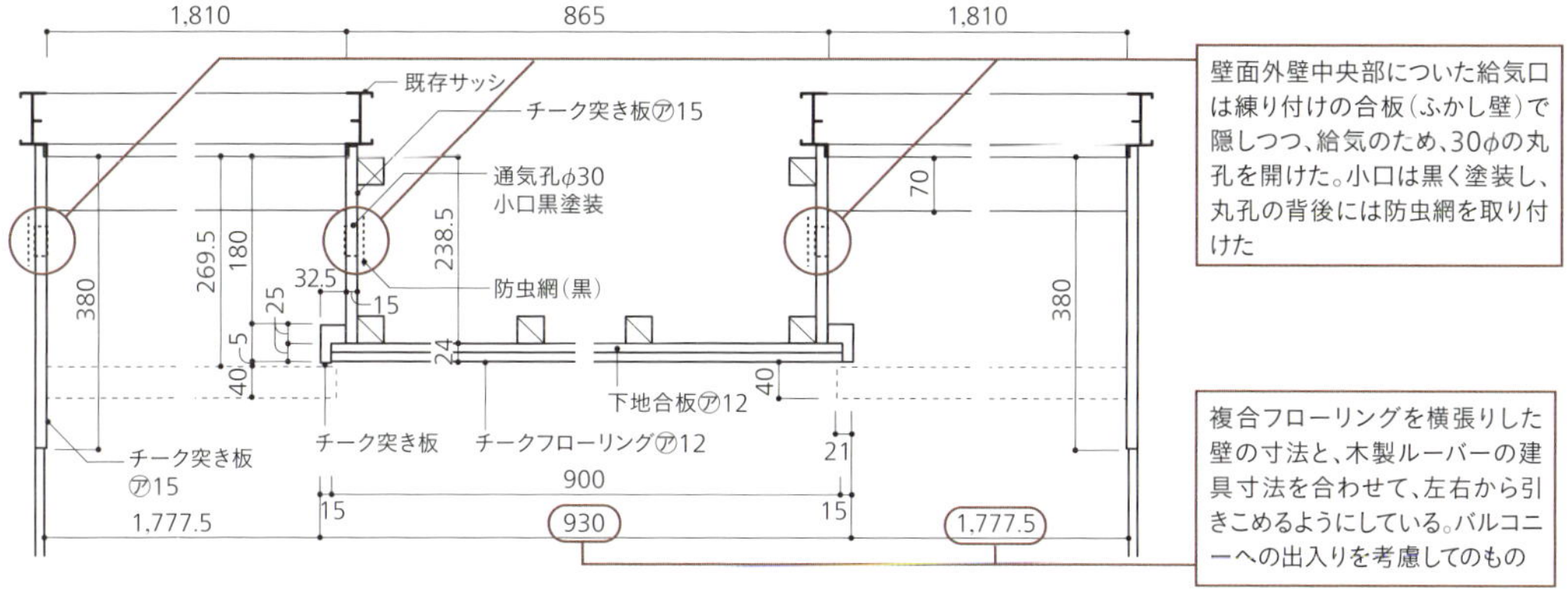
既存サッシ
チーク突き板㋐15
通気孔φ30
小口黒塗装
防虫網（黒）
下地合板㋐12
チーク突き板
チークフローリング㋐12
チーク突き板
㋐15
壁面外壁中央部についた給気口は練り付けの合板（ふかし壁）で隠しつつ、給気のため、30φの丸孔を開けた。小口は黒く塗装し、丸孔の背後には防虫網を取り付けた
複合フローリングを横張りした壁の寸法と、木製ルーバーの建具寸法を合わせて、左右から引きこめるようにしている。バルコニーへの出入りを考慮してのもの

開口部平断面詳細図［S = 1:15］

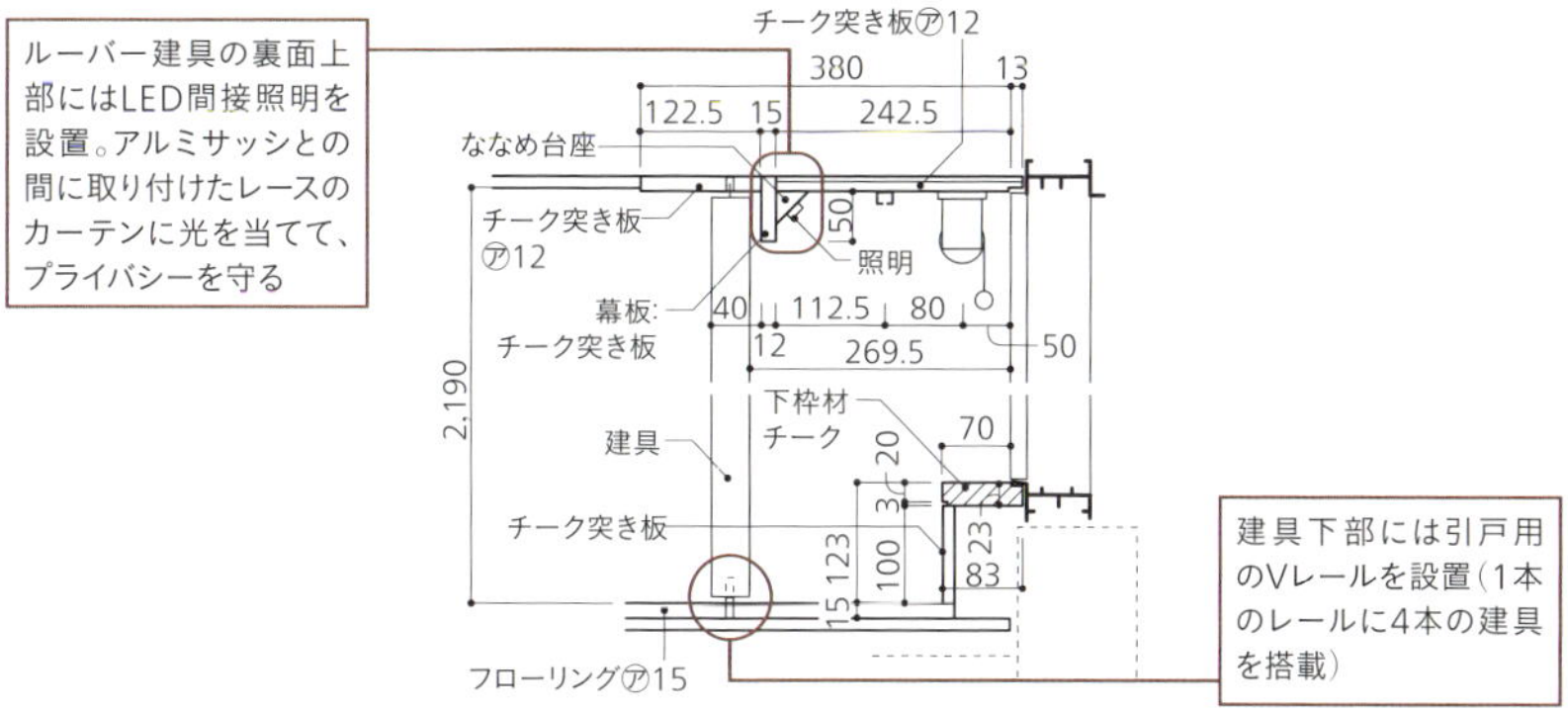
ルーバー建具の裏面上部にはLED間接照明を設置。アルミサッシとの間に取り付けたレースのカーテンに光を当てて、プライバシーを守る
チーク突き板㋐12
ななめ台座
チーク突き板
㋐12
照明
幕板：
チーク突き板
建具
下枠材
チーク
チーク突き板
フローリング㋐15
建具下部には引戸用のVレールを設置（1本のレールに4本の建具を搭載）

建具断面詳細図［S = 1:15］

Before & After

After

1

間仕切壁と天井を撤去して大空間をつくる

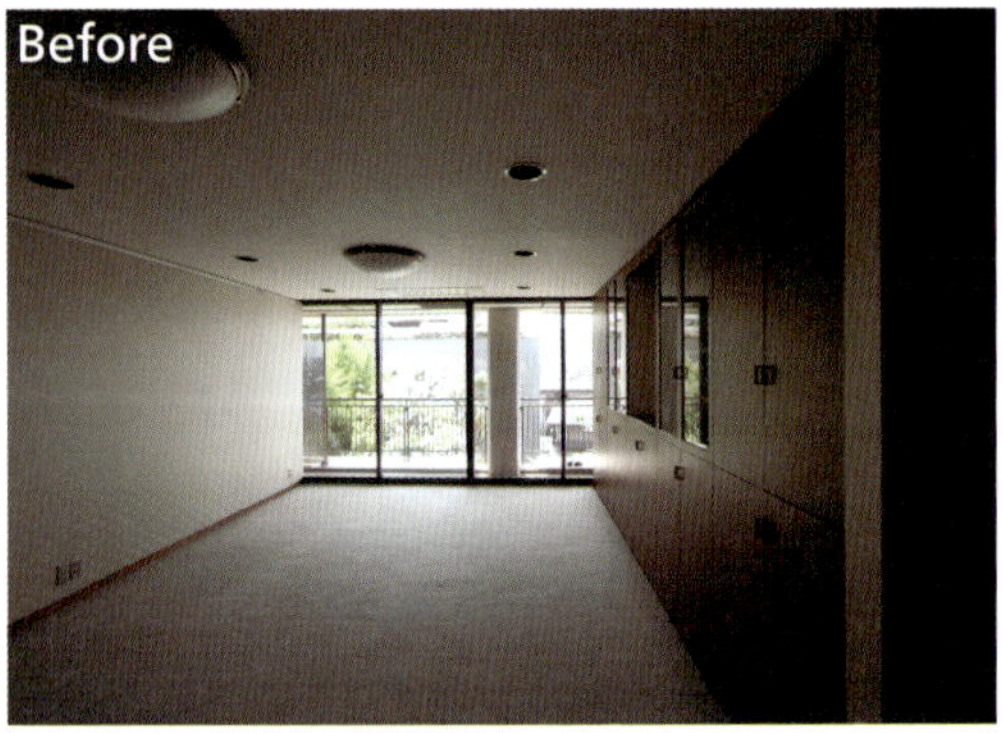

Before

窮屈さを解消するための手法として有効となるのが、間仕切壁および天井仕上げの撤去である。間仕切壁を撤去すれば、ワンルームの大空間が得られる一方、天井仕上げを撤去すれば、天井が高くなるだけではなく、コンクリートの力強い梁をインテリアのアクセントとして生かすことができる［広尾N邸］。

2

壁の線を揃えて空間をすっきりさせる

壁面線がガタガタしている場合は、空間がすっきりと見えない。壁の線を揃えると、視線が遠くまで導かれるような、開放的な空間が実現できる。ここでは、リビング・ダイニングの壁面線を揃え、廊下の向こうに視線が抜けるようにした［目黒S邸］。

After

3

クローズドキッチンを オープンキッチンに変える

独立したクローズドキッチンをオープンキッチンに変えて、ワンルームのLDKをつくるというニーズは数多い。この場合は、キッチンカウンターや背面収納のデザインがLDK全体のデザインに調和するように配慮する。グレイッシュなこのLDKでは、オープンキッチンの面材（人造大理石／カラーガラス）もグレーを基調としている[一番町Y邸]。

Before

After

4

オープンキッチンを壁で隠す

“調理中の匂いが気になる”“キッチン廻りの整理が面倒”などの要望があるなら、オープンキッチンをクローズドキッチンに変えてもよい。壁で覆えば、空間の要素が減るので、全体がすっきりと見える。ここでは、壁と建具を一体化して見せた［六本木N邸］。

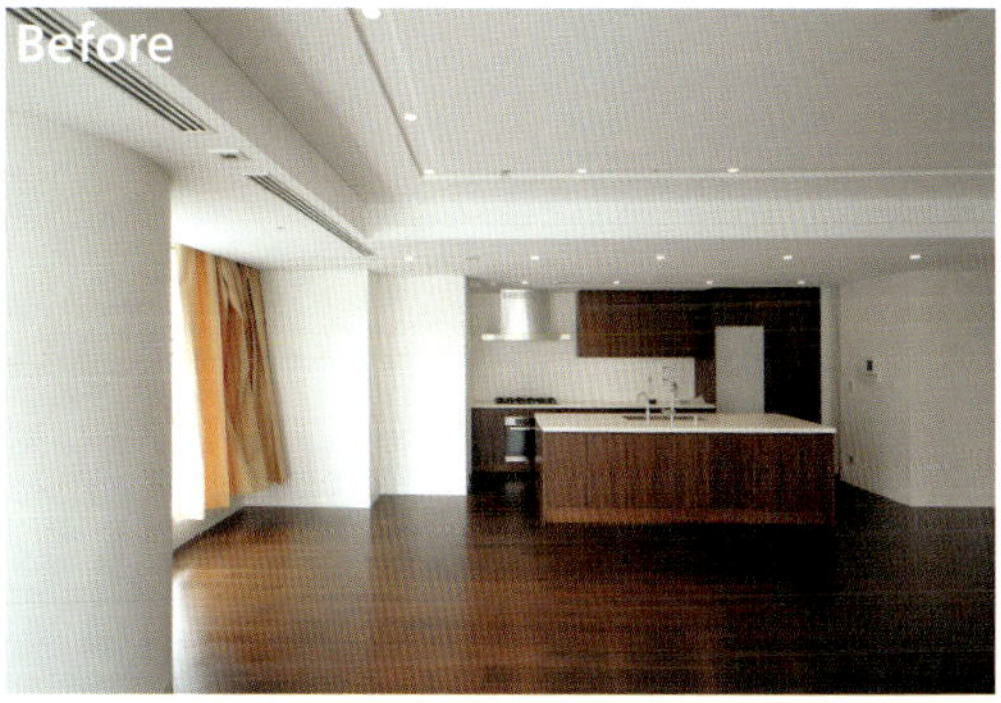

Before

5
部屋の数を増やして空間のガタツキを解消

マンションでは、バルコニーや柱形・梁形、PSなどによって空間が不整形になる場合がある。それを一室空間として捉えると、空間にスッキリさが生まれない。空間を大きく確保するのではなく、あえて整形になるように部屋の数を増やすというのも空間を美しく見せる手法として考えられるだろう。ここでは、不整形なリビング・ダイニングを解体して、リビング・ダイニングと子供室（写真右）に分け、空間のガタツキを解消した［お台場K邸］。

6

折上げ天井を小さくして ゾーニングを明確に

高級マンションのリビング・ダイニングによく見られる折上げ天井は、サイズが大きすぎて、バランスが悪いこともある。ここでは、リビング・ダイニングにまたがる折上げ天井のサイズをリビングの真上のみに縮小、リビングとダイニングのゾーンが明確になるように、メリハリをつけた。天井内部は、木質系の化粧シートで仕上げ、間接照明で柔らかく演出［代官山T邸］。

7

天井のデザインに変化を付ける

天井のデザインはプレーンで白いことが多く、点検口が無造作に設けられ個性に欠ける。この場合は、天井の一部にアクセントとなるような木質系パネルやカラーガラスを張って変化を付けよう。大きなリビング・ダイニングを分節するきっかけともなる。ここでは、リビングの天井は木質系パネル、ダイニングの天井はカラーガラスで仕上げた［南麻布T邸］。

8

色のやり替えで 空間の印象を変える

費用をかけずに空間の印象を一変させる方法としては色を変えるという発想がある。ここでは、木目調茶系の玄関収納を木目を残して黒色で塗装し、収納の継ぎ目も同色のパネルとして、一面のデザインとして空間を引き締めている［白金台P邸］。

9

壁面いっぱいの
ガラス建具で間仕切る

間仕切壁をガラスを面材とするスチールサッシとすれば、隣り合う部屋が一体化して見える。ここでは、左側にある窓部分を含めて、間口いっぱい・天井いっぱいのスチールサッシを納めて、手前のリビングと奥の書斎を視覚的につないだ[六本木T邸]。

10

既存の柱形を生かした洋風の床の間

RCラーメン構造の場合は、空間の四隅に柱が露出しがちで、空間がすっきり見えない。柱形の存在感を手軽に消去して空間をすっきり見せる方法としては、柱形の奥行きを利用して、アートなどを飾る床の間を設けるという手法がある。ここでは、床の間をリビングの雰囲気に合わせた洋風の設えとした［白金台K邸］。

11

一体となった水廻りをほどよく間仕切る

浴室と洗面室、トイレが一体となった3in1タイプの水廻りは、もともとは欧米で生まれた空間形態で、入浴の頻度が高い日本人向きとはいえない。ここでは、カーテンのみで仕切られていた浴槽をガラス間仕切付きの浴室に変更している。浴室内の壁タイルとトイレ横の壁タイルをそろえ、一体感をもたせている［白金台P邸］。

Profile

各務謙司 ［かがみ・けんじ］

カガミ建築計画

カガミ・デザインリフォーム

一級建築士およびマンションリフォームマネージャー。都心を中心とした100㎡以上のマンション・リフォームを得意とする。2006年以降は、設計実績や自身のバックグラウンド、設計事務所の立地などを複合的に考えて、リフォーム・リノベーションに特化。以降は新築設計の依頼を断り、マンション・リフォームの技術研究、インテリアも含めたリノベーション提案の研鑽に励んでいる。工事費1000万円以上の大規模リフォーム実績は50軒を超える。これまで、東洋大学、早稲田大学芸術学校、桑沢インテリア研究所、法政大学デザイン工学部などで非常勤講師を務めてきた。主著に『最新版 驚異のリフォーム・リノベーション術』（エクスナレッジ／中西ヒロツグ氏との共著）

1966年　東京都港区白金台生まれ
1990年　早稲田大学理工学部建築学科卒業
1991年　早稲田大学大学院在学中に初めてのリフォームプロジェクト（小石川S邸の第一期設計）
1992年　早稲田大学理工学研究科建築専攻（建築専攻）修士課程修了
1993年　ハーバード大学デザイン大学院フルブライト交換留学生
1994年　同大学院デザイン学部修士課程終了（March II建築計画）
1994〜1995年　Cicognani Kalla Architects（ニューヨーク市）に勤務（高級マンション・リフォームの修業）
1995〜1996年　欧州・中近東を7ヶ月かけて旅行
1995年　各務謙司建築計画（のちにカガミ建築計画に改称）主宰

Project

2006年　第23回住まいのリフォームコンクール　優秀賞（高輪S邸茶室）
2012年　第28回住まいのリフォームコンクール
住宅リフォーム・紛争処理支援センター　理事長賞（高輪I邸）
2012年　第28回住まいのリフォームコンクール　優秀賞（目黒S邸）
2012年　第29回住まいのリフォームコンクール　優秀賞（田園調布F邸）
中西ヒロツグ氏（イン・ハウス建築計画）と共同設計

カガミ建築計画株式会社　各務謙司（カガミケンジ）
〒108-0071　東京都港区白金台3-12-2-303
TEL/FAX：03-5789-4146
E-mail：info@kagami-archi.com
事務所営業時間：9:30-19:00 / 土日祝休

Afterword

マンション・リフォーム（当時はリフォームという単語が主流でした）を初めて取り組んだのは、まだ学生だった25年前の1991年のことでした。材料の寸法やどのようにものが組み立てられるのかも知らない建築家の卵が、お施主さまの信頼だけを頼りに、毎日現場に通って、時には寝泊りしながら現場の人たちに教えてもらいながら、何とか仕上げた小石川S邸［28・29頁・138頁］が最初の体験です。留学後に修業したニューヨークの設計事務所Cicognani Kalla Architectsでは超高級マンション・リノベーションの世界を知ることになりました。それこそ億単位の費用と数年もの時間を掛けて取り組むプロジェクトばかりで、限られた空間ボリュームの中でいかに豊かなインテリア空間をつくり出すかの醍醐味を学ばせてもらいました。

日本に帰国後は、新築住宅・店舗・クリニックやリフォームと、来るお仕事は拒まずの姿勢で十数年頑張っておりましたが、建築家としての評判はとんと上がらず、スタッフへのお給料を払うことに汲々とする毎日でした。あるとき、あまりに暇で、それまでの仕事を振り返ってプロジェクトの分類をしていたところ、普通の設計事務所に比べてリフォーム・リノベーションの割合が多いことに気が付きました。学生時の体験、アメリカでの経験も考え、リノベーションに特化した設計事務所というものがあり得るのでは、と2年ほど掛けて準備を致しました。当時のスタッフはほぼ全員反対していましたが、生き残りを掛けて、自分の設計事務所そのものをリノベーションする覚悟で大変革したことが、今の事務所運営のベースとなっています。

今回、全頁カラー＆実例写真中心の本を企画してくれた出版社のエクスナレッジには感謝あるのみです。毎回新しいプロジェクトが完成する度に見学に来てくれて、この本作りの柱として大車輪に活躍してくれた編集の西山和敏さん抜きでは、この本は出版されることはなかったでしょう。誌面に掲載する膨大なデータのやり取りでは、編集の諌山史織さんの丁寧な仕事がキラリと光りました。

現スタッフとして、施主の絶大な信頼を受けながら沢山の事例を担当してくれた竹田怜未さん、常に冷静にそして着実にプロジェクトを進めてくれる前田幸矢君の二人にも、この本のことでは大変お世話になりました。

ここまで設計事務所として頑張ってこられたのは、多くの元スタッフのお蔭でもあります。事務所設立時の初代スタッフとして長年技術面からサポートしてくれた穂坂和宏君、常に明るく事務所のムードメーカーとしても頑張ってくれた公文大輔君、事務所の営業戦略の基礎となるホームページ作成やポートフォリオづくりを勧めてくれた後藤典子さん、施主として、研修スタッフとして難しい立場ながら事務所を応援してくれた今は亡き大野薫子さん、厳しい予算＆スケジュールのなか、ホームページの運営などもこなしながら頑張ってくれた杉田有君、応援に来てもらったまま残って技術的に難しいプロジェクトをサポートしてくれた中西絵里さん、事務所運営が上手く行かず細かいプロジェクトしかない時期に粘り強く頑張ってくれた板倉路子さん、リノベーションに特化し

たばかりの黎明期の苦しい中、生き残り戦略の立案もサポートしてくれた渡辺佳代子さん、過渡期に新築とリフォームの両者に真摯に取り組んでくれた笠原圭一郎君、手に負えないビッグプロジェクトの度に嫌がらずに手伝いに来てくれた米光昌子さんと掛川美穂さん、どうもありがとうございます。

一番長く事務所をサポートし続けてくれているのは、スタッフであり僕の妻でもある岸本麻衣子さんです。ここでは語り尽くせないほど沢山の困難がありましたが、時には厳しい意見もしてくれながら、常に事務所とお施主さまのことを考えてアドバイスしてきてくれたこと、本当に感謝しています。

すべてのプロジェクトは僕ら設計だけでは成り立ちません。それぞれのプロジェクトの施工を丁寧に仕上げてくれた工務店とリフォーム会社の担当者の方々、そして難しいディテールにチャレンジしてくれた現場の職人さんたち抜きではつくり上げることができませんでした。オーダーキッチンやオーダーユニットバスは、スペシャリストにいつも助けてもらっていました。いくつものプロジェクトを手助けしてくださった不動産仲介のプロ、僕らの仕事を雑誌やＷｅｂを介して紹介してくださったメディアの方々への感謝も尽きません。インテリアは、家具やカーテン、照明器具やアートが加わることで厚みを増します。それらの店舗・ギャラリーの担当の方々からも本当に多くのことを教えてもらいました。

最後になりますが、何よりこのような素晴らしい本ができたのは、ここまで僕らにデザイン・設計の依頼をしてくださった数多くのお施主さまたちあってのことです。1つ1つのプロジェクトには、それぞれのお客さまのライフスタイルやこだわり、長時間に渡る打ち合わせの成果が詰まっています。1つのプロジェクトを説明するだけで一冊の本になってしまうほどのストーリーがありますが、見開きで一つのシーンを紹介するだけになってしまったこと、申し訳ない気持ちでいっぱいです。本来であれば、お1人ずつに感謝の辞をここで述べたいところですが、プライバシーのこともあるので、別途御礼差し上げたいと存じます。数ある設計事務所、リフォーム・リノベーション会社の中から、僕らをパートナーとして選んでくださったこと、本当に感謝しております。

P.S.　この本を手に取ってくださった方が、将来のお客さま候補としてご相談してくださること、今からワクワクしております。

2016年7月吉日　各務謙司

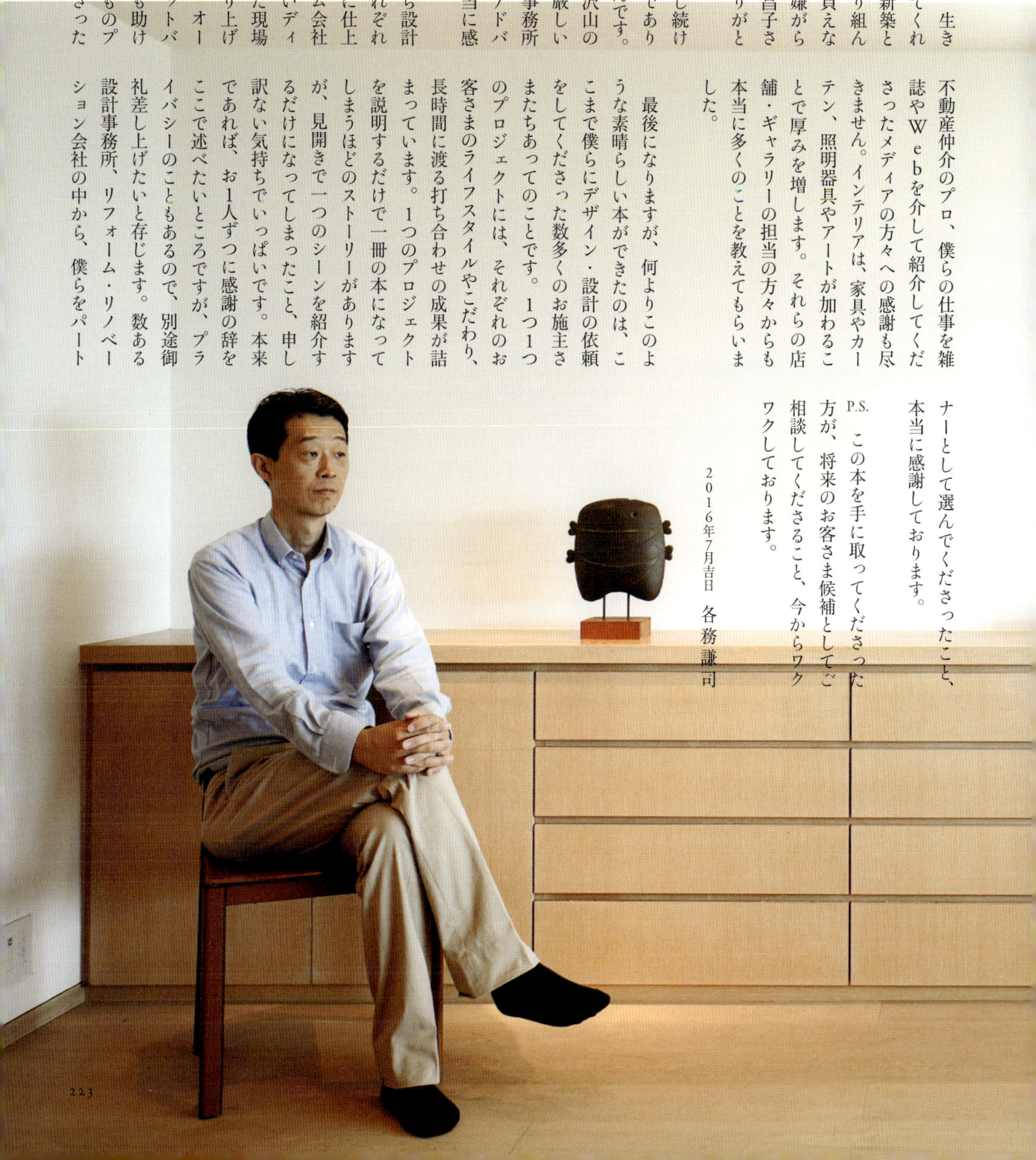

世界にひとつだけのプレミアム・リノベーション

2016年8月1日　初版第1刷発行

著者　各務謙司
発行者　澤井聖一
発行所　株式会社エクスナレッジ
〒106-0032
東京都港区六本木7-2-26
http://www.xknowledge.co.jp/

問合せ先　編集　TEL :03-3403-1381
Fax :03-3403-1345
MAIL:info@xknowledge.co.jp
販売　TEL :03-3403-1321
Fax :03-3403-1829